केशव-कौमुदी

केशव-कौमुदी

प्रथम भाग

अर्थात्

रामचन्द्रिका सटीक पूर्वार्ध

टीकाकार

स्वर्गीय लाला भगवानदीन

GYAN

भारत में सन् 2024 में प्रकाशित

GYAN

ज्ञान पब्लिशिंग हाऊस
5, अंसारी रोड, दरियागंज,
नई दिल्ली–110002
वेब साइट: www.gyanbooks.com
ई–मेल: books@gyanbooks.com

Distribution Network
gyanbooks.com
India, USA, Canada, UK, Australia, France

केशव–कौमुदी

ISBN: 978-93-6433-192-0 (Set)
978-93-6433-594-2 (HB)

प्रथम संस्करण, 1943

मुद्रित: ज्ञान प्रेस, दिल्ली

केशव-कौमुदी

प्रथम भाग

अर्थात्

रामचन्द्रिका सटीक पूर्वार्ध

—०:*:०—

टीकाकार

स्वर्गीय लाला भगवानदीन

प्रो० हिन्दू-विश्वविद्यालय, काशी

—०:*:०—

लाला भगवानदीन

कविवर लाला भगवान दीन

का

परिचय

लाला भगवानदीन जी का जन्म बड़ी तपस्या के उपरान्त हुआ था। इनकी माता ने इनके ऐसे पुत्र-रत्न की प्राप्ति के लिये भगवान् भुवन-भास्कर का बड़ा कठोर व्रत किया था। अधिक अवस्था हो जाने पर भी कोई संतति न होने से इनके पिता मुन्शी कालिकाप्रसाद जो बड़े चिंतित रहा करते थे, पर एक साधु के आदेशानुसार उन्होंने अपनी पत्नी को रविवार के दिन उपवास करने और सूर्य को अखंड दीप-ज्योति दिखलाने की आज्ञा दी। ज्येष्ठ मास की कड़ी धूप में वे उदयोन्मुख सूर्य की ओर प्रज्वलित घृत-दीप लेकर खड़ी हो जाया करतीं, ज्यों-ज्यों सूर्य भगवान् आकाश में पूर्व से पश्चिम की ओर बढ़ते जाते वे भी उनका ही अनुगमन करके उनके सम्मुख दीप-ज्योति दिखाती रहतीं। संध्या समय पूजनोपचार के पश्चात् वे उसी स्थान पर रात्रि में शयन भी करतीं। दो रविवारों तक तो उन्होंने यह घोर व्रत बड़ी सहिष्णुता के साथ किया, पर तीसरे रविवार को वे चक्कर आ जाने से गिर पड़ीं।

इस कठिन तपोव्रत का फल यह हुआ कि संवत् १९१३ विक्रमीय की श्रावण शुक्ला षष्ठी को उन्होंने पुत्र-रत्न प्रसव किया। भगवान् (सूर्य) का दिया हुआ समझ कर पुत्र का नाम "भगवानदीन" रखा गया। आप अपने माँ-बाप की एकलौती संतान थे, और बड़े लाड़ प्यार से पले थे।

'दीन' जी के पूर्व पुरुष श्रीवास्तव दूसरे कायस्थ थे और उन्हें नवाबी के जमाने में 'बखशी' की उपाधि मिली थी। वे लोग पहले रायबरेली में रहा करते थे, किन्तु सन् सत्तावन वाले विद्रोह के समय उन लोगों ने अपना निवास-स्थान छोड़ दिया और रामपुर में जा बसे। वहाँ से वे फतेहपुर शहर से कोई दस कोस की दूरी पर बहुवा नामक कस्बे के पास "बरवट" नाम के एक छोटे से गाँव में बस गए। इसी गाँव में 'दीन' जी का जन्म हुआ था।

'दीन' जी के पिता साधारण स्थिति के मनुष्य थे इस कारण उन्होंने घर पर ही लड़के को पढ़ाना आरम्भ किया। कायस्थ होने के कारण 'बिस्मिल्लाह' उर्दू और फारसी से ही हुआ। ग्यारह वर्ष की अवस्था में इनकी स्नेहमयी माता का गोलोकवास हो गया। जीविकावश इनके पिता बुन्देलखण्ड में रहा करते थे। इसलिए वे पुत्र को भी अपने साथ लेते गए। ये अपने फूफा के यहाँ फारसी पढ़ने लगे, पर चार वर्ष पश्चात् ये फिर घर भेज दिए गए। वहाँ दो वर्ष तक मदरसे में पढ़ते रहे और घर पर अपने दादा से हिन्दी भी सीखते रहे। सत्तरह वर्ष की अवस्था में ये फतेहपुर के हाई स्कूल में भरती किए गये। मिडिल पास करने के बाद इनका विवाह भी कर दिया गया था। सात वर्ष में एंट्रेंस पास कर लेने पर ये प्रयाग की कायस्थ-पाठशाला में कालेज की शिक्षा प्राप्त करने के लिए भेजे गए। इनके पिता ने इनकी देख-रेख का भार अपने घनिष्ठ मित्र "पुत्तू सोनार" को सौंप दिया था, जो बड़ी सावधानी और विश्वासपात्रता के साथ 'दीन' जी को शिक्षा दिलाते थे। इनका पहला विवाह तक 'पुत्त बाबू' ने ही कराया था, पिता जी दूर रहने के कारण शीघ्रता में वहाँ पहुँच ही नहीं पाए।

'पुत्त बाबू' ने 'दीन' जी को अपनी गृहस्थी का भार सँभालने की आज्ञा दी। तदनुसार ये पढ़ते भी थे और गृहस्थी सँभालने का प्रयत्न भी करते रहते थे, इसी से एफ० ए० के आगे 'दीन' जी की पढ़ाई न चल सकी। अन्त में ये कायस्थ पाठशाला में अध्यापक हो गए। डेढ़ साल के अनंतर ये प्रयाग के ही 'गर्ल्स हाई स्कूल' में फ़ारसी की शिक्षा देने लगे। चित्त न लगने के कारण छः मास पश्चात् ये छतरपुर (बुन्देलखन्ड) में 'महाराजा हाईस्कूल' में सेकेंड मास्टर होकर चले गए। वहाँ जाने पर इनकी स्त्री का देहान्त हो गया। इनका दूसरा विवाह क़सबा शादियाबाद (गाजीपुर) मुन्शी परमेश्वर दयाल साहब की पुत्री से हुआ और इन्हें अपनी दूसरी स्त्री को साथ ही रखना पड़ा। इनकी दूसरी पत्नी प्रसिद्ध कवियित्री 'बुन्देलाबाला' थीं। 'दीन' जी ने स्वयं इन्हें कई ग्रन्थ पढ़ाये थे, जिनमें 'बिहारी सतसई' मुख्य थी।

लालाजी के दादा बड़े राम-भक्त और रामायण-प्रेमी थे। वे इनसे नित्य रामायण का पाठ सुना करते थे। 'दीन' जी का रामायण के प्रति तभी से

अनुराग हो गया था। इन्होंने रामायण के सुन्दरकांड की शिक्षा अपने पूज्य पिता जी से ही पाई थी। वे भी परम भगत थे। यद्यपि हिन्दी का ज्ञान इन्हें पर्याप्त हो गया था, पर अभी पूरी विद्वत्ता प्रस्फुटित न हुई थी। इनका अनुराग कविता की ओर लड़कपन से था, पर उसका परिमार्जन आवश्यक था। छतरपुर में इन्होंने अपने मित्रों के अनुरोध से कविता सम्बन्धी दो सभाएँ स्थापित कीं—पहली 'कवि समाज' और दूसरी 'काव्य-लता', साथ ही 'भारती-भवन' नामक एक पुस्तकालय भी स्थापित किया। ये तीनों स्थान काव्य चर्चा के अड्डे थे। उक्त दोनों सभाओं में नौसिखुये कवि कविता करके सुनाया करते थे और पं० गङ्गाधर व्यास उनका संस्कार कर दिया करते थे। प्रायः समस्या-पूर्तियाँ पढ़ी जाती थीं, व्यासजी से इन्होंने रामायण और अलंकारा का भी अध्ययन किया था। उर्दू में 'दीन' जी पहले से ही कविता किय करते थे और अपना उपनाम 'रोशन' रखते थे। अब हिन्दी में भी इनकी काव्य-प्रतिभा चमक उठी। इन्होंने कई छोटी-मोटी काव्य पुस्तकें लिख डालीं, जिनमें से 'भक्ति भवानी' और 'रामचरणांकमाला' विशेष उल्लेखनीय हैं। पहली पुस्तक पर इन्हें कलकते की 'बड़ा-बाजार लाइब्रेरी' ने एक स्वर्ण-पदक प्रदान किया था जो अब तक उनकी स्त्री के पास मौजूद है।

कुछ दिनों बाद छतरपुर से भी 'दीन' जी का मन उचट गया। वस्तुतः ये एक विस्तृत साहित्य-क्षेत्र में कार्य करने के अभिलाषी थे, अतः वे काशी चले आए। यहाँ के सेंट्रल हिन्दू कालेज में फ़ारसी के शिक्षक हो गए और नागरी प्रचारिणी सभा में प्राचीन-काव्य-ग्रन्थों का संपादन भी करने लगे। इस समय इन्होंने प्रसिद्ध वीर-काव्य 'वीर-पंचरत्न' के लिखने में हाथ लगाया था, जिसके लिखने का अनुरोध बुन्देलाबाला ने किया था। कुछ दिनों के पश्चात् जब नागरी-प्रचारिणी सभा 'हिन्दी-शब्द-सागर' बनवाने लगी, तब ये भी उसके उपसंपादक चुने गए। बहुत कुछ काम हो चुकने पर इन्होंने अपनी स्पष्टवादिता के कारण संपादन से हाथ खींच लिया। जब हिन्दी-शब्द-सागर छप कर पूरा हो गया तब सभा की ओर से इन्हें इनाम मिला। इस कार्य से छूटते ही ये हिन्दू-विश्वविद्यालय में हिन्दी के लेक्चरर हो गए, जहाँ ये अंत तक रहे।

काशी में इन्होंने हिन्दी-साहित्य-सम्मेलन की परीक्षाओं को प्रोत्साहन देने

के लिये 'हिन्दी-साहित्य-विद्यालय' की स्थापना की। कुछ दिनों के लिये गया भी गए थे और वहाँ की प्रसिद्ध पत्रिका 'लक्ष्मी' का संपादन भी किया था। अंत में ये काशी में स्थायी रूप से रहने लगे और यहीं आप का 'काशी-वास' भी हो गया। अन्तिम दिनों में ये अपने गाँव "बर-वट" गए हुए थे। वहाँ से आप के बाएँ अंग में एक प्रकार का ज़हरबाद (Frysipelas) हो गया था। बाईस दिनों की विकट वेदना के बाद ता० २८ जुलाई सन् १९३० ई० (सं० १९८७ के श्रावण मास की शुक्ला तृतीया) को आपने अपने 'हिन्दी-साहित्य-विद्यालय' में शरीर छोड़ा। अब इस विद्यालय के कार्यकर्ताओं ने आप ही के नाम पर इस विद्यालय का नाम "भगवान दीन साहित्य विद्यालय" रखा है।

लालाजी हिन्दी के बड़े भारी काव्य-मर्मज्ञ थे। इनकी प्रतिभा सर्वतोन्मुखी थी। ये कवि, लेखक, समालोचक, संपादक, अध्यापक और व्याख्याता भी थे। इन्होंने कितने ही ग्रन्थ रचे हैं। केशवदास के दुर्बोध ग्रन्थों की सरल टीकाएँ लिखी हैं और रीति-ग्रन्थ बनाये हैं। इनके ग्रन्थों में से प्रसिद्ध पुस्तकों के नाम ये हैं, 'वीर-पंचरत्न', 'नवीन बीन', 'केशव-कौमुदी', 'प्रिया-प्रकाश', 'बिहारी-बोधिनी', 'तुलसीदास के ग्रंथों की टीका', 'सूक्ति-सरोवर', 'सूरपंचरत्न', 'केशवपंचरत्न', 'अलंकार-मंजूषा', 'व्यंगार्थ-मंजूषा', आदि इनके संपादित ग्रन्थ तो बीसियों हैं। फुटकर कविताएँ इन्होंने बहुत लिखी हैं, जिनमें से थोड़ी-बहुत समय-समय पर पत्रिकाओं में प्रकाशित हुआ करती थीं। इधर ये 'मित्रादर्श' और 'महाराष्ट्र देश की वीरांगनाएँ' नामक दो बड़े काव्य लिख रहे थे, पर वे अब अधूरे पड़े हैं।

लालाजी बड़े सीधे-सादे, उद्योगशील, सत्यवादी, निष्कपट, स्पष्टवादी, सच्चरित्र और स्वस्थ शरीर के पुरुष थे। वृद्धावस्था में भी 'दीन' जी जो इतना अधिक साहित्यिक कार्य कर रहे थे, इसका मुख्य कारण इनका स्वास्थ्य था। अपने जीवन-भर में लम्बी बीमारी इन्हें दो ही बार भोगनी पड़ी। एक बार इन्हें क्षय-रोग हो गया था, जो बहुत दिनों में अच्छा हुआ और दूसरी बार ज़हरबाद हुआ, जो शरीर के साथ ही गया। लालाजी के कोई संतान नहीं है। काशी आने पर बालाजी के शरीरांत हो जाने पर लालाजी ने उन्हीं की बहन

से तीसरी शादी की, जिन्हें ये विधवा करके छोड़ गए हैं। बालाजी से एक पुत्र हुआ था जो दस मास के बाद मर गया। पहली शादी जो केसवाह जि० हमीरपुर में हुई थी, उससे एक लड़की भी थी जो ब्याही जाने के कुछ दिनों बाद मर गई। उससे दो संतानें थीं, वह भी अब नहीं रहीं।

काशी
गुरु पूर्णिमा, सं० १९८९

चन्द्रिका प्रसाद
मैनेजर
साहित्यभूषण कार्यालय

समर्पण

केशवजी,

आपकी वस्तु आपही को देना, यही तो 'दीन' से हो ही सकता है। अन्य कोई वस्तु 'दीन' लावेगा कहाँ से, जो देगा। समय के फेर से आपकी यह कीर्ति कुछ मैली सी हो रही थी। मुझसे देखा नहीं गया, अपने काव्यज्ञान के गंदे साबुन से उसे धोने का आडम्बर रच बैठा। मैं तो आडम्बर ही समझता हूँ, पर यदि कुछ सफ़ाई आ गई हो तो काव्यरसिक जन या आप जानें। मैंने आपका दामन इसलिए पकड़ा है कि आपके नाम की बदौलत सम्भव है कि मुझे भी कुछ सुयश प्राप्त हो जाय, क्योंकि युधिष्ठिर के गुणगान के प्रसंग में उनके कुत्ते का भी नाम यदा-कदा लोग लेते ही हैं।

चाहे आप स्वीकार करें, या न करें, पर मैं तो आपको ही इस वस्तु के योग्य समझता हूँ। इस समय न तो कोई रामसिंह ही दिखाई देता है और न इन्द्रजीत ही नज़र आता है, फिर इस टीका को समर्पित किसे करूँ।

आप सदेह तो इस संसार में नहीं हैं, पर यशमय निर्मल देह से आप सदैव हिन्दी-साहित्य संसार में ऊँचे आसन पर विराजमान हैं। आपके उसी रूप को मैं यह टीका समर्पित करता हूँ और विनयपूर्वक आग्रह करता हूँ कि स्वीकार कीजिये। बहानेबाजी या टालमटूल भी मुझसे न चल सकेगी, क्योंकि स्वीकृत वा अस्वीकृति का अनुमान स्वयं मेरे मन के अनुभव करने की बात है। यदि वर्तमान काल के साहित्य-सेवियों तथा आपके प्रेमियों ने इसे अपनाया तो मैं जान लूँगा कि आपने स्वीकार कर लिया है, और न अपनाया तो अस्वीकृति प्रत्यक्ष है। पर मुझे दोनों दशाओं में संतोष ही होगा। स्वीकृति हो या न हो मुझे तो इस विचार से सन्तोष होगा कि मैंने अपने परिश्रम का फल एक उपयुक्त व्यक्ति को समर्पित किया है, किसी बेकदरे को नहीं।

काशी
श्रीरामनवमी सं० १९८० वि०

विनीत
'दीन'

केशवदास

वक्तव्य

जीवनी

कवि का परिचय उसकी कृति से ही होता है। वह कहाँ का निवासी था, किस वंश का था, किसका पुत्र था, कब पैदा हुआ, किसके यहाँ रहता था, कब मरा, कितने पुत्र छोड़ गया इत्यादि बातें मालूम हुईं तो क्या ? और अज्ञात रहीं तो क्या ? इन बातों से उसकी कृति पर बहुत कम प्रभाव पड़ता है। कालिदास, तुलसीदास, और विविध अन्य कवियों के बारे में इन बातों की अब तक खोज होती ही जाती है, पर क्या बिना इनके जाने उनकी कविता का कुछ बिगड़ गया। कदापि नहीं। केशवदास का इस प्रकार का परिचय उनके ग्रन्थों में काफी है। इसके सिवा मिश्र-बन्धु महोदयों ने 'हिन्दी-नवरत्न' में बहुत कुछ लिखा है। जिन्हें इन बातों के जानने का शौक हो, वे वहाँ से जान लें। हम यहाँ केवल इसी ग्रंथ के आधार पर केशव के विषय में सिर्फ वे ही बातें कहना चाहते हैं, जिनसे उनका निर्मल कवि रूप आँखों के सामने प्रत्यक्ष दिखाई दे।

हमारा मत

इस पुस्तक को गौर से पढ़ने से केशव जी केवल कवि ही नहीं वरन् काव्याचार्य के रूप में सामने आते हैं। पहले ही प्रकाश में छन्द नं० ८ से लेकर नं० १६ तक ऐसे छन्द लिखे हैं, मानो किसी शिष्य को सिखलाने के लिए एकाक्षरी छन्द से लेकर क्रमशः अष्टाक्षरी छन्द तक के उदाहरण लिख रहे हों। वर्णिक छन्दों की भरमार से भी यही बात प्रमाणित होती है कि मानो उनको इस बात का बड़ा ध्यान था कि विविध प्रकार के छन्दों के उदाहरण प्रस्तुत कर देना ही चाहिये। अलंकारों की भरमार से जान पड़ता है, मानों उन्हें यह ध्यान था कि सब प्रकार के अलंकारों के उदाहरण हमारी पुस्तक में होने ही चाहिये। केवल यही नहीं, वरन् काव्य दोषों के उदाहरण भी जहाँ-तहाँ जान-बूझकर प्रस्तुत किये से जान पड़ते हैं। केशव चाहते तो उन दोषों को न आने देते, पर एक काव्याचार्य को दोषों के भी तो उदाहरण प्रस्तुत करने चाहिये। टीका में यथास्थान यह दोष दर्शाये गये हैं। अतः हम केशव को केवल कवि ही नहीं वरन् काव्याचार्य भी मानते हैं।

बहैसियत कवि के केशव का स्थान बहुत ऊँचा है। कवि वही है जिसमें कल्पना शक्ति की बहुत अधिकता हो। इस पुस्तक में केशव की कल्पना शक्ति ऊँची और विलक्षण शक्ति के उदाहरण ढूँढ़ने और पाने में जरा भी देर नहीं लगती, सारी पुस्तक ही भरी पड़ी है। कथा-क्रम में कम रुचि और वस्तु-वर्णन में अधिक रुचि काफ़ी प्रमाण है।

कवि

पांडित्य तो केशव का ऐसा अगाध है कि कहते ही नहीं बनता। अन्य कवियों में भी पांडित्य होता है, पर इनमें यह विलक्षणता है कि एक तो पांडित्य ऊँचा, दूसरे उससे अधिक ऊँची पांडित्य-प्रदर्शन की रुचि है। इसी रुचि ने इनकी कविता को बहुत कठिन कर दिया है। प्रसाद और माधुर्य को मरोड़ डाला है। प्रत्येक प्रकार के पांडित्य के उदाहरण न देकर केवल इतना ही कहना काफी है कि राजनीति, समाजनीति, राजदरबार के क़ायदे-क़ानून, धर्मनीति, वस्तुवर्णन, सौन्दर्य-प्रकाशन इत्यादि जिस विषय पर केशव ने लेखनी चलाई है, उसे अपने पांडित्य से ऐसा परिपूर्ण रूप दिया है कि दूसरे आचार्य की शिष्यता करने की आवश्यकता नहीं रह जाती। संस्कृत का पांडित्य तो प्रति पृष्ठ पर झलकता ही है। केवल संस्कृत के शब्द ही नहीं, वरन् कठिन समस्त पद भी (जैसे हिंदी में उस समय प्रचलित न थे, न अब हैं) केशव ने रख दिये हैं। निजेच्छया, स्वलीलया, लीलयैव, हरिणाधिष्ठित इत्यादि इसके उदाहरण हैं।

पांडित्य

केशव आचार्य होने के कारण अलंकार के बड़े शौकीन थे। उत्प्रेक्षा, रूपक और परिसंख्या के तो भक्त ही जान पड़ते हैं। संदेह और श्लेष की भी भरमार है, पर देव और दीनदयाल की तरह यमक और अनुप्रास की बड़ी रुचि न रखते थे।

अलंकारिकता

'सुख' शब्द का प्रयोग इन्होंने बहुधा 'सहज' के अर्थ में किया है, और 'जू' शब्द का व्यर्थ प्रयोग भी जहाँ-तहाँ देखा जाता है। 'देवता' शब्द सदा स्त्रीलिंग में लिखा है। स्यों, गौरमदाइन और बहुत से अन्य शब्द और मुहावरे भी ठेठ बुंदेलखंडी पाये जाते हैं। यथास्थान इनका उल्लेख किया गया है।

विशेष शब्दों का प्रयोग

स्वर्गीय पं० जानकी प्रसाद जी की टीका से मुझको बड़ी सहायता मिली है, अतः मैं उनकी स्वर्गीय आत्मा के सन्निकट अपनी

निवेदन

हार्दिक कृतज्ञता प्रकट करता हूँ। सरदार कवि की टीका तलाश ही करता रहा पर मिल न सकी। तीन हस्त-लिखित तथा दो छपी हुई प्रतियों के सहारे इनका पाठ शुद्ध किया गया है।

टीका के साथ छन्दों के अलंकार भी दिखलाये गये हैं। यह मेरी अनाधिकार चेष्टा है। इस सागर में से मैं सब ही रत्न निकाल सका हूँ, ऐसा मेरा दावा नहीं। विद्वान् लोग यदि कुछ बतलाने की कृपा करेंगे तो दूसरे संस्करण में सहर्ष सम्मिलित कर दूँगा। जिन छन्दों के अलंकार नहीं लिखे उनमें मैं जान नहीं सका कि कौन अलंकार लिखूँ। कहीं-कहीं अति सरल जान कर पुस्तक बढ़ने के भय से भावार्थ भी नहीं लिखा गया है। पूर्वार्द्ध में इतना ही हो सका है। यदि राम जी की कृपा ऐसी बनी रही तो इसके उत्तरार्द्ध की टीका में अलंकारों के अलावा लक्षणा, व्यंजना और ध्वनि इत्यादि के संबंध में भी कुछ-कुछ जानकारी पाठकों के सामने उपस्थित की जायगी, जिससे परीक्षार्थियों को कुछ लाभ अवश्य होगा।

इस टीका के लिखने में पूर्ण उत्साह दिलाया काठियावाड़ प्रान्तान्तर्गत 'गनौद' निवासी श्रीमान् ठाकुर गोपाल सिंह जी ने, अतः मैं उनका परम कृतज्ञ हूँ। उत्तरार्द्ध की टीका तैयार हो रही है। संभवतः आगामी विजयादशमी तक प्रकाशित हो जायगी, आगे मरजी मालिक की।

आजकल की अँगरेजी प्रथा के अनुसार लम्बी-चौड़ी भूमिका लिखना और उस भूमिका में ही उदाहरण सहित कवि की सारी बातें उद्धृत कर देना, मैं पसंद नहीं करता। भारी भूमिका से हानि यह होती है कि पाठक केवल भूमिका ही पढ़कर पुस्तक रख देते हैं, और केवल ग्रन्थचुम्बक ही रह जाते हैं। सपरिश्रम ग्रन्थ पढ़ने का कष्ट नहीं उठाते। मैं केवल ग्रन्थचुम्बक पाठक पैदा करना नहीं चाहता।

विद्वानों से निवेदन है कि भूल-चूक को कृपादृष्टि से सुधार दें और समालोचकों से साग्रह निवेदन है कि वे मेरी इस अनाधिकार चेष्टा की कड़ी आलोचना करें, जिससे मुझे उत्तरार्द्ध के लिखने में भरपूर सावधानी रखने की शिक्षा मिले।

यदि एक विद्वान् भी इस चेष्टा के लिए मेरी पीठ ठोंकेगा, अथवा दस-पाँच विद्यार्थी भी इस टीका के द्वारा केशव की कविता समझ सकने के लक्षण दिखावेंगे, तो मैं अपना परम सौभाग्य समझूँगा, और आगे शायद किसी अन्य कवि की मलीन होती हुई कीर्ति को माँजने का साहस कर सकूँगा।

काशी
श्रीरामनवमी सं० १९८० वि०

विनीत
भगवानदीन

दूसरी आवृत्ति पर वक्तव्य

ईश्वर की कृपा, केशव की स्वीकृति तथा सर्व काव्यप्रेमियों की कद्रदानी से यह सुअवसर हाथ आया है कि इस टीका की दूसरी आवृत्ति हो रही है। पाठकों के निकट मैं कृतज्ञ हूँ।

इसकी पहली आवृत्ति 'साहित्य-सेवा सदन' कार्यालय से निकली थी, पर थोड़े ही दिनों में उस कार्यालय के प्रोप्राइटरों से हिसाब-किताब की ढिलाई के कारण कुछ मनोमालिन्य हो गया और इस टीका का उत्तरार्द्ध भाग मैंने अपने खर्च से प्रकाशित कराया। इस पर वे लोग और भी बिगड़े। अतः इसके लिए बा० रामनारायण लाल का आश्रय लेना पड़ा। बाबू साहब ने सहर्ष स्वीकार किया और यह दूसरी आवृत्ति इस रूप से निकली। इसमें कोई विशेष परिवर्तन नहीं हुआ, केवल जहाँ-तहाँ कुछ शाब्दिक संशोधन किये गये हैं। अधिकतर भाग ज्यों का त्यों है।

कुछ आलोचकों ने जहाँ-तहाँ कुछ अशुद्धियाँ दिखलाई थीं, पर मुझे उनकी सम्मति कुछ जँची नहीं। अतः उनकी सम्मति के अनुसार संशोधन नहीं किये गये। आशा है वे क्षमा करेंगे। अब भी यदि कोई सुबोध आलोचक अशुद्धियाँ बताने की कृपा करेंगे, तो सहर्ष संशोधन कर दिया जायगा। व्यर्थ की आलोचनाओं पर मैं ध्यान भी न दूँगा।

भगवानदीन

श्रीरामचन्द्रिका

पहिला प्रकाश

दो०—यहि पहिले परकाश में मंगल चरण विशेष।
ग्रन्थ रंभरु आदि की कथा लहहिं बुध लेख॥

गणेश वंदना

दंडक—बालक मृणालनि ज्यों तोरि डारै सब काल,
कठिन कराल त्यों अकाल दीह दुख को।
विपति हरत हठि पद्मिनी के पात सम,
पंक ज्यों पताल पेलि पठवै कलुख को।
दूरि कै कलंक-अंक भव-सीस-ससि सम,
राखत है केशोदास दास के वपुख को।
साँकरे की साँकरन सनमुख होत तोरै,
दशमुख मुख जोवैं गजमुख-मुख को॥१॥

शब्दार्थ—बालक=हाथी का बच्चा। मृणाल=पौनार, मुरार। दीह=दीर्घ, बड़ा। पद्मिनि=पुरइन। पंक=कीचड़। कलुख=कलुष, पाप। अंक=चिह्न। भव=महादेव। वपुख (वपुष)=शरीर। साँकरे=संकट। सांकरन=जंजीरों। दशमुख=दशों दिशाओं। मुख=मुँह (यहाँ लक्षणा से मुखवाले अर्थात् लोग)। मुख (को) जोवैं=मुख देखते हैं अथवा कृपाकांक्षी रहते हैं। गजमुख=गणेश।

भावार्थ—जैसे हाथी का बच्चा सब काल में (हर एक दशा में) कमलनाल को तोड़ डालता है वैसे ही श्रीगणेशजी अकाल के बड़े-बड़े और

कठिन और (कराल) भयंकर दुःखों को तोड़ डालते हैं। (और) विपत्ति को, हठ करके, पुरइन के पत्तों के समान (हरत) खींचकर तोड़ डालते हैं और पाप को कीचड़ की भाँति दबाकर पाताल को भेज देते हैं। (और) अपने दास के शरीर से, कलंक का चिह्न दूर करके, शिव के मस्तक पर रहने वाले चन्द्रमा के समान (कलंक रहित और वंदनीय) करके उसकी (सदैव) रक्षा करते हैं। (और) सम्मुख होते ही संकट की जंजीरों को तोड़ देते हैं। (ऐसा दुःख-निवारक, पाप-हारक और दास-रक्षक समझ कर) दशों दिशाओं के लोग श्रीगणेश जी का मुँह ताका करते हैं—अर्थात् कृपा के आकांक्षी रहते हैं।

विशेष—गणेश को 'गजमुख' कहने के कारण उनके सब कामों को हाथी के बच्चे के कामों के समान वर्णन किया। गणेश के शाप ही से चन्द्रमा कलंकित है, और गणेश के अनुग्रह ही से केवल द्वितीया का चन्द्रमा निष्कलंक है। इस छन्द में कोई-कोई 'दशमुख' शब्द का अर्थ ब्रह्मा, विष्णु और महेश लगाते हैं—क्योंकि ये तीनों मिलकर 'दशमुख' हैं, अर्थात् ब्रह्मा = चार मुख, विष्णु = एक मुख, शिव = पंचमुख।

अलंकार—उपमा, परिकरांकुर

सरस्वती वंदना

दंडक—बानी जगरानी की उदारता बखानी जाय,
ऐसी मति कहौं धौं उदार कौन की भई।
देवता प्रसिद्ध सिद्ध ऋषिराज तपवृद्ध,
कहि कहि हारे सब कहि न कहूँ लई।
भावी भूत वर्तमान जगत बखानत है,
केशोदास केहू ना बखानी काहू पै गई।
वर्णें पति चार मुख पूत वर्णें पाँच मुख,
नाती वर्णें षटमुख तदपि नई नई॥ २॥

शब्दार्थ—बानी=सरस्वती। उदारता=दातारपन, फैयाजी। उदार=बड़ी, महान्। हारे=थके। भावी=भविष्य। भूत=गत, गुजरा हुआ। वर्तमान=मौजूद। तदपि=तौभी।

भावार्थ—कहो तो भला ऐसी बड़ी बुद्धि किसकी हुई है जिससे संसार की रानी श्री सरस्वती जी की उदारता कही जाय (अर्थात् ऐसी बुद्धि किसी की नहीं कि सरस्वती जी की पूर्ण प्रशंसा कर सके)। देवता, मशहूर सिद्ध, बड़े-बड़े ऋषि और बड़े-बड़े तपस्वी लोग कह-कह कर थक गये, पर किसी ने पूरी न कह पाई। भूतकाल के संसारी लोग कह गये, वर्तमान काल के कह रहे हैं और भविष्य काल के कहेंगे तो भी (केशौदास कहते हैं) पूरी प्रशंसा न हुई और न हो सकेगी। (लौकिक वा अन्य लोगों की तो बात ही क्या, स्वयं उनके सम्बन्धी जो उनकी उदारता भली भाँति जान सकते हैं) पति (ब्रह्मा) चार मुख से, पुत्र (महादेव) पाँच मुख से और नाती (षडानन) छः मुख से वर्णन करते हैं तो भी कुछ न कुछ नवीन उदारता उनको कहने के लिए मिलती ही जाती है—अर्थात् वे भी पूर्णतया नहीं कह सकते, तब हम मनुष्यों की क्या गति है कि उनकी उदारता का कुछ भी वर्णन कर सकें।

अलंकार—सम्बन्धातिशयोक्ति

श्रीराम वंदना

दंडक—पूरण पुराण अरु पुरुष पुराण परिपूरण,
बतावैं न बतावैं और उक्ति को।
दरशन देत जिन्हें दरशन समुझैं न,
नेति नेति कहैं वेद छाँड़ि आन युक्ति को।
जानि यह केशौदास अनुदिन राम राम,
रटत रहत न डरत पुनरुक्ति को।
रूप देहि अणिमाहि गुण देहि गरिमाहि,
भक्ति देहि महिमाहि नाम देहि मुक्ति को ॥ ३ ॥

शब्दार्थ—पूरण=सम्पूर्ण, सब। परिपूरण=सब प्रकार पूर्ण। उक्ति=बात, कथन। दरशन=षट्शास्त्र। अनुदिन=रोज-रोज, नित्य। पुनरुक्ति=दोबारा कहने का दोष। अणिमा=वह सिद्धि जिससे छोटे से छोटा रूप धारण

किया जा सकता है। महिमा—वह सिद्धि जिससे बड़ा रूप धर सकते हैं। मुक्ति—जीवन-मरण से छुटकारा।

भावार्थ—सब पुराण (ग्रन्थ) और पुराने लोग जिसे और कथन छोड़ सब प्रकार पूर्ण बतलाते हैं (और) जिसको षट्शास्त्र (के समझने वाले ज्ञानी) समझ नहीं सकते वे ही राम (अपने प्रेमी भक्तों को) प्रत्यक्ष दर्शन देते हैं। अर्थात् शास्त्रज्ञानी जिसके निर्गुण रूप को समझ नहीं सकते वही ब्रह्म प्रेमी भक्तों को सगुण रूप से दर्शन देते हैं (यह विचित्रता है जिसमें) और वेद जिसके लिये अन्य प्रकार से बतलाने के बदले 'न इति न इति' कहके अपना असामर्थ्य प्रकट करता है (अर्थात् वेद भी जिसके अनेक प्रकार के गुणों का बखान नहीं कर सकता) ऐसा समझ कर केशवदास भी नित्य राम-राम रटता है (यद्यपि एक ही शब्द को दो बार कहना कविता में दोष कहा गया है) और पुनरुक्ति दोष को नहीं डरता, (क्योंकि) उस राम के रूप के दर्शन से अणिमा सिद्धि प्राप्त होती है, उसके गुणकथन से गरिमा सिद्धि मिलती है, उसकी भक्ति महिमा सिद्धि की देनेवाली है और नाम उसका जपने से मुक्ति मिलती है।

अलंकार—सम्बन्धातिशयोक्ति—(नेति नेति कहै वेद) (दे० अ० मं० पृष्ठ ८६)।

वंशपरिचय

सुगीत*—सनाढ्य जाति गुनाढ्य हैं जगसिद्ध शुद्ध सुभाव।
सुकृष्णदत्त प्रसिद्ध हैं महि मिश्र पंडितराव॥
गणेश सो सुत पाइयो बुध काशिनाथ अगाध।
अशेष शास्त्र विचारि कै जिन जानियो मत साध॥ ४॥

---

*स्मरण रखना चाहिये कि केशव ने कुछ छन्द अपने निज के गढ़े हैं। उन्हीं में से यह एक है। यह १८ वर्ण का छन्द है जिसमें आदि में एक जगण, फिर भगण, रगण, सगण और अन्त में २ जगण रक्खे हैं।

शब्दार्थ – गुनाढ्य = गुणवान् । बुध = पंडित, विद्वान् । अगाध = गहरा, अथाह । अशेष = सब । साध = साधु । उत्तम = अच्छा ।

भावार्थ – जाति के सनाढ्य ब्राह्मण जगत में सिद्ध रूप, शुद्ध स्वभाव वाले, मिश्र उपनामधारी पंडितराज कृष्णदत्त पृथ्वी भर में मशहूर हैं । उन्होंने गणेश के तुल्य बुद्धिमान अगाध पंडित काशीनाथ नामक पुत्र पाया, जिन्होंने सब शास्त्रों को विचार कर उत्तम मत को जान लिया था ।

दो० – उपज्यों तेहि कुल मंदमति शठ कवि केशवदास ।
रामचन्द्र की चंद्रिका भाषा करी प्रकास ॥ ५ ॥

भावार्थ—उन्हीं पं० काशीनाथ के कुल में अल्प बुद्धि और शठ केशवदास कवि उत्पन्न हुआ, जिसने श्रीरामचन्द्रजी की (कीर्ति) चन्द्रिका (किरण) को भाषा (हिन्दी) में प्रकाशित किया ।

ग्रंथरचना काल

दो०—सोरह सै अट्ठावने कातिक सुदि बुध वार ।
रामचन्द्र की चन्द्रिका तब लीन्हों अवतार ॥ ६ ॥

भावार्थ—सरल ही है ।

विशेष—इसमें तिथि प्रकट नहीं कही । परन्तु कही अवश्य है । 'वार' शब्द का अर्थ 'वारस' अर्थात् द्वादसी है । बुन्देलखंड में ग्यारह, बारस, तेरस, चौदस इत्यादि बोलते हैं ।

ग्रंथरचना कारण

दो०—वालमीकि मुनि स्वप्न महँ दीन्हों दर्शन चारु ।
केशव तिनसों यों कह्यो क्यों पाऊँ सुखसारु ॥ ७ ॥

शब्दार्थ—सुखसारु = मुक्ति ।

भावार्थ—सरल ही है ।

श्री छंद—(मुनि) सी, धी । री, धी ॥ ८ ॥

सार छंद—राम, नाम । सत्य, धाम ॥ ९ ॥
और नाम । को न, काम ॥ १० ॥

भावार्थ—(तीन छंद अर्थात् नं० ८, ९, १०, का अन्वय एक साथ करो) राम नाम ही से सुख मिलेगा, क्योंकि राम नाम ही ऋद्धि, सिद्धि और सत्य का घर है। सुख देना और नाम का काम नहीं है।

रमण—(केशव) दुख क्यों। टरिहै।
(मुनि) हरि जू। हरि है॥ ११॥

भावार्थ—(केशवदास ने पूछा) दुःख कैसे टरैगा ? (मुनि ने उत्तर दिया) हरि जू हरैंगे (क्योंकि हरि शब्द का अर्थ ही है हरने वाला)।

अलंकार—परिकरांकुर।

तरणिजा (मुनि)—
वरणिवो। वरण सो॥
जगत को। शरण सो॥ १२॥

शब्दार्थ—वरण=(वर्ण) अक्षर। शरण=रक्षा का स्थान।

भावार्थ—यद्यपि अक्षरों से वर्णन करने योग्य नहीं है तथापि (तेरे समझने के लिये) हम उस हरि का माहात्म्य अक्षरों (शब्दों) द्वारा वर्णन करेंगे। वह हरि संसार के लिये रक्षा का स्थान है।

प्रिया—सुख कंद है। रघुनन्दजू॥
जग यों कहै। जगवंद जू॥ १३॥

शब्दार्थ—कंद=मूल, जड़। रघुनन्द=रामचन्द्र।

भावार्थ—संसार तो यों कहता है कि श्रीरामचन्द्रजी सुख के मूल कारण हैं और संसार भर से वंदना किये जाने योग्य हैं।

सोमराजी—गुनी एक रूपी सुनो वेद गावैं।
महादेव जाको, सदा चित्त लावैं॥ १४॥

भावार्थ—सरल है।

कुमारललिता—विरंचि गुण देखै। गिरा गुणनि लेखै।
अनंत मुख गावै। विशेष हि न पावै॥ १५॥

शब्दार्थ - विरंचि=ब्रह्मा । गिरा=सरस्वती । अनंत=शेषनाग ।

विशेष=निर्णय, निश्चय ।

भावार्थ—ब्रह्मा जिसके गुणों को देखा करते हैं (पर पूर्णतया कह नहीं सकते) सरस्वती जिसके गुणों का लेखा किया करती हैं (पर ठीक गणना नहीं बता सकतीं), शेषनाग जिनके गुणों को हज़ार मुख से कहा करते हैं तो भी अन्त में निश्चय नहीं कर सकते कि उनके गुण कितने हैं ।

अलंकार—सम्बन्धातिशयोक्ति ।

नाग स्वरूपिणी – (मुनि)

भलो बुरो न तू गुनै । वृथा कथा कहै सुनै ।
न राम देव गाइहै । न देवलोक पाइहै ॥ १६ ॥

भावार्थ—तू भला बुरा नहीं विचारता-व्यर्थ बातें कहा-सुना करता है । यह बात निश्चय है कि जब तक रामदेव का गुण नहीं गावेगा, तब तक कदापि देवलोक (बैकुण्ठ) की प्राप्ति नहीं हो सकती ।

षटपद—बोलि न बोल्यो बोल दयो फिर ताहि न दीन्हों ।
मारि न मार्यो शत्रु क्रोध मन वृथा न कीन्हों ।
जुरि न मुरे संग्राम लोक की लीक न लोपी ।
दान सत्य सम्मान सुयश दिशि विदिशा ओपी ।
मन लोभ मोह मद काम वश भये न केशवदास भणि ।
सोई परब्रह्म श्रीराम हैं अवतारी अवतारमणि ॥ १७ ॥

शब्दार्थ—मुरे=मुड़े, पीछे हटे । संग्राम=युद्ध । लीक=प्रथा, रीति । ओपी—प्रकाशित है । भणि=कहता है । अवतारी=अवतार धारण किये हुए । अवतारमणि=ईश्वर के सब अवतारों में श्रेष्ठ ।

भावार्थ—एक बार जो कह दिया, फिर दोबारा उस विषय में कभी कुछ नहीं बोले (जो कहा सो कर डाला । वचन का हेर-फेर नहीं किया), जिसको एक बार दिया उसे फिर कुछ नहीं दिया । (पहली ही बार इतना दे दिया कि दोबारा देने की ज़रूरत न रही) । एक बार शत्रु को मार कर दोबारा फिर नहीं

मारा (एक ही वार में उसका वारा न्यारा कर दिया तथा जिसे एक बार मारा उसे मुक्तिपद दिया फिर उसको जन्म मरण की आवश्यकता न रही), और व्यर्थ कभी मन में क्रोध नहीं लाये। युद्ध में शत्रु के सामने होकर फिर हटे नहीं, और लोकाचार का कभी लोप नहीं किया। उनके दान, उनकी सत्यसन्धता, उनके सम्मान के यश से दिशा और विदिशायें प्रकाशित हो रही हैं। केशवदास कहते हैं कि जिनका मन कभी लोभ, मोह, मद और काम के वश में नहीं हुआ, वे श्रीरामजी साक्षात् परब्रह्म हैं और अवतार धारण किये हुए रूपों में सब से श्रेष्ठ अवतार हैं।

दो०—मुनिपति यह उपदेश दै जबहीं भये अदृष्ट।
केशव दास तही करयो रामचन्द्र जू इष्ट॥ १८॥

शब्दार्थ—मुनिपति=वाल्मीकि मुनि (जिन्होंने केशव को स्वप्न में दर्शन दिये थे)। उपदेश=शिक्षा। अदृष्ट=गायब। इष्ट=पूज्य देव।

भावार्थ—सरल ही है।

गाहा—रामचन्द्र पद पद्मं, वृंदारक वृन्दाभिवंदनीयम्।
केशवमति भूतनया, लोचनं चंचरीकायते॥ १९॥

शब्दार्थ—वृन्दारक=देवता। अभिवंदनीयम्=भली प्रकार वंदन करने योग्य। भूतनया=(महिजा) सीता जी। चंचरीकायते=भौंरे का सा आचरण करते हैं।

भावार्थ—देवताओं से भली भाँति वन्दना करने योग्य श्रीरामचन्द्रजी के चरण कमल में केशव की मतिरूपिणी सीता के नेत्र भौंरे का आचरण करते हैं (जैसे भौंरा कमल पर आसक्त होता है वैसे ही केशव की बुद्धि रामचरणों पर प्रेम करती है)।

अलंकार—रूपक।

चतुष्पदी*—जिनको यश हंसा, जगत प्रशंसा, मुनिजनमानस रंता।

---

*इसको चौपैया वा चौबोला भी कहते हैं।

लोचन अनुरूपिनि श्यामसरूपिनि अंजन अंजित संता ॥
कालत्रयदरशी निर्गुण-परशी होत विलंब न लागै।
तिनके गुण कहिहौं सब सुख लहिहौं पाप पुरातन भागै ॥ २० ॥

शब्दार्थ—मानस=(१) मन (२) मानसरोवर। रंता=अनुरक्त, प्रेमी। अनुरूप=योग्य, मौजूं। अंजित=अंजन लगाकर। पुरातन=प्राचीन।

भावार्थ—(मुनि का उपदेश सुनकर केशव की प्रतिज्ञा) जिनके यश रूपी हंस की संसार भर में बड़ाई होती है, जो यश रूपी हंस मुनियों के मनरूपी मानसरोवर से प्रेम रखता है, और जिनके श्यामस्वरूप रूपी अंजन को अपने नेत्रों के अनुसार आँखों में आँज कर सन्त लोग त्रिकाल-दर्शी और निर्गुण ब्रह्म को स्पर्श करने वाले (सायुज्यमुक्तिलब्ध) हो जाते हैं, मैं उन्हीं राम के गुण कहूँगा जिससे सब सुख पाऊँगा और प्राचीन (अनेक जन्मों के संचित) पाप छूट जायेंगे।

अलंकार—रूपक।

इति प्रस्तावना

अथ कथारम्भः

दो०—जागत जाकी ज्योति जग एकरूप स्वच्छन्द।
रामचन्द्र की चन्द्रिका वर्णत हौं बहु छन्द ॥ २१ ॥

शब्दार्थ—ज्योति=प्रकाश, रोशनी। एकरूप=सर्वदा एक सी। स्वच्छन्द=बिना किसी के सहारे। चन्द्रिका=चाँदनी, जोन्ह।

भावार्थ—जिसकी रोशनी सदा एक सी और बिना किसी के सहारे के (जैसे इस हमारे चन्द्रमा की रोशनी सूर्य के सहारे पर निर्भर है, ऐसी नहीं) सारे संसार में जगमगाता है, उस राम रूपी चन्द्रमा की चाँदनी (कीर्ति, यश) का अब मैं अनेक प्रकार के छन्दों में वर्णन करता हूँ।

रोला—शुभ सूरज कुल-कलस नृपति दशरथ भये भूपति।
तिन के सुत भये चारि चतुर चित चारु चारु मति।

रामचन्द्र भुवचन्द्र भरत भारत भुव भूषण।
लक्ष्मण अरु शत्रुघ्न दीह दानवदल-दूषण ॥ २२ ॥

शब्दार्थ—कलश=शिरोमणि। चारु=सुन्दर, पवित्र । भुव-चन्द्र= पृथ्वी के चन्द्रमा। भारत-भुव=भारतवर्ष, हिन्दुस्तान । दीह=दीर्घ, बड़ा। दूषण=विनाशक, संहारक।

भावार्थ—अच्छे सूर्यवंश के शिरोमणि राजा दसरथ जब राजा हुए, तब उनके चार पुत्र हुए जो बड़े चतुर, शुद्ध चित्त और अच्छे मति वाले थे। श्रीरामचन्द्र जी तो इस पृथ्वी के चन्द्रमा ही थे, भरत जी इस भारतवर्ष के भूषण थे और लक्ष्मण और शत्रुघ्न जी दानवों के बड़े बड़े दलों को विनाश करने वाले थे।

अलंकार—रूपक।

घत्ता—सरजू सरिता तट नगर बसै वर,
अवधनाम यशधाम धर।
अघओघ विनाशी सब पुरवासी,
अमरलोक मानहुँ नगर ॥ २३ ॥

शब्दार्थ—यशधाम=सुयश का घर। मशहूर=प्रसिद्ध। घर=धरा, पृथ्वी। अघ=पाप। ओघ=समूह।

भावार्थ—सरयू नदी के तीर पर एक सुन्दर नगर बसता था, जिसका नाम 'अवध' (अयोध्या) था। वह नगर पृथ्वी भर में प्रसिद्ध था (और है) यहाँ के सब पुरवासी लोग पापों के समूह को नाश करने वाले थे (पाप करते ही न थे) इसी कारण वह नगर देवलोक के समान था।

विश्वामित्र का अवधागमन

छप्पय—गाधिराज को पुत्र साधि सब मित्र शत्रु बल।
दान कृपान विधान वश्य कीन्हीं भुवमण्डल।

कै मन अपने हाथ जीति जग इन्द्रियगण अति।
तपबल याही देह भये क्षत्रिय तें ऋषिपति।
तेहि पुर प्रसिद्ध केशव सुमति काल अतीतागतनि गुनि।
तहँ अद्भुत गति पगु धारियो विश्वामित्र पवित्र मुनि ॥२४॥

शब्दार्थ—साधि=अपने काबू में करके। कृपान विधान=युद्ध। वश्य=वशीभूत। जग=चंचल। अतीतागतनि (अतीत–आगत–नि) =गतकाल और आगमकाल दोनों को। अद्भुतगति=शीघ्रतायुक्त। पगु धारियो=आये।

भावार्थ—राजा गाधि के लड़के (विश्वामित्र) ने अपने सब मित्रों और शत्रुओं के बल को अपने काबू में करके, मित्रों को कुछ देकर और बैरियों से युद्ध करके समस्त पृथ्वीमण्डल को अपने वश में कर लिया था। यहाँ तक कि तप से अपने मन और अति चंचल इन्द्रियों को भी जीत लिया था, और अपने तप के बल से इसी देह से (बिना जन्मान्तर) क्षत्री से ब्रह्मऋषि की पदवी को प्राप्त कर लिया था। वे ही पवित्र विश्वामित्र मुनि गत काल और आगम काल का ठीक-ठीक हिसाब लगा कर (अर्थात् यह हिसाब लगाकर कि रामचन्द्र जी इतने वर्ष के हो चुके और धनुर्भङ्ग, रावण वधादि को अब इतना समय और बाकी है) क्योंकि वे सुमति थे (त्रिकालज्ञ थे) इस हेतु बड़ी शीघ्रता से अवध को आये।

प्रज्झटिका*—पुनि आये सरयू सरित तीर।
तहँ देखे उज्ज्वल अमल नीर।
नव निरखि निरखि द्युति गति गँभीर।
कछु वर्णन लागे सुमति धीर ॥ २५ ॥

शब्दार्थ—उज्ज्वल=सफेद। अमल=स्वच्छ, साफ। नव=अनोखी। द्युति=चमक, कान्ति। गति=चाल, बहाव। गम्भीर=गहरी (यहाँ गहराई)। सुमति धीर=सुन्दर और धीर मति वाले (विश्वामित्र)।

---

* इसको पद्धरी वा पद्धटिका भी कहते हैं।

भावार्थ—सरल ही है।

सरजू का वर्णन

प्रज्झटिका—अति निपट कुटिल गति यदपि आप।
तउ दत्त शुद्ध गति छुवत आप।
कछु आपुन अध अधगति चलंति।
फल पतितन कहँ ऊरध फलंति॥ २६॥
मद मत्त यदपि मातंग संग।
अति तदपि पतित पावन तरंग।
वहु न्हाय न्हाय जेहि जल सनेह।
सब जात स्वर्ग सूकर सदेह॥ २७॥

शब्दार्थ—आप=स्वयं, खुद। आप=पानी, जल। आपुन=खुद। अध=नीची (नीचे की ओर)। पतितन=पापियों। ऊरध=ऊर्ध्व, ऊँचा। मदमत्त=(१) मस्तक से बहते हुए मद के कारण मस्त, (२) शराब से मस्त। मातङ्ग=(१) हाथी, (२) चाण्डाल। सनेह=(१) सप्रेम (२) तैलयुक्त। सूकर=(१) अच्छे काम करने वाले, (२) सुअर। सदेह=शरीर सहित।

भावार्थ—यद्यपि आप स्वयं तो टेढ़ी चालवाली हैं (नदियों की टेढ़ी-मेढ़ी चाल होती है) तो भी औरों को पानी छूते ही (स्पर्श मात्र से) सूधी गति (अच्छी गति=स्वर्गवास इत्यादि) देती हैं। आप तो खुद नीचे की ओर को चलती हैं (नदी नीचे को बहती है) परन्तु पापियों को ऊँचे जाने का फल देती हैं (देवलोक भेजती हैं)।

यद्यपि मद से मस्त हाथियों को सङ्ग रखती है (मदमाते हाथी सरजू में नहाया करते हैं) तथापि इसकी लहर अत्यन्त पतितपावन है। बहुत से जीव इसके जल में सप्रेम स्नान करके, सब—यहाँ तक कि सुअर तक सदेह स्वर्ग को चले जाते हैं।

विशेष—इन दोनों छन्दों में विरोधाभास अलंकार है। इसी कारण विरोधाभास को स्पष्ट करने के लिये कुछ शब्दों के दोहरे अर्थ लिख दिये गये हैं।

राजा दशरथ के हाथियों का वर्णन

नवपदी—जहँ तहँ लसत महा मदमत्त।
वर वारन वार न दल दत्त।
अंग अंग चरचे अति चंदन।
मुंडन भुरके देखिय वंदन॥ २८॥

शब्दार्थ—वारन=हाथी। वार न=देर नहीं लगती। दत्त=दलते हुए, मारने में। चरचे=लगाये हुए। भुरके=छिड़के हुए। वन्दन=सेन्दुर।

भावार्थ—जहाँ तहाँ बड़े मदमाते हाथी (गजशाला में बँधे हुए) शोभा देते हैं। वे ऐसे बली हाथी हैं जिन्हें सेना की सेना दलते हुए कुछ देर ही नहीं लगती। उनके सब अङ्गों में चन्दन लगा हुआ है और सिरों पर सिंदुर छिड़का हुआ देख पड़ता है।

दो०—दीह दीह दिग्गजन के केशव मनहुँ कुमार।
दीन्हें राजा दशरथहिं दिगपालन उपहार॥ २९॥

शब्दार्थ—दीह दीह=बड़े बड़े। कुमार=पुत्र। उपहार=भेंट, नज़र।

भावार्थ—केशव कवि कहते हैं कि ये हाथी बड़े-बड़े हैं, जान पड़ता है कि वे दिग्गजों के लड़के हैं और दिगपालों ने उन्हें राजा दशरथ को भेंट में दे डाला है।

अलंकार—उत्प्रेक्षा।

बाग-वर्णन

अरिल्ल—देखि बाग अनुराग उपज्जिय।
बोलत कल ध्वनि कोकिल सज्जिय।
राजति रति की सखी सुवेषनि।
मनहुँ बहति मनमथ संदेशनि॥ ३०॥

शब्दार्थ—कल=मनोहर, मधुर। सुवेषनि=सुन्दर भेस वाली। बहति=पहुँचाती है। मनमथ=कामदेव।

भावार्थ—बाग को देखकर आपसे आप अनुराग पैदा होता है। मधुर ध्वनि से कोयल बोलती हुई शोभा दे रही है। (अपने सुन्दर भेस के कारण, रति की सखी सी जान पड़ती है, (और मधुर स्वर से) ऐसा जान पड़ता है मानों लोगों को काम का सन्देशा सुना रही है।

विशेष—जिस समय विश्वामित्र अयोध्या में आये थे उस समय वसन्त ऋतु न थी। परन्तु यह काव्य-नियम है कि बाग के वर्णन में उनका ऐसा वर्णन किया जाता है मानो वसन्त वा वर्षा काल में देख-देख कर उसको छटा वर्णन कर रहे हों, क्योंकि इन्हीं दो ऋतुओं में बाग-वाटिकादि अपनी पूर्ण शोभा से सपन्न होते हैं।

अलंकार—उत्प्रेक्षा।

अरिल्ल—फूलि फूलि तरु फूल बढ़ावत।
मोदत महामोद उपजावत।
उड़त पराग न चित्त उड़ावत।
भ्रमर भ्रमत नहिं जीव भ्रमावत॥ ३१॥

शब्दार्थ—फूल=हर्ष। मोदत=सुगन्ध फैलाते हुए। मोद=आनन्द। पराग=पुष्प धूलि। उड़ावत—उड़ते हैं। भ्रमावत=फिरते हैं।

भावार्थ—फूल फूल कर वृक्षगण बाग में सैर करने वालों के हर्ष को बढ़ाते हैं, और अपनी सुगन्ध फैला कर उनके हृदय में अत्यन्त आनन्द पैदा करते हैं। यह फूलों का पराग नहीं उड़ रहा है, वरन् लोगों के चित्त हैं जो उड़ रहे हैं। (ये) भ्रमर नहीं हैं जो भ्रम रहे हैं वरन् लोगों के जीव हैं जो भौंरे बनकर इधर उधर घूम रहे हैं।

अलंकार—शुद्धापन्हुति।

पादाकुलक*—सुभ सर शोभै। मुनि मन लोभै।
सरसिज फूलें। अलि रस भूले॥ ३२॥

---

*इसको शशिवदना भी कहते हैं।

जल चर डोलैं। बहु खग बोलैं।
बरणी न जाहीं। डर उरझाहीं ॥३३॥

शब्दार्थ—सर=तालाब। सरसिज=कमल। अलि=भौंरा। रस=मकरन्द। जलचर=जल में रहने वाले जीव, मछली इत्यादि।

भावार्थ—(बाग के मध्य में) एक सुन्दर तालाब शोभा दे रहा है जो मुनियों के मन को भी लुभा लेता है। उसमें कमल फूले हुए हैं, जिनके मकरन्द पर भौंरे मस्त हो रहे हैं। मछलियाँ कलोल कर रही हैं, बहुत से जल पक्षी बोल रहे हैं जिनका वर्णन नहीं करते बनता, क्योंकि वे मन को खींच कर अपने में उलझा लेते हैं।

चतुष्पदी—

देखो बनवारी चंचल भारी तदपि तपोधन मानी।
अति तपमय लेखी गृहथित पेखी जगत दिगंबर जानी।
जग यदपि दिगंबर पुष्पवती नर निरखि निरखि मन मोहै।
पुनि पुष्पवती तन अति अति पावन गर्भ सहित सब सोहै ॥३४॥

विशेष—इस छन्द में 'बनवारी' शब्द के दो अर्थ लेकर विरोध का आभास प्रदर्शित किया गया है। इस हेतु समझ लेना चाहिये कि (१) फुलवारी वा वाटिका के प्रसंग का अर्थ तो यथार्थ अर्थ है और (२) वनकन्या के प्रसंग का अर्थ केवल विरोधाभास अलंकार के लिये है।

शब्दार्थ—बनवारी=(१) फूलवाटिका (२) कोई बनवासिनी कन्या। चञ्चल=(१) जिसके पत्रादि डोलते हों (२) चपलस्वभावा। तपोधन=(१) जाड़ा, गर्मी वर्षादि सहनेवाली (२) तपस्विनी। गृथित=(१) परिखा से घिरी हुई (२) घर में रहते हुए। दिगम्बर=(१) खुली हुई (२) नंग, बेपरद। पुष्पवती=(१) फूल वाली, (२) रजोधर्म युक्त। पावन=(१) पवित्र (२) सुन्दर। गर्भ सहित=(१) फलनेवाली (२) सगर्भा, गर्भवती।

भावार्थ—विश्वामित्र जी ने राजा दशरथ की फुलवारी (कोई वनकन्या) देखी। उसके पत्र पुष्पादि (वायु से) हिल रहे हैं और वह तपस्विनियों की तरह

शीत, ग्राम और वर्षा सहती है। (कन्यापक्ष में—चंचल स्वभाव होने पर भी तपस्विनी के समान है—यही विरोध है—चंचल व्यक्ति तपस्वी नहीं हो सकता)। तपनय होने पर भी घर में स्थित है—चारों ओर परिखा वा चहारदीवारी से सुरक्षित है। (कन्यापक्ष में घर में रहते हुए भी तपस्विनी है यही विरोध है) जगत जानता है कि वह फुलवारी दिगम्बर (वेपरद) अर्थात् सब कोई उसे देख सकता है। (कन्यापक्ष में—नङ्गी रहना निर्लज्जता है)। (छोटी कन्यायें दिगम्बर रह सकती हैं) पर यह तो पुष्पवती—रजोधर्मा होने पर भी नङ्गी रहती है—यही विरोध है। वह फुलवारी दिगम्बरा है और बहुत फूलों वाली है जिसे देख कर मनुष्यों के मन मोहित होते हैं (कन्यापक्ष में—नरों को देख-देख कर अपने मन से उन पर आसक्त होती है यही विरोध है—दिगम्बरा कन्या (अल्पावस्था वाली) एक तो पुष्पवती नहीं होतीं दूसरे स्वयं कामवश होकर किसी पर आसक्त नहीं होतीं)। पुष्पवती होने पर (फुलवारी) अत्यन्त पवित्र है और फूलों के नीचे फलों के बीजांकुर सहित सब वृक्ष शोभा दे रहे हैं। कन्या पक्ष में पुष्पवती होने पर भी पवित्र तथा गर्भवती है—यही विरोध है।

चतुष्पदी—

पुनि गर्भ संयोगी रतिरस भोगी जग जन लीन कहावै।
गुणि जगजन लीना नगर प्रवीना अति पति के मन भावै।
अति पतिहिं रमावै चित्त भ्रमावै सौतिन प्रेम बढ़ावै।
अबयौ दिनरातिन अद्भुत भातिन कविकुल कीरति गावै ॥३४॥

शब्दार्थ—रतिरस=(१) प्रेम (२) स्त्री-पुरुष सम्भोग सुख। पति=(१) मालिक, राजा। (२) स्वपति अपना खाविन्द। रमावै=(२) चित्त को प्रसन्न करती है, (२) सम्भोग सुख देती है।

भावार्थ—वह फुलवारी फल गर्भा है और प्रेमी जनों से सदा भरी रहती है—अर्थात् सब लोग वहाँ सैर करने को जाते हैं। (कन्यापक्ष में गर्भवती होने पर भी अनेक जग जनों के सम्भोग-सुख में लीन रहती है—यही विरोध है)। संसार के गुणीजन और नगर के प्रवीन लोग उस फुलवारी में घूमते-

फिरते हैं और वह अपने मालिक (राजा दशरथ) के मन को भी खूब भाती है। (कन्या पक्ष में—संसार भर के गुणियों और नगर निवासियों के प्रेम में लीन रह कर भी अपने पति को प्यारी है—यही विरोध है)। राजा का चित्त इस फुलवारी में बहुत रमता है यहाँ तक कि यह वाटिका राजा के चित्त को भँवा डालती है—अर्थात् इस फुलवारी की उद्दीपक वस्तुओं को देख के राजा का मन कामवश होता है और वे कैकेई, सुमित्रादि रानियों से प्रेमालाप करने लगते हैं, इसी कारण वे रानियाँ (सौतिनें होने पर भी इस फुलवारी पर बड़ा प्रेम रखती हैं और राजा समेत इस फुलवारी में भ्रमण करने को आती हैं—और इस प्रकार यह फुलवारी अपनी सौतिनों के चित्त में भी प्रेम की मात्रा बढ़ाया करती है। (कन्या पक्ष में—पति को अपने में रमाना और सौतिनों का प्रेम बढ़ाना विरोध है) इसी प्रकार यह फुलवारी रात दिन अद्भुत कार्य किया करती है जिससे अनेक कवि इसका यश गाया करते हैं।

नोट—उपरोक्त छन्दों में विरोधाभास अलंकार है। अद्भुत का सहायक शृंगार रस है। इन दोनों छन्दों में शब्दों की शक्ति, अर्थों की गंभीरता, रोचकता और सरसता काव्य-प्रेमियों के लिये माननीय है।

चौबोला*—संग लिये ऋषि शिष्यन घने।
पावक से तपतेजनि सने।
देखत बाग तड़ागन भले।
देखन औधपुरी कहँ चले॥ ३६॥

शब्दार्थ—ऋषि=(यहाँ पर) विश्वामित्र जी। घने=बहुत से। पावक=अग्नि। तपतेजनि सने=तप तेज युक्त।

भावार्थ—सरल ही है।

---

*यह केशव का खास छन्द है। इसका प्रवाह चौबोला का सा है, पर है वर्णिक वृत्त। इसका रूप है तीन भगण और (लघु गुरु ऽ।। ऽ।। ऽ।। ।ऽ)।

अवधपुरी-नगर-वर्णन

मधुभार—ऊँचे अवास। बहु ध्वज प्रकास।
सोभा विलास। सोभै प्रकाश ॥ ३७ ॥

शब्दार्थ—अवास=(आवास) मकान, घर। ध्वज=पताका। सोभा विलास=सुन्दर-सुन्दर आरायश और सजावट की चीज़ें। सोभै=शोभा को।

भावार्थ—ऊँचे-ऊँचे घर हैं जिन पर अनेक भाँति की पताकायें फहरा रही हैं और (असंख्य) सजावट की चीज़ें (नगर की) शोभा को प्रकट कर रही हैं।

आभीर—अति सुन्दर अति साधु।
थिर न रहत पल आधु।
परम तपोमय मानि।
दण्डधारिणी जानि ॥ ३८ ॥

शब्दार्थ—साधु=सीधा, जो किसी को किसी प्रकार से दुःख न दे। तपोमय=तपस्विनी।

भावार्थ—(पताकायें कैसी हैं कि) अत्यन्त सुन्दर हैं और बहुत सीधी हैं। (परन्तु) आधा पल भी थिर नहीं रहतीं (उनके फुरेरे सदैव चलायमान रहते हैं) और अत्यन्त तपस्विनी हैं (क्योंकि एक पैर से रात दिन खड़ी रहती हैं) और दण्ड धारण करने वाली भी हैं (दण्ड धारण करना तपस्वी संन्यासियों का चिन्ह है। पताकाओं के बाँस दण्ड कहलाते हैं।

अलंकार—विरोधाभास, साधु में चंचलता विरोध है।

हरिगीत—शुभ द्रोण गिरि गण शिखर
ऊपर उदित ओषधि सो गनौ।
बहु वायु वश वारिद बहारहि
अरुझ दामिनि दुति मनौ।

अति किधौं रुचिर प्रताप
पावक प्रगट सुरपुर को चलो।
यह किधौं सरित सुदेश मेरी
करी दिवि खेलत भलो॥ ३६॥

शब्दार्थ—शिखर=चोटी। ओषध=जड़ी बूटी। वारिद=बादल। बहोरहि=लौटा ले जाती हैं। सरित=नदी। सुदेश=सुन्दर। मेरी करी=मेरी बनाई हुई (विश्वामित्र कृत कौशिकी गंगा)। दिवि=आकाश।

भावार्थ—(लाल रंग के पताका-पट) अथवा द्रोणाचल पर्वत के शिखर पर मानों दिव्य जड़ी-बूटियों के प्रकाश चमक रहे हैं, अथवा बिजली की ज्योति जो ध्वजाओं के दण्डों से उलझ गई है उसी को, बादलों के वशवर्ती होने के कारण, हवा पुनः बादलों की तरफ लौटा रही है; वा रघुवंशियों के प्रचण्ड प्रताप की अग्नि (पृथ्वी पर न अट सकने के कारण) अब सुरपुर की ओर जा रही है। (और सफेद रंग के पताका-पट) अथवा यह मेरी बनाई हुई कौशिकी गंगा है जो आकाश में खेल रही है (इस छन्द से नगर के घरों का अति ऊँचा होना दर्शाया गया है)।

अलंकार—उत्प्रेक्षा, संबन्धातिशयोक्ति और संदेह।

दो०—जीति जीति कीरति लई शत्रुन की बहु भाँति।
पुर पर बाँधी शोभिजै मानौ तिनकी पाँति॥ ४०॥

भावार्थ—(सफ़ेद पताकापट) राजा दशरथ ने शत्रुओं को जीत-जीत कर उनकी कीर्तियाँ छीन ली हैं। मानों (ये श्वेत पताका) उन्हीं कीर्तियों की पंक्ति हैं जो नगर के ऊपर बँधी हुई शोभा दे रही हैं।

अलंकार—उत्प्रेक्षा।

त्रिभंगा—सम सब घर शोभैं मुनि मन लोभैं रिपु गण छोभैं देखि सबै।
बहु दुन्दुभि बाजैं जनु घन गाजैं दिग्गज लाजैं सुनत जबै।
जहँ तहँ श्रुति पढ़हीं विघन न बढ़हीं जय यश मढ़हीं सकल दिशा।
सबई सब विधि छ्म बसत यथाक्रम देवपुरी सम दिवस निशा॥४१॥

शब्दार्थ—सम=बराबर ऊँचाई के। छोभैं=डरते हैं, ईर्ष्या करते हैं। श्रुति=वेद। मढ़ई=छा जाते हैं। छम=योग्य। यथाक्रम=सिलसिले से, यथोचित रीति से।

भावार्थ—अयोध्या के नगर के सब घर सम ऊँचाई से बने हैं, इससे ऐसा शोभा देते हैं जिसे देख कर औरों की तो बात ही क्या है मुनियों के भी मन मोहित हो जाते हैं (क्योंकि मुनि जन रागद्वेषहीन होते हैं और समता को पसन्द करते हैं) और जिस समता को देख कर शत्रुओं के चित्त में क्षोभ होता है। नगर में जहाँ-तहाँ (देवालयों में या बड़े लोगों के द्वार पर) बहुत से नगाड़े बजते हैं सो ऐसा जान पड़ता है मानो बादल गरजते हैं, जिस शब्द को सुन कर दिग्गज लज्जित होते हैं। जहाँ-तहाँ विप्रगण वेद पाठ करते हैं। (यज्ञ, पूजन, हवन में) जिससे विघ्न नहीं बढ़ने पाते (दुःख रोगादि नहीं होते) और सब ओर नगरनिवासियों का जैजैकार और यश छा जाता है। नगर के सब लोग सब ही प्रकार से योग्य हैं और सिलसिले से जहाँ जिसको बसना चाहिये वहीं वह बसता है जिससे सदैव यह नगर देवपुरी के समान जान पड़ता है।

त्रिभंगा—कविकुलविद्याधर, सकल कलाधर, राजराज वर वेश बने।
गणपति सुखदायक, पशुपति लायक, सूर सहायक कौन गनै।
सेनापति बुधजन, मंगलगुरुगण, धर्मराज मनबुद्धि घनी।
बहु शुभ मनसाकर, करुणामय अरु सुरत-रंगिनी शोभसनी ॥४२॥

शब्दार्थ—विद्याधर=विद्वान्। कलाधर=कलाओं को जाननेवाले। राजराज=श्रेष्ठ क्षत्री। गणपति=एक एक समूह का प्रधान मनुष्य, अफ़सर, अधिकारी। पशुपति=अश्वशाला, गजशाला, गोशाला इत्यादि के अधिकारी। सूर=वीर, योद्धा। सेनापति=नायक, दफ़ेदार, हवलदार इत्यादि। बुधजन=बुद्धिमान लोग। मंगल=मांगलिक पाठ करनेवाले ब्राह्मण। गुरुगण=पाठशालाओं के शिक्षक, गुरु, मुदर्रिस, स्कूलमास्टर। धर्मराज=न्यायकर्ता, जज, मुंसिफ, क़ाज़ी, मुफ़्ती इत्यादि। मनसाकर=मनवांछित फल

देनेवाला। करुणामय=दयावान्। सुरतरंगिनी=सरयू नदी। शोभसनी=शोभायुक्त।

विशेष—४१ वें छन्द में अयोध्या नगर को देवपुरी कह आये हैं। इस कारण 'मुद्रालंकार' से देवपुरी की वस्तुओं की सूचना इस छन्द में देते हैं। इस अलंकार को उर्दू में 'मिराआतुन्नजार' कहते हैं। क्या उर्दू में ऐसा इतना अच्छा और इतना बड़ा वर्णन इस अलंकार का उर्दू-साहित्य में दिखला सकते हैं ? * उर्दू में चार शब्द तक का निर्वाह देखा गया है। यहाँ १३ शब्द तक निर्वाह किया गया है। अलंकार द्वारा सूचना हेतु शब्दार्थ यों जानना चाहिये :—कवि=शुक्र। विद्याधर=देवविशेष। कलाधर=चन्द्रमा। राजराज=कुबेर। गणपति=गणेश। सुखदायक=इंद्र। पशुपति=महादेव। सूर=सूर्य। सेनापति=षडानन। बुधजन=बुद्ध। मंगल=ग्रह। गुरु=बृहस्पति। धर्मराज=यम। मनसाकर=कल्पवृक्ष, कामधेनु। करुणामय=विष्णु। सुरतरंगिनी=आकाशगंगा।

भावार्थ—(इस देवपुरी समान अयोध्या नगरी में) विद्वान्, कविगण, सब कलाओं के जानकार, अच्छे शिल्पकार और सुन्दर भव्य रूपवाले क्षत्री बसते हैं। सुख देनेवाले (मुलायम और प्रेम से काम लेनेवाले) अफ़सर हैं, योग्य अश्वपाल और गजपालादि हैं, और शूरवीर योद्धा और सहायता करने वाले अनेक हैं जिनकी गणना नहीं हो सकती। अच्छे अच्छे सेनानायक हैं, पंडित हैं, मंगलपाठी विप्र हैं, दीक्षक और शिक्षक हैं और बड़ी बुद्धिवाले न्यायाधीश (जज, मुंसिफादि) हैं। बहुत से ऐसे अच्छे दानी और दयावान् भी हैं जो याचक की इच्छा पूरी कर देते हैं, और (नगर के निकट) सुन्दर सरयू नदी भी बहती है।

अलंकार—मुद्रालंकार।

---

* उर्दू में इस अलंकार का एक बढ़िया उदाहरण यह है :—"नजर बदली जो देखा उस सनम की। नदी नाले ने फुरसत एक दम की।" इसमें बदली, नदी, और नाले तीन शब्द अलंकार सूचक हैं।

हीरक—पंडित गण मंडित गुण दंडित मति देखिये।
क्षत्रियवर धर्म प्रवर क्रुद्ध समर लेखिये।
वैश्य सहित सत्य रहित पाप प्रगट मानिये।
शूद्र सक्ति विप्र भगति जीव जगत जानिये॥ ४३॥

शब्दार्थ—पंडित गण=ब्राह्मण लोग। गुण मंडित=गुणों से भूषित, गुणवान, विद्यावान्। दंडित मति=सुशासित बुद्धि। धर्म प्रवर=धर्म में प्रबल। समर=युद्ध। सकति=शाक्तिक, शक्ति के उपासक। जीव=मन, हृदय। जगत=जगती है।

भावार्थ—ब्राह्मण लोग सब गुणों से विभूषित हैं और उनकी बुद्धि शिक्षा से सुशासित देख पड़ती है। श्रेष्ठ क्षत्री गण क्षात्र धर्म में प्रबल हैं और समर ही में क्रोध करते हैं। वैश्य लोग सत्य सहित और पाप रहित व्यवहार करते हैं सो प्रकट ही है। शूद्र लोगों के मन में शक्ति जग रही है, (इस प्रकार चारो वर्ण के लोग अयोध्या में बसते हैं)।

सिंहविलोकित*—अति मुनि तन मन तहँ मोहि रह्यो।
कछु बुधि बल बचन न जाय कह्यो।
पशु पक्षि नारि नर निरखि तबै।
दिन रामचन्द्र गुण गनत सबै॥ ४४॥

भावार्थ—(अयोध्या को देख कर) मुनि (विश्वामित्र) का तन मन मोहित हो रहा, बुद्धि बल से कुछ वचन नहीं कहा जाता (प्रशंसा नहीं करते बनती), तदनन्तर देखा कि वहाँ के स्त्री और पुरुष, पशु और पक्षी सब जीव नित्य प्रति रामगुण गान करते हैं।

मरहट्टा—अति उच्च अगारनि बनी पगारनि जनु चिंतामणि नारि।
बहु शत मख-धूमनि-धूपित अंगन हरि की सी अनुहारि।

* यह वर्णिक वृत्त भी केशव की ईजाद है।

चित्री बहु चित्रनि परम विचित्रन केशवदास निहारि।
जनु विश्वरूप को अमल आरसी रची विरंचि विचारि॥ ४५॥

शब्दार्थ—पगार=छारदीवारी, सिरबंदी। नारि=समूह, खानि। बहुशत=सैकड़ों। मख-धूमनि-धूपित=यज्ञों के धुआँ से धूपित। अंगन=आँगन, सहन। हरि=विष्णु। अनुहारि=रूप की सदृश्यता। चित्रि=चित्रित, चित्रयुक्त। विश्वरूप=संसार। अमल=निर्मल। आरसी=आईना।

भावार्थ—बड़े ऊँचे मकानों पर (रत्नजटित) छारदीवारी बनी हैं मानों चिन्तामणियों का समूह है। घरों के आँगन सैकड़ों यज्ञों के धुआँ से सुगन्धित होकर विष्णु की तरह श्याम वर्ण के हो गये हैं (प्रत्येक घर में नित्य यज्ञ हवन हुआ करते हैं) और बहुत से घर अत्यन्त विचित्रि चित्रों से चित्रित हैं (चित्र बने हैं), केशवदास कहते हैं कि वे घर ऐसे दिखलाई पड़ते हैं मानों संसार भर को देखने के लिए ब्रह्मा ने विचार करके निर्मल आरसी रची है (संसार भर की सब वस्तुओं के चित्र बने हैं)।

अलंकार—उत्प्रेक्षा।

सो०—जग यशवन्त विशाल, राजा दशरथ की पुरी।
चन्द्र सहित सब काल, भालथली जनु ईश की॥ ४६॥

शब्दार्थ—चन्द्र सहित=रामचन्द्र सहित। भालथली=मस्तक, ललाट। ईश=महादेव।

भावार्थ—राजा दशरथ की पुरी (अयोध्या) संसार में बड़े यश वाली है और (चूँकि) सदा चन्द्र सहित है (रामचन्द्र नित्य वहाँ रहते हैं) इसलिए ऐसी जान पड़ती है मानों महादेव जी का ललाट है (सरयू तट पर बसी हुई अयोध्या नगरी बालरूप रामचन्द्र सहित होने से ऐसी जान पड़ती है मानो द्वितीया के कलंकहीन चंद्र सहित महादेव का ललाट है)।

अलंकार—उत्प्रेक्षा।

कुंडलिया—पण्डित अति सिगरी पुरी मनहु गिरागति गूढ़।
सिंह चढ़ी जनु चण्डिका मोहति मूढ़ अमूढ़।

मोहति मूढ़ अमूढ़ देवसंगऽदिति ज्यौं सोहै।
सब शृंगार सदेह मनो रति मन्मथ मोहै।
सबै सिंगार सदेह सकल सुख सुखमा मंडित।
मनो शची विधि रची विविध विधि वर्णत पंडित ॥४७॥

शब्दार्थ – गिरा = सरस्वती। गूढ़ = गुप्त। चंडिका = दुर्गा। मूढ़ = मूर्ख। अमूढ़ = ज्ञानी। दिति = अदिति (यहाँ 'अ' का लोप है)। सदेह = देह सहित। मन्मथ = कामदेव। सुखमा = शोभा। मण्डित = विभूषित, युक्त। शची = इन्द्रानी।

भावार्थ—सब पुरी अत्यंत विद्वान् है मानों पुरी स्वयं सरस्वती है पर अपने रूप को छिपाये हुए है। (अथवा) सिंह पर आरूढ़ दुर्गा हैं जिसे देख कर ज्ञानी और अज्ञानी सब ही मोहित हो जाते हैं (ज्ञानी लोग भक्ति से, अज्ञानी लोग भय से)। (विद्वान् ब्राह्मणों के कारण सरस्वती रूप है, सिंह समान प्रबल पराक्रमी क्षत्रियों के कारण चंडिका है)। ज्ञानी और अज्ञानियों को मोहती हुई (अयोध्या पुरी) नगर निवासियों सहित ऐसी सोहती है जैसे (निज पुत्रों) देवताओं सहित अदिति (निर्मल चरित्र नगर-निवासी पुरी को माता समान जानते हैं) और ऐसी सुन्दर है मानों सब शृंगार किये हुए देह धारिणी रति काम को मोहती हो। सब शृंगार किये हुए और सदेह सकल सुखों और शोभाओं से युक्त है मानों ब्रह्मा की रची हुई इन्द्राणी है जिसकी प्रशंसा विद्वान् अनेक प्रकार से करते हैं।

अलंकार—उत्प्रेक्षा

काव्य*—मूलन ही की जहाँ अधोगति केशव गाइय।
होम हुताशन धूम नगर एकै मलिनाइय।
दुर्गति दुर्गन ही जु कुटिल गति सरितन ही में।
श्रीफल को अभिलाष प्रगट कवि कुल के जी में ॥ ४८ ॥

भावार्थ—मूलन = जड़ों। अधोगति – नीचे को गमन, नीचगति।

* इसी को रोला भी कहते हैं

हुताशन = अग्नि । मलिनाइय = मलीनता, मैलापन । दुर्गति = बुरी दशा, अपहुँचपन, दुर्गमत्व । दुर्गन = गढ़ों, किलों । कुटिल गति = टेढ़ी चाल । सरितन = नदियाँ । श्रीफल = द्रव्य, बेल का फल (उपमान होने के कारण यहाँ 'कुच' का अर्थ है)

भावार्थ—(परिसंख्या अलंकार समझकर इसका अर्थ समझिये तो मजा आ जाय) केशव कहते हैं कि अयोध्या में किसी की अधोगति नहीं होती, यदि किसी की अधोगति होती है तो केवल वृक्षों की जड़ों ही की होती है । नगर में किसी प्रकार की मलिनता है ही नहीं, यदि है तो केवल होमाग्नि के धुआँ ही की है । दुर्गति किसी को नहीं, यदि है तो केवल दुर्गों ही की दुर्गति है अर्थात् दुर्गों के रास्ते ऐसे कठिन हैं कि शत्रु भीतर नहीं जा सकता, और अयोध्या में किसी की भी टेढ़ी चाल नहीं है, यदि है तो केवल नदियों की । श्रीफल (धन) की अभिलाषा किसी को नहीं है (सब सहज ही अति धनी हैं), यदि नाम मात्र को किसी को श्रीफल की अभिलाषा है तो केवल कवियों को है (अर्थात् शृंगार वर्णन में कभी-कभी कवि लोग कुचों की उपमा श्रीफल से देते हैं)

दो०—अति चंचल जहँ चलदलै विधवा बनी न नारि ।
मन मोह्यो ऋषिराज को अद्भुत नगर निहारि ॥ ४६ ॥

शब्दार्थ—चंचल = चलायमान, डोलनेवाला । चलदल = पीपल का पत्ता । विधवा = (१) पतिहीना, राँड़ (२) धवा नामक वृक्ष से हीन । बनी = वाटिका ।

भावार्थ—जहाँ केवल पीपल के पत्ते ही चंचल हैं (और कोई व्यक्ति चंचल प्रकृति का नहीं है) और जहाँ कोई नारि विधवा (राँड) नहीं है, यदि नाम मात्र को कोई विधवा (धवा नाम वृक्ष से हीन) है तो केवल वन (वाटिका) ही है । ऐसा अद्भुत नगर देख कर विश्वामित्र का मन मोहित हो गया ।

अलंकार—परिसंख्या ।

सो०—नागर नगर अपार, महामोह तम मित्र से।
तृष्णा लता कुठार, लोभ समुद्र अगस्त्य से ॥ ५० ॥

शब्दार्थ—नागर=चतुर, विद्वान्। तम=अंधकार। मित्र=सूर्य।

भावार्थ—अयोध्या में असंख्य ऐसे विद्वान् और चतुर मनुष्य हैं जो महामोह रूपी अंधकार के लिये सूर्य के समान, तृष्णा रूपी लता को काटने के लिये कुठार के समान, और लोभ रूपी समुद्र को सोखने के लिये अगस्त्य के समान हैं।

अलंकार—इसमें रूपक और उल्लेख का संकर है।

दो०—विश्वामित्र पवित्र मुनि केशव बुद्धि उदार।
देखत शोभा नगर की गये राजदरबार ॥ ५१ ॥

भावार्थ—केशव कवि कहते हैं कि इस प्रकार पवित्र चित्त और उदार बुद्धि वाले विश्वामित्र मुनि नगर की शोभा देखते हुए राजा दशरथ के दरबार तक जा पहुँचे।

पहिला प्रकाश समाप्त।

दूसरा प्रकाश

या द्वितीय प्रकाश में, मुनि आगमन प्रकास।
राजा सों रचना बचन, राघव चलन विलास ॥

भावार्थ—इस दूसरे प्रकाश में विश्वामित्र मुनि का अयोध्या आना, प्रकट होना, राजा दशरथ से बातचीत होना और राम जी का विश्वामित्र जी के साथ जाना वर्णित है।

हंस—आवत जाता। राज के लोगा।
मूरति धारी। मानहु भोगा ॥ १ ॥

भावार्थ—प्रजा गण दरबार में आ-जा रहे हैं, मानो मूर्तिधारी भोग विलास ही हैं (अर्थात् सब लोग अत्यन्त सुखी और रूपवंत देख पड़ते हैं)।

अलंकार—उत्प्रेक्षा।

मालती*—तहँ दरबारी। सब सुखकारी।
कृतयुग कैसे। जनु जन बैसे॥ २॥

शब्दार्थ—दरबारी=दरबार के लोग, राजकर्मचारी, दरबार के अमला अफसर लोग। कृतयुग=सतयुग। बैसे=बैठे हैं।

भावार्थ—राज दरबार के राजकर्मचारी लोग सबको न्याययुक्त सुख देने वाले हैं। वे दरबार में अपने स्थान पर इस प्रकार बैठे हैं मानो सतयुग के लोग हों (अर्थात् बहुत वृद्ध, बुद्धिमान, और न्यायपरायण हैं)।

दो०—महिष मेष मृग वृषभ कहुँ भिरत मल्ल गजराज।
लरत कहूँ पायक सुभट कहुँ निर्तत नटराज॥ ३॥

भावार्थ—(राजमहल के आगे वाले मैदान में) कहीं भैंसों, कहीं मेढ़ों, मृगों, बैलों, कहीं मल्ल लोगों और कहीं हाथियों के युद्ध हो रहे हैं (लड़-भिड़ रहे हैं), कहीं पायक (पटेबाज) और कहीं सैनिक योद्धा लड़ रहे हैं। (दैनिक परेड कर रहे हैं) और कहीं अच्छे-अच्छे नट लोग नाट्यकला कर रहे हैं।

समानिका—देखी कै सभा। विप्र मोहियो प्रभा॥
राजमंडली लसै। देवलोक को हँसै॥ ४॥

भावार्थ—राजा दशरथ की सभा की प्रभा (शोभा) देख-देख कर ब्रह्मचारी (विश्वामित्र) मोह गए। राजमंडली ऐसी शोभा देती है कि देवलोक को हँसती है (लज्जित करती है)।

अलंकार—ललितोपमा।

मदनमल्लिका†—देश देश के नरेश। शोभिजै सबै सुवेश।
जानिये न आदि अंत। कौन दास कौन संत॥५॥

---

*आदि नगण पुनि यगण दै रचहु मालती छंद।

†अस्ट वरण शुभ सहित क्रम गुरु लघु केशवदास। मदनमल्लिका नाम यह कीजै छंद प्रकास।

शब्दार्थ—सुबेश=सुन्दर भेष से। श्रादि=सभा का प्रधान व्यक्ति (राजा दशरथ)। श्रंत=सभा का सर्वलघु सभासद (कोई छोटा करद राजा)। दास=सेवक, कर्मचारी। संत=मालिक, सेव्य व्यक्ति।

भावार्थ—देश-देश के राजा सुन्दर राज़सी ठाट से सभा में बैठे शोभा दे रहे हैं, न तो यह जान पड़ता है कि सभा का श्रादि व्यक्ति (प्रधान वा सभापति अर्थात् राजा दशरथ) कौन है, न यह जान पड़ता है कि सभा का श्रंत (सर्व लघु करद राजा) कौन है—अर्थात् सभी सभासद बड़े वैभवशाली हैं, और यह भी नहीं लख पड़ता कि कौन सेवक है और कौन मालिक—अर्थात् दरबार के कर्मचारी भी ऐसी पोशाकें पहने हैं कि सब कोई राजा से जान पड़ते हैं। (इससे राजा दशरथ का वैभव सूचित होता है)।

दो०—शोभत बैठे तेहि सभा सात द्वीप के भूप।
तहँ राजा दशरथ लसैं देवदेव अनुरूप॥ ६॥

शब्दार्थ—देवदेव=इन्द्र। अनुरूप=सम, तुल्य, समान।

दो०—देखि तिन्हैं तब दूरि ते, गुदरानो प्रतिहार।
आये विश्वामित्र जी, जनु दूजो करतार॥ ७॥

शब्दार्थ—तिन्हैं=विश्वामित्र को। गुदरानो=राजा दशरथ से निवेदन किया। प्रतिहार=नकीब, चोबदार। करतार=ब्रह्मा।

भावार्थ—तब विश्वामित्र को दूर पर आते हुए देख कर दरबार के चोबदार ने राजा से निवेदन किया कि हे राजन्, विश्वामित्र जी (मिलने के लिये) आये हैं जो ऐसे भव्य और गम्भीर देख पड़ते हैं मानो दूसरे ब्रह्मा हैं।

अलंकार—उत्प्रेक्षा और समतद्रूप रूपक का संकर।

दो०—उठि दौरे नृप सुनत ही, जाय गहे तब पाइ।
लै आये भीतर भवन, ज्यों सुर गुरु सुरराइ॥ ८॥

भावार्थ—विश्वामित्र के आगमन की खबर सुनते ही राजा सिंहासन से उठ कर दौड़े और विश्वामित्र के चरणों पर जा गिरे, तदनंतर बड़े आदर से

सभा-भवन के भीतर लिवा ले गये जैसे इन्द्र वृहस्पति को (लिवा ले जाते हैं)।

सो०—सभा मध्य बैताल, ताहि समय सो पढ़ि उठो।
केशव बौद्धि विशाल, सुन्दर सूरो भूप सो ॥ ९ ॥

शब्दार्थ—बैताल = भाट, बंदीजन, चारण। पढ़ि उठो = बोल उठा, पद्य में प्रशंसा की। विशाल = बड़ी। सूरो = शूरवीर। भूप = राजा।

भावार्थ—केशव कहते हैं कि उसी समय बड़ी बुद्धि वाला, सुन्दर तन वाला, और राजा के समान शूरवीर बंदीजन सभा के बीच में बोल उठा।

बैताल घनाक्षरी—विधि के समान हैं विमानीकृत राजहंस,
विविध विबुध युत मेरु सो अचल हैं।
दीपति दिपति अति सातो दीपि दीपियतु,
दूसरो दिलीप सो सुदक्षिणा का बल है।
सागर उजागर का वहु वाहिनी को पति,
छनदान प्रिय किधौं सूरज अमल है।
सब विधि समरथ राजै राजा दशरथ,
भगीरथ-पथगामी गंगा कैसो जल है ॥ १० ॥

शब्दार्थ—विमानी कृत = विमान बनाये हुये हैं, सवारी किये हुये हैं। राजहंस = (१) हंस पक्षी (२) राजाओं के जीव। विबुध = (१) देवता (२) विशेषज्ञ पंडित गण। दीपति = दीप्ति। दिपति = दीप्तमान होती है। दीपियतु = प्रकाशित हो जाते हैं। सुदक्षिणा = (१) दिलीप की स्त्री का नाम (२) सुन्दर दक्षिणा। उजागर = प्रसिद्ध। की = कि, किधौं, या, अथवा। वाहिनी = (१) नदी (२) सेना। छन = (क्षण) आनन्द उत्सव। छन दान प्रिय = (१) आनन्द देना प्रिय है जिसको (२) प्रतिक्षण दान करना प्रिय है जिसे। भगीरथ-पथगामी = भगीरथ के पथ पर चलने वाला, भगीरथ की रीति-नीति का अनुगामी।

भावार्थ—राजा दशरथ ब्रह्मा के समान हैं, क्योंकि जैसे ब्रह्मा राजहंस

पर सवारी करते हैं, वैसे ही राजा दशरथ अनेक राजाओं के जीवों पर सवारी किये हुए हैं (सब राजाओं के चित्त पर चढ़े रहते हैं)। और राजा दशरथ मेरु पर्वत के समान हैं, क्योंकि मेरु पर जैसे अनेक देवता रहते हैं वैसे ही राजा दशरथ अनेक विशेषज्ञ पण्डितों से युक्त हैं (जिनके दरबार में बहुत से विज्ञ पंडित रहते हैं)। राजा दशरथ के यश का प्रकाश इतना अधिक है कि उससे सातो द्वीप प्रकाशित हो उठे हैं और राजा दशरथ मानो दूसरे दिलीप हैं, क्योंकि जैसे उन दिलीप को अपनी पतिव्रता रानी सुदक्षिणा के पतिव्रत का बल था, वैसे ही राजा दशरथ को सुन्दर दक्षिणा का बल है अथवा राजा दशरथ प्रत्यक्ष ही सागर हैं, क्योंकि जैसे समुद्र अनेक नदियों का पति है वैसे ही राजा दशरथ भी अनेक सेनाओं के स्वामी हैं, अथवा राजा दशरथ निर्मल सूर्य हैं, क्योंकि जैसे सूर्य सब को (प्राणी मात्र को) आनन्द देते हैं, वैसे ही राजा दशरथ प्रतिक्षण दान करने को प्रिय कार्य समझते हैं। राजा दशरथ सब प्रकार से समर्थ हैं और अपने पूर्व पुरुषों की रीति-नीति के वैसे ही अनुगामी हैं जैसे गंगा का जल भगीरथ के दिखलाये हुए रास्ते पर आज तक चला जाता है।

नोट—इस छंद में केशव ने कमाल कर दिखाया है। बैताल के मुख से राजा को सूचना मिलती है कि विश्वामित्र कुछ माँगने आये हैं और विश्वामित्र को सूचना मिलती है कि राजा बड़े दानी हैं तुम्हें अवश्य मनमाना दान मिलेगा। पाठक को सूचना मिलती है कि जिस राजा की सभा का भाट इतना चतुर और दूरदर्शी है तो वह राजा और उसकी सभा के पंडित कैसे विद्वान् होंगे।

अलंकार—इस छन्द में उल्लेख अलंकार मुख्य है और उपमा, रूपक, संदेह तथा श्लेष इसके अंगीभूत हैं।

दो०—यद्यपि ईंधन जरि गये, अरिगण केशवदास।
तदपि प्रतापानलन के, पल पल बढ़त प्रकाश ॥ ११ ॥

भावार्थ—केशवदास कहते हैं कि यद्यपि दशरथ के शत्रुगण ईंधन

रूप होकर जल चुके हैं, तो भी प्रताप रूपी लपटों का प्रकाश प्रति क्षण बढ़ता ही जाता है।

अलंकार—विभावना मुख्य है और रूपक अंगीभूत है।

तोमर[1]—बहुभाँति पूजि सुराय। कर जोरि कै परि पाय।
हँसिकै कह्यौ ऋषि मित्र। अब बैठु राज पवित्र॥ १२॥

शब्दार्थ—ऋषिमित्र = ऋषियों में सूर्यवत् प्रतापवान, ऋषि विश्वामित्र।

भावार्थ—राजा दशरथ ने विश्वामित्र की अनेक भाँति से पूजा की और हाथ जोड़ कर पैरों पड़े तब विश्वामित्र ने हँस कर (प्रसन्न होकर) कहा कि हे पवित्र राजा! अब सिंहासन पर बैठो।

(मुनि) तोमर—सुनि दान-मानस-हंस। रघुवंश के अवतंस।
मन माँह जो अति नेहु। यक वस्तु माँगहि देहु॥ १३॥

भावार्थ—(विश्वामित्र कहते हैं) हे दान रूपी मानसरोवर के हंस, हे रघुवंश के शिरोमणि राजा दशरथ जी! यदि तुम सचमुच हमसे दिली प्रेम रखते हो तो हम एक वस्तु माँगते हैं, वह हमें दीजिये।

(राजा) अमृतगति[2]—सुमति महामुनि सुनिये। तन धन कै मन गुनिये।
मन महँ होय सु कहिये। धनि सु जु आपुन लहिये॥ १४॥

शब्दार्थ—सु = सो। जु = जो। आपुन = आप।

भावार्थ—(राजा दशरथ कहते हैं) हे सुन्दर मतिवाले महामुनि, सुनो, मेरे पास तन है, धन है और मन है सो विचार लीजिये। और विचार के उपरान्त जो वस्तु तुम्हें पसंद आवे वह माँग लो। धन्य है वह वस्तु जो आप पावैं (आप के काम आवै)।

१—सगण आदि पुनि द्वै जगण धरिये बहुसुख कंद।
चरण चारि नव बरणमय प्रगटत तोमर छंद॥
२—नगण जगण पुनि नगन दै देहु एक गुरु अंत।
तब प्रगटत है अमृतगति छंद महा छबिवंत॥

(ऋषि) दोधक—राम गये जब ते बन माहीं।
राकस बैर करैं बहुधा हीं।
रामकुमार हमैं नृप दीजै।
तौ परिपूरन यज्ञ करीजै॥ १५॥

शब्दार्थ—राम = परशुराम जी। राकस = राक्षस। करीजै = करैं।

भावार्थ—जब से परशुराम जी (तप करने के लिये) वन को चले गये हैं, तब से राक्षस लोग (मुनियों से) बहुधा बैर-विरोध किया करते हैं—(अर्थात् परशुराम जी जब ब्रह्मचारी थे और आश्रम के निकट रहा करते थे तब उनके डर से राक्षस हम लोगों से बैर-विरोध न करते थे, अब उनके चले जाने से वे लोग हमारे कार्यों में विघ्न डालते हैं) इस हेतु हे राजन्! आप हमें अपने राम नामक राजकुमार को दीजिये, तो हम (उनकी रक्षा में) अपना यज्ञ पूर्ण कर लें।

तोटक*—यह बात सुनी नृपनाथ जबै।
सर से लगे आखर चित्त सबै।
मुख से कछु बात न जाय कहा।
अपराध विना ऋषि देह दहा॥ १६॥

भावार्थ—अति सरल है।

अलंकार—दूसरे चरण में पूर्णोपमा और चौथे में विभावना।

(राजा) तोटक—अति कोमल केशव बालकता।
बहु दुस्कर राकस घालकता।
हम हौं चलिहैं ऋषि संग अबै।
सजि सैन चलै चतुरंग सबै॥ १७॥

शब्दार्थ—बालकता = लड़कपन। दुष्कर = (दुस्कर) जो न की जा सके,

दो०—*प्रति पद बारह बरण दै केशवदास सुजान।
चारि सगण की चारुमति तोटक छंद बखान॥

अति कठिन। राकस घालकता = राक्षसों का वध। चतुरंग सेना = वह सेना जिसमें रथ, हाथी, घोड़े और पैदल हों।

भावार्थ—(राजा दशरथ विश्वामित्र से कहते हैं) राम जी का लड़कपन अभी अति कोमल है (अति अल्पवयस्क हैं), उनके लिये राक्षसों का मारना बड़ा कठिन काम है। इसलिये हे ऋषि जी, हम ही सब चतुरंगिणी सेना साथ लेकर अभी (तत्काल) चलेंगे।

(विश्वामित्र) षट्पद—

जिन हाथन हठि हरषि हनत हरनी रिपुनंदन।
तिन न करत संहार कहा मदमत्त गयंदन ?
जिन वेधत सुख लक्ष लक्ष नृपकुँवर कुँवरमनि।
तिन बानन वाराह बाघ मारत नहिं सिंहनि।
नृपनाथ-नाथ दशरत्थ यह अकथ कथा नहिं मानिये।
मृगराज-राज-कुल-कमल कहँ बालक वृद्ध न जानिये ॥ १८ ॥

शब्दार्थ—रिपुनन्दन = (हरिनी शब्द के साहचर्य से) सिंह का बच्चा। सुख = सहज ही में। लक्ष = लाखों। लक्ष = निशाना। नृपकुँवर = राजकुमार। कुँवरमनि = कुमारों में श्रेष्ठ, जेठा राजकुमार। बाराह = सुअर। अकथ = न कहने योग्य, झूठ। कथा = कथन। मृगराज कुल कमल = सिंह का श्रेष्ठ बच्चा। राज-कुल-कमल = राजा का प्रतापी बालक। बालक वृद्ध = बालक नहीं बड़ा ही समझना चाहिये। न जानिये = क्या आप यह बात नहीं वरन् जानते ?

भावार्थ—(विश्वामित्र राजा दशरथ से कहते हैं) हे राजन ! जिन हाथों से सिंह का बच्चा हठ करके आनन्द से (बिना परिश्रम) किसी मृगी को मारता है. क्या उन्हीं हाथों से वह मदमस्त हाथियों को नहीं मारता ? (अर्थात् मारता है), (और) जिन हाथों से कुमारश्रेष्ठ कोई राजकुमार सहज ही में लाखों निशाने वेध डालता है, क्या उन्हीं हाथों से अपने बाणों द्वारा वह सुअर, बाघ और सिंहों को नहीं मारता ? (अर्थात् मारता है इसलिये हे राजराजेश्वर महाराजा दशरथ, मेरे इस कथन को

झूठा मत मानिये। मैं कहता हूँ कि सिंह के और राजवंश के किसी बच्चे को बालक नहीं वरन् बड़ा समझना चाहिये। क्या आप यह बात नहीं समझते ?

(विश्वामित्र) सुन्दरी*—राजन में तुम राज बड़े अति।
मैं मुख माँगों सुदेहु महामति।
देव-सहायक हो नृपनायक।
है यह कारज रामहि लायक ॥ १९ ॥

भावार्थ—राजाओं में तुम बहुत बड़े राजा हो। हे महामति, मैंने जो माँगा है सो मुझे दीजिए (और जो आप स्वयं मेरे साथ चलने को कहते हैं उसका उत्तर यह है कि) आप देवताओं के सहायक और राजाओं के नायक हैं अर्थात् जब देवताओं और राजाओं पर कष्ट पड़े, तब आप सहायतार्थ जायँ। आप देवताओं और राजाओं का काम कर सकते हैं, (ऋषियों का नहीं) यह काम (अर्थात् ऋषियों के यज्ञ की रक्षा) राम ही करने योग्य हैं।

(राजा) सुन्दरी—जु कह्यौ ऋषि देन सु लीजिय।
काज करो हठ भूलि न कीजिय।
प्राण दिये धन जाहि दिये सब।
केशव राम न जाहि दिये अब ॥ २० ॥
(ऋषि)—राज तज्यो धन धाम तज्यो सब।
नारि तजी सुत सोच तज्यो तब।
आपनपौ तु तज्यो जगवंद है।
सत्य न एक तज्यो हरिश्चन्द्र है ॥ २१ ॥

शब्दार्थ—आपनपौ = अहंकार। जगवंद है = (जगद्वन्द्य) जिसे सारा संसार अच्छा समझता है।

---

* चारि भगण को सुन्दरी छन्द छबीलो होय।
प्रति पद बारह बरण धरि रचौ याहि सब कोय॥

भावार्थ—छन्द नं० २० तथा २१ का अर्थ सरल ही है।

(ऋषि) सुन्दरी—राज वहै वह साज वहै पुरु।
नाम वहै वह धाम वहै गुरु।
झूठे सो झूठहि बाँधत हौ मन।
छोड़त हौ नृप सत्य सनातन ॥२२॥

भावार्थ—बहुत सरल और स्पष्ट है।

दो०—जान्यो विश्वामित्र के, कोप बढ्यो उर आय।
राजा दशरथ सों कह्यो, वचन वशिष्ठ बनाय ॥२३॥

भावार्थ—स्पष्ट और सरल ही है।

(वशिष्ठ) षट्पद—
इन ही के तपतेज यज्ञ की रक्षा करिहैं।
इन ही के तपतेज सकल राक्षस बल हरिहैं।
इन ही के तपतेज तेज बढ़िहै तन तूरण।
इन ही के तपतेज होहिंगे मंगल पूरण।
कहि केशव जययुत आइहैं इन ही के तपतेज घर।
नृप वेगि राम लछिमन दोऊ सौंपौ विश्वामित्र कर ॥२४॥

शब्दार्थ—तपतेज = तपस्या के तेज से। तूरण = (तूर्ण) शीघ्र। मंगल = विवाहादि शुभकार्य।

भावार्थ—स्पष्ट और सरल ही है।

(वशिष्ठ) सो०—राजा और न मित्र, जानहु विश्वामित्र से।
जिनको अमित चरित्र, रामचन्द्रमय जानिये ॥२५॥

शब्दार्थ—हे राजन्! विश्वामित्र के समान तुम्हारा और कोई भी मित्र नहीं है, क्योंकि इनका अपार चरित्र सब रामचन्द्रमय है। तात्पर्य यह कि विश्वामित्र जितने काम करेंगे वे सब रामचन्द्र ही की भलाई के लिये होंगे।

दो०—नृप पै बचन वशिष्ठ को, कैसे मेटो जाय।
सौंप्यो विश्वामित्र कर, रामचन्द्र अकुलाय ॥२६॥

भावार्थ—सरल और स्पष्ट है।

पंकज वाटिका*—राम चलत नृप के युग लोचन।
वारि भरित भये वारिद रोचन॥
पायन परि ऋषि के सजि मौनहिं।
केशव उठि गये भीतर भौनहिं॥२७॥

भावार्थ—रामचंद्र के चलते समय राजा दशरथ के दोनों नेत्र ऐसे हो गये जैसे पानी में भरा हुआ लाल बादल (आँखें लाल हो गईं और आँसू आ गये)। विश्वामित्र के चरण छूकर चुपचाप उठकर महलों के अन्दर चले गये।

चामर—वेद मन्त्र तंत्र शोधि अस्त्र-शस्त्र दै भले।
रामचन्द्र लक्खनै सु विप्र छिप्र लै चले।
लोभ छोभ मोह गर्व काम कामना हई।
नींद भूख प्यास त्रास वासना सबै गई॥२८॥

शब्दार्थ—अस्त्र=वे हथियार जो फेंक कर घाले जाते हैं (जैसे तीर, चक्र, बंदूक आदि)। शस्त्र=वे हथियार जो हाथ में पकड़े हुए ही शत्रु पर घाले जाते हैं (जैसे तलवार, कटार, गदा इत्यादि)। लक्खनै=लक्ष्मण जी को। विप्र=विश्वामित्र। छिप्र=शीघ्र, जल्दी। छोभ=क्रोध। हई=(हनी) नष्ट कर दी गई।

भावार्थ—वेद और तंत्रशास्त्र के मंत्रों से अभिमंत्रित करके राम-लक्ष्मण को अच्छे-अच्छे अस्त्र दिये गये (अर्थात् वशिष्ठ जी और विश्वामित्र जी ने मिलकर सब प्रकार के हथियारों के घालने की विधि वा युक्ति बताई), तदनन्तर विश्वामित्र जी शीघ्र ही राम-लक्ष्मण को अपने आश्रम को ले चले। (चलते समय) विश्वामित्र ने राम लक्ष्मण को बला और अतिबला विद्या

---

*आदि भगण पुनि नगण धरि, बहुरि जगण द्वै आन।
अंतहिं लघु दै छंद रघु तेरह बरण सुजान॥

पढ़ाई जिसके प्रभाव से लोभ, क्रोध, मोह, अहङ्कार और कामेच्छा नष्ट हो गई और नींद, भूख, प्यास, डर और सब प्रकार की अनिष्टकारिणी वासनायें जाती रहीं।

विशेष—इस छन्द के अंतिम दो चरणों से स्पष्ट विदित है, कि जब किसी नवयुवक को किसी महान् कार्य के लिये विदेश जाना पड़े, तब उसे चाहिये कि वह लोभ, मोहादि अनिष्टकारिणी मनोवृत्तियों के वशीभूत न रहे।

निशिपालिका—

कामवन राम सब वास तरु देखियो।
नैन सुखदैन मन मैनमय लेखियो।
ईश जहँ कामतनु कै अतनु डारियो।
छोड़ि वह यज्ञथल केशव निहारियो ॥२६॥

शब्दार्थ—कामवन=वह वन जहाँ महादेव ने काम को जलाया था। बास=मुनियों के निवास-स्थान। नैनसुख दैन=नेत्रों के सुख देने वाले। मन मैनमय=मन में कामेच्छा उपजानेवाले अर्थात् अत्यन्त सुन्दर। ईश=महादेवजी।

भावार्थ—राम ने कामवन में पहुँचकर वहाँ के रहनेवाले मुनियों के निवास-स्थानों और वृक्षों को देखा जो ऐसे सुन्दर थे कि उन्हें देख कर आँखों को सुख मिलता था और मन कामनामय हो उठता था, जिस वन में महादेव जी ने काम को जला कर बिना देह का कर दिया। (पुनः) उस वन को छोड़ कर (और आगे जाकर) विश्वामित्र का यज्ञस्थल देखा।

दो०—रामचन्द्र लक्ष्मण सहित तन मन अति सुख पाय।
देख्यौ विश्वामित्र को परम तपोवन जाय ॥ ३० ॥

भावार्थ—सरल और स्पष्ट ही है।

॥ दूसरा प्रकाश समाप्त ॥

—:०:—

तीसरा प्रकाश

दो०—कथा तृतीय प्रकाश में वन वर्णन शुभ जानि।
रच्छण यज्ञ मुनीश को श्रवण स्वयम्बर मानि॥

(वन-वर्णन)

षट्पद—तरु तालीस ताल तमाल हिंताल मनोहर;
मंजुल वंजुल लकुच केर नारियर।
एला ललित लवंग संग पुंगीफल सोहै।
सारी शुककुल कलित चित्त कोकिल अलि मोहै।
शुक राजहंस कलहंस कुल नाचत मत्त मयूर गन।
अति प्रफुलित फलित सदा रहै केशवदास विचित्र वन॥ १॥

शब्दार्थ—हिंताल = एक प्रकार का छोटा ताड़ वृक्ष जो जलाशयों के तट पर उगता है। वंजुल = अशोक। लकुच = धड़हर। वकुल = मौलसिरी। केर = केला। एला = लाची। सारी = शारिका, मैना पक्षी। कलित = सुन्दर। अलि = भौंरा। राजहंस = वह हंस जिसका चोंच और पैर लाल होते हैं। कलहंस = बत्तक। मयूर = मोर।

भावार्थ—सरल और स्पष्ट है।

सूचना—एला, लवंग पुङ्गफल और राजहंस का बिहार के जंगलों में होना असंभव है, परन्तु कविप्रणाली के अनुसार वन-वर्णन में इनका वर्णन होना ही चाहिये, इसलिये केशव ने इनका वर्णन किया है।

सुप्रिया*—कहुँ द्विजगण मिलि सुख श्रुति पढ़हीं।
कहुँ मृगपति मृगशिशु पय पियहीं।
कहुँ हरि हरि हर हर रट रटहीं।
कहुँ मुनिगण चितवत हरि हिय हीं॥ २॥

---

* समुझ सबै लघु अंत गुरु सुप्रिया छन्द प्रकाश।
अच्छर प्रति पद पंचदश बरणत केशवदास॥

शब्दार्थ—सुख = स्वाभाविक रीति से। श्रुति = वेद। मृगपति = सिंह। पय = पानी। मृगपति मृगशिशु पय = मृग के बच्चे और सिंह एक साथ पानी पीते हैं। कहुँ मुनिगण चितवत हरि हियहीं = कहीं मुनि लोग अपने हृदय ही में ईश्वर को देखते हैं अर्थात् ध्यानावस्थित होते हैं।

भावार्थ—अति सरल और स्पष्ट है।

नराच* – विचारमान ब्रह्म देव अर्चमान मानिये।
अदीयमान दुःख, सुख दीयमान जानिये।
अदंडमान दीन, गर्व दंडमान भेदवै।
अपठ्यमान पापग्रंथ, पठ्यमान वेदवै॥ ३॥

शब्दार्थ—विचारमान = विचारने योग्य। अर्चमान = पूजने योग्य। अदीयमान = न देने योग्य। अदंडमान = अदण्डनीय, दंड न देने योग्य। दंडमान = दंडनीय, दंड देने योग्य। भेद = भेदभाव (समदृष्टि का अभाव)। अपठ्यमान = न पढ़ने योग्य। वै = निश्चय ही।

भावार्थ—(विश्वामित्र के आश्रम में जितने लोग रहते हैं उनके लिये और कोई वस्तु तो विचारने योग्य है नहीं) विचारने योग्य केवल ब्रह्म ही है, पूजने योग्य केवल देवता ही हैं (अन्य किसी की पूजा नहीं करते), न देने योग्य केवल दुःख ही है (अर्थात् इतने उदार हैं कि सब को सब कुछ देते हैं, केवल दुःख किसी को नहीं देते); सुख ही देने योग्य पदार्थ है (सब लोग यही चाहते हैं कि हम सब को सुख ही दिया करें), दीन जीव ही अदण्डनीय हैं (दीन जीवों को दंड नहीं दिया जाता), दंड देने योग्य गर्व और भेद-भाव ही हैं (जो गर्व करते हैं वा भेदभाव रखते हैं उन्हीं को दंड दिया जाता है अन्य को नहीं), पाप सिखाने वाले ग्रंथ ही अपाठ्य समझे जाते हैं (अन्य सब ग्रंथ पढ़े जाते हैं) और वेद ही पढ़ने योग्य ग्रंथ है (जो पढ़ता है सो वेद ही पढ़ता है)।

---

* लघु गुरु क्रम ही देव पद षोड्स बरण प्रमान।
छंद नराच बखानिये केशवदास सुजान॥

अलंकार—परिसंख्या।

विशेषक†—साधु कथा कथिये दिन केशवदास जहाँ।
निग्रह केवल है मन को दिन मान तहाँ।
पावन वास सदा ऋषि को सुख को बरषै।
को बरणै कवि ताहि विलोकत जी हरषै॥ ४॥

शब्दार्थ—दिन=प्रतिदिन। निग्रह=दमन करना, दबाना। मान=(१) अहंकार, (२) परिमाण। वास=निवासस्थान। विलोकत=देखते ही।

भावार्थ—प्रतिदिन जहाँ केवल साधु-कथा (उत्तम वार्ता) ही कही जाती है (सिवाय उत्तम कथा वार्ता के और कोई वार्ता होती ही नहीं), वहाँ केवल मन ही का दमन किया जाता है (अन्य किसी का नहीं), मान (अहंकार) किसी में नहीं है, केवल 'दिनमान' शब्द में नाममात्र के लिये 'मान' शब्द (बोलचाल में सुनाई पड़ता) है। यह विश्वामित्र का पवित्र आश्रम जो सदा सुख की वर्षा किया करता है (वहाँ सब जीव सुखी ही रहते हैं) उसका माहात्म्य कौन कवि वर्णन कर सकता है, केवल दर्शन मात्र से मन हर्षित हो जाता है।

अलंकार—परिसंख्या और संबंधातिशयोक्ति।

(यज्ञ-रक्षण)

चंचलता*—रक्षिवे को यज्ञ कूल वैठ वीर सावधान।
होन लाग होमके जहाँ तहाँ सबै विधान।
भीम भाँति ताड़का सुभंग लागि कर्न आय।
बान तानि राम पै न नारि जानि छाँड़ि जाय॥ ५॥

---

†पंच भगण धरि अन्त गुरु षोडस बरण सुजान।
प्रगटत छंद विशेषका कह केशव कविराज॥
*क्रम ही गुरु लघु दीजिये प्रति पद षोडस वर्ण।
चारु छंद यह चंचला प्रगटत कवि मन हर्ण॥

शब्दार्थ—कूल=निकट, किनारे। सावधान=सजग होकर। विधान= क्रिया-विधि। होम=हवन। भीम भाँति=बड़े भयंकर ढंग से। भंग लागि कर्न आय=आकर यज्ञ भंग करने लगी।

भावार्थ—राम और लक्ष्मण दोनो वीर भ्राता सजग होकर यज्ञ की रक्षा के लिये यज्ञस्थल के निकट बैठे और जहाँ-तहाँ हवन (यज्ञ) की क्रिया विधि होने लगी। (हवन होता हुआ देख कर) ताड़का नाम्नी राक्षसी ने आकर भयंकर ढंग से यज्ञ को भंग करना आरंभ कर दिया। राम जी ने बाण तो ताना परन्तु ताड़का को स्त्री समझ कर वह बाण उस पर छोड़ा नहीं जाता (स्त्री पर आघात करना वीरधर्म विरुद्ध बात है)।

(ऋषि) सो०—कर्म करति यह घोर, विप्रन को दसहू दिसा।
मत्त सहस गज जोम नारी जानि न छाँड़िये॥ ६॥

भावार्थ—(राम जी को संकोच में पड़ा हुआ देखकर विश्वामित्र जी कहते हैं कि) हे राम! यह ताड़का सब ओर ब्राह्मणों को सताने के लिये घोर पाप कर्म किया करती है। एक हजार मस्त हाथियों का बल इसमें है, इसे स्त्री (अबला) जान कर छोड़िये मत।

(राम) शशिवंदना—सुनि मुनि राई। जग सुख दाई॥
कहि अब सोई। जेहि यश होई॥ ७॥

भावार्थ—(राम जी ने कहा) हे जगत को सुख देनेवाले मुनिराज! सुनिये, मुझसे अब वह बात कहिये, जिससे मेरा यश हो (अर्थात् कोई ऐसा उदाहरण बतलाइये जिससे अगर मैं इस स्त्री को मारूँ तो मुझे लोग स्त्रीवध का अपयश न दे सकें)।

(ऋषि)कुंडलिया—सुता विरोचन की हुती दीरघजिह्वा नाम।
सुरनायक सों संहरी परम पापिनी बाम।
परम पापिनी बाम बहुरि उपजी कविमाता।
नारायण सों हती चक्र चिन्तामणि दाता।

नारायण सों हती सकल द्विज दूषण संयुत।
त्यौं अब त्रिभुवननाथ ताड़का मारो सह सुत ॥ ८ ॥

शब्दार्थ—सुरनायक=इन्द्र। संहरी=मारी। कवि=शुक्राचार्य। हती =मारी। नारायण सों=नारायण की कसम खाकर कहता हूँ। हती=थी। सकल द्विज दूषण संयुत=सब ब्राह्मणों के लिये जो कार्य दूषणवत् था उसी दूषण से वह संयुक्त थी। त्यौं=उसी प्रकार यह ताड़का भी द्विजद्वेषिणी है।

भावार्थ—दैत्यराज विरोचन की पुत्री, जिसका नाम दीर्घजिह्वा था, बड़ी पापिनी स्त्री थी। उसे इन्द्र ने मारा था। उसके बाद शुक्राचार्य की माता बड़ी पापिनी हुई, उसे नारायण ने (जो चिंतामणि के समान सेवकों को मनोवांछित फल देनेवाले हैं, इन्द्र के कहने से) अपने निज चक्र से मारा। मैं नारायण की सौगंध खाकर कहता हूँ कि जैसे वह (कविमाता) सब ब्राह्मणों (देवताओं) की द्वेषिणी थी, वैसे ही यह ताड़का भी है, इसलिये हे त्रिभुवननाथ (रामचन्द्र), तुम इसे पुत्रों सहित मार डालो।

अलंकार—इस छन्द में 'परम पापिनी बाम' और 'नारायण सों हती' की आवृत्ति से यमक अलंकार सिद्ध होता है।

सूचना—यदि "नारायण सों हती" में यमक न माना जायगा तो पुनरुक्ति दोष आ जायगा, जो केशव ऐसे महाकवि के महाकाव्य में हो नहीं सकता है।

(ऋषि) दो०—द्विज दोषी न विचारिये कहा पुरुष कह नारि।
राम विराम न कीजिये बाम ताड़का तारि ॥ ९ ॥

भावार्थ—विप्रद्रोही के मारने में सोच-विचार न करना चाहिये, क्या पुरुष और क्या स्त्री (यदि वह विप्रद्रोही हो तो उसे निश्चय मार देना चाहिये) हे राम! अब देर मत करो, इस दुष्टा स्त्री ताड़का को तारो (अपने हाथों मारकर सुगति दो)।

मरहट्टा—यह सुनि गुरु बानी, धनु-गुन तानी, जानी द्विज दुखदानि।
ताड़का संहारी, दारुण भारी, नारी अति बल जानि।

मारीच विडारथो, जलधि उतारथो, मारथो सबल सुबाहु।
देवन गुण परख्यों पुष्पन वर्ख्यों, हर्ष्यों अति सुरनाहु॥ १०॥

शब्दार्थ—धनु गुन = धनुष का रोदा। दारुण = कठिन। अति बल = प्रबल। विडारथौ = भगा दिया। देवन गुण पर्ख्यों = देवताओं ने रामचन्द्र के गुण को परख लिया। सुरनाहु = इन्द्र। हर्ष्यो = (इस हेतु कि इन्द्र को निश्चय हो गया कि ईश्वरावतार हो गया, अब रावण मारा जायगा)।

भावार्थ—सरल और स्पष्ट है।

दो०—पूरण यज्ञ भयो जहीं जान्यो विश्वामित्र।
धनुषयज्ञ की शुभ कथा लागे सुनन विचित्र॥ ११॥

शब्दार्थ—सरल और स्पष्ट ही है।

अलंकार—यज्ञ और धनुषयज्ञ में 'यज्ञ' की आवृत्ति से लाटानुप्रास है।

चंचरी*—आइयो तेहि काल ब्राह्मण यज्ञ को थल देखि कै।
ताहि पूँछत बोलि कै ऋषि भाँति भाँति विशेष कै॥
संग सुन्दर राम लक्ष्मण देखि देखि सु हर्षई।
बैठि कै सोइ राज मंडल वर्णई सुख वर्षई॥ १२॥

भावार्थ—सरल ही है।

(ब्राह्मण) शार्दूलविक्रीड़ित—

सीता शोभन व्याह उत्सव सभा संभार संभावना।
तत्तत्कार्यं समग्र व्यग्र मिथिलावासी जना शोभना॥
राजा राज पुरोहितादि सुहृदा मंत्री महामंत्रदा।
नाना देश समागता नृपगणा पूज्यापरा सर्वदा॥ १३॥

शब्दार्थ—शोभन = सुन्दर। संभार = प्रबंध। संभावना = विचार। तत्तत्कार्यं = अपने-अपने काम में। समग्र = सब। व्यग्र = चित्त से लगे हुए। समागता = आए हैं। पूज्यापरा = दूसरों से पूजे जाने योग्य।

---

*इसे चचंरी विबुध प्रिया और चंचली छंद भी कहते हैं।

सूचना—जनकपुर से आया हुआ एक ब्राह्मण पथिक विश्वामित्र के यज्ञ में यह कथा वर्णन करता है। यहाँ से लेकर पाँचवें प्रकाश के दूसरे छंद तक सब वाक्य उसी ब्राह्मण के समझने चाहिये।

भावार्थ—नाना देशों से आये हुए सम्माननीय राजागण जनकपुर में एकत्रित हैं, राजा जनक और राजपुरोहित (सतानंदादि) तथा उनके मित्र और सुमंत्र देनेवाले मंत्री गण, तथा मिथिलापुर के सबही सुन्दर पुरवासी जन, सब अपने अपने काम में चित्त से लगे हुए हैं, क्योंकि सीता के सुन्दर विवाहोत्सव (स्वयंवर सभा) की सामग्री तथा प्रबंध का विचार सब ही के चित्त में चढ़ा हुआ है।

दो०—खण्डपरशु को शोभिजै सभा मध्य कोदण्ड।
मानहु शेष अशेषधर-धरनहार बरिबंड ॥ १४ ॥

शब्दार्थ—खण्डपरशु = महादेव। अशेष = समस्त। धर = धरती, पृथ्वी। बरिबंड = प्रबल।

भावार्थ—सभा के बीच में महादेव का धनुष रक्खा हुआ ऐसा शोभायमान है मानों सारी पृथ्वी को धारण करनेवाला प्रबल शेषनाग है।

अलंकार—उक्तविषया वस्तूत्प्रेक्षालंकार।

सवैया—शोभित मंचन की अवली गजदन्तमय छवि उज्ज्वल छाई।
ईश मनो वसुधा में सुधारि सुधाधर-मंडल मंडि जोन्हाई ॥
तामहँ केशवदास विराजत राजकुमार सबै सुखदाई।
देवन स्यौं जनु देवसभा शुभ सीयस्वयंवर देखन आई ॥१५॥

शब्दार्थ—ईश = ब्रह्मा। सुधाधर मंडल = चंद्रमा का परिवेष (वर्षाऋतु में जो कभी-कभी चंद्रमा के इर्दगिर्द गोल घेरा सा दिखाई पड़ता है)। स्यौं = सहित, समेत।

भावार्थ—हाथीदाँत की बनी हुई सुन्दर उज्ज्वल छवि वाली मचानों की ऐसी पंक्तियाँ शोभा दे रही हैं, मानों ब्रह्मा ने चंद्रमा के परिवेष की ज्योति

को पृथ्वी पर सुभार के रख दिया है। उसी पर सब सुन्दर राजकुमार बैठे हुए हैं। सो वह समाज कैसी शोभित होती है, मानो देवताओं सहित देवसभा ही सीता के स्वयंवर को देखने के लिये आई हो।

अलंकार—उक्तविषया वस्तूत्प्रेक्षा।

दो०—नचति मंच-पंचालिका, कर संकलित अपार।
नाचति है जनु नृपन की, चित्त-वृत्ति सुकुमार ॥१६॥

शब्दार्थ—पंचालिका=(१) नटी, (२) पाँचों पंक्तिया। कर= हाथ, हस्तक। संकलित=युक्त। मंच-पंचालिका=मंचों की पाँचों पंक्तियाँ।

भावार्थ—(राजा लोग पंचावली पर बैठे हुए हाथ उठा-उठा कर एक दूसरे से बातें करते हैं वा परस्पर प्रचारते हैं, उसी की उत्प्रेक्षा है, कि) मंच-पंचावली रूपी वेश्या हाथ उठा-उठा कर अर्थात् हस्तक के अनेक भाव बता-बता कर नाचती है, (अर्थात् कभी झुकती है कभी पुनः ऊपर को उठती है) मानो राजाओं की सुकोमल चित्तवृत्ति नाचती है (अर्थात् सब राजा अपने-अपने अनेक प्रकार के विचार हाथ उठा कर प्रकट करते हैं।

अलंकार—उक्तविषया वस्तूत्प्रेक्षा।

सो०—सभा मध्य गुण ग्राम, वंदी सुत द्वै शोभहीं।
सुमति विमति यहि नाम, राजन को वर्णन करहिं ॥१७॥

शब्दार्थ—गुणग्राम=गुणों के समूह अर्थात् बड़े गुणी।

भावार्थ—उस सभा में बड़े गुणी (अच्छे जानकार, जो सब राजाओं को अच्छी तरह जानते थे) दो वंदीजन (भाट) शोभायमान हैं। एक का नाम सुमति दूसरे का नाम विमति है। वे ही दोनों सब राजाओं का परिचय वर्णन करते हैं। (सुमति प्रश्न करते प्रत्येक राजा का परिचय पूछता जाता है, और विमति बड़ी चतुराई से उत्तर देता है। सुमति विमति की इस बात-चीत में 'श्लेष' अलंकार की अच्छी गंभीर छटा दिखाई गई है।)

(सुमति) दो०—को यह निरखत आपनी, पुलकित बाहु विसाल।
सुरभि स्वयंवर जनु करी मुकुलित शाख रसाल ॥१८॥

शब्दार्थ—सुरभि = वसन्त ऋतु । मुकुलित = मंजरीयुक्त । रसाल = आम ।

भावार्थ—सुमति पूछता है—यह कौन राजा है जो अपनी रोमांचित विशाल भुजा को देख रहा है, मानों स्वयंवर रूपी वसन्त ऋतु ने आम की शाखा को मंजरीयुक्त कर दिया है ।

अलंकार—उत्प्रेक्षा ।

(विमति) सो०—

जेहि यश परिमल मत्त, चंचरीक चारण फिरत ।
दिशि विदिशन अनुरक्त, सु तौ मल्लिकापीड़ नृप ॥१६॥

शब्दार्थ—परिमल = सुगंध । चंचरीक = भँवर । चारण = वंदीगण । अनुरक्त = अनुरागयुक्त । मल्लिकापीड़ = (१) मल्लिक नामक पहाड़ी देश का शिरोभूषण (राजा), (२) चमेली की माला ।

भावार्थ—(विमति उत्तर देता है) जिसके यश रूपी सुगंध से मस्त होकर भौंर रूपी वंदीजन अनुरागयुक्त होकर चारों ओर घूमते-फिरते हैं, यह वही मल्लिक नामक पार्वत्य प्रदेश का राजा है ।

अलंकार—इसमें चमेली की माला और राजा का समअभेद रूपक है ।

सूचना—श्लेष से इसका अर्थ चमेली की माला पर भी घटित हो सकता है ।

(सुमति) दो०—

जाके सुख मुखबास ते, वासित होत दिगंत ।
सो पुनि कहि यह कौन नृप, शोभित शोभ अनंत ॥ २० ॥

शब्दार्थ—सुख = सहज, स्वाभाविक । शोभ = शोभा ।

भावार्थ—(सुमति पूछता है) जिसके तन की स्वाभाविक सुगंध से सब दिशायें सुवासित हो रही हैं, जो अनन्त शोभा से शोभित हो रहा है, वह कौन राजा है, सो पुनः मुझ से कहो ।

(विमति) सो०—राजराजदिग वाम-भाल, लाल लोभी सदा ।
अति प्रसिद्ध जग नाम, काशमीर की तिलक यह ॥२१॥

भावार्थ—राजराज = कुवेर। राजराजदिग = उतर दिशा।

शब्दार्थ—उत्तर दिशा रूपी स्त्री के मस्तक के लाल (माणिक जटित वेना) का सदैव लोभ रखनेवाला, जिसका नाम संसार में अति प्रसिद्ध है, यह काशमीर देश का राजा है।

सूचना—इनके श्लेष से और अर्थ हो सकते हैं।

(सुमति) दो०—

निज प्रताप दिनकर करत, लोचन कमल विकास।
पान खात मुसुकात मृदु, को यह केशवदास ॥२२॥

भावार्थ—जो अपने प्रतापरूपी सूर्य के द्वारा सबके कमलरूपी नेत्रों को विकसित कर रहा है (जिसे सब लोग आँखें फाड़ फाड़ कर देख रहे हैं) और पान खाये हुए मुसकुरा रहा है यह कौन राजा है?

(विमति) सो०—नृप माणिक्य सुदेश, दक्षिण तिय जिय भावतो।
कटिपट सुपट सुवेश, कल कांची सुभ मंडई ॥२३॥

भावार्थ—राजाओं में माणिकवत् (लालवत् = बड़ा रागी, अत्यंत प्रेमी) और सुन्दर, तथा दक्षिण दिशा रूपी स्त्री का मनभाया हुआ (प्रेमी नायक) जिसकी कमर में सुन्दर वस्त्र पड़ा हुआ है, यह राजा सुन्दर और शुभ कांचीपुरी को मंडित करनेवाला है (कांचीपुरी का राजा है)।

(सुमति) दो०—कुण्डल परसन मिस कहत कहौ कौन यह राज।
शंभु सरासनगुण करौ करणा लंबित आज ॥२४॥

भावार्थ—सुमति पूछता है कहो विमति, यह कौन राजा है, जो कुंडल छूने के बहाने से (मानो) यह कह रहा है कि आज मैं शंभु के धनुष की डोरी अवश्य कान तक खींचूँगा।

(विमति) सो०—जानहि बुद्धि निधान; मत्स्यराज यहि राज को।
समर समुद्र समान, जानत सब अवगाहि कै ॥२५॥

भावार्थ—(विमति कहता है) हे बुद्धिनिधान सुमति! इस राजा को तुम मत्स्यराज (मत्स्यदेश का राजा) समझो। यह राजा समर को समुद्र

की तरह मथ डालना भली प्रकार जानता है। (श्लेष से इसका अर्थ किसी बड़े मच्छ पर भी घटित हो सकता है)।

(सुमति) दो०—अंगराग रंजित रुचिर भूषण भूपित देह।
कहत विदूषक सों कछु सो पुनि को नृप एह ॥२६॥

भावार्थ—(सुमति पूछता है) जिसका शरीर चन्दन, केशर आदि के लेप से रंजित (रंगा हुआ) और सुन्दर है तथा जिसका शरीर सुन्दर भूषणों से विभूषित है, और जो विदूषक से कुछ कह रहा है, वह कौन राजा है, सो पुनः मुझे बतलाओ।

(त्रिमति) सो०—चन्दन चित्र तरंग, सिंधुराज यह जानिये।
बहुत वाहिनी संग, मुकुतामाल विशाल उर ॥२७॥

भावार्थ—जिसके शरीर पर चन्दन की विचित्र तरंगें सी देख पड़ती हैं, बहुत सी सेना जिसके साथ है और जिसके विशाल हृदय पर मोतियों की माला है, वह सिंधु देश का राजा है। (श्लेष से इसका अर्थ समुद्र पर घटित हो सकता है।

दो०—सिगरे राज समाज के कहे गोत गुणग्राम।
देश स्वभाव प्रभाव अरु कछु बल विक्रम नाम ॥२८॥

भावार्थ—स्पष्ट है।

घनाक्षरी—पावक पवन, मणि पन्नग पतंग पितृ।
जेते जोतिवंत जग ज्योतिषिन गाये हैं।
असुर प्रसिद्ध सिद्ध तीरथ सहित सिन्धु,
केशव चराचर जे वेदन बताये हैं।
अजर अमर अज अंगी औ अनंगी सब,
बरणि सुनावै ऐसे कौने गुण पाये हैं।
सीता के स्वयंबर को रूप अवलोकिबे को,
भूपन को रूप धरि विश्वरूप आये हैं ॥२९॥

शब्दार्थ—मणिपन्नग = बड़े-बड़े पन्नग अर्थात् शेष, वासुकी इत्यादि। पतंग = पक्षी। पितृ = पितृलोक निवासी। जोतिवंत = प्रतापी (चन्द्र सूर्यादि)। विश्वरूप = विश्व भर के रूपधारी लोग।

भावार्थ—सरल ही है।

सो०—कह्यौ विमति यह टेरि, सकल सभाहि सुनायकै।
चहूँ ओर कर फेरि, सब ही को समुझाय के॥ ३०॥

गीतिका—

कोउ आजु राज समाज में बल शंभु को धनु कर्षि है।
पुनि श्रोण के परिमाण तानि सो चित्त में अति हर्षि है।
वह राज होइ कि रंक केशवदास सो सुख पाइ है।
नृपकन्यका यह तासु के उर पुष्पमालहि नाइ है॥ ३१॥

दो०—नेक शरासन आसनै, तजै न केशवदास।
उद्यम कै थाक्यौं सबै, राज समाज प्रकाश॥ ३२॥

भावार्थ—छंद न० ३०, ३१, तथा ३२ का भावार्थ सरल ही है।

सुन्दरी—शक्ति करी नहि भक्ति करी अब।
सो न नयो तिल शीश नये सब।
देख्यों मैं राजकुमारन के वर।
चाप चढ़यो नहिं आप चढ़े खर॥ ३३॥

शब्दार्थ—शक्ति = बल। तिल = तिलभर भी। वर = बल। खर = गदहा।

भावार्थ—(विमति कहता है) इस समय राजाओं ने अपना-अपना बल नहीं लगाया, वरन् शिव जी का धनुष जान कर उस पर अपनी भक्ति दर्शाई है (केवल उसे छूकर भक्ति से शीश नवाया है), धनुष तो तिलमात्र भी नहीं नया वरन् सब के सिर झुक गये। मैं राजकुमारों का बल देख चुका। धनुष तो किसी से न चढ़ा, (धनुष की प्रत्यंचा कोई न चढ़ा सका) वरन् सब राजकुमार स्वयं ही गदहे पर सवार हुए (अपनी प्रतिष्ठा खोई)।

अलंकार—परिसंख्या।

मल्ली—दिगपालन की भुवपालन की,
लोकपालन की किन मातु गई च्वै।
कत भाँड़ भये उठि आसन तें
कहि केशव शंभु सरासन को छ्वै।
अरु काहू चढ़ायो न काहू नवायो,
न काहू उठायो न आंगुरहू द्वै।
कछु स्वारथ भो न भयो परमारथ,
आये ह्वै वीर चले वनिता ह्वै ॥ ३४ ॥

शब्दार्थ—किन मातु गई च्वै = माता का गर्भ क्यों न गिर गया। भाँड़ भये = अपने हाथों अपनी अप्रतिष्ठा कराई।

भावार्थ—सरल और स्पष्ट है।

अलंकार—तृतीय विषम।

(इति तीसरा प्रकाश)

—:०:—

चौथा प्रकाश

दो०—कथा चतुर्थ प्रकाश में, वाणासुर संवाद।
रावण सों, अरु धनुष सों, दशमुख बाण विषाद ॥
सबही को समझो सबन, बल विक्रम परिमाण।
सभा मध्य ताही समय, आये रावण बाण ॥ १ ॥

शब्दार्थ—विक्रम = करतूत। परिमाण = मात्रा। बाण = वाणासुर।

भावार्थ—स्पष्ट और सरल ही है।

डिल्ला—नर नारि सबै। भय भीत तबै।
अचरज्जु यहै। सब देखि कहै ॥ २ ॥

भावार्थ—रावण और बाणासुर को आया हुआ देख कर, सब नरनारी भयभीत हुए और सब ने यही कहा कि यह तो बड़े आश्चर्य की बात है।

दो०—है राकस दशशीश को, दैयत बाहु हजार।
किया सबन के चित्त रस, अद्भुत भय संचार॥ ३॥

भावार्थ—यह दस मूँड़ वाला राक्षस कौन है? और यह हजार भुजा वाला दैत्य कौन है? (इन दोनों की अद्भुत आकृतियाँ और भयंकर वेष देख कर) सबों के चित्त में अद्भुत और भयानक रस ने संचार किया (सब को आश्चर्य हुआ और सब डर गये)।

अलंकार—'को है' शब्द में देहरी दीपक अलंकार है।

(रावण) विजोहा—शंभु कोदंड दै। राजपुत्री कितै॥
टूक द्वै तीन कै। जाहूँ लंकाहि लै॥ ४॥

भावार्थ—रावण सुमति से कहता है महादेव का धनुष मुझे दो और बताओ कि राजपुत्री कहाँ है? धनुष को तोड़ कर तीन खंड कर डालूँ और उसे लंका को ले जाऊँ।

(विमति) शशिवंदना—दसशिर आओ। धनुष उठाओ।
कछु बल कीजै। जग जस लीजै॥ ५॥

भावार्थ—(विमति उत्तर देता है) हे दसशिर आइये और धनुष को उठाइये कुछ बल कीजिये और जगत में यश लीजिये।

(बाण) गीतिका—

दशकंठ रे शठ छाँड़ि दे हठ वार वार न बोलिये।
अब आजु राज समाज में बल साजु चित्त न डोलिये।
गिरराज ते गुरु जानिये सुरराज को धनु हाथ लै।
सुख पाय ताहि चढ़ायकै घर जाहि रे यश साथ लै॥ ६॥

शब्दार्थ—बल साजु=पराक्रम करो। चित्त न डोलिये=साहस न हारो। सुरराज=महादेव।

भावार्थ—सरल और स्पष्ट है।

मंथना*—बाणी कही बान कीन्ही न सो कान ॥
अद्यापि आनी न। रे बदि कानीन ॥ ७ ॥

शब्दार्थ—कीन्ही न सो कान=सुनी अनसुनी कर गया, सुन कर भी ऐसा भाव जताया मानो सुना ही नहीं। अद्यापि=अभी तक। आनी न=नहीं लाया (सीता को)। कानीन=कन्या से उत्पन्न (क्षुद्र, चाट्टी का)।

भावार्थ—सरल है।

(बाण) मालती†—जपै जिय जोर। तजौ सब शोर।
सरासन तोरि। लहौ सुख कोरि ॥ ८ ॥

शब्दार्थ और भावार्थ सरल है।

(रावण) दंडक—बज्रको अखर्व गर्व गंज्यो जेहि पर्वतारि,
जीत्यो है सुपर्व सर्व भाजे लै लै अंगना।
खंडित अखंड आशु कीन्हों है जलेश पाशु,
चंदन सी चंद्रिका सों कीन्हीं चन्द वंदना।
दंडक में कीन्हा कालदंड हू का मान खंड,
माना कीन्ही काल ही की कालखंड खंडना।
केशव कोदंड विषदंड ऐसो खंडै अब,
मेरे भुजदंडन की बड़ी है विडंबना ॥ ६ ॥

शब्दार्थ—अखर्व=बहुत बड़ा। पर्वतारि=इन्द्र। सुपर्व=देवता। अंगना=स्त्री। आशु=शीघ्र ही। जलेश=वरुणदेव। पाशु=फाँसी, कमंद। दंडक=एक दंड में। कालदंड=यमराज की गदा। कालखंड=(कालको खंडन करने वाला) ईश्वर। कोदंड=धनुष। विषदंड=कमल की नाल, पौनार। बिडंबना=लज्जा की बात।

भावार्थ—(रावण कहता है)—मेरे जिन भुजदंडों ने बज्र का भारी

---

* तगण दोय पट वरणयुत रचहु मथना छंद।
† जगण दोय पट बरण युत रचहु मालती छंद।

गर्व गंजन कर डाला (वज्र भी जिन्हें नहीं काट सका), जिन्होंने इन्द्र को जीत लिया, जिनके डर से सब देवता अपनी-अपनी स्त्रियाँ ले-ले कर भाग गये, वरुण के अखण्ड फाँस को जिन्होंने शीघ्र ही तोड़ डाला और चन्द्रमा ने भी (न लड़ सकने के कारण) जिन भुजदंडों की चंदन समान शीतल चन्द्रिका से पूजा की, एक घड़ीमात्र में जिन्होंने कालदंड का भी मान ऐसे खंडित कर डाला जैसे स्वयं परब्रह्म परमेश्वर काल ही को खंडित कर डालते हैं। भला वही मेरे प्रबल भुजदंड अब इस कमलनाल की भाँति (अत्यन्त कमजोर) धनुष को तोड़ें, यह काम मेरे भुजदंडों के लिये बड़ी लज्जा की बात है!

(रावण बहाने से धनुष उठाने तथा तोड़ने से इनकार करता है)।

अलंकार—अत्युक्ति।

तुरंगम (बाण)*—बहुत बदन जाके। विविध बचन ताके।
(रावण)—बहुभुज युत जोई। सबल कहिय सोई॥ १०॥

शब्दार्थ – बदन = मुख। विविध = अनेक प्रकार के (असत्य, छलयुक्त इत्यादि)।

भावार्थ – (बाणासुर कहता है) – हाँ ठीक है! जिसके बहुत से मुख होते हैं उसके वचन भी अनेक प्रकार के होते हैं। (अर्थात् असत्य बोलता है, छल-कपट युक्त बचन बोलता है)। (रावण जवाब देता है) हाँ ठीक है! जिसके बहुत सी भुजायें होती हैं वही तो बली कहलाता है (अर्थात् कहलाता ही भर है, वास्तव में बली होता नहीं)।

अलंकार – काकुवक्रोक्ति।

दो० (रावण)—अति असार भुज भार ही, बली होहुगे बाण।
(बाण)—मम बाहुन को जगत में, सुनु दसकंठ विधान॥ ११॥

---

*नगन है गुरु अंत है रचहु तुरंगम छंद।

भावार्थ–(रावण कहता है) वाण, इन अत्यन्त बलहीन भुजाओं के बोझ के बल से ही बली कहलाना चाहते हो ? (बाणासुर कहता है) हे रावण, मेरी भुजाओं ने संसार में जो काम किया है उसे सुनो।

(वाण) सवैया—

हौं जब ही जब पूजन जात पितापद पावन पाप प्रणासी।
देखि फिरौं तबही तब रावण सातो रसातल के जे बिलासी।
लै अपने भुजदंड अखंड करौं छितिमंडल छत्र प्रभा सी।
जानै को केशव केतिक बार मैं सेस के सीसन दीन्ह उसासी ॥१२॥

शब्दार्थ–हौं=मैं। पापप्रणासी=पापविनाशक। विलासी=रहने वाले। अखंड=सम्पूर्ण। छितिमंडल=पृथ्वी। छत्र प्रभासी=छत्र के समान। उसासी=दम लेने की फुरसत, आराम, छुटकारा।

भावार्थ—(बाणासुर कहता है) जब-जब मैं अपने पिता जी के पवित्र और पापनाशी चरणों की वंदना करने के लिये (पाताल में रहनेवाले राजा बलि बाणासुर के पिता हैं) जाता हूँ, तब-तब मैं सातो रसातलों के निवासियों को देखता हूँ (उनमें से कोई भी मेरे समान बली नहीं है)। मैं समस्त पृथ्वीमंडल को अपने भुजदंडों पर छाता के समान तान लेता हूँ। न जाने कितनी बार मैंने शेषनाग के फनों को (पृथ्वीमंडल को अपने हाथों से थाम कर) दम लेने की फुरसत दी है। अर्थात् जब मैं पृथ्वी को उठा लिया तब इस धनुष को उठाना कौन बड़ी बात है)।

अलंकार—काव्यार्थापत्तिगर्भित अत्युक्ति।

कमला*रावण—तुम प्रबल जो हुते। भुजबलनि संयुते ॥
पितहि भुव ल्यावते। जगत यश पावते ॥ १३ ॥

भावार्थ–(रावण बाणासुर से कहता है) यदि तुम बली थे और

---

*नगन आदि दै सगन पुनि लघु गुरु दीजै अंत।
आठ बरण प्रतिपद लखौ कमला छंद कहंत।

तुम्हारी भुजायें बलसंयुक्त थीं तो बाप को इस भूमिलोक में लाते और संसार में यश लेते।

तोमर(बाण)—पितु आनिये केहि ओक। दिय दक्षिणा सब लोक॥
यह जानु रावन दीन। पितु ब्रह्म के रस लीन॥१४॥

शब्दार्थ—ओक=घर, निवासस्थान। दीन=बलहीन (ब्राह्मण)। रस=आनन्द।

भावार्थ—(बाणासुर कहता है) पिता को भूलोक में लाकर किस स्थान पर बैठालें उन्होंने तो सब पृथ्वी दान कर दी है (दान की वस्तु पुनः ग्रहण करना पाप है)। हे दीन (ब्राह्मण) रावण! तुझे जानना चाहिये कि हमारे पिता ब्रह्मानन्द में मग्न हैं (तेरी तरह विषयानन्द के लिये दौड़े नहीं फिरते।)

सवैया—

कैटभ सो नरकासुर सो पल में मधु सो मुर सो जेइ मारयो।
लोक चतुर्दश रक्षक केशव पूरण वेद पुराण विचारयो।
श्री कमला कुच कुंकुम मंडन पंडित देव अदेव निहारयो।
सो कर माँगन को बलि पै करतारहु को करतार पसारयो॥१५॥

शब्दार्थ—श्रीकमला कुच-कुंकुम-मंडन-पंडित=श्री लक्ष्मी जी के कुचों पर केशरचन्दनादि की मकरकादि चित्र रचना बनाने में चतुर पंडित। केशर-चंदनादि की मकरकादिचित्र रचना बनाने में चतुर पंडित। अदेव=दानव। करतार हु को करतार=ब्रह्मा के भी बनानेवाले (विष्णु)।

भावार्थ—(बाणासुर अपने पिता बलि की बड़ाई करता है) जिस हाथ ने एक पल मात्र में कैटभ, नरकासुर, मधु और मुर नामक दैत्यों को मार डाला (अर्थात् अत्यंत बली थे), जो चौदहों लोकों का रक्षक है, सर्वत्र व्याप्त है (पूरण) और जिसके गुणों का बखान वेद और पुराण करते हैं, जो श्री लक्ष्मी जी के कुचों पर केशर की रचना करने में चतुर पंडित है (अर्थात् साक्षात् लक्ष्मी ही जिसकी स्त्री हैं), जिसको देवताओं और दैत्यों

सबों ने देखा है, ब्रह्मा के भी बनाने वाले विष्णु ने बलि के सामने भिक्षा माँगने के लिये वही हाथ फैलाया था (इसमें मधुकैटभादिक के मारने वाले कहकर विष्णु की संहारक शक्ति का पता दिया, लक्ष्मीपति जताकर विष्णु की पालनशक्ति का अनुमान कराया और 'ब्रह्मा के भी रचयिता' कहकर सृष्टिकरण शक्ति का परिचय दिया। ऐसे विष्णु भी जिस बलि के सामने भीख माँगने के सिवा और कुछ न कर सके; वह बलि कैसा प्रबल प्रतापी होगा इसका अनुमान सहज ही में हो सकता है। व्यंग से यह बात निकली कि ऐसे पिता का पुत्र मैं हूँ तो मेरे बल और प्रताप का भी कुछ अनुमान कर लो, क्योंकि पुत्र में पिता के गुण होते ही हैं)।

सूचना—इस छंद में जितने विशेषण वाक्य हैं वे विष्णु के अलावा 'कर' पर भी लग सकते हैं। दोनों दशाओं में छन्द के तात्पर्य में कुछ अन्तर नहीं आता।

अलंकार—प्रथम निदर्शन।

दो० (रावण)—हमहिं तुमहिं नहि बूझिये, विक्रमवाद अखंड।
अब ही यह कहि देहगो, मदनकदन-कोदन्ड ॥ १६ ॥

भावार्थ—रावण कहता है अपने अपने बल पराक्रम के विषय में हमको तुमको बड़ा झगड़ा न करना चाहिये। अभी शंकर का धनुष ही इसका फैसला कर देगा अर्थात् हम तुम दोनों धनुष को उठावें। जो उठा लेगा वही अधिक बली समझा जायगा।

संयुता—

वृतवाण रावण को सुन्यो। सिर राज मंडल में धुन्यो।
(विमति) जगदीश अब रक्षा करो। विपरीत बात सबै हरो ॥ १७ ॥

भावार्थ—जब रावण और बाणासुर की ऐसी वार्ता (विमति ने) सुनी, तब उसी समय उसी राजमंडल में वह अपना सिर पीटने लगा (व्याकुल हो उठा) और बोला कि हे जगदीश (महादेव) अब हमारी रक्षा करो और जो अमंगल होता दिखाई देता है उसे हरो (क्योंकि तुम्हारा नाम 'हर' है)।

दो०—रावण बाण महाबली जानत सब संसार।
जो दोऊ धन करषिहैं, ताको कहा विचार ॥ १८ ॥

भावार्थ—रावण और बाणासुर दोनों बड़े बलवान हैं, यह बात सारा संसार जानता है यदि दोनों धनुष चढ़ावेंगे तो फिर क्या होगा ? (अर्थात् यदि दोनों धनुष को उठा लिया तो सीता किसको ब्याही जायगी ?)

सवैया (बणासुर)—

केशव और ते और भई गति जानि न जाय कछु करतारी।
सूरन के मिलिबे कहँ आय मिल्यो दसकंठ सदा अविचारी।
बाढ़ि गयो बकवाद वृथा यह भूलि न भाट सुनावहि गारी।
चाप चढ़ाइहैं कीरति को यह राज करै तेरी राजकुमारी ॥१६॥

भावार्थ—(बाणासुर कहता है)—दशा कुछ की कुछ हो गई। ईश्वर की करनी जानी नहीं जाती। मैं तो शूरवीर पुरुषों से भेंट करने को आया था (धनुष उठाने को नहीं), परन्तु यहाँ आने पर सदैव के अविचारी रावण से भेंट हो गई और व्यर्थ विवाद बढ़ गया। हे भाट (विपति) भूल करके भी मुझे यह गाली न दे (कि बाणासुर ब्याह करने के निमित्त धनुप उठाना चाहता है)। मैं तो इस धनुष को केवल अपनी कीर्ति के वास्ते उठाता हूँ। तेरी राजकुमारी अपना मनमाना राज्य करे (जिसके साथ चाहे अपना विवाह करे)।

(रावण)—मधु

मोकहँ रोकि सकै कहु को रे। युद्ध जुरे यम हू कर जोरे।
राजसभा तिनुका करि लेखौं। देखि के राज सुता धनु देखौं ॥२०॥

भावार्थ—(रावण कहता है)—मुझको विवाह करने से कौन रोक सकता है। युद्ध में यमराज भी सामने आकर हाथ जोड़ने लगता है। इस सभा के राजाओं को मैं तृण के समान समझता हूँ। परन्तु पहले राजकुमारी को देखलूँ (कि कैसी सुन्दर है) तब धनुष को देखँगा।

सवैया (वाण)—

वेगि कह्यौ तव रावण सों अव वेगि चढ़ाउ शरासन को।
वातैं वनाइ वनाइ कहा कहै छोड़ि दे आसन वासन को।
जानत है किधौं जानत नाहिन तू अपने मदनासन को।
ऐसेहि कैसे मनोरथ पूजत पूजे विना नृपशासन को॥ २१॥

शब्दार्थ—आसन = बिछौना। बासन = वस्त्र (राजोचित्त वस्त्र)। मद नासन—घमंड तोड़ने वाला (मैं बाणासुर)। नृपशासन = राजा जनक की आज्ञा अर्थात् धनुष को तोड़ने की शर्त।

भावार्थ—(बाणासुर ने रावण से कहा कि) अब तू शीघ्र ही धनुष को चढ़ा, बातें क्यों बनाता है। सिंहासन छोड़ राजोचित वस्त्राभूषण उतार, काछा कस, मल्ल रूप से तैयार हो जा। तू अपने अहंकार तोड़ने वाले को (मुझको) जानता है कि नहीं? बिना राजा की आज्ञा पूरी किये हुए वैसे ही तेरा मनोरथ कैसे पूरा हो सकेगा (अर्थात् मेरे रहते तू बिना धनुष तोड़े ही सीता को कैसे विवाह लेगा)।

वंधु (रावण)—बाण न वात तुम्हैं कहि आवै।
(वाण)—सोई कहौ जिय तोहि जो भावै?
(रावण)—का करिहौ हम योंहीं वरैंगे?
(बाण)—हैहयराज करी सों करैंगे॥ २२॥

भावार्थ—(रावण) हे बाण, तुम्हें बात करने तक का शऊर नहीं है। (बाण) तो क्या मैं तुम्हारी चितचाही बात कह दिया करूँ तब तुम समझोगे कि मुझे बात करने का शहूर है? (रावण) अच्छा यदि बिना धनुष हम तोड़े ही सीता को विवाह लें तो तुम क्या करोगे? (बाण) बस वही करेंगे जो सहस्त्रार्जुन ने किया था।

विशेष—सहस्रार्जुन ने एक समय रावण को विलक्षण जंतु समझ कर पकड़ लिया था और अगाड़ी पिछाड़ी लगा कर घोड़े की तरह अस्तबल में बाँध रक्खा था, पुनः दसो सिरों पर दीपक रख कर दीवट की तरह नृत्यशाला में खड़ा कर रक्खा था।

दंडक—(रावण) भौंर ज्यौं भँवत भूत वासकी गणेशयुत
मानो मकरंद बुंद माल गंगा जल की।
उड़त पराग पट नाल सी विशाल वाहु,
कहा कहौं केशोदास शोभा पल पल की।
आयुध सघन सर्व मंगला समेत शर्व
पर्वत उठाय गति कीन्ही है कमल की।
जानत सकल लोक लोकपाल दिगपाल
जानत न बाण वात मेरे वाहुवल की॥ २३॥

शब्दार्थ—भूत=शंकर के गण। वासुकी=शेषनागादि। पट=पार्वतीजी के वस्त्र। नाल=कमल की दण्डी। आयुध=महादेव जी, पार्वती, गणेशादि के अस्त्रादि अर्थात् त्रिशूल, पिनाक, खड्ग, अंकुश इत्यादि। सघन=अनेक। सर्वमंगला=पार्वती। शर्व=शिव। गति कीन्ही है कमल की=कमल का आकार बना दिया।

भावार्थ—हे वाणासुर! जब सर्वलोकपाल और समस्त दिक्पाल मेरे वाहुवल की बात जानते हैं तब एक तूही यदि नहीं जानता तो क्या हुआ? मैंने जिस समय कैलाश को उठाया था उस समय शंकर के समस्त गण, वासुकी और गणेशादि इस तरह मंडराते फिरते थे मानो भँवर हों, और गंगाजल मानो मकरंद था, पार्वतीजी का पट (वस्त्र) फहरा उठा था वहीं मानो पराग था और मेरी विशाल वाहु नाल के समान थी, उस समय की पलपल की शोभा मुझ से नहीं कही जाती। अनेक अस्त्र-शस्त्र, पार्वती और महादेव सहित कैलाश को उठा कर कमल के आकार का दृश्य बना दिया था (जैसे पुष्प का भार नाल को नहीं अखरता, वैसे ही मुझे तनिक भी भार नहीं जान पड़ा था)—तात्पर्य यह कि मैंने इस धनुष सहित सारा कैलाश ही उठा लिया था।

अलंकार—उपमा और उत्प्रेक्षा से पुष्ट रूपक और उस रूपक से पुष्ट संबंधातिशयोक्ति।

मधुभार—तजि कै सुरारि। रिस चित्त मारि।
दशकंठ आनि। धनु छुयो पानि॥ २४॥

भावार्थ—यह झगड़ा छोड़ कर क्रोध को चित्त में ही दबा कर, निकट आकर रावण ने धनुष में हाथ लगाया। (ज्यों ही रावण को हाथ लगाते देखा त्यों ही विमति बंदी बोला)।

मधुभार—तुम बलनिधान। धनु अति पुरान।
पीसजहु अंग। नहीं होहि भंग॥२५॥

भावार्थ—हे रावण, तुम बली हो और धनुष अति पुराना है। तो भी चाहे तुम अपने अंगों को उठाने के उद्योग में पीस ही क्यों न डालो, पर धनुष टूटेगा नहीं। (यह सुनकर रावण हट गया)।

अलंकार—विशेषोक्ति।

सवैया—खंडित मान भयो सब को,
नृपमण्डल हारि रह्यो जगती को।
व्याकुल बाहु निराकुल बुद्धि
थक्यो बल बिक्रम लंकपती को।
कोटि उपाय किये कहि केशव,
केहूँ न छाड़त भूमि रती को।
भूरि विभूति प्रभाव सुभावहि,
ज्यों न चलै चित योग-यती को॥२६॥

भावार्थ—जगती=संसार। निराकुल=बहुत घबड़ाई। लंकपति=रावण। बिक्रम=उपाय। केहूँ=किसी प्रकार। रती को=एक रती भर। विभूति=सम्पति। योग-यती=योगी।

भावार्थ—सब का मान खंडित हो गया (बल का गर्व जाता रहा)। संसार के सब राजा हार गये। रावण की भुजायें व्याकुल हो गईं, बुद्धि घबड़ा गईं, और शारीरिक बल और उपाय थक गये। केशव कवि कहता है कि करोड़ उपाय करने पर भी किसी प्रकार वह धनुष एक रती भर भी वैसे ही

भूमि नहीं छोड़ता जैसे बहुत संपत्ति के प्रभाव से (लालच से) योगी का मन सहज ही नहीं डिगता।

अलंकार—उदाहरण।

पद्धटिका—धनु अति पुरान लंकेश जानि।
यह बात बाण सों कही आनि।
हूं पलक माहिं लेहौं चढ़ाय।
कछु तुमहूँ तो देखो उठाय ॥ २७ ॥

भावार्थ—रावण ने धनुष को अति पुराना समझ कर, बाणासुर के पास आकर यह बात कही कि मैं तो उस धनुष को एक पलमात्र में उठा लूँगा, भला जरा तुम भी तो उठा देखो (अंदाज कर लो कि तुमसे उठेगा कि नहीं।

दो० (बाण)—मेरे गुरु को धनुष यह, सीता मेरी माय।
दुहू भाँति असमंजसै, बाण चले सुख पाय ॥ २८ ॥

भावार्थ—बाणासुर ने कहा कि यह धनुष तो मेरे गुरु शिवजी का है और सीता मेरी माता हैं। दोनों प्रकार से यह कार्य मेरे लिये अड़चन का है। यह कह कर बाणासुर तो सहर्ष चला गया।

तोटक (रावण)—अब सीय लिये बिन हौं न टरौं।
कहुँ जाहुँ न तो लगि नेम धरौं।
जब लौं न सुनौं अपने जन को।
अति आरत शब्द हते तन को ॥२९॥

शब्दार्थ—नेम धरौं=प्रतिज्ञा करता हूँ। जन=सेवक। हते तन को=(तन में हते को) शरीर में चोट लगने की सी पुकार।

भावार्थ—रावण ने कहा कि मैं तो बिना सीता को लिये हुए यहाँ से न हटूँगा। मैं प्रतिज्ञा करता हूँ कि मैं यहाँ से तब तक न हटूँगा जब तक मैं अपने किसी सेवक की आर्त पुकार न सुनूँगा कि "दौड़ो नाथ, शत्रु ने मुझे मार डाला"।

मोदक (ब्राह्मण)—काहू कहूँ सर आसर मारयो।
आरत शब्द अकाश पुकारयो।
रावण के वह कान परयो जब।
छोड़ि स्वयम्वर जात भयो तब ॥३०॥

शब्दार्थ—सर = बाण। आसर = असुर। आरत शब्द = दुःखपूर्ण शब्द से।

भावार्थ—(जनकपुर से आया हुआ ब्राह्मण कहता है) हे विश्वामित्र जी इतने ही में कहीं किसी ने किसी असुर को बाण मारा और उसने आकाश में दुःखपूर्ण वचन से गुहार मचाई, वह शब्द जब रावण ने सुना, तब स्वयम्बर भूमि छोड़ कर वह चला गया।

दो०—जब जान्यो सब का भयो, सब ही विधि व्रत भंग।
धनुष धरयो लै भवन में, राजा जनक अनंग ॥३१॥

शब्दार्थ—अनंग = विदेह।

चतुर्थ प्रकाश समाप्त।

पाँचवाँ प्रकाश

दो०—यह प्रकाश पंचम कथा, राम गवन मिथिलाहि।
उद्धारण गौतम-घरणि स्तुति अरुणोदय आहि॥
मिथिलापति के वचन अरु धनु भंजन उर धार।
जैमाला दुंदुभि अमर वर्षन फूल अपार॥

तारक (ब्राह्मण)—जब आनि भई सब को दुचिताई।
कहि केशव काहू पै मेटि न जाई।
सिय संग लिये ऋषि की तिय आई।
इक राजकुमार महासुखदाई॥ १॥

शब्दार्थ—दुचिताई = सन्देह (कि सीता का विवाह होगा कि नहीं)।

भावार्थ—जब सब को ऐसा संदेह होने लगा कि अब सीता का विवाह

होगा कि नहीं और यह संदेह किसी से मिटाया नहीं जा सकता था (कोई नहीं कह सकता था कि क्या होगा) तब अनायास एक त्रिकालदर्शी ऋषि-पत्नी आई। वह एक चित्र लिए हुए थी जिसमें सीता के चित्र के साथ एक अति सुन्दर राजकुमार का चित्र था (उस चित्र में लिखा राजकुमार कैसा था सो आगे छन्द में देखिये।)

मोहन—सुन्दर वपु अति स्यामल सोहै।
देखत सुर नर को मन मोहै।
लिखि लाई सिय को वरु ऐसो।
राजकुमार हि देखिय जैसो ॥ २ ॥

भावार्थ—वह ऋषिपत्नी सीता का वर चित्र में ऐसे ही रूप का लिख लाई थी जिस रूप का कि मैं इस (राम की ओर इशारा करके) राजकुमार को देखता हूँ।

तोटक—ऋषिराज सुनी यह बात जहीं।
सुख पाइ चले मिथिला हि तहीं।
वन राम शिला दरशी जब हीं।
तिय सुन्दर रूप भई तब हीं ॥ ३ ॥

शब्दार्थ—ऋषिराज = विश्वामित्र। शिला = शिला रूप में अहल्या। दरसी = देखी।

भावार्थ—ऋषिराज विश्वामित्र ने ज्योंही ब्राह्मण के मुख से यह बात सुनी त्योंही आनन्दित होकर मिथिला को चल पड़े। रास्ता चलने में एक वन में ज्योंही राम ने एक शिला देखी त्योंही (दृष्टि पड़ते ही) वह शिला सुन्दर रूपवाली स्त्री हो गई।

अलंकार—चपलातिशयोक्ति।

दो०—पूछी विश्वामित्र सों, रामचन्द्र अकुलाइ।
पाहन तें तिय क्यों भई, कहिय मोहिं समुझाइ ॥ ४ ॥

सोरठा (विश्वामित्र)—

गौतम को यह नारि, इन्द्र दोप दुर्गति गई।
देखि तुम्हें नरकारि, परम पतित पावन भई ॥ ५ ॥

शव्दार्थ—इन्द्र दोष दुर्गति गई=इन्द्र द्वारा दूषित किये जाने पर गौतम के शाप से बुरी गति को प्राप्त हुई (पत्थर हो गई थी)। नरकारि=नरकासुर के शत्रु अथवा नरक के शत्रु (मुक्तिदाता) श्रीरामजी।

कुसुम-विचित्रा—तेहि अति रूरे रघुपति देखे।
सब गुण पूरे तन मन लेखे।
यह वरु माँग्यो दया न काहू।
तुम मो मन ते कतहुँ न जाहू ॥ ६ ॥

भावार्थ—सुगम ही है।

कलहंस—तहँ ताहि दै वरु को चले रघुनाथ जू।
अति सूर सुन्दर यों लसैं ऋपि साथ जू॥
जनु सिंह के सुत दोउ सिद्धि श्री रये।
वन जीव देखत यों सबै मिथिला गये ॥ ७ ॥

शब्दार्थ—वरु=वरदान । सूर=शूरवीर । सिद्धि=विश्वामित्र की तपस्या की सिद्धि। श्री=शोभा। रये=रँगे। सिद्धिश्री रये=तपस्या की सिद्धि से रँगे हुए। जनु सिंह के सुत दोउ श्रीरये=मानों दोनों सिंह पुत्र हैं और विश्वामित्र की तपस्या के बल से उनके वशीभूत हैं।

अलंकार—उत्प्रेक्षा।

दो०—काहू की न भयो कहूँ, ऐसो सगुन न होत।
पुर पैठत श्रीराम के, भयो मित्र उद्दोत ॥ ८ ॥

शब्दार्थ—सगुन=शुभ सूचक घटना। मित्र=सूर्य। उद्दोत=उदित।

भावार्थ—न कभी किसी को ऐसा सगुन हुआ न होता ही है ज्योंही श्रीराम जी ने मुनिमंडली सहित जनकपुर की सीमा में प्रवेश किया, त्योंही सूर्योदय हुआ।

(सूर्योदय वर्णन)

(राम)—चौपाई

कछु राजत सूरज अरुन खरे। जनु लक्ष्मण के अनुराग भरे।
चितवत चित्त कुमुदिनी त्रसे। चोर चकोर चिता सी लसै ॥९॥

शब्दार्थ—अरुन खरे=(खरे अरुण) खूब लाल। अनुराग=प्रेम। कुमुदिनी=कोईं, कोकावेली।

भावार्थ—(श्रीराम जी कहने लगे) लाल सूर्य खूब शोभा देते हैं, कुछ ऐसा जान पड़ता है कि मानों वे लक्ष्मण के अनुराग से भरे हुए हैं। सूर्य को देखते ही कोईं अपने चित्त में डरती है (कि कहीं यह सूर्य अपने कर से मुझे छू न ले) और चारों ओर चकोर के लिये तो चिता ही के समान है (दुखदायक वा सुखनाशक है)।

अलंकार—उत्प्रेक्षा और उपमा।

नोट—यह छंद लक्षण से नहीं मिलता।

(लक्ष्मण)—षट्पद—

अरुन गात अतिप्रात पद्मिनी-प्राणनाथ भय।
मानहु केशवदास कोकनद कोक प्रेममय॥
परि पूरण सिंदूर पूर कैधौं मंगल घट।
किधौं शक्र को छत्र मढ्यो माणिक मयूख पट।
कै श्रोणित कलित कपाल यह किल कापालिक काल को।
यह ललित लाल कैधौं लसत दिगभामिनि के भाल को ॥१०॥

शब्दार्थ—अरुण=लाल। पद्मिनी प्राणनाथ=सूर्य। भय=(भये) हुए। कोकनद=कमल। कोक=चक्रवाक। परिपूरण=समस्त। सिंदूरपूर=सिंदूर से रँगा हुआ। मंगल घट=विवाहादि का घट। शक्र=इन्द्र। माणिक-मयूख पट=माणिक की किरणों से बुना हुआ वस्त्र। श्रोणित-कलित=रक्त भरा। किल=निश्चय। कापालिक=शैवमतावलंबी तांत्रिक साधु जो मद्यमांस

खाते हैं और काली को वा भैरव को बलि चढ़ाते हैं। ये लोग प्रायः मनुष्य की खोपड़ी के पात्र में भोजन पान करते हैं। लाल=माणिक। दिगभामिनि=पूर्वदिशा-रूपी स्त्री। भाल=कपाल।

भावार्थ—सूर्य प्रातःकाल अति लाल होकर उदय हुए हैं मानों कमल और चक्रवाक का प्रेम जो उनके हृदय में है बाहर उछर आया है। या कोई मंगल-घट है जो सबका सब सिंदूर से रँगा हुआ है। या इन्द्र का छत्र है जो माणिक की किरणों से बुने हुए कपड़े से बनाया गया है। या निश्चय पूर्वक कालरूपी कापालिक के हाथ में यह किसी का रक्त भरा सिर है (जिसे उसने अभी बलि चढ़ाने के लिये काटा है) अथवा पूर्वदिशारूपी स्त्री के मस्तक का माणिक है।

अलंकार—रूपक और संदेह से पुष्ट उत्प्रेक्षा।

तोटक—पसरे कर कुमुदिनी काज मनो।
किधौं पद्मिनी की सुख देन घनो॥
जनु ऋच्छ सबै यहि त्रास भगे।
जिय जानि चकोर फँदानि ठगे॥ ११॥

भावार्थ—कर=किरण (हाथ)। कुमुदिनी काज=कुमुदिनी के पकड़ने के लिये। पद्मिनी=कमलिनी। ऋच्छ=नक्षत्र (तारे)।

शब्दार्थ—सूर्य की किरणें फैली हैं सो मानों सूर्य के हाथ हैं जो कुमुदिनी को पकड़ने के लिये फैले हैं, या कमलिनी को (स्पर्श से) अति सुख देने के लिये फैले हैं। तारे अस्त हो गये हैं, सो मानो इस डर से भाग गये हैं कि कहीं सूर्य की किरणों के फन्दे में फँस न जायँ। और चकोर भी फंदा ही समझ कर ठगा सा सो रहा है।

अलंकार—उत्प्रेक्षा और सन्देह।

(राम) चंचरी—व्योम में मुनि देखि के अति लालश्री मुख साजहीं।
सिंधु में बड़वाग्नि की जनु ज्वालमाल बिराजहीं।

पद्मरागनि की किधौं दिवि धूरि पूरित सी भई।
सूर-बाजिन की खुरी अति तिक्षता तिनकी हई॥ १२॥

शब्दार्थ—व्योम=आकाश। मुनि=विश्वामित्र (सम्बोधन है)। लालश्रीमुख=लालरंग वाले सूर्य। पद्मराग=माणिक। दिवि=आकाश। सूर-बाजि=सूर्य के रथ के घोड़े। खुरी=सुम। तिक्षता=तीक्ष्णता, चोखा-पन। हई=मारी हुई, चूर्ण की हुई।

भावार्थ—श्रीराम जी कहते हैं कि हे मुनि जी! देखिये लाल मुखश्री वाले सूर्य आकाश में कैसे शोभा दे रहे हैं, मानो समुद्र में बड़वाग्नि की ज्वालाओं का समूह एकत्र होकर बिराज रहा हो! अथवा सूर्य के घोड़े के अति तीक्ष्ण सुमों से चूर्ण की हुई पद्मराग मणियों के धूल से सारा आकाश पूरित सा हो गया हो।

अलंकार—संदेह और उत्प्रेक्षा।

(विश्वामित्र)सोरठा—

चढ़ोगगन तरु धाय, दिनकर बानर अरुन मुख।
कीन्हों झुकि झहराय, सकल तारका कुसुम बिन॥ १३॥

शब्दार्थ—दिनकर=सूर्य। अरुनमुख=लाल मुखवाला। झुकि=खींचकर, क्रुद्ध होकर। झहराय=हिलाकर। तारका=तरैयाँ।

भावार्थ—सूर्यरूपी लाल मुखवाला बंदर आकाशरूपी वृक्ष पर दौड़ कर चढ़ गया है और क्रुद्ध होकर उस वृक्ष को हिलाकर उसे समस्त तारेरूपी फूलों से रहित कर डाला है।

अलंकार—रूपक।

(लक्ष्मण) दो०—

जहीं वारुणी की करी, रंचक रुचि द्विजराज।
तहीं कियो भगवंत विन, संपति शोभा साज॥ १४॥

शब्दार्थ—जहीं=ज्योंहीं। वारुणी=(१) पश्चिमदिशा, (२) शराब। द्विजराज=(१) चंद्रमा (२) ब्राह्मण। तहीं=त्योंहीं। भगवंत=(१)सूर्य, (२) भगवान्

भावार्थ—(१) ज्योंही चंद्रमा पश्चिम की ओर जाने की तनिक भी इच्छा करता है, त्योंही सूर्य उसे विना सम्पत्ति का और शोभा के सामान से हीन कर देता है (२) ज्योंही कोई ब्राह्मण जरा भी मदिरा की इच्छा करता है, त्योंही (तुरन्त) भगवान् उसकी सम्पत्ति और कान्ति हर लेते हैं।

अलंकार—श्लेष।

तोमर—

चहुँ भाग बाग तड़ाग। अब देखिये बड़ भाग।
फल फूल सों संयुक्त। अलि यों रमैं जनु मुक्त॥ १५॥

शब्दार्थ—चहुँ भाग=चारों ओर। बड़ भाग=बड़े भाग्यशाली (राम जी के लिए सम्बोधन है)। मुक्त=स्वच्छन्दचारी साधु।

भावार्थ—हे भाग्यशाली, (रामचन्द्र जी) अब यह दृश्य देखिये कि जनक नगर के चारों ओर बाग और तालाब भी बहुत से हैं। सब बाग फल और फूलों से परिपूर्ण हैं और उनमें भौंरे इस प्रकार फिरते हैं मानों स्वच्छन्द चारी साधु हैं।

अलंकार—उत्प्रेक्षा।

(राम) दो०—

ति न नगरी ति न नागरी प्रति पद हंसक हीन।
जलज हार शोभित न जहँ प्रगट पयोधर पीन॥ १६॥

शब्दार्थ—ति=ते, वे। नगरी=बस्ती। नागरी=चतुर स्त्री। प्रतिपद=(१) हर एक पैर में, (२) पद पद पर। हंसक=(१) बिछुवा, (२) हंस +क=हंस और जल। जलज=(१) मोती, (२) कमल। पयोधर=(१) कुच, (२) जलाशय (कूप, वापी तड़ागादि)। पीन=(१) पुष्ट, (२) बड़े-बड़े।

अन्वय—(१) ते नगरी न, (जो) प्रपिपद हंस (और) क हीन (हों) जहाँ जलजहार शोभित न, जहाँ प्रगट पीन पयोधर न। (२) ते नागरी न, (जो) प्रतिपद हंसक हीन (हों) जहाँ जलजहार शोभित न, (जिनके) पीन पयोधर प्रगट न।

भावार्थ—(रामजी कहते हैं कि) जनक के देश में ऐसी नगरी नहीं है जो पग पग पर हंसों, जल और कमलसमूह से भरे हुए बड़े-बड़े सरोवरों से हीन हों (अर्थात् जनक के देश भर में सर्वत्र ही सब नगरों में बड़े-बड़े जलाशय हैं जो जल से परिपूर्ण हैं और जिनमें हंस और कमल अधिकता से पाये जाते हैं) और जनक के देश में ऐसी नागरी (स्त्री) नहीं हैं जिनका प्रतिगत (प्रत्येक पैर) नूपुरों से हीन हो, जिनके उत्तुंग कुचों पर मोती की मालायें शोभित न हों अर्थात् जनक के देश भर में सब ऐसी स्त्री हैं जो प्रति पग में बिछुवा पहने हैं (कोई विधवा नहीं हैं) और जिनके बड़े-बड़े पुष्ट कुचों पर मोतियों की मालायें शोभित हैं (अर्थात् सब स्त्रियाँ सधवा, हृष्ट, पुष्ट और सम्पन्न हैं)।

नोट—प्राचीन लिपि प्रथा में 'ते' को 'ति' लिखते थे। यहाँ भी केशव ने उसी प्रथा से काम लिया है।

अलंकार—श्लेष, वक्रोक्ति, व्याजस्तुति (दूसरी), अनुप्रास।

सवैया—

सातहु दीपन के अवनीपति हारि रहे जिय में जब जाने।
बीस बिसे व्रत भंग भयो सु कहौ अब केशव को धनु ताने॥
शोक की आग लगी परिपूरण आइ गये घनश्याम बिहाने।
जानकि के जनकादिक के सब फूलि उठे तरुपुण्य पुराने॥१७॥

शब्दार्थ - अवनीपति=राजा। बीसबिसे=(बीस बिस्वा) निश्चय। व्रत=प्रतिज्ञा। घनश्याम=(१) रामजी, (२) काले बादल। बिहाने= प्रातःकाल। तरुपुण्य पुराने=पूर्वकालीन पुण्य रूपी तरु।

भावार्थ—जब राजा जनक ने यह जान लिया कि समस्त पृथ्वीतल के राजा जोर लगा कर हार गये हैं, अब तो मेरी प्रतिज्ञा निश्चय ही भंग हुई, अब कौन धनुष को चढ़ा सकता है (इस प्रकार जब राजा जनक नितान्त निराश हो गये थे) और पूर्णरूप से उनके हृदय में शोक की अग्नि लगी हुई थी कि अचानक प्रातःकाल के समय में घनवत् श्याम रंग वाले (रामजी)

जनकपुर में आगये (जिस आगमन के प्रभाव से) जिससे जानकी जी और जनकादि के पुराने पुण्य के वृक्ष पुनः प्रफुल्लित हो उठे।

अलंकार—समाधि, परिकरांकुर (घनश्याम में) और रूपक।

दोधक—

आय गये ऋषि राजहिं लीने। मुख्य सतानन्द विप्र प्रवीने।
देखि दुऊ भये पायन लीने। आशिष शीरष वासु लै दीने ॥१८॥

शब्दार्थ—ऋषी=याज्ञवल्क्य ऋषि। राजहिं लीने=राजा जनक को साथ लिये हुए। प्रवीने=पुरोहित कार्य में निपुण। दुऊ=दोनों। (राजा जनक और सतानंद)। आशिष=आशीर्वाद। शीरष वासु लै=सिर सूँघकर।

नोट—प्राचीन काल में सिर सूँघकर आशीर्वाद देने की रीति थी। ऐसा वर्णन कई स्थलों पर आया है।

भावार्थ—विश्वामित्र का आगमन सुनकर जनक-राज्यनिवासी ऋषि याज्ञवल्क्य जी राजा जनक और मुख्य मुख्य ब्राह्मणों तथा कर्मकांड-निपुण सतानन्द को साथ लिये हुए विश्वामित्र की अगवानी को आये। विश्वामित्र को देखकर दोनों—अर्थात् राजा जनक और सतानन्द ऋषि—विश्वामित्र के चरणों में गिरे (दण्डवत प्रणाम किया), तब विश्वामित्र ने दोनों को उठाकर और सिर सूँघकर आशीर्वाद दिया। (अथवा) दोनों ने (अर्थात् राम और लछमण) ऋषि याज्ञवल्क्य और सतानन्द को दंडवत प्रणाम किया और उन्होंने सिर सूँघ कर आशीर्वाद दिया। (अथवा) सतानन्दादि मुख्य और प्रवीण ब्राह्मण राजर्षि (ऋषिराज=राजऋषि=राजर्षि) जनक को साथ लिये आगये।

अलंकार—स्वभावोक्ति और परिवृत।

(विश्वामित्र) सवैया—

केशव ये मिथिलाधिप हैं जग में जिन कीरति वेलि वई है।
दान-कृपान विधानन सों सिगरी वसुधा जिन हाथ लई है।

अंग छ सातक आठक सों भव तीनिहु लोक में सिद्धि भई है।
वेदत्रयी अरु राज सिरी परिपूरणता शुभ योग मई है ॥१६॥

शब्दार्थ—केशव=(सम्बोधन) हे रामचन्द्र जी। दान विधानन सों=दान देकर। कृपान विधानन सों=युद्ध करके। सिगरी=सब। वसुधा=पृथ्वी। हाथ लई है=अपने वश में कर ली है। अंगछः=षडंग वेद—१—शिक्षा। २—कल्प। ३—व्याकरण। ४—निरुक्ति। ५—ज्योतिष। ६—छन्द। (शिक्षा. ज्योतिष, व्याकरण, कल्प, निरुक्ति, छन्द)। अंग सातक =राज्य के सात अंग—१—राजा। २—मंत्री। ३— मत्र। ४—खजाना। ५—देश। ६—दुर्ग। ७—सेना। (राजा, मंत्री, निधि, देश दुर्ग, अरु सैन), अंग आठक=योग के आठ अंग*—१—यम। २—नियम। ३—आसन ४—प्राणायाम। ५—प्रत्याहार। ६—धारणा। ७—ध्यान। ८—समाधि। भव=उत्पन्न। अंग छ सातक आठक सों भव=वेद के छः, राज्य के सात और योग के आठ अगों से उत्पन्न सिद्धि। कार्य सिद्ध ! वेदत्रयी=ऋग्, यजुर और साम। राज सिरी=(राज्यश्री) राजापन, राजसी वैभव और भोग। शुभ योग मय=अच्छा जोड़ मिल गया है (जैसा अन्य राजों में नहीं है।)

भावार्थ—हे (केशव) रामचन्द्र ! देखो ये मिथिला नरेश हैं, जिन्होंने संसार में अपनी कीर्ति की वेल लगाई है (संसार भर में जिनकी नेकनामी फैली है) दान और युद्धवीरता द्वारा जिन्होंने सारी पृथ्वी को अपने वश में कर लिया है। वेद के छः, राज्य के सात और योग के आठ अंगों से उत्पन्न की हुई सिद्धि द्वारा जिन्होंने तीनों लोकों में अपना कार्य सिद्ध कर लिया है। (तीनों लोकों के भोग भोगते हैं) इनमें वेदत्रयी राज्यश्री की परिपूर्णता का अच्छा योग जुड़ा है (अच्छे विद्वान् और नीति-निपुण राजा हैं) तात्पर्य यह कि राजा में जितने गुण होने चाहिए वे सब इनमें हैं वरन् कुछ अधिक हैं अर्थात् ये राजा होते हुए भी पक्के योगी हैं।

---

*दो०—आठ अंग हैं योग के, यम नियमासन साधि।
प्राणायाम प्रतिहार पुनि, धारण ध्यान समाधि ॥

अलंकार—रूपक (कीर्ति वेलि में)

(जनक) सो०—

जिन अपनों तन स्वर्ण, मेलि तपोमय अग्नि में।
कीन्हों उत्तम वर्ण, तेई विश्वामित्र ये ॥ २० ॥

शब्दार्थ—मेलि=डाल कर। वर्ण=(१) रंग, (२) जाति।

भावार्थ—राजा जनक अपनी ओर के लोगों से कहते हैं कि देखो ये ही वे विश्वामित्र जी हैं जिन्होंने अपने शरीर रूपी सोने को तपरूपी अग्नि में डाल कर और तपा कर उस शरीर का वर्ण उत्तम किया है (तप करके क्षत्री से ब्राह्मण हुए हैं)।

अलंकार—श्लेष से पुष्ट रूपक।

(लक्ष्मण)—मोहन—जन राजवंत। जग योगवंत ॥
तिनको उद्योत। केहि भाँति होत ॥२१॥

भावार्थ—(यह सुन कर कि राजा जनक अच्छे योगी भी हैं, लक्ष्मण जी को संदेह हुआ कि यह कैसे हो सकता है, इसलिए पूछते हैं कि) जो राजा जग में योग भी करते हैं उनका अभ्युदय कैसे होता है? क्योंकि दोनों कर्म परस्पर विरुद्ध हैं।

(श्रीराम) विजय—

सब छबिन आदि तै काहू छुई न छुए बिजनादिक बात डगै।
न घटै न बढ़ै निशि बासर केशव लोकन को तम तेज भगै ॥
भवभूषण भूषित होत नहीं मदमत्त गजादि मसी न लगै।
जलहू थलहू परिपूरण श्री निमि के कुल अद्भुत जोति जगै ॥२२॥

शब्दार्थ—बिजना=पंखा। बात=हवा। डगे=हिलती है। तम तेज=घना अंधकार। भवभूषण=राख (दिया के गुल की भस्म) मसी=कालिख (काजल)।

भावार्थ—हे लक्ष्मण, निमिवंश में अद्भुत ज्योति जागती है जिसकी

शोभा (श्री) जल और स्थल में परिपूर्ण हो रही है। (वह ज्योति कैसी है कि) समस्त क्षत्रियों में से किसी ने भी उसको छू तक नहीं पाया, और न वह ज्योति पंखे की हवा से डगमगाती है। रातों दिन एक सी रहती है—घटती बढ़ती नहीं, उसके प्रकाश से लोकों का घना अंधकार भाग जाता है। वह ज्योति राख से भूषित नहीं होती (उस चिराग में गुल नहीं पड़ता)—(श्लेष से) सांसारिक अलंकारों से निमिवंश की वह ज्ञानज्योति नहीं ढकने पाती—उस ज्योति में मस्त हाथियों की कजरी नहीं लगती (हाथी, घोड़े इत्यादि रखने का घमंड निमिवंशियों को ज़रा भी अहंकारी नहीं बना सकता)—निमिवंश की ज्ञानज्योति ऐसी अद्भुत है कि राज-वैभव उसमें कभी विघ्न बाधा नहीं उपस्थित कर सका।

अलंकार—व्यतिरेक।

(जनक) तारक—यह कीरति और नरेशन सोहै।
मुनि देव अदेवन को मन मोहै।
हय को वपुरा सुनिये ऋषिराई।
सब गाँऊँ छ सातक की ठकुराई ॥२३॥

शब्दार्थ—कीरति=(कीर्ति) बड़ाई। अदेव=असुर। वपुरा=दीन-हीन ठकुराई=राज्य।

भावार्थ—सरल ही है।

अलंकार—लोकोक्ति।

(विश्वामित्र) विजय—

आपने आपने ठौरनि तो भुवपाला सबै भुव पालै सदाई।
केवल नामहि के भुवपाल कहावत हैं भुव पालि न जाई॥
भूपन की तुम ही धरि देह विदेहन में कल कीरति गाई।
केशव भूषण की भवि भूषण भू-तनते तनया उपजाई॥ २४॥

शब्दार्थ—भुव= (भू) पृथ्वी। विदेह=जीवनमुक्त। कल=निर्मल।

भूषण की भवि भूषण=भूषणों के लिये भी भव्य भूषण अर्थात् अलंकारों को भी अलंकृत करनेवाली (अत्यन्त रूपवती) भू-तनते=पृथ्वी के शरीर से। तनया=कन्या।

भावार्थ—हे जनक ! अपने-अपने स्थान पर तो सभी राजा सदैव ही भूमि का पालन करते हैं, पर वे केवल नाम ही के भूमिपाल हैं, वास्तव में वे 'भूपति' नहीं हैं, क्योंकि उनसे भूमि का पालन यथार्थ (पतिवत्) नहीं हो सकता। केवल आप ही एक ऐसे व्यक्ति हैं जो शरीर तो राजाओं का धारण किये हुए हैं, पर हैं ऐसे कि विदेहों (जीवनमुक्त लोगों) में आपकी निर्मल कीर्ति गाई जाती है। ऐसे विदेह होकर भी आप सच्चे 'भूपति' हैं, क्योंकि आपने पृथ्वी के गर्भ से अत्यन्त सुन्दर कन्या पैदा कर ली (पति वही है जो स्त्री से संतान पैदा करे) है।

अलंकार—विधि और विरोधाभास।

(जनक) दो०—

इहि विधि की चित चातुरी, तिनको कहा अकत्थ।
लोकन की रचना रुचिर, रचिबे को समरत्थ ॥ २५ ॥

शब्दार्थ—अकत्थ=अकथनीय, कठिन। समरत्थ=शक्तिमान्।
भावार्थ—सरल है।

(जनक सवैया—
लोकन की रचना रचिबे को जहीं परिपूरण बुद्धि विचारी।
ह्वै गए केशवदास तहीं सब भूमि आकाश प्रकाशित भारी॥
शुद्ध सलाक समान लसी अति रोषमयी दृग दीठि तिहारी।
होत भये तब सूर सुधाधर पावक शुभ्र सुधाधर गधारी॥ २६ ॥

शब्दार्थ—परिपूरण बुद्धि विचारी=सोच विचार कर निश्चय कर लिया। सलाक=बाण। सूर=सूर्य। सुधाधर=चन्द्रमा। सुधा=चूना।

भावार्थ—ज्योंही आपने नवीन लोकों की रचना करने का निश्चय कर

लिया, त्योंही (केशव कहते हैं कि) भूमि और आकाश सब अति प्रकाशित हो गये (अर्थात् तुम्हें विदित हो गया कि कहाँ पर कौन सी रचना करनी चाहिये)। जिस समय तुम्हारी क्रोधयुक्त दृष्टि तीक्ष्ण बाण के समान (ब्रह्मा की रचना को मिटाने के लिये) सन्नद्ध हुई, उसी समय (भय के मारे) सूर्य तो चंद्रमा सम सफेद हो गये और अग्नि भी चूना के रंग की हो गई अर्थात् भय से इन तेजधारियों का रंग फीका पड़ गया।

अलंकार—प्रथम हेतु।

दो०—केशव विश्वामि के रोषमयी दृग जानि।
संध्या सी तिहुँ लोक के, किहिनि उपासी आनि ॥ २७ ॥

शब्दार्थ—उपासी=उपासना (सेवा, स्तुति, वंदना)।

भावार्थ—केशव कहते हैं कि जब विश्वामित्र के क्रोधयुक्त नेत्रों को संध्या सम अरुण देखा, तब तीनों लोक के जन (नर, नाग, देवादि) उनके निकट आकर (संध्योपासना की तरह) उनकी उपासना करने लगे अर्थात् भय से उनकी सेवा वा स्तुति करने लगे।

अलंकार—धर्मलुप्तोपमा (संध्या सम-अरूण रोषमयी दृष्टि)।

(जनक) दोधक—ये सुत कौन के शोभहिं साजे।
सुन्दर श्यामल गौर विराजे ॥
जानत हौं जिय सोदर दोऊ।
कै कमला विमलापति कोऊ ॥ २८ ॥

शब्दार्थ—सोदर=सगे भाई। कमलापति=विष्णु। विमलापति=ब्रह्मा।

भावार्थ—(जनक पूछते हैं कि हे विश्वामित्र जी) ये शोभायुक्त सुन्दर श्याम और गौर कान्ति वाले दोनों व्यक्ति किसके पुत्र हैं ? मेरी समझ में तो ऐसा आता है कि ये दोनों सगे भाई हैं या विष्णु और ब्रह्मा के अवतार हैं। (अर्थात् इनमें विष्णु और ब्रह्मा का सा तेज, सौंदर्य और गुणादि लक्षित हैं)।

अलंकार—सन्देह।

(विश्वामित्र) चौपाई—

सुन्दर श्यामल राम सु जानो। गौर सु लक्ष्मण नाम वखानो।
आशिष देहु इन्हें सब कोऊ। सूरज के कुलमंडन दोऊ ॥२९॥

दो०—नृपमणि दशरथ नृपति के, प्रगटे चारि कुमार।
राम भरत लक्ष्मण ललित, अरु शत्रुघ्न उदार ॥ ३० ॥

शब्दार्थ—कुलमंडन=वंश की शोभा बढ़ाने वाले।

भावार्थ—सरल ही है।

अलंकार—(चौपाई में) हेतु।

(विश्वामित्र) घनाक्षरी—

दानिन के शील पर दान के प्रहारी दिन,
दानवारि ज्यों निदान देखिये सुभाय के।
दीप दीप हू के अवनीपन के अवनीप,
पृथु सम केशोदास दास द्विज गाय के।
आनंद के कंद सुरपालक से बालक ये,
परदार प्रिय साधु मन वच काय के।
देह धर्मधारी पै विदेहराज जू से राज,
राजत कुमार ऐसे दशरथ राय के ॥ ३१ ॥

शब्दार्थ—दानिन के शील=दानियों का सा स्वभाव है। पर दान के प्रहारी दिन=प्रतिदिन शत्रुओं से दंडरूप दान लेने वाले। दानवारि=विष्णु। निदान=अंततः। अवनीप=राजा। कंद=बादल। परदार=लक्ष्मी वा पृथ्वी।

भावार्थ—बड़े-बड़े दानियों (शिवि, दधीचि, हरिश्चन्द्रादि) के से स्वभाव वाले हैं, सदैव शत्रुओं से दंडस्वरूप धन—दान लेने वाले हैं, और अंततः (विचारपूर्वक देखने से) विष्णु के से स्वभाव वाले हैं, समस्त द्वीपों के राजों के भी राजा हैं, राजा पृथु के समान चक्रवर्ती हैं, पर तो भी ब्राह्मण

और गाय के दास हैं। (सेवक हैं) आनन्द वारि वरसानेवाले बादल हैं, ये बालक देवताओं के पालक से (इन्द्र सम) हैं, लक्ष्मी के वल्लभ हैं, पर मन, वचन, कर्म से शुद्ध हैं, देहधारी हैं, पर विदेह समान हैं। हे राजन्! ऐसे गुणवाले ये बालक अयोध्यानरेश राजा दशरथ के पुत्र हैं (ध्वनि से विश्वामित्र ने यह बतला दिया कि ये विष्णु के अवतार हैं)।

अलंकार—विरोधाभास।

सो०—जब तें बैठे राज, राजा दशरथ भूमि में।
सुख सोयो सुरराज ता दिन ते सुरलोक में ॥ ३२ ॥

भावार्थ—सरल है।

अलंकार—असंगति।

स्वागत—

राजराज दशरत्थ तनै जू। रामचन्द्र भुवचन्द्र बनै जू ॥
त्यों विदेह तुम हू अरु सीता। ज्यौं चकोर तनया शुभ गीता ॥३३॥

शब्दार्थ—राजराज=राजाओं के राजा (चक्रवर्ती राजा)। भुव चंद्र=भूमि के चन्द्रमा। शुभगीता=सब प्रशंसिता, जिसकी प्रशंसा सब जन करते हों।

भावार्थ—(विश्वामित्र जी कहते हैं) हे मिथिलेश! जैसे राजा दशरथ चक्रवर्ती राजा हैं, वैसे ही उनके पुत्र रामचन्द्र भी भूमि के चन्द्रमा हैं (सब को सुखद और यश से प्रकाशित हैं) अर्थात् ऐश्वर्यशाली पिता के सौन्दर्य-शाली पुत्र हैं। इसी प्रकार हे विदेहराज! आप भी ऐश्वर्यशाली राजा हो और तुम्हारी पुत्री सुभगीता सीता भी चकोर पुत्रवत् सौन्दर्य, और प्रेमपात्री हैं। अर्थात् तुम्हारा और इनका कुल, शील, ऐश्वर्य, सौन्दर्य, यश इत्यादि सम है। (व्यंग यह कि चकोरी का प्रेम चन्द्र पर ही उचित है, अतः सीता का विवाह इन्हीं से होना उचित है।

अलंकार—सम।

(विश्वामित्र) तारक—

रघुनाथ शरासन चाहत देख्यो।
अति दुष्कर राज समाजनि लेख्यो॥

(जनक)—ऋपि है वह मन्दिर माँझ मँगाऊँ।
गहि ल्यावहिं हौं जन यूथ बुलाऊँ॥ ३४॥

पद्धटिका—

अब लोग कहा करिबे अपार। ऋषिराज कही यह बार बार।
इन राजकुमार हि देहु जान। सब जानत हैं बल के निधान॥३५॥

सूचना—छंद ३४ और ३५ के शब्दार्थ और भावार्थ सरल ही है।

(जनक) दंडक—

वज्र ते कठोर है कैलास ते विशाल काल,
दंड ते कराल सब काल काल गावई।
केशव त्रिलोक के विलोक हारे देव सब,
छोड़ि चन्द्रचूड़ एक और को चढ़ावई॥
पन्नग प्रचंडपति प्रभु की पनच पीन,
पर्वतारि पर्वतप्रभा न मान पावई।
विनायक एक हू पे आवै ना पिनाका ताहि,
कोमल कमलपाणि राम कैसे ल्यावई॥ ३६॥

शब्दार्थ—कालकाल=काल का भी काल। चंद्रचूड़=महादेव। पन्नगपति-प्रभु=बड़े-बड़े सर्पों के राजा अर्थात् वासुकी। पनच=प्रत्यंचा। पीन=पुष्ट, मोटी। पर्वतारि=इंद्र। पर्वतप्रभा=दैत्य। मान=गरुवाई का अंदाज। बिनायक एक=मुख्य विनायक (गणेशजी)।

भावार्थ—(जनक जी कहते हैं)—जो धनुष वज्र से भी अधिक कठोर है, कैलाश से भी अधिक बड़ा है, कालदण्ड से भी अधिक भयंकर है, जिसे सब लोग काल का भी काल बताते हैं, त्रिलोक के माननीय लोग जिसे देख कर हिम्मत हार गये, एक महादेव को छोड़कर जिसे कोई दूसरा चढ़ा नहीं सकता,

प्रचण्ड वासुकी की जिसमें पुष्ट प्रत्यंचा लगती है, इंद्र और दैत्यादि भी जिसकी गरुवाई का अन्दाज नहीं पाते, जिसको गणेश भी यहाँ तक नहीं उठा ला सकते, ऐसे पिनाक को कमल सम कोमल हाथों वाले राम कैसे उठा लावेंगे !

अलंकार—वाचकलुप्तोपमा (कोमल कमलपाणि)।

(विश्वामित्र) दोहा—

राम हत्यो मारीच जेहि, अरु ताड़का सुबाहु।
लक्ष्मण को यह धनुष दै, तुम पिनाक को जाहु ॥ ३७॥

भावार्थ—हे राम ! जिस धनुष से तुमने मारीच, ताड़का और सुबाहु को मारा है, वह धनुप लक्ष्मण को देकर तुम पिनाक लाने के लिए जाओ।

विशेष—इस दोहे मे व्यंग यह है कि ऊपर के छन्द मे जनकजी राम को 'कोमलपाणि' कहते हैं। इस दोहे से मुनि जी उन्हें 'कठोरपाणि' जताते हैं।

अलंकार—निदर्शना।

(जनक)—त्रिभंगी।

सिगरे नर नायक असुर-विनायक राक्षसपति हिय हारि गये।
काहू न उठायो थल न छोड़ायो टर्‌यो न टारो भीत भये।
इन राजकुमारनि अति सुकुमारनि लै आये हौ पैज करे।
व्रत भंग हमारो भयो तुम्हारो ऋषि तप तेज न जानि परै ॥ ३८॥

शब्दार्थ—नरनायक=राजा। असुरविनायक=असुरों में मुख्य, बाणासुर राक्षसपति=रावण। पैज=प्रतिज्ञा।

भावार्थ—(जनक कहते हैं) सब राजे, बाणासुर, रावण इत्यादि महाबली भट कोशिश करके हिम्मत हार गये तिस पर भी कोई उठा न सका, (उठाने की तो बात क्या) कोई उसे स्थान से भी न हटा सका, जब वह नहीं टसका तब सब लोग भयभीत हुए (कि अब क्या होगा)। ऐसे कठिन धनुष को तुड़वाने के लिये आप प्रतिज्ञा करके इन सुकुमार राजकुमारों को अपने साथ लाये हैं। हमारा व्रत तो भंग हो ही चुका है, पर हे ऋषि आपके तप

तेज का प्रभाव नहीं जाने जा सकते (अर्थात् शायद आपके तप के प्रभाव से ये राजकुमार धनुष को उठालें पर मुझे आशंका होती है कि कहीं आपकी भी प्रतिज्ञा न भंग हो जाय)।

विश्वामित्र तोमर—

सुनि रामचन्द्र कुमार। धनु आनिये इकवार।
पुनि वेगि ताहिं चढ़ाउ। जसलोक लोक बढ़ाउ॥ ३६॥

शब्दार्थ—इक बार = एक ही बार में (जनक के महल से रंगभूमि तक एक ही बार में—बीच में सुस्ताने के लिये कहीं रख मत देना)।

भावार्थ—विश्वामित्रजी रामजी को (आशीर्वादात्मक) आज्ञा देते हैं:—"हे कुमार रामचन्द्र जी, मेरी आज्ञा सुनो। तुम जनक के महल में चले जाओ और धनुष को उठाकर एक ही बार में यहाँ तक ले आओ (बीच में दो एक बार भूमि में रख कर सुस्ताना मत) फिर उसको जल्दी से चढ़ाकर अपना यश सब लोकों में बढ़ाओ।

दो०—ऋषिहि देखि हरपै हियो राम देखि कुम्हिलाय।
धनुष देखि डरपै महा, चिन्ता चित्त डोलाय॥४०॥

भावार्थ—(राजा जनक की ऐसी दशा हो रही है कि) विश्वामित्र ऋषि की ओर देख कर और उनके तपबल को स्मरण करके राजा हर्षित होते हैं, रामजी को देखकर और उनकी सुकुमारता का ख्याल करके उनका हृदय निराश हो जाता है, तथा धनुष को देखकर भयभीत हो जाते हैं, इस प्रकार चिन्ता उनके चित्त को चंचल कर रही है।

अलंकार—पर्याय—(क्रम ही सों जहँ एक में आवैं वस्तु अनेक)।

स्वागता—

रामचन्द्र कटिसो पटु बाँध्यो। लीलैव हर को धनु साँध्यो।
नेकु ताहि कर पल्लव सों छ्वै। फूल मूल जिमि टूक कर्‌यो द्वै॥४१॥

शब्दार्थ—लीलैव = (लीला ही में) खेल सा करते हुए, क्रीडावत्

सहज ही में। साँध्यो=संधान किया, उठाकर प्रत्यंचा चढ़ा दी। फूलमूल= फूल की डंडी। कटिसों=कटि में।

भावार्थ—सरल ही है।

अलंकार—विभावना से पुष्ट पूर्णोपमा।

सूचना—कटि सों पटु बाँध्यो—बुंदेलखण्डी मुहावरा है।

सवैया—

उत्तमगाथ सनाथ जबै धनु श्रीरघुनाथ जू हाथ कै लीनो।
निर्गुण ते गुणवंत कियो सुख केशव संत अनंतन दीनो॥
ऐंच्यो जहीं तब ही कियो संयुत तिच्छ कटाच्छ नराच नवीनो।
राजकुमार निहारि सनेह सों शंभु को साँचों शरासन कीनो॥४२॥

शब्दार्थ—उत्तमगाथ=सर्व प्रशंसित व्यक्ति अर्थात् वह शिव का धनुष। हाथ कै लीनो=हाथ से उठा लिया (यह भी बुन्देलखंडी मुहावरा है)। निर्गुण ते गुणवंत कियो=पहले जिसकी प्रत्यंचा नहीं चढ़ी थी उसकी प्रत्यंचा चढ़ा दी अथवा उस गुण-हीन धनुष को गुण विशिष्ट कर दिया। नराच=बाण।

भावार्थ—(आज तक जिस धनुष को हाथ में लेकर किसी ने शरसंधान नहीं किया था) उस उत्तम गाथ धनुष को जब रामजी ने उठा लिया तब वह सनाथ हो गया (धनुष को हर्ष हुआ)। जब प्रत्यंचा चढ़ा दी तब असंख्य सन्तों को (जिनमें विश्वामित्र, मुनि मण्डली, जनक सतानन्दादि भी थे) सुख हुआ। जब उसे ताना, तब अपने नवीन तीक्ष्ण कटाक्ष का बाण उस पर रख दिया (धनुष की प्रत्यंचा खींचते समय स्वाभाविक रीति से दृष्टि-सूत्र भी तीर की तरह उस पर पड़ता है) इस प्रकार राजकुमार श्रीरामजी ने प्रेमदृष्टि से देख कर उस शंभु-धनु को सच्चा शरासन बना दिया अर्थात् आज उसका 'शरासन' नाम सार्थक हुआ, क्योंकि रामजी ने कटाक्षरूपी बाण उस पर संधान किया है।

अलंकार—विधि।

विजया—प्रथम टंकोर झुकि झारि संसार मद,
चंड कोदण्ड रह्यो मण्डि नवखण्ड को।

चालि अचला अचल घालि दिगपाल बल,
पालि ऋषिराज के वचन परचंड को।
सोधु दै ईश को बाधु जगदीश को,
क्रोध उपजाय भृगुनंद बारि-बण्ड को।
बाधि बर स्वर्ग को साधि अपवर्ग,
धनुभंग को शब्द गयो भेद ब्रह्मण्ड को ॥४३॥

शब्दार्थ—कुकि=क्रुद्ध होकर। चण्ड कोदण्ड=कठोर धनुष। मण्डि रह्यो=भर गया (इसका 'कर्ता' है 'टंकोर' 'चण्ड कोदण्ड' नहीं)। नव-खण्ड=इला, रमणक, हिरण्य, कुरु, हरि, वृष, किंपुरुष, केतुमाल और भारत। अचला=पृथ्वी। घालि=तोड़कर। दिग्पाल=इन्द्र, वरुण, कुबेरादि। ऋषिराज=विश्वामित्र। ईश=महादेव। जगदीश=विष्णु। भृगुनंद=परशुराम। बरिबण्ड=बली। स्वर्ग को बाधि=स्वर्ग लोक के निवासियों के कार्य में बाधा डालकर अर्थात् उनको भी चौंका कर, उनकी शान्ति भंग करके। साधि अपवर्ग=यह धनुष राजा दधीचि की हड्डियों का बना था, अतः उनको मुक्ति दिलाकर।

भावार्थ—उस प्रचण्ड धनुष की प्रथम ही टंकोर ने क्रुद्ध हो कर सारे संसार का मद हटा दिया और नवों खण्डों में गूँज उठी, सुदृढ़ पृथ्वी को कंपायमान करके, समस्त दिग्पालों का बल तोड़कर, विश्वामित्र के शानदार वचनों का पालन करके (उनकी बात रखकर) 'महादेव को खबर देकर, विष्णु को यह बोध देकर कि आपकी इच्छा के अनुसार संसार का कार्य हो रहा है, बली परशुराम जी को क्रोध दिलाकर, स्वर्ग निवासियों के कार्य में बाधा डालकर—उनको आश्चर्यान्वित करके, राजा दधीचि को मुक्तिपद दिलाकर धनुर्भङ्ग का शब्द समस्त ब्रह्मांड को भेदन कर के उसके आगे अन्तरिक्ष में चला गया।

अलंकार—सहोक्ति।

(जनक)—

दो०—सतानंद आनंदमति, तुम जु हुते उन साथ।
बरज्यो काहे न धनुष जब, तोरथो श्रीरघुनाथ ॥४४॥

शब्दार्थ और भावार्थ सरल ही है।

(सतानंद)—

तोमर—सुनि राजराज विदेह। जब हौं गयो वहि गेह।
कछु मैं न जानी बात। तोरियो धनु लात॥ ४५॥

शब्दार्थ और भावार्थ सरल ही है।

दो०—सीता जू रघुनाथ को, अमल कमल की माल।
पहिराई जनु सबन की, हृदयावलि भूपाल॥ ४६॥

अर्थ—धनुर्भंग हो जाने पर सीता जी ने रघुनाथ जी को सुन्दर स्वच्छ कमलों की माला पहना दी। वह माला ऐसी जान पड़ती है मानों सब राजाओं की हृदयावली हो। (अत्यंत उचित उत्प्रेक्षा है, क्योंकि हृदय का आकार भी कमलवत् होता है)।

अलंकार—उत्प्रेक्षा।

चित्रपदा—सीय जहीं पहिराई। रामहिं माल सोहाई।
दुन्दुभि देव बजाये। फूल तहीं बरसाये॥ ४७॥

अर्थ—ज्योंही सीता ने रामजी को माला पहनाई त्योंही देवताओं ने नगाड़े बजाये और फूल बरसाये।

पाँचवाँ प्रकाश समाप्त

छठाँ प्रकाश

दो०—छठे प्रकाश कथा रुचिर, दशरथ आगम जान।
लगनोत्सव श्रीराम को, ब्याह विधान बखान॥

(सतानन्द)—

तोटक—विनती ऋषि, राज की चित्त धरो।
चहुँ भैयन के अब ब्याह करो।
अब बोलहु वेगि बरात सबै।
दुहिता समदौं सुख पाय अबै॥ १॥

शब्दार्थ—बोलहु = बुलवाओ। दुहिता=कन्या। समदौ=विवाहो।

भावार्थ—(विश्वामित्र के मुख से दशरथ के वैभव का वर्णन तथा चार पुत्रों का होना सुनकर, एवं दो पुत्रों का बल और सौंदर्य देखकर जनक ने चारों के विवाह के लिये निवेदन किया है। इस पर सतानन्द जी सिफ़ारिश करते हैं) हे ऋषि (विश्वामित्र), 'राजा की विनती को स्वीकार कीजिये अब इन्हीं के परिवार में चारो भाइयों का विवाह कीजिये। अब सब बरातों को (चारो भाइयों की चार बरातें) शीघ्र बुलवाइये और सुखपूर्वक कन्याओं को अभी (तुरंत) विवाहिये।

दो०—पठई तबही लगन लिखि, अवधपुरी सब बात।
राजा दशरथ सुनत ही, चार्‌यो चलीं बरात॥ २॥

मोटनक—
आये दशरत्थ बरात सजे। दिगपाल गयंदनि देखि लजे।
चार्‌यो दल दूलह चारु बने। मोहे सुर औरनि कौन गने॥ ३॥

तारक—बनि चारि बरात चहूँदिस आई।
नृप चारि चमू अगवान पठाई।
जनु सागर को सरिता पगुधारी।
तिनके मिलबे कहँ बाँह पसारी॥ ४॥

शब्दार्थ—चमू=टुकड़ी। अगवान=स्वागत करने के लिये।

अर्थ—सरल है।

विशेष—चारों दिशाओं से बरातें आईं जिससे महल के चारों फाटकों पर अलग-अलग मुहूर्त से सब काम हो जाय। जनकपुर समुद्र, बारातें नदियाँ और अगवानी लेनेवाली चारों चमू बाहें हैं।

अलंकार—उत्प्रेक्षा।

दो०—बारोठे को चार करि, कहि केशव अनुरूप।
द्विज दूलह पहिराइयों, पहिराये सब भूप॥ ५॥

शब्दार्थ—बारोठे को चार=दरवाजा चार, द्वारपूजन (दरवाजे पर लाकर वर का धन और वस्त्र से सत्कार करने का कृत्य)। अनुरूप=यथायोग्य।

अर्थ—यथायोग्य दरवाजा चार करके राजा जनक ने ब्राह्मणों और

दूलहां तथा बरात में आये हुए सब राजाओं को पहिरावन दिये (पहनने के लिए अपने यहाँ से नवीन वस्त्र दिये)।

अलङ्कार—पदार्थावृत्त दीपक।

त्रिभंगी—

दशरत्थ सँघाती सकल बराती बनि बनि मंडप माँह गये।
आकाशविलासी प्रभा प्रकासी जलजगुच्छ जनु नखत नये।
अति सुन्दर नारी सब सुखकारी मंगलगारी देन लगीं।
बाजे बहु बाजत जनु घन गाजत जहाँ तहाँ शुभ शोभ जगीं॥ ६॥

शब्दार्थ—सँघाती=साथ में आये हुए राजा। मंडप=विवाह-मंडप। आकाशविलासी=(मंडप का विशेषण है) बहुत ऊँचा और विस्तृत है। प्रभा प्रकासी=रोशनी से खूब जगमग हो रहा है। जलजगुच्छ=मोतियों के गुच्छे। नखत=नक्षत्र। शुभ शोभ जगीं=अत्यन्त शोभा युक्त हैं।

भावार्थ—(दरवाजा चार करके सब बराती जनवासे को गये, यह वर्णन कवि ने छोड़ दिया है) जनवासे से राजा दशरथ के साथ आये हुए सब बराती लोग सज-धज कर भाँवरों के लिये मंडप को गये। वह मंडप बहुत ऊँचा और विस्तृत है, रोशनी से खूब जगमगा रहा है, मोतियों के गुच्छे (बंदनवार में) मानों नवीन नक्षत्र हैं। सुन्दर स्त्रियाँ मंगलगान करने लगीं, बहुत से जो बाजन बज रहे हैं वे मानो मंद-मंद ध्वनि से बादल गरज रहे हैं, जहाँ देखिये वहीं अत्यन्त शोभा से मंडप स्थान परिपूर्ण है।

अलंकार—उत्प्रेक्षा।

दो०—रामचन्द्र सीता सहित, शोभत हैं तेहि ठौर।
सुबरणमय मणिमय खचित शुभ सुन्दर सिरमौर॥७॥

शब्दार्थ—सुबरणमय=सोने की बनी हुई मणिमय। खचित=चित्रित। मौर=दूलह दुलहिन के विवाह-मुकुट।

अर्थ—सरल है।

नोट—इस छन्द में राम जी को 'रामचन्द्र' कहने में बड़ा ही मज़ा है। मंडप को आकाशवत माना, मोती के गुच्छों को नक्षत्र कहा, तो यहाँ 'चन्द्र' का होना अत्यन्त उचित है। 'सीता' शब्द भी कम प्रभावोत्पादक नहीं। जहाँ चन्द्र होगा वहाँ शीत होगी ही।

अलंकार—परिकरांकुर।

छप्पय—बैठे मागध सूत विविध विद्याधर चारण।
केशव दास प्रसिद्ध सिद्ध सब अशुभ निवारण।
भारद्वाज जावालि अत्रि गौतम कश्यप मुनि।
विश्वामित्र पवित्र चित्रमति वामदेव पुनि।
सब भाँति प्रतिष्ठित निष्ठमति तहँ बशिष्ठ पूजत कलस।
शुभ सतानन्द मिलि उच्चरत शाखोच्चार सबै सरस॥ ८॥

शब्दार्थ—मागध=वंश-विरद वर्णन करने वाले। सूत=स्तुति करने वाले। विद्याधर=विद्वान्। चारण=वंशावली बतानेवाले भाट। सिद्ध=सिद्धि प्राप्त योगी जन। सब अशुभ निवारण=सब प्रकार की बाधाओं को निवारण करनेवाले। चित्रमति=विचित्र बुद्धि वाले। निष्ठमति=उत्तम बुद्धि वाले। शाखोच्चार=विवाह समय में वर-वधू की वंशावली तथा गोत्रादि का परिचय।

अर्थ—सरल है।

अनुकूला—

पावक पूज्यो समिध सुधारी। आहुत दीनी सब सुखकारी।
दै तब कन्या बहु धन दीन्हों। भाँवरि पारि जगत जस लीन्हों॥९॥

शब्दार्थ—समिध=हवन की लकड़ी (पलाश वा आम्रादि की)। भाँवरि पारि=अग्निपरिक्रमा कराके (यही आचार विवाह का पूरक है)।

अर्थ—सरल ही है।

स्वागता—

राज पुत्रिकनि स्यों छबि जाये। राजराज सब डेरहि आये।
हीर चीर गज बाजि लुटाये। सुन्दरीन बहु मंगल गाये॥ १०॥

शब्दार्थ—स्यों=सहित। राज राज सब=राजाओं सहित राजा दशरथ। डेरा=जनवासा। हीर=हीरे।

अर्थ— सरल है।

विशेष—इस रीति को बुन्देलखंड में 'रहसबधावा' कहते हैं।

[शिष्टाचार-रीति वर्णन]

सो०—वासर चौथे जाम, सतानन्द आगू दिये।
दशरथ नृप के धाम, आये सकल विदेह बनि ॥ ११ ॥

भुजंगप्रयात—
कहूँ शोभना दुन्दुभी दीह बाजै। कहूँ भीम भंकार कर्नाल साजैं॥
कहूँ सुन्दरी वनु बीना बजावैं। कहूँ किन्नरी किन्नरी लै सुगावैं ॥१२॥
कहूँ नृत्यकारी नचैं शोभ साजैं। कहूँ भाट बोलैं कहूँ मल्ल गाजैं ॥
कहूँ भाँड़ भाँड्यो करैं मान पावैं। कहूँ लोलिनी बेड़िनी गीत गावैं ।.१३॥
कहूँ बैल भैंसा भिरैं भीम भारे। कहूँ एण एणीन के हेतकारे ॥
कहूँ बोक बाँके कहूँ मेष सूरे। कहूँ मत्त दंती लरैं लोह पूरे ॥१४॥

शब्दार्थ—(११) आगू दिये=आगे किये हुए, मुखिया बनाये हुए। धाम=डेरा, जनवासा। विदेह बनि=मारे आनन्द के देह की सुधि भूले हुए, (अथवा विदेह कुल के सब लोग सज धज कर आये) (१२) शोभना=सुन्दर। दुन्दुभी दीह=बड़े बड़े नगारे। भीम भंकार=भयंकर शब्द। कर्नाल=बड़ी-बड़ी तोपें। कहूँ भीम साजें=कहीं बड़ी-बड़ी तोपें भयंकर शब्द करती हैं। किन्नरी=किन्नरों की स्त्रियाँ। किन्नरी==सारंगी। (१३) मल्ल गाजैं=पहलवान परस्पर ललकारते और कुश्ती करते हैं। भाँड्यो करैं=भँड़ौवा करते हैं। नक़ल वा स्वाँग करते हैं। लोलिनी=चंचल प्रकृति वाली। बेड़िनी=वेश्याएँ। (१४) एण=हरिन। एणी=हरिणी। कहूँ एण...हेतकारे=कहीं हरिन हरनियां के प्रति प्रेम करते हैं। बोक=बकरे। मेष=मेढ़ा। दंती=हाथी। लोह पूरे= जिनके पैरों में लोहलंगर पड़े हुए हैं, लोह की भारी जंजीरें जिनके पैरों में पड़ी हैं।

अर्थ—सरल है।

नोट—जिस समय राजा जनक समाज सहित राजा दशरथ के डेरे पर पहुँचे उस समय वहाँ ऐसे कौतुक हो रहे थे।

दो०—आगे ह्वै दशरथ लियो, भूपति आवत देखि।
राज राज मिलि बैठियो, ब्रह्म ब्रह्म ऋषि लेखि ॥ १५ ॥

भावार्थ—राजा जनक को आते देख राजा दशरथ ने कुछ दूर तक चल

कर उनका स्वागत किया और पुनः क्षत्रियो की समाज क्षत्रियों से मिलकर और ब्रह्मऋषियों की समाज ब्रह्मऋषियों से मिलकर बैठी (यथा योग्य आसनों पर विराज गये)।

अलंकार—सम।

(सतानंद) शोभना—

सुनि भरद्वाज वशिष्ठ अरु जावालि विश्वामित्र।
सबै हौ तुम ब्रह्मऋषि संसार शुद्ध चरित्र॥
कीन्हों जु तुम या वंश पै कहि एक अंश न जाय।
स्वाद कहिबे को समर्थ न गूँग ज्यों गुर खाय॥ १६॥

भावार्थ—हे भरद्वाज वशिष्ट, जाबालि, तथा विश्वामित्र मेरी विनय सुनिये आप सब ब्रह्मऋषि हैं, आप लोगों के चरित्र ऐसे हैं जिनको कह सुन कर संसार शुद्ध हो जाय। आप लोगों ने जो कृपा इस वंश (निमि वंश) पर की है उससे एक अंश का भी वर्णन नहीं हो सकता, मैं उसके कथन करने में वैसा ही असमर्थ हूं जैसे गूँगा मनुष्य गुड़ खाकर उसका स्वाद कथन करने में होता है।

अलंकार—उदाहरण, कोई-कोई दृष्टान्त मानते हैं।

सुखदा – ज्यौं अति प्यासो माँगि नीर लहै गंग जलु।
प्यास न एक बुझाइ, बुझै त्रै ताप बलु॥
त्यों तुम तें हमको न भयो कछु एक सुख।
पूजे मन के काम, जु देख्यो राम मुख॥ १७॥

शब्दार्थ—त्रै ताप=दैहिक, दैविक और भौतिक (तीन प्रकार के दुख)। पूजे मन के काम=मन की सब कामनायें पूर्ण हो चुकीं।

भावार्थ—(हे महानुभावगण) जैसे प्यासा पानी माँगने पर गंगा जल पा जाय, तो केवल उसकी प्यास ही न बुझेगी वरन् त्रिताप का बल नष्ट हो जायगा, वैसे ही आपकी कृपा से जब हमको श्रीराम जी के दर्शन प्राप्त हो गये त हमें केवल एक ही सुख (रूप से नेत्रों की तृप्ति) नहीं हुआ वरन् सब ही कामनायें पूर्ण हो चुकीं अर्थात् हम सब मोक्ष के भी अधिकारी हो चुके।

अलंकार—(द्वितीय) प्रहर्षण।

(जनक) सवैया—

सिद्धि समाधि सजै अजहूँ न कहूँ जग जोगिन देखन पाई।
रुद्र के चित्त-समुद्र बसै तित ब्रह्महु पै घरनी नहिं जाई।
रूप न रंग न रेख बिसेप अनादि अनन्त जु बेदन गाई।
केशव गाधि के नन्द हमैं वह ज्योति सो मूरतिवन्त दिखाई ॥१८॥

शब्दार्थ—सिद्धि समाधि सजैं अजहूँ=जिसको देखने के लिये अब भी सिद्ध लोग समाधि लगाते हैं। रुद्र=महादेव। गाधि के नंद=विश्वामित्र जी।

भावार्थ—(जनक जी कहते हैं कि) विश्वामित्र जी ने हम सबको वही ज्योति साक्षात् दिखला दी, जिसको देखने के लिये अब भी सिद्धलोग समाधि लगाते हैं, जिसे जग में योगियों ने कभी नहीं देखा, जो सदैव महादेव जी के मन रूपी समुद्र में बसती है, जिसका ठीक वर्णन ब्रह्मा से भी नहीं हो सकता, जिसका न रूप है न रंग है और न विशेप कोई चिह्न है, और जिसको वेदों ने अनादि और अनन्त कहके गाया है।

सूचना—यह राम जी की प्रशंसा है आगे के छन्दों में दशरथ जी की प्रशंसा है।

अलंकार—निदर्शना।

(पुनः जनक) तारक—

जिनके पुरिषा भुव गंगहि लाये। नगरी शुभ स्वर्ग सदेह सिधाये।
जिनके सुत पाहन ते तिय कीनी। हर को धनुभंग अमे पुर तीनी ।१९।
जिन आपु अदेव अनेक संहारे। सब काल पुरन्दर के रखवारे।
जिनकी महिमाहि अनन्त न पायो। हमको बपुरा यश देवन गायो ॥२०॥

शब्दार्थ—भुव गंगहि लाये=राजा भागीरथी। नगरी...सिधाये=राजा हरिश्चन्द्र, प्रसिद्ध दानवीर। पाहन ते तिय कीनी=रामचन्द्र जी। अदेव=असुर। पुरन्दर=इन्द्र। अनंत=शेष। बपुरा=बेचारा, निकम्मा।

भावार्थ—(राजा जनक राजा दशरथ की प्रशंसा में कहते हैं कि) हे महराज! आप ऐसे वैभवशाली कुल के हैं कि आपके पूर्वजों में से भागीरथी जी गंगा को पृथ्वी पर लाये और हरिश्चन्द्र जी नगरी समेत सदेह स्वर्ग को चले गये (अर्थात् असम्भव को संभव करने वाले हुए)। जिनके पुत्र ने पत्थर को सजीव स्त्री बना दिया और शिव का धनुष तोड़ डाला, जिससे

तीनों लोकों के निवासियों को भारी भ्रम हो रहा है (कि ये कौन हैं) और आपने स्वयं अनेक असुरों को मारा है, आप सदा इन्द्र की रक्षा करते रहे हैं जिनकी (आपकी) बड़ाई शेष भी नहीं कर सकते। हमारी तो कोई गिनती ही नहीं, आपका यश तो देवताओं ने गाया है। (अतः मेरी एक विनती सुनिये)।

तारक—विनती करिये जन जो जिय लेखो।
दुख देख्यो ज्यों काल्हि त्यों आजहु देखो।
यह जानि हिये ढिठई मुख भाषी।
हम हैं चरणोदक के अभिलाषी ॥२१॥

शब्दार्थ—जन जो जिय लेखो=जो आप मुझे हृदय से अपना दास समझते हों। ढिठई=ढिठाई, धृष्टता।

भावार्थ—(राजा जनक भोजन के लिये निमंत्रण देते हैं) यदि आप मुझे हृदय से अपना दास समझते हों तो मैं निवेदन करता हूँ कि जिस प्रकार आपने कल कष्ट उठाया है (कृपा कर मेरे महल तक गये हैं) उसी प्रकार आज भी उठाइये। (आप अवश्य कृपा करेंगे) ऐसा समझ कर ही मैंने यह ढिठाई की है; हम लोग (परिवार समेत) आपका चरणोदक लेना चाहते हैं।

अलंकार—पर्यायोक्ति—(उत्तम व्यंग है)।

तामरस—

जब ऋषिराज विनै कर लीनो। सुनि सबके करुणा रस भीनो।
दशरथ राय यहै जिय मानी। यह वह एक भई रजधानी ॥२२॥

शब्दार्थ—ऋषि=सतानंद जी। राज=राजा जनक।

भावार्थ—जब ऋषि सतानन्द और राजा जनक इस प्रकार विनती कर चुके तब उनकी विनती सुनकर सब के चित्त करुण रस से आर्द्र हो गये (विदेहराज राजा जनक की इतनी नम्रता देख सब के हृदय करुणा से परिपूर्ण हो गये) और राजा दशरथ ने तो यही समझ लिया कि यह और वह मिथिला और अयोध्या दोनों राज्य अब एक हो गये।

(दशरथ) दो०—

हमको तुमसे नृपति की, दासी दुर्लभ आज।
पुनि तुम दीन्हीं कन्यका, त्रिभुवन की सिरताज ॥२३॥

भावार्थ—(राजा दशरथ कहते हैं कि) हे राजा जनक ! हमको तो आप सरीखे राजा की दासी भी मिलना कठिन था, सो आपने हमारे ऊपर कृपा करके त्रिभुवन शिरोमणि अपनी कन्या दे दी—कन्या देकर आपने हमारी प्रतिष्ठा बढ़ाई, आपके बनाने से हम आज से बड़े हुए।

(भरद्वाज) तामरस—

सुख दुख आदि सबै तुम जीते। सुर नर को वपुरे बलरीते।
कुल मह होइ बड़ो लघु कोई। प्रतिपुरपान बड़ा सु बड़ोई ॥२४॥

शब्दार्थ—वपुरे=बेचारे। बलरीते=बलहीन। प्रति पुरुषान बड़ो=कई पीढ़ियों से जिसके पूर्वज यश प्रतापादि में बड़े मान्य होते आए हों।

भावार्थ—हे राजन् ! तुमने सुख दुःख, काम-क्रोधादि को जीत लिया है। आपके सामने विचारे शक्तिहीन सुर नर क्या वस्तु हैं। किसी भी प्रतिष्ठित वंश में छोटा-बड़ा (उम्र के विचार से) कोई भी हो, यदि उसके पूर्वज (पिता, दादा, परदादा आदि) यश प्रतापादि में प्रसिद्ध और सर्वमान्य होते आये हैं तो वह भी बड़ा (मान्य) है।

अलंकार—उल्लास और स्वभावोक्ति।

(वशिष्ठ) मत्तगयंद सवैया—

एक सुखी यहि लोक विलोकिय है वहि लोक निरै पगुधारी।
एक यहाँ दुख देखत केशव होत वहाँ सुरलोक विहारी॥
एक इहाँ ऊ उहाँ अति दीन सु देत दुहूँ दिसि के जन गारी।
एकहि भाँति सदा सब लोकनि है प्रभुता मिथिलेस तिहारी ॥२५॥

भावार्थ—निरै पगुधारी—नरक में जाने वाला।

भावार्थ—सुगम ही है।

(जावालि) सवैया—

ज्यों मणिमें अति जोति हुती रवि तें कछु और महा छवि छाई।
चंद्रहि वंदत हैं सब केशव ईश ते वंदनता अति पाई।
भागीरथी हुतियै अति पावन बावन ते अति पावनताई।
त्यों निमिबंश बड़ोई हुत्यो भई सीय सँजोग बड़ैये बढ़ाई ॥२६॥

शब्दार्थ—ईश=महादेव। वंदनता=वंदनीयता, सम्मान। भागीरथी=गंगा। हुतियै=थी ही। पावनताई=पवित्रता। हुत्यौ=था।

भावार्थ—सुगम है।

अलंकार—अनुगुण

(विश्वामित्र) मालिनी—

गुण गण मणिमाला चित्त चातुर्यशाला।
जनक सुखद गीता पुत्रिका पाय सीता।
अखिल भुवन भर्ता ब्रह्म रुद्रादि कर्ता।
थिर चर अभिरामी कीय जामातु नामी ॥२७॥

शब्दार्थ—चातुर्यशाला=चतुराई का धाम। सुखदगीता=अति प्रशंसित। पुत्रिका=लड़की। अखिल=सब। अभिरामी=बसनेवाला। जामातु=दामाद (पुत्रीपति)। नामी=प्रसिद्ध, यशवान्।

भावार्थ—(विश्वामित्र जी राजा जनक की प्रशंसा करते हैं। हे राजन्! आपमें तो सर्वगुणों का समूह पाया जाता है,) आपका चित्त चतुराई का धाम ही है। हे जनक, तुमने इसी से सर्व प्रशंसित सीता समान पुत्री पाई है और समस्त भुवनों के पालन-पोषण कर्ता और ब्रह्मा रुद्रादि के तथा अचर चर जीवों में बसनेवाले (राम जी) नामी पुरुष को दामाद बना लिया है (व्यङ्ग यह कि सीता साक्षात् लक्ष्मी हैं, राम जो विष्णु हैं, इस संबंध से तुम्हारे समान भाग्यवान् दूसरा नहीं है)।

विशेष—इस छन्द से ज्ञात होता है कि केशव जी तुकान्तरहित कविता को बुरी नहीं समझते थे।

दो०—पूजि राजऋषि ब्रह्मऋषि, दुन्दुभि दीह बजाय।
जनक कनकमन्दिर गये गुरु समेत सुख पाय ॥ २८ ॥

शब्दार्थ—राजऋषि=राजा दशरथ तथा अन्य नृपतिगण। ब्रह्मऋषि=वशिष्ठ, जाबालि, वामदेवादि। दीह=(दीर्घ) बड़े-बड़े। कनकमंदिर=राजा जनक के महल का नाम 'कनक भवन' था। गुरु=सतानन्द।

भावार्थ—सुगम है।

(जेंवनार वर्णन)

चामर—आसमुद्र के छितीस और जाति को गनै।
राजभौन भोज को सबै जने गये बनै ॥

भाँति भाँति अन्न पान व्यंजनादि जेंवही।
देत नारि गारि पूरि भूरि भूरि भेवही ॥ २९ ॥

शब्दार्थ—आसमुद्र के=समुद्र पर्यन्त के (समस्त पृथ्वी भर के)। छितीस=(छिति+ईश) राजा। व्यंजन=षट्रस के भोज्य पदार्थ। पूरि भूरि भूरि भेवही=अनेक प्रकार के मर्म से पूर्ण (मर्मभेदी व्यंग से परिपूर्ण)। भेव=भेद, मर्म।

नोट—छप्पन प्रकार तथा षट्रस युक्त व्यंजनों का वर्णन ३० वें प्रकाश में छन्द ३० से ३३ तक की टीका देखिये।

भावार्थ—समस्त पृथ्वी के राजा लोग (जो बरात में आये थे) और अगणित अन्य जातियों (वैश्य शूद्रादि) के लोग सज सज कर भोजन करने के हेतु राजा जनक के घर गये, भाँति भाँति के षट्रस व्यंजन खाते हैं और स्त्रियाँ अनेक प्रकार से व्यंगमय गारियाँ देती हैं (गारी गाती हैं)।

हरिगीत -

अब गारि तुम कहँ देहिं हम कहि कहा दूलह राम जू।
कछु बाप प्रिय परदार सुनियत करी कहत कुबाम जू।
को गनै कितने पुरुष कीन्हें कहत सब संसार जू।
सुनि कुंवर चित दै बरणि ताको कहिय सब व्यौहार जू ॥ ३० ॥

शब्दार्थ—परदार प्रिय=पर स्त्री के प्रेमी। करी=कर ली है, रख ली है। कुबाम=(१) बुरी स्त्री (२) (कु=पृथ्वी+बाम=स्त्री) पृथ्वी रूपी स्त्री। व्यौहार=आचरण।

नोट—ऐसी किम्वदन्ती है कि यहि "सप्त छन्दमय गारी" केशव ने अपनी शिष्या प्रवीणराय पातुर से बनवाकर निज ग्रन्थ में रखी हैं। इन सात छन्दों में केशव ने अपना उपनाम नहीं रखा है। ३० से ३६ तक एक ही छन्द है। ऐसा करना केशव की प्रकृति के विरुद्ध है। अतः किम्वदन्ती में कुछ सत्यता अवश्य है।

भावार्थ—हे दूलह राम जी, तुम्हें हम क्या कह के गाली दें, (तुम गाली देने योग्य तो नहीं हो पर संसारी रीति के निर्वाह के लिये कुछ कहना ही चाहिये) सुनती हैं कि तुम्हारे पिताजी कुछ पर-स्त्री प्रेमी हैं और एक बुरी स्त्री (पुंश्चली औरत) कर ली है। (पृथ्वी को स्त्री बनाया है, भूपति हैं)। उस

कुवाम बुरी स्त्री वा पृथ्वी-स्त्री ने आज तक न जाने कितने पुरुष किये हैं। सारा संसार यही बात कहता है (हमीं अकेली नहीं)। सो हे कुँवर जी ! उसका व्यवहार (आचरण) सुनिये हम वर्णन करती हैं।

अलंकार—श्लेष।

बहु रूप स्यों नवयौवना बहु रत्नमय वपु मानिये।
पुनि बसन रत्नाकर बन्यो अति चित्त चंचल जानिये।
सुभ सेस-फन-मनिमाल पलिका पौढ़ि पढ़ति प्रबंध जू।
करि सीस पच्छिम पाँय पूरब गात सहज सुगन्ध जू ॥३१॥

शब्दार्थ—रूप=सौंदर्य। स्यों=सहित। रत्नाकर=(१) समुद्र (२) बहुत रत्नयुक्त। पलिका=पलंग। पढ़ति प्रबन्ध=काव्यादि रसीले वाक्य पढ़ती है। गात=शरीर। सहज सुगन्ध=पृथ्वी में सहज ही सुगन्ध गुण है।

भावार्थ—(वह आपके बाप की रखनी कुवाम) बड़ी रूपवती और नवयौवना है, उसके शरीर पर बहुत से रत्न हैं—रत्नजटित आभूषणों से सुसज्जित है। (पृथ्वी रत्नमय है ही) फिर उसकी साड़ी भी रत्नों से परिपूर्ण है (समुद्र से वेष्ठित पृथ्वी है) और उसका चित्त बड़ा चंचल है (पृथ्वी अति चंचल है ही) शेषनाग के फनों की मणियों से जटित पलंग पर लेट कर सुन्दर रसीली कविता पढ़ती है। बड़े शानदार पलंग पर लेटती है और राग भी गाती है। (पृथ्वी शेष के सिर पर है ही, और सायंस ऐसा कहता है कि पृथ्वी से एक प्रकार का राग सा निकलता है) लेटने में सिरहाना पश्चिम को और पैताना पूर्व को करती है, और उसके शरीर में सुगन्ध तो स्वाभाविक ही है। (सुगन्ध लगाने की जरूरत नहीं)।

नोट—यह वर्णन एक सुन्दर ऐयाश युवती का रूपक है जो एक पुंश्चली स्त्री के लिये जरूरी है।

अलंकार—श्लेष से पुष्ट समासोक्ति।

मूल—वह हरी हठि हिरनाच्छ दैयत देखि सुन्दर देह सों।
वर वीर यज्ञ वराह बरही लई छीन सनेह सों।
ह्वै गई बिह्वल अंग पृथु फिर सजे सकल सिंगार जू।
पुनि कछुक दिन बस भई ताके लियो सरवसु सार जू ॥३२॥

शब्दार्थ—हरिनाच्छ दैयत=हिरण्याक्ष दैत्य। यज्ञवराह=वाराह भग-

वान्। बरही = (बल ही) बल पूर्वक, जबरदस्ती। बिह्वल अंग = शिथिलाङ्ग।

भावार्थ—फिर उस कुबाम (पृथ्वीरूपी स्त्री) को सुन्दर देख कर हिरण्याक्ष दैत्य ने हठपूर्वक हरण किया। उस दैत्य से श्रेष्ठ वाराह भगवान् बलपूर्वक छीन लिया, क्योंकि वे उस पर स्नेह रखते थे। उनके साथ रहते रहते जब वह अत्यन्त शिथिल अंग हो गई, तब राजा पृथु ने फिर से उसे सजाया। फिर कुछ दिन पृथु की वशवर्तिनी होकर रही और उन्होंने उसका सर्वस्व सार निकाल लिया।

नोट—इस छन्द में पृथ्वी का इतिहास पुंश्चली स्त्री के रूपक में कहा जा रहा है।

अलंकार—पर्याय।

वह गयो प्रभु परलोक कीन्हों हिरणकश्यप नाथ जू।
तेहि भाँति भाँतिन भोगियो भ्रमि पल न छोड़्यो साथ जू।
वह असुर श्रीनरसिंह मार्‍यो लई प्रवल छँड़ाई कै।
लै दई हरि हरिचंद राजहिं बहुत जिय सुख पाइ कै॥३३॥

शब्दार्थ—प्रभु = पति। नाथ = पति। भ्रमि = भूल कर भी। प्रबल = बल से। लई छँड़ाइकै = छीन ली।

भावार्थ—जब वह पति परलोकगत हो गया तब उस कुबाम ने हिरण्यकश्यप को अपना पति बनाया। उसने अनेक भाँति से उसे भोगा और भूल कर भी एक पलमात्र को साथ न छोड़ा। उस असुर को श्रीनरसिंह जी ने मार कर जबरदस्ती वह कुबाम छीन ली। उसको लेकर श्रीहरि ने अति प्रसन्न होकर राजा हरिश्चन्द्र को दिया।

मूल—हरिचंद्र विश्वामित्र को दई दुष्टता जिय जानि कै।
तेहि वरो बलि बरिबंड बर ही विप्र तपसी मानि कै।
बलि बाँधि छल बल लई बामन दई इन्द्रहि आन कै।
तेहि इन्द्र तजि पति करयो अर्जुन सहस भुज पहिचान कै॥३४॥

शब्दार्थ—बरो = वरण किया। बरिबंड = बलवान। बर ही = बल से, जबरदस्ती।

भावार्थ—राजा हरिश्चन्द्र ने उसे दुष्टा (पुंश्चली) समझ कर विश्वामित्र को दे दिया, परन्तु उस दुष्टा ने विश्वामित्र को केवल तपस्वी ब्राह्मण समझ

कर अपनी जबरई बलवान् बलि के साथ विवाह कर लिया। राजा बलि को छल से बाँध कर वामन जी ने उसे लाकर इन्द्र को दिया। तब उस दुष्टा ने इन्द्र को छोड़ कर हजार भुजावाले अर्जुन को अपना पति बनाया।

मूल—तब तासु छवि मद छक्यो अर्जुन हत्यो ऋषि जमदग्नि जू।
परशुराम सो सकुल जारयो प्रबल बल की अग्नि जू।
तेहि बैर तब तिन सकल छत्रिन मारि मारि बनाइ कै।
इक बीस बेरा दई विप्रन रुधिरजल अन्हवाइ कै ॥३५॥

शब्दार्थ—बनाइ कै=खूब अच्छी तरह से।

भावार्थ—तब उसके छविमद से मस्त होकर सहस्रार्जुन ने जमदग्नि ऋषि की हत्या कर डाली। तब परशुराम ने अपने प्रचंड बल की अग्नि से उसे सपरिवार जला डाला और उसी शत्रुता के कारण उन्होंने सब क्षत्रियों को अच्छी तरह से मार-मार कर इक्कीस बार रुधिर से स्नान करा कर ब्राह्मणों को दिया।

मूल—वह रावरे पितु करी पत्नी तजी विप्रन थूँकि कै।
अरु कहत हैं सब रावणादिक रहे ताकहँ ढूँकि कै।
यह लाज मरियत ताहिं तुमसों भयो नातो नाथ जू।
अब और मुख निरखै न ज्यों त्यों राखिये रघुनाथ जू ॥३६॥

शब्दार्थ—तजी विप्रन थूँकि कै=अपवित्र और तुच्छ समझकर छोड़ दिया। रहे ताकह ढूँकि कै=उसको लेने की अभिलाषा से छिपे-छिपे उसकी ओर ताक रहे हैं।

भावार्थ—ऐसी कुवाम को जिसे ब्राह्मणों ने थूँककर छोड़ दिया है, आपके पिता जी ने अपनी पत्नी बनाया है और सब लोग ऐसा भी कहते हैं कि रावणादि राक्षस उसकी ओर अभिलाषा भरी दृष्टि से ताक रहे हैं (उसे अपनाना चाहते हैं) हम इस लज्जा से अत्यन्त लज्जित हैं कि अब तो उसका नाता आपसे हो गया (आपकी माता हो चुकी) अतः हे नाथ! अब उसे इस प्रकार रखिये कि अन्य पुरुष का मुँह न देखना पड़े।

नोट—बड़ा ही मार्मिक व्यंग है। ऐसे ही व्यंग को उत्तम काव्य कहते हैं।

विशेष—जेंवनार के बाद बरात जनवासे गई। तदनन्तर दूसरे दिन का आचार आरंभ हुआ।

(पलकाचार वर्णन*)

सो०—प्रात भये सब भूप, बनि बनि मंडप में गये ।
जहाँ रूप अनरूप, ठौर ठौर सब सोभिजैं ॥ ३७ ॥

शब्दार्थ—रूप अनुरूप=अपने अपने दर्जे के मुताबिक । सोभिजैं= शोभित हुए, बैठे ।

नराच—रची विरंचि वास सी निथम्बराजिका भली ।
जहाँ तहाँ बिछावने बने घने थली थली ।
वितान सेत स्याम पीत लाल नील के रँगे ।
मनो दुहूँ दिसान के समान बिम्ब से जगे ॥ ३८ ॥

शब्दार्थ—विरंचि वास=ब्रह्मा का निवास । निथम्बराजिका=खंभ की पंक्ति । थली थली=जगह जगह पर । वितान=तंबू । बिंब=प्रतिबिंब ।

भावार्थ—(उस मंडप में) ब्रह्मलोक की सी खंभों की पंक्ति रची गई है । सब स्थानों पर खूब बिछौने बिछे हैं । (बिछौनों के ऊपर) सफेद, श्याम, पीले, लाल, नीले तंबू तने हैं, वे ऐसे जान पड़ते हैं मानों तंबुओं का प्रतिबिंब बिछौनों पर पड़ता है और बिछौनों का प्रतिबिम्ब तंबुओं पर पड़ता है—अर्थात् जो तंबू जिस रंग का है, उसके नीचे उसी रंग का बिछावन है ।

अलंकार—उत्प्रेक्षा ।

पद्धटिका—
गजमोतिन की अवली अपार । तहँ कलसन पर उरमति सुढार ।
सुभ पूरित रति जनु रुचिर धार । जहँ तहँ अकाशगङ्गा उदार ।३९।

शब्दार्थ—उरमति=लटकती है । सुढार=सुन्दर । रति=प्रीति ।

भावार्थ—गजमोतियों की बहुत सी मालायें वहाँ मंडप की कलसियों पर लटकती हैं; वे ऐसी जान पड़ती हैं मानों मंडप की प्रीति से परिपूर्ण होकर सुन्दर आकाशगंगा ही अनेक धारा हो हर मंडप पर आ विराजी हैं ।

---

*बुन्देलखण्ड में यह रीति प्रचलित है । वर अपने सखाओं सहित मण्डप में जाता है । वहाँ वर-बधू को एक पलंग पर बैठा बधू की सखी-सहेलियाँ कुछ हास-विलास करती हैं । नगर की सब स्त्रियों को भी सुअवसर मिलता है कि वे वर को अच्छी तरह देखें ।

अलंकार—उक्तविषया वस्तूत्प्रेक्षा।

गजदन्तन की अवली सुदेश।
तहँ कुसुमराज राजत सुवेस।
सुभ नृपकुमारिका करत गान।
जनु देविन के पुष्पक विमान॥ ४०॥

शब्दार्थ—गजदंत = टोड़ा (जिनपर छज्जा बनता है)। कुसुमराजि = फूलमालाएँ।

भावार्थ—(आँगन के चारों ओर) टोड़ों की सुन्दर रौस बनी है (जिन पर छज्जे बने हैं) वहाँ सुन्दर फूलमालाएँ लटकती हुई शोभा दे रही हैं। (उन छज्जों पर बैठी हुई) राजकुमारियाँ गान कर रही हैं। (वे छज्जे) ऐसे जान पड़ते हैं मानों देवियों के पुष्पक विमान हैं (जिन पर चढ़कर देवियाँ राम जी के दर्शन करने को आई हैं)।

अलंकार—उत्प्रेक्षा।

तामरस—

इत उत सोभित सुन्दरि डोलैं। अरथ अनेकनि बोलनि बोलैं।
सुख मुख मण्डल चित्तनि मोहैं। मनहु अनेक कलानिधि सोहैं॥४१॥
भृकुटि बिलास प्रकाशित देखे। धनुप मनोज मनोमय लेखे।
चरचित हास चन्द्रिकनि मानो। सुख मुख बासनि बासित जानो॥४२॥

शब्दार्थ—डोलैं = फिरती हैं। अरथ...बोलैं = अनेक अर्थ वाले वचन बोलती हैं अर्थात् श्लेष से व्यंगपूर्ण वचन कहती हैं। सुख = स्वाभाविक। कलानिधि = चंद्रमा। भृकुटि बिलास = भौंहों की शोभा। मनोज-मनोमय = काम ही के मन का बना हुआ (अत्यन्त सुन्दर)। लेखे = समझे। चरचित = युक्त। चंद्रिका = चंद-चाँदनी, चन्द्रकिरण। सुख = स्वाभाविक रीति से, सहज ही।

भावार्थ—(छज्जों पर) इधर-उधर सुन्दरी स्त्रियाँ आती-जाती हैं। अनेक प्रकार के श्लेषपूर्ण व्यंग वचन बोलती हैं (परस्पर हँसी-मज़ाक करती हैं)। अपने मुख मंडलों की शोभा से सहज ही पुरुषों के चित्तों को मोहती हैं, उनके मुखमंडल ऐसे जान पड़ते हैं मानों अनेक चंद्रमा ही शोभा दे रहे हैं। उनकी भौंहें देखने से प्रत्यक्ष ऐसी मालूम होती हैं, मानों अत्यन्त सुन्दर काम

के मन के चने हुए धनुष हैं। उनका हास्य मानो चंद्र-चाँदनी से युक्त है (चन्द्र किरण ही है), उनके मुख सहज ही सुगन्ध से सुवासित हैं।

अलंकार—उत्प्रेक्षा।

दो०—अमल कपोलै आरसी, बाहुइ चंपकमार।
अवलोकनै विलोकिये, मृगमदमय घनसार ॥४३॥

शब्दार्थ—अमल=निर्मल, स्वच्छ कांतियुक्त। बाहुइ=(बाहु) भुज। चंपकमार=चम्पे की माला। अवलोकनै=चितवन। मृगमद=कस्तूरी। घनसार=कपूर।

अन्वय—अमल कपोलैं आरसीमय विलोकिये, बाहुइ चंपकमारमय विलोकिये, और अवलोकनै मृगमद तथा घनसारमय विलोकिये।

भावार्थ—उन स्त्रियों के सुन्दर स्वच्छ कपोल आरसीमय देख पड़ते हैं (मानो आरसी ही हैं), उनके बाहु चंपकमालमय (चंपे की माला सम) ही देख पड़ते हैं। और उनकी दृष्टि (यहाँ पर आँखें) कस्तूरी और कपूरमय देख पड़ती हैं—अर्थात् काली पुतली और आँख की सफेदी ऐसी जान पड़ती है मानों कस्तूरी और कपूर ही हों।

अलंकार—उपमा रूपक और उत्प्रेक्षा का संदेह संकर है।

दो०—गति को भारु महाउरै आँगि अंग को भारु।
केशव नख सिख शोभिजै सोभाई सिंगारु ॥४४॥

शब्दार्थ—आँगि=अँगिया, चोली। अंग=शरीर।

भावार्थ—(वे स्त्रियाँ इतनी सुकुमारी हैं कि) चलते समय उन्हें महावर ही भार सा जान पड़ता है, अँगिया ही शरीर का भार जान पड़ता है (महावर और अँगियाँ जो सिंगार की वस्तुएँ हैं वे भी उनको भार समान जान पड़ती हैं)। केशव कहते हैं कि वे नखशिख से शोभित हैं। अतः शोभा ही उनके लिये शृंगार है। (अन्य शृंगारों की जरूरत नहीं)।

सवैया—

बैठे जराय जरे पलिका पर राम सिया सब को मन मोहैं।
ज्योति समूह रह्यो मढ़िकै सुर भूलि रहे बपुरो नर को हैं ॥
केशव तीनहु लोकन की अवलोकि वृथा उपमा कवि टोहैं।
सोभन सूरज मंडल माँझ मनो कमला कमलापति सोहैं ॥ ४५ ॥

शब्दार्थ—जराय जरे पलिका=जड़ाऊ पलंग। ज्योति समूह रहे मढ़िकै =चारों ओर से एक ज्योति समूह ने उन्हें घेर लिया है। बपुरा=बेचारा। टोहैं=तालाश करते हैं। सोभन=सुन्दर।

भावार्थ—(राजमंदिर के आँगन और ऐसी स्त्रियों के मध्य में) श्री-सीताराम जी जड़ाऊ पलंग पर बैठे हुए सब के मनों को मुग्ध कर रहे हैं। चारों ओर से एक ज्योतिमंडल (सुन्दर और कान्तिमयी स्त्रियों की मंडली) उन्हें घेरे हुए है। इस शोभा को देखकर देवता तक भ्रम में पड़ जाते हैं। बेचारे मनुष्य तो किसी गिनती ही में नहीं हैं। केशव कहते हैं कि तीनों लोकों में कविगण वृथा ही चाहे उपमा तलाश करते रहें, पर मुझे तो ऐसा जान पड़ता है कि मानो सुन्दर सूर्यमंडल में लक्ष्मीनारायण विराजे हैं।

अलंकार—उत्प्रेक्षा।

(राम नखशिख वर्णन)

दो०—गंगाजल की पाग सिर, सोहत श्रीरघुनाथ।
शिव सिर गंगाजल किधौं, चंद्रचंद्रिका साथ ॥ ४६ ॥

शब्दार्थ—गंगाजल=एक प्रकार का सफेद चमकीला रेशमी कपड़ा।

भावार्थ—श्रीरघुनाथ जी के सिर पर यह गंगाजल की पगड़ी है, या शिवजी के सिर पर सचमुच गंगाजल ही है जिसमें चंद्रमा की किरणों की छटा भी संयुक्त है—(चन्द्र किरण द्वारा चमकता हुआ गंगाजल ही है)।

अलंकार—संदेह।

नोट—पलकाचार समय पीली पाग का होना जरूरी नहीं, अतः सफेद पाग वर्णन की गई।

तोमर—कछु भ्रकुटि कुटिल सुवेश। अति अमल सुमिल सुदेश।
विधि लिख्यो शोधि सुतंत्र। जनु जयाजय के मंत्र ॥४७॥

शब्दार्थ—कुटिल=टेढ़ी। सुवेश=सुन्दर। सुमिल=सचिक्कण। सुदेश =उचित और बराबर लंबाई चौड़ाई की। सुतंत्र=स्वच्छन्दतापूर्वक। जयाजय के मंत्र=(जय+अजय के मंत्र) दूसरों को जीतने (वश में करने) तथा स्वयं अजित रहने के मंत्र।

भावार्थ—श्रीराम जी की भौंहें किंचित टेढ़ी, सुन्दर, निर्मल, सचिक्कन

तथा उचित और बराबर लंबाई-चौड़ाई की हैं। वे ऐसी जान पड़ती हैं मानों ब्रह्मा ने स्वच्छन्दतापूर्वक संशोधित करके अपने हाथ से दूसरों को जीतने और स्वयं अजित रहने के मंत्र लिख दिये हैं।

अलंकार—उत्प्रेक्षा।

दो०—जदपि भ्रकुटि रघुनाथ की, कुटिल देखियत ज्योति।
तदपि सुरासुर नरन की, निरखि शुद्ध गति होति ॥४८॥

भावार्थ—यद्यपि रघुनाथ जी की भृकुटी की छवि देखने में टेढ़ी है, तो भी उसे देखकर सुर, असुर मनुष्यों को शुद्ध गति (मोक्ष) प्राप्त होती है।

अलंकार—विरोधाभास।

दो०—श्रवण मकर-कुंडल लसत, मुख सुखमा एकत्र।
शशि समीप सोहत मनो, श्रवण मकर नक्षत्र ॥ ४९ ॥

शब्दार्थ—श्रवण = कान। मकरकुंडल = मकराकृति कुंडल। सुखमा = (सुषमा) शोभा। श्रवण = नक्षत्र। मकर = मकर नाम की राशि।

विशेष—उत्तरापाढ़, श्रवण और धनिष्ठा के कुछ अंश मकर राशि में पड़ते हैं। केशव की विचित्र सूझ है और उनके ज्योतिष-ज्ञान की सूचक है।

भावार्थ—रघुनाथ जी के कानों में मकराकृति (मछली की शक्ल के) कुंडल शोभा दे रहे हैं और मुख की शोभा भी वहीं एकत्र हो रही है। यह ऐसा मालूम होता है मानो मकर राशि के अन्तर्गत श्रवण नक्षत्र में चन्द्रमा शोभा दे रहा हो।

अलंकार—उत्प्रेक्षा।

पद्धटिका—

अति बदन शोभ सरसी सुरंग। तहँ कमल नैन नासा तरंग।
जनु युवति चित्त विभ्रम विलास। तेइ भ्रमर भँवत रसरूप आस॥५०॥

शब्दार्थ—शोभ = शोभा। सरसी = पोखरी, तलैया। सुरंग = निर्मल। चित्त विभ्रम विलास = चित्तों के भ्रमित होने का कौतुक।

भावार्थ—श्री रघुनाथ जी के मुख की शोभा एक अत्यंत निर्मल पुष्करिणी है। उसमें नेत्र ही कमल हैं और नासिका ही तरंगे हैं और उस शोभा-पुष्करिणी पर युवतिजनों के जो चित्त कौतुक से भ्रमण करते हैं (कौतूहल से बार बार देखती और मोहित होती हैं) वे ही रूप रूपी मकरंद की आशा से मंडराते हुए

भँवर हैं। तात्पर्य यह कि जैसे मकरंद की आशा से कमलों पर भँवर भ्रमते हैं, वैसे ही सुन्दर रूपरस-पान की आशा से युवतियों के चित्त श्रीराम जी के नेत्रों पर घूमते हैं।

अलंकार—रूपक (सांग)।

निशिपालिका—सोभिजति दंत रुचि सुभ्र उर आनिये।
सत्य जनु रूप अनुरूपक बखानिये।
ओठ रुचि रेख सविसेष सुभ श्रीरये।
सोधि जनु ईश सुभ लच्छण सबै दये ॥५१॥

शब्दार्थ—रुचि=कान्ति । शुभ=सफेद। अनुरूपक=प्रतिमा। रेखा सविशेष=एक विशेष प्रकार की रेखा के समान (अर्थात् बहुत पतले—ओठों का पतला होना ही शुभ लच्छण है)। श्रीरये=शोभा से रंजित। ईश=ब्रह्मा रचयिता)। सोधि=ढूँढ ढूँढकर।

भावार्थ—दाँतों की कान्ति उज्ज्वल शोभा देती है। जब हृदय में लाकर उस पर विचार करता हूँ तो ज्ञात होता है मानो वह (दाँतों की शोभा) सत्य के रूप की प्रतिमा ही है। ओठों की कान्ति एक विशेष रेखा सी दीखती है जो शुभ शोभा से रंजित है और ऐसा जान पड़ता है मानों विधाता ने ढूँढ-ढूँढ कर समस्त शुभ लच्छण इन्हीं ओठों को दे दिये हैं।

अलंकार—उत्प्रेक्षा।

दो०—ग्रीवा श्रीरघुनाथ की, लसति कंबु वर वेष।
साधु मनो बच काय की, मानो लिखी त्रिरेख ॥५२॥

शब्दार्थ—ग्रीवा=गला। कंबु=शंख।

भावार्थ—श्रीरघुनाथ जी का गला, श्रेष्ठ शंख की आकृति की शोभा देता है (अर्थात् शंख की भाँति उसमें भी तीन बलियाँ हैं)। मन, वचन, कर्म, तीनों से वह गला साधु है। अतः मानो इसी बात के प्रमाण स्वरूप उसमें ब्रह्मा ने तीन रेखायें कर दी हैं।

अलंकार—उत्प्रेक्षा।

सुन्दरी—

सोभन दीरघ बाहु विराजत। देव सिहात अदेवत लाजत।
बैरिन को अहिराज बखानहु। है हितकारिन की भुजमानहु ॥५३॥

यों उरमें भृगुलात बखानहुँ । श्रीकर को सरसीरुह मानहु ।
सोहत है उर में मणि यों जनु । जानकि की अनुरागि रह्यो मनु ॥५४॥

शब्दार्थ—सोभन = सुन्दर । सिहात = डाह करते हैं (कि ऐसी भुजाएँ हमारी न हुईं) अदेवत—(अदेवता) असुर गण । लाजत = लज्जित होते हैं (कि इन्हीं भुजाओं से हम पराजित हुए हैं)। अहिराज = बड़ा विषधर सर्प । धुज = ध्वजा । भृगुलात = भृगु जी के चरण का चिन्ह । सरसीरुह = कमल । मणि = पदक (एक भूषण विशेष जिसमें एक बड़ा रत्न जड़ा रहता है, और वह वक्षस्थल पर पहना जाता है)।

नोट—यहाँ प्रसंग से ऐसा जान पड़ता है कि वह मणि लाल रंग की थी, क्योंकि अनुराग का रंग लाल माना गया है।

भावार्थ—(श्रीरामजी की) सुन्दर लंबी-लंबी भुजाएँ शोभा दे रही हैं जिन्हें देख कर देवगण डाह करते हैं और असुरगण लज्जित होते हैं। शत्रुओं के लिये उन्हें बड़ा विषधर सर्प ही कहना चाहिये और मित्रों के लिये ध्वजा ही मानना चाहिये – अर्थात् बैरियों की विनाशिका हैं और मित्रों का यश और वैभव सूचन करती हैं। (५३)

अलंकार—उल्लेख ।

भावार्थ—(श्रीरामजी के वक्षस्थल पर भृगुचरण-चिन्ह ऐसा है मानो हृदयनिवासिनी) श्री लक्ष्मी जी के हाथ का कमल हो। हृदय पर पदक ऐसा शोभायमान है, मानो श्री जानकी जी का मन अनुराग युक्त होकर वहीं वक्षस्थल पर टिक रहा है (५४)

अलंकार—उत्प्रेक्षा

दो०—सोहत जनरत राम उर, देखत तिनको भाग ।
आय गयो ऊपर मनो, अन्तर को अनुराग ॥५५॥

शब्दार्थ—जनरत = भक्त-वत्सल । अन्तर = हृदय का भीतरी भाग ।

भावार्थ—(वह पदकमणि) भक्त-वत्सल श्री रामजी के उर पर शोभायमान है, उस शोभा को जो लोग देख रहे हैं उनका तो बड़ा सौभाग्य है। केशव कहते हैं कि मुझे तो ऐसा जान पड़ता है मानो हृदय के भीतर का अनुराग (भक्तवत्सलता) ही ऊपर आ गया है।

अलंकार—उत्प्रेक्षा ।

पद्धटिका—

शुभ मोतिन की दुलरी सुदेश। जनु वेदन के आपर सुवेश।
गज मोतिन की माला विशाल। मन;मानहु संतन के रसाल ॥५६॥

शब्दार्थ—शुभ=दोषरहित। दुलरी=दो लड़ां की माला। सुदेश=सुन्दर। आपर=अक्षर। सुवेश=सुन्दर। रसाल=शांतरस से परिपूर्ण।

भावार्थ—दोष रहित मोतियों की दोलड़ी माला श्रीराम जी पहने हैं, वह ऐसी है मानो वेदों के सुन्दर अक्षर हैं। बड़े-बड़े गजमोतियां की भी माला पहने हैं वे गज-मुक्ता ऐसे जान पड़ते हैं मानों सन्तों के रसाल (शांत-रसपूर्ण) मन हैं।

अलंकार—उत्प्रेक्षा

विशेषक—श्याम दुऊ पग लाल लस दुति यों तल की।
मानहु सेवति जोति गिरा जमुनाजल की।
पाट जटी अति संत सुहीरन की अवली।
देवनरी-कन मानहु सेवत भाँति भली ॥५७॥

भावार्थ—दुति=आभा। तल=तलवा। गिरा=सरस्वती। पाट=रेशम। देवनदी=गंगा। कन=(कण) जल बिंदु।

विशेष—इस छंद में जूतो पहने हुए चरण का वर्णन है।

भावार्थ—दोनों पैरों के ऊपरी भाग तो श्याम रंग के हैं और तलवों की आभा लाल है। ऐसा मालूम होता है मानो सरस्वती की ज्योति जमुना जल की ज्योति का सेवन कर रही है—जमुना में सरस्वती आ मिली है (और जूतियों में) रेशम में गुँथी हुई हीरों की अति सफेद पंक्ति भी है। यह संयोग ऐसा जान पड़ता है मानो गंगाजल के कणिका भी उस संगम का सेवन भली भाँति कर रहे हैं—गंगा भी वहाँ मौजूद हैं। तात्पर्य यह कि त्रिवेणी ही राम चरणों का सेवन कर रही है अतः श्रीराम जी के चरण अति पवित्र और पतित-पावन हैं।

अलंकार—उत्प्रेक्षा।

दो०—को बरणै रघुनाथ छबि, केशव बुद्धि उदार।
जाकी किरपा सोभिजति, सोभा सब संसार ॥५८॥

भावार्थ—केशवदास कहते हैं कि किसकी ऐसी उदार (बड़ी) बुद्धि

है कि श्रीरघुनाथ जी की शोभा वर्णन कर सके, जिन रघुनाथ जी की कृपा से ही समस्त संसार की शोभा शोभायमान होती है।

अलंकार—सम्बन्धातिशयोक्ति।

(सीता स्वरूप वर्णन)

दण्डक—को है दमयंती इन्दुमती रति रातिदिन,
होहिं न छबीली छनछबि जो सिगारिये।
केशव लजात जलजात जातवेद ओप,
जातरूप बापुरो विरूप सो निहारिये।
मदन निरूपम निरूपन निरूप भयो,
चन्द बहुरूप अनुरूप कै विचारिये।
सीता जी के रूप पर देवता कुरूप को हैं,
रूप ही के रूपक तो वारि वारि डारिये॥५६॥

शब्दार्थ—दमयन्ती=राजा नल की स्त्री (रूपवती स्त्रियों में प्रसिद्ध) इन्दुमती=राजा अज की स्त्री (श्रीरामचन्द्र जी की दादी जो रूपवतियों में प्रसिद्ध थीं)। छनछबि=बिजली। जलजात=कमल। जातवेद=अग्नि। जातरूप=सोना। विरूप=बदसूरत, असुन्दर। मदन=काम। निरूप=अदेह बहुरूप=(अनेक रूप धारण करने वाला) बहुरूपिया, स्वाँग भरने वाला। अनुरूपक=प्रतिमा। देवता=देवियाँ, देवनारियाँ (सची, ब्राह्मणी, कुबेरपत्नी इत्यादि) वारि वारि डालना=निछावर करना।

विशेष—देवता शब्द का प्रयोग केशव ने इसी ग्रंथ में स्त्रीलिंग में कई बार किया है, 'मदन' का उपमा निरूपण में केशव ने उपमा के नियम को भंग किया है। स्त्रियों की शोभा की उपमा पुरुषों की शोभा से देना उचित नहीं।

भावार्थ—दमयन्ती, इन्दुमती और रति (सीता के मुकाबिले) क्या हैं (तुच्छ हैं) इन्हें जो रातो दिन बिजली से सिंगारते रहिये तब भी उतनी छबीली न होंगी (जितनी सीता जी हैं)। केशव कहते हैं कि सीता के रूप के सामने कमल और अग्नि की आभा लज्जित होती है और सोना बिचारा तो बदसूरत देख पड़ता है। अनुपम कामदेव भी उपमानिरूपण करते समय अदेह होने के कारण कुछ न जँचा, और अनेक रूपधारी चन्द्रमा तो बहु-

रूपिया की प्रतिमा ही (स्वाँगी) विचार में आया। सीता के रूप के सामने कुरूप देवनारियाँ क्या हैं ? उनका ऐसा रूप है कि सौन्दर्य की जितनी उपमाएँ हैं वे सब उनके रूप पर निछावर कर डालना चाहिये।

अलंकार—काकूक्ति से पुष्ट सम्बन्धातिशयोक्ति अथवा प्रतीप।

गीतिका*—

तहँ सोभिजैं सखि सुन्दरी जनु दामिनी वपु मण्डि कै।
घनश्याम को तनु सेवहीं जड़ मेघ ओघन छण्डि कै॥
यक अंग चर्चित चारु चंदन चन्द्रिका तजि चन्द को।
जनु राहु के भय सेवहीं रघुनाथ आनंद-कंद को॥ ६० ॥

शब्दार्थ—वपु मण्डि कै=शरीर धर के। ओघन=समूह। चर्चित=लगाये हुए। चन्द्रिका=चन्द्र-किरण। आनंदकंद=आनंदरूप जल देने वाले बादल।

भावार्थ—वहाँ सीता जी की सुन्दरी सखियाँ शोभित हैं, मानो बिजली ही अनेक देह धारण करके जड़ मेघ-समूह को छोड़ कर चैतन्य शरीर धर (मेघवत् श्याम) श्री राम जी का सेवन करती हैं। कोई सखी अपने शरीर में सुन्दर (कपूर युक्त) चंदन लगाये है, वह ऐसी जान पड़ती है मानो राहु के डर चन्द्र किरण चन्द्रमा को छोड़ कर आनंद बरसाने वाले रघुनाथ जी की सेवा कर रही हो।

अलंकार—उत्प्रेक्षा।

गीतिका—

मुख एक है नत लोक-लोचन लोल लोचन कै हरै।
जनु जानकी संग सोभिजै शुभ लाज देहहिं को धरै॥
तहँ एक फूलन के विभूषन एक मोतिन के क्रिये।
जनु छीर सागर देवता तन छीर छीटन को छिये॥ ६१ ॥

शब्दार्थ—लोक लोचन=लोगों के नेत्र। लोल=चंचल। देवता=देवी। (यहाँ भी 'देवता' शब्द स्त्रीलिंग में है)। छिए=छुए हुए।

---

* यह वर्णिक गीतिका है।

नोट—बुन्देलखंड में 'छूना' को 'छीना' और 'खूब' को 'खीब' बोलते हैं।

भावार्थ—कोई सखी लज्जा की अधिकता से मुख नीचे को किये हैं, पर अपने नेत्रों को चंचल करके (इधर उधर कनखियों से देख कर) लोगों के नेत्रों को हरती है। (अपनी ओर खींचती है), वह ऐसी जान पड़ती है मानो शुभ लज्जा ही शरीर धारण किये जानकी के संग में शोभा दे रही है। वहाँ कोई-कोई सखी फूलों के और कोई मोतियों के आभूषण पहने हैं, वे ऐसी मालूम होती हैं मानों क्षीर-सागर निवासिनी देवियाँ (लक्ष्मियाँ) हैं जिनके शरीर में दूध के छीटें अब तक लगे हुए हैं।

अलंकार—उत्प्रेक्षा।

सो०—पहिरे वसन सुरंग, पावकयुत स्वाहा मनो॥
सहज सुगंधित अंग, मानहु देवी मलय की॥ ६२॥

शब्दार्थ—पावक = अग्निदेव। स्वाहा = अग्निदेव की स्त्री।

भावार्थ = कोई सखी लाल वस्त्र पहिने हुए हैं, वह ऐसी मालूम होती है मानो अग्नि समेत स्वाहा हैं। किसी का अंग सहज ही इतना सुगंधित है, मानो वह मलयागिरि-निवासिनी कोई देवी है।

अलंकार—उत्प्रेक्षा।

चामर—मत्त दंतिराज राजि वाजिराज राजि कै।
हेम हीर हार मुक्त चीर चारु साजि कै॥
वेष-वेष वाहिनी असेष वस्तु सोधियो।
दायजो विदेहराज भाँति-भाँति को दियो॥ ६३॥

शब्दार्थ—दन्तिराज राजि = बड़े हाथियों का समूह। बाजिराज राजि = बड़े घोड़ों का समूह। कै = को। हेम = सुवर्ण। हीर = जवाहिरात। मुक्त = मोती। बाहिनी = सेवक समूह। असेष = सब। सोधियो = तलाश करवाई। दायजो = यौतुक, दहेज। विदेहराज = जनक जी।

भावार्थ—बड़े-बड़े मस्त हाथियों के समूहों और बड़े-बड़े घोड़ों के समूहों को सुवर्ण के आभूषणों, हीरे मोतियों के हारों और सुन्दर वस्त्रों से सजा कर

और तरह-तरह के सेवक-समूहों से सब देने योग्य वस्तुओं को तलाश करा के राजा जनक ने भाँति-भाँति के दहेज श्रीराम जी को दिए।

अलंकार—उदात्त।

चामर—वस्त्र-भौन स्यों वितान आसने विछावने।
अस्त्र सस्त्र अंगत्रान भाजनादि को गने॥
दासि दासि वासि वास रोम पाट को कियो।
दायजो विदेहराज भाँति-भाँति को दियो॥ ६४॥

शब्दार्थ—वस्त्रभौन=वस्त्र के बने हुए घर (तम्बू, रावटी, कनात इत्यादि)। स्यों=सहित। वितान=शामियाने। अंगत्रान=कवच, जिरहबख्तर। भाजन=भोजन पान के पात्र (लोटा, थारी, गिलास, सुराही, कलस, परात, कोपरादि)। वासि वास=छोटे बड़े कपड़े। रोम पाट को कियो=ऊन और रेशम के बने हुए (कम्बल, दुशाले पीताम्बरादि)।

भावार्थ—सरल ही है।

दो०—जनकराय पहिराइयो, राजा दशरथ साथ।
छत्र चमर गज बाजि दै, आसमुद्र छितिनाथ॥ ६५॥

भावार्थ—राजा दशरथ के साथ ही साथ, राजा जनक ने तमाम पृथ्वी भर से आये हुए राजों को छत्र, चमर, घोड़े, हाथी देकर यथोचित् सत्कार से वस्त्राभूषण पहिनाये।

नोट—इस रीति को बरतौनी कहते हैं।

अलंकार—उदात्त।

निशिपालिका—दान दिय राय दशरत्थ सुख पाय कै।
सोधि ऋषि ब्रह्म ऋषि राजन बुलाय कै॥
तोषि जाँचक सकल दादुर मयूर से।
मेघ जिमि वर्षि गज बाजि पयपूर से॥ ६६॥

शब्दार्थ—सोधि=तलाश कराके। दादुर=मेंढक। मयूर=मोर। पयपूर=वारिधारा।

भावार्थ—(दहेज पाकर) राजा दशरथ ने भी प्रसन्न होकर ब्रह्मऋषि और राजाओं को ढूँढ-ढूँढ कर बुला कर सब को यथोचित दान दिया। सब

याचकों को हाथी घोड़ों की वर्षाधारा वरसा कर वैसे ही संतुष्ट कर दिया जैसे मेघ वारिधारा वरसा कर मेंढकों और मोरों को संतुष्ट कर देता है।

अलंकार—पूर्णोपमा।

छठाँ प्रकाश समाप्त

सातवाँ प्रकाश

दो०—या प्रकाश सप्तम कथा, परशुराम संवाद।
रघुवर सों अरु रोप तेहि, भंजन मान विपाद॥

दो०—विश्वामित्र विदा भये, जनक फिरे पहुँचाय।
मिले आगिली फौज को, परशुराम अकुलाय॥ १॥

चंचरी—

मत्तदंति अमत्त ह्वै गये देखि-देखि न गज्जहीं।
ठौर-ठौर सुदेश केशव दुंदुभी नहि वज्जहीं॥
डारि-डारि हथ्यार सूरज जीव लै लय भज्जहीं।
काटि कै तन त्रान एकहि नारि भेपन सज्जहीं॥ २॥

शब्दार्थ—मत्त=मस्त। दन्ती=हाथी। अमत्त=मदहीन। सुदेश=सुन्दर। सूरज=शूरों के पुत्र (पीढ़ियों के शूर)। तनत्रान=कवच।

भावार्थ—(परशुराम के आते ही) मस्त हाथियों का मद उतर गया। अब वे एक दूसरे को देख कर गरजते नहीं, ठौर-ठौर पर सुन्दर (गंभीर ध्वनि से) नगाड़े नहीं वजते। पीढ़ियों के शूरवीर लोग अस्त्र-शस्त्र फेंक-फेंक कर अपने-अपने जीव ले ले भागते हैं और कोई-कोई तो कवचादि काट-काट कर (फेंक कर) स्त्री का वेश धारण कर लेते हैं।

नोट—इस छन्द में परशुराम के आतंक का अच्छा वर्णन है।

अलंकार—अत्युक्ति (शूरता की)।

दो०—वामदेव ऋषि सों कह्यौ, परशुराम रणधीर।
महादेव को धनुष यह, को तोरयो बल बीर॥ ३॥

शब्दार्थ—वामदेव=राजा दशरथ के एक मंत्री।

भावार्थ—सरल ही है।

(बामदेव) दो०—महादेव को धनुष यह, परशुराम ऋषिराज।
तोरयो 'रा' यह कहत ही, समुझयौ रावण राज ॥४॥

भावार्थ—वामदेव ने उत्तर में कहना चाहा कि हे ऋषिराज परशुराम जी, महादेव के धनुष को 'रा' (म ने तोड़ा है), पर 'रा' अक्षर मात्र के उच्चारण से परशुराम जी ने 'रावण' समझा और अति क्रुद्ध होकर वामदेव की बात काट कर बोल उठे कि :—

(परशुराम) दो०—
अति कोमल नृप सुतन की, ग्रीवा दलीं अपार।
अब कठोर दशकंठ के, काटहु कंठ कुठार ॥ ५ ॥

भावार्थ—(परशुराम जी क्रुद्ध होकर अपने कुठार को सम्बोधित करते हैं) हे कुठार ! तूने असंख्य अति सुकुमार राजकुमारों की गर्दनें काटी हैं (पर यह कोई बड़ी बहादुरी का काम नहीं था) अब रावण के कठोर कण्ठ काट (तो जानें कि तू वीर है)। फिर विचार कर कहते हैं :—

(परशुराम) मत्तगयंद सवैया—
बाँधि कै बाँध्यो जु बालि बली पलना पर लै सुत के हित ठाटे।
हैहयराज लियो गहि केशव आयो हो छुद्र जु छिद्रहि डाटे ॥
बाहर काढ़ि दियो बलिदासिनि जाय परयो जु पताल के बाटे।
तोहि कुठार बड़ाई कहा कहि ता दसकंठ के कंठहि काटे ॥६॥

शब्दार्थ—बाँधि कै=रोक कर। सुत के हित ठाटे=पुत्र का हित किया, (जो पुत्र चाहता था वही किया)। हैहयराज=सहस्रार्जुन, कार्तवीर्य। आयो हो=आया था। छिद्रहि डाटे=कुअवसर देखकर। बाटे=रास्ते में।

भावार्थ—जिस रावण को बालि ने रोक कर बांध लिया था और पलना में खिलौना की तरह उलटा लटका कर अपने पुत्र का हित साधन किया था (पुत्रको खुश किया था) और जिस रावण को हैहयराज ने पकड़ लिया था जब वह क्षुद्र कुअवसर देखकर उसके निकट गया था। (स्त्रियों सहित जलक्रीड़ा करते समय रावण हैहयराज के पास गया था) और जिस रावण को बलि की दासियों ने बाहर निकाल दिया था जब वह पाताल के मार्ग

जा पड़ा था (जब पाताल गया था) उस ऐसे बलहीन रावण के कंठों को काटने से हे कुठार! तूही कह तुझे क्या बड़ाई मिलेगी! (अर्थात् कुछ भी नहीं)।

नोट—बालि, हैहयराज और बलि की दासियां द्वारा रावण के अपमान की कथाएँ ग्रन्थान्तर से समझ लो।

सो०—जदपि है अति दीन, माहि तऊ खल मारने।
गुरु अपराधहि लीन, केशव क्योंकर छोड़िये ॥ ७ ॥

भावार्थ—यद्यपि रावण मेरे कुठार के लिये अति तुच्छ बलि है, तथापि मुझे उस खल को मारना ही पड़ेगा, क्योंकि जो गुरुजी के अपराध में लीन है उसे कैसे छोड़ सकता हूँ।

चन्द्रकला सवैया—

बर बाण शिखीन अलेष समुद्रहि सोखि सखा सुखही तरिहौं।
अरु लंकहि औटि कलंकित की पुनि पंक कनंकहि को भरिहौं ॥
भल भूँजि कै राख सुखै करिकै दुख दीरघ देवन के हरिहौं।
सितकंठ के कंठहि को कठुला दसकंठ के कंठन को करिहौं ॥ ८ ॥

शब्दार्थ—बाण शिखीन=(शिखी बाणन) अग्नि बाणों से। अशेष=सब। सखा=हे सखा (कुठार प्रति संबोधन)। सुखही=सहज में। औटि=पिघला कर। कलंकित की=कलंकी रावण की। कनक=सोना। सुखै=सहज ही। सितकंठ=महादेव। कठुला=माला। कंठ=गला (यहाँ) मस्तक।

भावार्थ—हे सखा, (कुठार) मैं अग्निबाणों से समस्त समुद्र को सुखाकर सहज में उस पार चला जाऊँगा और उस कलंकी (अपराधी) रावण की लंका को पिघला कर पुनः समुद्र को सोने की कीच से भर दूँगा। पुनः लंका को अच्छी तरह जलाकर सहज ही में राख करके देवों के दीर्घ दुःख दूर कर दूंगा, और दशानन के दशों मस्तकों की माला बना कर महादेव के कंठ में पहनाऊँगा।

अलंकार—अनुप्रास।

संयुक्ता—(परशुराम)—यह कौन को दल देखिये?
(बामदेव)—यह राम को प्रभु लेखिये।

(परशुराम)—कहि कौन राम न जनियो ?
(वामदेव)—सर ताड़का जिन मारियो ॥ ६ ॥

भावार्थ—सरल ही है ।

अलंकार – गूढ़ोत्तर ।

त्रिभंगी –

(परशुराम)—ताड़का सँहारी, तिय न बिचारी, कौन बड़ाई ताहि हने ।
(बामदेव)–मारीच हुतो सँग, प्रबल सकल खल, अरु सुबाहु काहू न गने ॥
करि क्रतु रखवारी, गुरु सुखकारी, गौतम की तिय शुद्ध करी ।
जिन हर-धनु खंड्यो जगयश मंड्यो सीय स्वयम्बर माँझवरी ॥१०॥

शब्दार्थ—क्रतु=यज्ञ । गौतम की तिय=अहल्या । जग यश मंड्यों=संसार को अपने यश से शोभित किया ।

भावार्थ—सुगम ही है ।

अलंकार – गूढ़ोत्तर ।

नोट – जहाँ यह अलंकार होता है वह पद्य बड़े गूढ़ व्यंग से परिपूर्ण होता है । पाठकों को इन छंदों के व्यंगार्थ समझने की कोशिश करनी चाहिये ।

(परशुराम मन में) दो० –

हरहू होतो दंड द्वै, धनुप चढ़ावत कष्ट ।
देखौ महिमा काल की, कियो सो नरसिसु नष्ट ॥११॥

भावार्थ – अहा ! यह काल की महिमा (समय का हेर-फेर) तो देखो कि जिस धनुष के चढ़ाने में महादेव जी को भी दो दंड तक कष्ट होता था, उसी धनुष को मनुष्यजाति ने नष्ट कर दिया (तोड़ डाला) ।

अलंकार – असंभव ।

(परशुराम, प्रकट) किरीट सवैया –

बोरों सबै रघुवंश कुठार की धार में बारन बाजि सरत्थहिं ।
बान की वायु उड़ाय के लच्छमन लच्छ करों अरिहा समरत्थहिं ॥
रामहिं बाम समेत पठै वन कोप के भार में भूंजौ भरत्थहिं ।
जो धनु हाथ धरै रघुनाथ तो आजु अनाथ करौं दसरत्थहिं ॥१२॥

शब्दार्थ – बारन=हाथी । लच्छन=लछमण । लच्छ=(लक्ष्य) निशाना । अरिहा=शत्रुघ्न । रघुनाथ=राम ।

भावार्थ—(परशुराम जी क्रुद्ध होकर कहते हैं) आज हाथी, घोड़े और रथ समेत समस्त रघुवंशियों को कुठार की धारा में डुबा दूँगा (मार डालूँगा), बाणों की वायु से लक्ष्मण को उड़ाकर समर्थ शत्रुघ्न को निशाने की तरह बेध दूँगा। राम को स्त्री सहित वन को भगाकर कोप के भाड़ में भरत को भूनूँगा और यदि राम धनुष उठाकर लड़ेगा तो आज दशरथ को अनाथ कर दूँगा अर्थात् वंशनाश कर दूँगा।

अलंकार—स्वभावोक्ति (प्रतिज्ञाबद्ध)।

सो०—राम देखि रघुनाथ, रथ ते उतरे वेगि दै।
गहे भरथ को हाथ, आवत राम विलोकियो॥ १३॥

शब्दार्थ—राम = परशुराम। रघुनाथ = श्रीरामचन्द्र। वेगिदै = शीघ्रता से।

भावार्थ—सुगम।

(परशुराम) दण्डक—

अमल सजल घनस्याम वपु केशोदास,
चन्द्रहू तें चारु मुख सुषमा को धाम है।
कोमल कमल दल दीरघ विलोचननि,
सोदर समान रूप न्यारो-न्यरो नाम है॥
बालक विलोकियत पूरण पुरुष, गुन,
मेरो मन मोहियत ऐसो रूप धाम है।
वैर जिय मानि बामदेव को धनुष तोरो,
जानत हौं बीस विसै राम भेस काम है॥ १४॥

शब्दार्थ—अमल = निर्मल, सकान्ति। वपु = शरीर। चारु = सुन्दर। पूरण पुरुष गुण = विष्णु के गुणों से युक्त। मोहियत = मोहित करता है। बीस बिसै = (बीसों बिस्वा) निश्चय।

भावार्थ—(राम का रूप देखकर परशुराम जी मन में विचार करते हैं) कैसा निर्मल जलपूर्ण काले बादल के समान सुन्दर शरीर है, और मुख चंद्रमा से भी अधिक शोभा तथा कान्ति का समूह है। कोमल कमल दल से (करुणापूर्ण) बड़े-बड़े नेत्र हैं, दोनों सहोदर भ्राता (राम और भरत) एक रूप हैं, पर नाम न्यारे-न्यारे हैं। इस बालक में तो विष्णु के गुण दिखलाई पड़ते हैं, यह इतना रूपवान है कि मेरा भी मन (सहज विरक्त) इसको

देखकर मोहित होता है, अतः निश्चय जान पड़ता है कि यह राम के भेष में कामदेव है और इसी कारण पुराना बैर स्मरण करके इसने महादेव का धनुष तोड़ा है।

अलंकार—भ्रम और अनुमान संकर।

(भरत) गीतिकावृत्त—

कुशमुद्रिका समिधैं श्रुवा कुश औं कमंडल को लिये।
कटिमूल श्रौननि तर्कसी भृगु लात सी दरसे हिये।
धनु बान तिक्त कुठार केशव मेखला मृगचर्म स्यों।
रघुबीर को यह देखिये रस वीर सात्विक धर्म स्यों॥ १५॥

शब्दार्थ—कुशमुद्रिका=पवित्र (पैंती)। समिधैं=हवन काष्ठ, होम की लकड़ी। श्रुवा=हवन कुण्ड में घी डालने का पात्र (चम्मच के आकार का)। कटिमूल श्रौननि=कमर से कानों तक लंबी। तर्कसी=तूणीर, बाण-पात्र। तिक्त=तीक्ष्ण। स्यों=सहित।

भावार्थ—(भरत जी परशुराम का रूप देख कर श्रीराम जी से पूछते हैं) पैंती, हवन काष्ठ, श्रुवा, कुश और कमण्डल को लिये हुए, कमर से कान तक लंबा तूणीर बांधे, जिसकी छाती पर भृगुचरण चिह्न सा कुछ दिखाई देता है, धनुष बाण और तीक्ष्ण कुठार लिये हुए तथा मेखला और मृगछाला सहित, हे रघुवीर यह कौन व्यक्ति है? जिसे मैं सामने देख रहा हूँ यह सात्विक धर्म सहित वीर रस ही तो नहीं है?

अलंकार—भ्रम और अनुमान संकर।

(राम) नाराच—

प्रचंड हैहयाधिराज दण्डमान जानिये।
अखंड कीर्ति लेय भूमि देयमान मानिये॥
अदेव देव जेय भीत रक्षमान लेखिये।
अमेय तेज भर्ग भक्त भार्गवेश देखिये॥ १६॥

शब्दार्थ—हैहयाधिराज=सहस्रार्जुन। दण्डमान=दंड देने वाले। लेय=(लेयमान) लेने वाले। देयमान*=देने वाले। जेय=(जेयमान) जीतने वाले। रक्षमान=रक्षणकर्ता। अमेय=अतुल। भर्ग=शंकर।

* ये शब्द केशव के गढ़े हुए हैं।

भावार्थ—(श्री राम जी भरत के प्रश्न का उत्तर देते हैं) हे भरत! इन्हें प्रबल पराक्रमी सहस्रार्जुन को दंड देने वाला जानो, और अखंड कीर्ति के लेने वाले तथा अखंड भूमि के दान करने वाले मानो, असुरों और देवताओं को जीतने वाले, भयभीत जनों की रक्षा करने वाले समझिये, और अतुल तेजधारी शंकरभक्त भृगुवंश में श्रेष्ठ श्री परशुराम जी को तुम देख रहे हो। (भृगुवंशावतंश परशुराम जी हैं)।

अलंकार—उल्लेख।

तोमर—सह भरत लक्ष्मण राम।
चहुँ किये आनि प्रणाम॥
भृगुनंद आसिप दीन।
रण होहु अजय प्रवीण॥ १७॥

शब्दार्थ भावार्थ—सुगम ही है।

(परशुराम)—सुनि रामचन्द्र कुमार।
मन वचन कीर्ति उदार॥
(रामचन्द्र)—भृगुवंश के अवतंश।
मनवृत्ति है केहि अंस॥ १८॥

भावार्थ—(परशुराम ने श्रीरामचन्द्र को संबोधित करते हुए कहा)—मन और वचन से उदार और बड़ी कीर्ति वाले कुमार रामचन्द्र, हमारी बात सुनो—(कुछ और कहना चाहते थे कि रामजी बात काट कर बोल उठे) हे भृगुवंश के भूषण! तुम्हारी मनोवृत्ति किस अंश पर है। अर्थात् क्या कहना चाहते हो, कहो।

अलंकार—गूढ़ोत्तर।

(परशुराम) मदिरा—
तोरि सरासन संकर को सुभ सीय स्वयम्बर माझ बरी।
ताते बढ्यो अभिमान महा मन मेरियो नेक न संक करी॥
(राम)—
सो अपराध परो हमसों अब क्यों सुधरै तुमही तो कहौ।
(परशुराम)—
बाहु दै दोऊ कुठारहि केशव आपने धाम को पंथ गहौ॥ १९॥

भावार्थ—(पहले नरमी से मामला तय करना चाहते थे, पर जब राम जी ने बात काट कर और चिढ़ा दिया तब परशुराम कहने लगे कि) शंकर का धनुष तोड़ कर स्वयम्वर में सीता को विवाहा है, इससे तुम्हारे मन में अभिमान अधिक बढ़ गया है ! भला यह बताओ कि धनुष तोड़ते समय तुमने मेरा भी तनिक भय न किया सो क्यों ? (तब राम ने कहा कि) हाँ, यह अपराध तो बेशक मुझसे हो गया, अब आप ही बतलाइये कि किस दंड से इस अपराध का प्रायश्चित होगा। (तब परशुराम बोले) अपने दोनों हाथ कुठार को देकर अपने घर का रास्ता लो—अर्थात् हम तुम्हारे दोनों हाथ काट लेंगे तब घर जाने देंगे।

अलंकार—गूढ़ोत्तर। (राम) कुंडलिया—

टूटैं टूटनहार तरु वायुहिं दीजत दोष।
त्यों अब हर के धनुष को हम पर कीजत रोष।
हम पर कीजत रोष काल गति जानि न जाई।
होनहार ह्वै रहै मिटै मेटी न मिटाई॥
होनहार ह्वै रहै मोह मद सब का छूटै॥
होय तिनूका बज्र-बज्र तिनुका ह्वै टूटै॥ २०॥

अलंकार—लोकोक्ति से पुष्ट गूढ़ोत्तर।

नोट—इस काव्य में व्यंगार्थ यह है कि राम जी परशुराम को सूचित करते हैं कि आप का समय गया, अब रामावतार का समय आया है, अतः आपका बज्रवत् बल मेरे सामने तिनका के समान टूट जायगा, आप चाहे हमें कुमार ही समझते रहिये। देखो छंद नं० १८)।

(परशुराम—कुठार प्रति मत्तगयंद सवैया—)

केशव हैहयराज को मास हलाहल कौरन खाय लियो रे।
तालगि मेद महीपन को घृत घोरि दियो न सिरानो हियो रे॥
मेरो कह्यो करि मित्र कुठार जो चाहत है बहुकाल जियो रे।
तो लौं नहीं सुख जौं लग तू रघुबीर को श्रोण सुधा न पियो रे॥२१॥

शब्दार्थ—मेद=चर्बी। सिरानो=ठंडा हुआ। श्रोण=रक्त।

भावार्थ—(परशुराम की शक्ति क्षीण होती जाती थी। परशु प्रति कहते हैं) हे कुठार ! तू ने हैहयराज सहस्रार्जुन का मांस काटा है सो मानो

तू ने हलाहल विष के कौर खा लिये हैं। उस विष की शान्ति के लिये मैंने तुझको अनेक राजाओं की चर्बी घी की तरह घोल कर पिलाई, पर तब भी तेरा हृदय ठंडा न हुआ। अतः हे मित्र कुठार! जो तू बहुत दिनों तक जीना चाहता है तो मेरा कहना मान ले। तुमको तब तक सुख न मिलेगा जब तक तू रघुवीर के रक्तरूपी सुधा को न पियेगा।

अलंकार—रूपक।

नोट—वास्तव में विष खाये हुए व्यक्ति का उपचार भी केशव ने अच्छा बताया है कि घी पिलाना चाहिये, ताजा खून पिलाना चाहिये और सुधा (चूने का पानी) पिलाना चाहिये। इस से प्रकट है कि केशव वैद्यक भी अच्छी तरह जानते थे। हमारा अनुभव है कि संखिया के विष का प्रभाव चूने के पानी से शीघ्र नष्ट होता है।

विशेष—महात्मा जानकी प्रसाद ने इस छंद मे सरस्वती उक्तार्थ* यों लगाया है:—हे कुठार, तुझ को तब तक सुख न प्राप्त होगा जब तक तू (रघुबीर का सुधा श्रौन न पिया) श्रीराम जी के सुधा सम मधुर वचन कान से न पियेगा।—अर्थात् राम जी के क्षमा के वचन जब तक न सुन लेगा।

(भरत) तन्वी—

बोलत कैसे, भृगुपति सुनिये, सो कहिये तन मन बनि आवै।
आदि बड़े हौ, बड़पन रखिये, जा हित तूँ सब जग जस पावै।
चंदन हू में, अति तन घसिये, आगि उठै यह गुनि सब लीजै।
हैहय मारो, नृप जन सँहरे, सो यश लै किन युग-युग जीजै ॥२२॥

शब्दार्थ—सो कहिये तन मन बनि आवै=ऐसी बात कहो जो तन से अथवा मन से भी हो सके—तात्पर्य यह कि जो तुम कहते हो उसे तन से तो क्या मन से भी नहीं कर सकते। आदि हौ=आदिवर्ण अर्थात् ब्राह्मणवर्ण होने से अवध्य हो।

भावार्थ—हे भृगुपति, कैसी बात कहते हो (ऐसा कहना उचित नहीं), ऐसी बात कहो जिसे तुम तन से वा मन से पूर्ण कर सको, तुम ब्राह्मण हो,

---

*जब कवि प्रसङ्गवश कोई ऐसी बात कहता है जिसे टीकाकार अपनी भक्ति के कारण अकथनीय समझता है, तब वह निज बुद्धि बल से उसका कोई दूसरा अर्थ करता है ऐसे अर्थ को सरस्वती उक्तार्थ, कहते हैं। देखो इसी प्रकाश का छन्द नं० ३१।

अतः हमसे बड़े हो, सो अपना बड़प्पन रखे रहो, जिससे तुम समस्त जग में यश पाओ। नहीं तो यह बात अच्छी तरह समझ लीजिये कि अति रगड़ से चंदन में भी आग लग उठती है। आपने हैहयराज को और अन्य अनेक क्षत्री राजाओं का संहार किया, वही यश लेकर संसार में क्यों नहीं युगयुगान्तर तक अमर बने रहते हो (तात्पर्य यह कि यदि हमसे लड़ोगे तो हम तुम्हें अवश्य पराजित करेंगे तो तुम्हारा विजयी यश लुप्त हो जायगा)।

सूचना—पिंगल के अनुसार तो इस छन्द का ढाँचा शुद्ध है, पर व्याकरण के अनुसार दूसरे चरण में यह अशुद्धि जान पड़ती है कि 'बड़े हौ' आदर है और 'तूँ' निरादर सूचक है। ऐसा न होना चाहिये था। चौथे चरण में 'सँहरे' शब्द 'संहारे' का अर्थ देता है। यह भी ठीक नहीं जँचता। समझ में नहीं आता कि केशव से ऐसी भूल क्यों हुई।

(परशुराम) नाराच—

भली कही भरत्थ तैं उठाय आगि अंग तें।
चढ़ाउ चोपि चाप आप बान लै निषंग तें॥
प्रभाउ आपनो दिखाउ छोड़ि बाल भाइ कै।
रिझाउ राजपुत्र मोहिं राम लै छड़ाइ कै॥ २३॥

भावार्थ—(परशुधर कहते हैं) हे भरथ, तू ने अच्छी कही, अच्छा लो अब अपने अंग से आग उठा (भरत ने कहा है कि अति रगड़ से चन्दन से भी आग निकलती है, उसी पर यह कथन है) और तूणीर से बाण लेकर शौक से धनुष पर चढ़ा, अपना प्रभाव दिखला, बालभाव को छोड़ दे। हे राजपुत्र, युद्ध करके मुझे प्रसन्न कर और राम को छुड़ा ले (तब जानूँ कि तू बड़ा वीर है)।

सो०—लियो चाप जब हाथ, तीनिहु भैयन रोष करि।
बरज्यो श्रीरघुनाथ, तुम बालक जानत कहा॥ २४॥

शब्दार्थ—तीनहु भैयन=भरत, लक्ष्मण और शत्रुघ्न।

भावार्थ—सरल है।

(राम) दो०—भगवन्त सो जीतिये, कबहुँ न कीन्हें शक्ति।
जीतिय एकै बात तें, केवल कीन्हें भक्ति॥ २५॥

भावार्थ—राम जी अपने भाइयों को समझाते हैं कि भगवंतों से शक्ति

द्वारा कोई नहीं जीतता। केवल उनकी भक्ति करने से ही वे जीते जा सकते हैं।

नोट—परशुराम की गणना 'भगवानों' में है। भगवान वह व्यक्ति कहलाता है जिसमें ऐश्वर्य, धर्म, यश, श्री, विराग और विज्ञान ये छः शक्तियाँ हों।

हरिगीतिका—

जब हयो हैहयराज इन बिन छत्र छिति मंडल कर्‌यो।
गिरि बेध षट मुख जीति तारकनन्द को जब ज्यों हर्‌यो॥
सुत मैं न जायो राम सो यह कह्यो पर्वतनन्दिनी।
वह रेणुका तिय धन्य धरणी में भई जग वन्दिनी॥२६॥

शब्दार्थ—बिनछत्र=बिना राजा का। छिति मंडल=समस्त पृथ्वी। गिरि बेध षटमुख=क्रौंच नामी पहाड़ को तोड़ने वाले स्वामी कार्तिक। तारक-नन्द=तारक नामक असुर का पुत्र। राम=परशुराम। पर्वत-नन्दिनी=पार्वती। रेणुका=परशुराम की माता। जगबंदिनी=समस्त संसार से बंदनीय, सर्वपूज्य।

भावार्थ—(राम जी कहते हैं) जब इन्होंने हैहयराज को मारा था तब समस्त पृथ्वी को बिना राजा के कर दिया था, और क्रौंच पहाड़ को तोड़ने वाले कार्तिकेय को जीत कर जब तारक के पुत्र को मारा था, तब पार्वती ने कहा था कि मैंने परशुराम सा पुत्र न पैदा किया, धन्य है वह रेणुका जो ऐसा वीर पुत्र पैदा करके इस पृथ्वी पर बंदनीय हुई। तात्पर्य यह है कि इनकी वीरता वीरमाता पार्वती द्वारा प्रशंसित है। अतः ये बड़े वीर हैं।

(परशुराम) तोमर—

सुनि राम शील समुद्र।
तव बंधु हैं अति छुद्र॥
मम बाड़वानल कोप।
अब कियो चाहत लोप॥२७॥

भावार्थ—हे शीलसागर राम, सुनो। तुम्हारे ये तीनों भाई बड़े क्षुद्र हैं

अतः अब मेरा क्रोध बड़वानल इनको नष्ट करना चाहता है (तुम कुशल चाहो तो इन्हें हटा दो)।

अलंकार—रूपक।

(शत्रुघ्न) दोधक—हौ भृगुनन्द बली जगमाहीं।
राम बिदा करिये घर जाहीं॥
हौं तुमसों फिर युद्धहि मांड़ौं।
क्षत्रिय वंश को बैर लै छाड़ौं॥ २८॥

भावार्थ—हे भृगुनन्द! सचमुच आप संसार में बड़े बली हैं (तात्पर्य यह कि तुम्हारा बल संसारी जीवों पर चलेगा, हम लोग साधारण संसारी जीव नहीं हैं) अतः राम को तो बिदा कीजिये वे घर को जायें उनके जाने पर मैं तुमसे युद्ध करूँगा और समस्त क्षत्री वंश भर का बदला तुमसे चुका लूँगा।

अलंकार—स्वभावोक्ति (प्रतिज्ञाबद्ध)।

तोटक—
यह बात सुनी भृगुनाथ जबै। कहि रामहि लै घर जाहु अबै।
इनपै जग जीवत जो बचिहौं। रण हौं तुम सौं फिर कै रचिहौं॥ २९॥

भावार्थ—जब परशुराम ने शत्रुघ्न का यह कथन सुना तो भरत से कहा कि तुम राम को लेकर अभी घर जाओ। यदि इनसे जीता बच जाऊँगा तो तुमसे फिर युद्ध करूँगा (व्यंग यह कि बड़े मियाँ तो बड़े मियाँ छोटे मियाँ सुभानल्लाह हैं, बड़ा भाई तो अपनी नम्रता दिखाता है, सबसे छोटा भाई हमें ललकारता है)।

दो०—निज अपराधी क्यों हतौं, गुरु अपराधी छाँड़ि।
ताते कठिन कुठार अब, रामहिं सों रण माँड़ि॥ ३०॥

भावार्थ—(पुनः परशुराम मन में विचार कर परशु प्रति कहते हैं) गुरुदोषी को छोड़कर निजदोषी को क्या मारूँ, अतः हे कठिन कुठार! अब तू राम ही से युद्ध कर।

(परशुधर) मत्तगयन्द सवैया—
भूतल के सब भूपन को मद भोजन तो बहु भाँति कियोई।
मोद सों तारकनंद को मेद पछ्यावरि पान सिरायो हियोई॥

खीर षडानन कां मद केशव सो पल में करि पान लियोई।
राम तिहारेइ कंठ को श्रोनित पान को चाहै कुठार पियोई ॥३१॥

भावार्थ—पछ्यावरि=छाँछ से बना हुआ एक पेय पदार्थ जो भोजनान्त में परोसा जाता है। इसके प्रभाव से भोजन शीघ्र पचता है। खीर=(क्षीर) दूध। श्रोनित=(१) रक्त (२) श्रा=श्रवितपदार्थ+नित=नित्य।

भावार्थ—(परशुराम जी श्रीरामचन्द्र प्रति कहते हैं) मेरे इस कुठार ने संसार के सब राजाओं के मद का भोजन तो कर लिया है, और बड़े आनन्द के साथ तारकपुत्र की चरबी को पछ्यावर पीकर अपना हृदय ठंडा कर चुका है। षडानन के मद को भी दूध की तरह एक पलमात्र में पी डाला ही है, हे राम! अब यह मेरा कुठार तुम्हारे ही गले का खून पीना चाहता है।

विशेष—महात्मा जानकी प्रसाद जी ने इस छन्द के अंतिम चरण का सरस्वती उक्तार्थ यों किया है—हे राम! तिहारे ही कठ से श्रवित (मधुर स्वरयुक्त परम हितकर उपदेशामृत) यह कुठार नित्य पान करना चाहता है। तात्पर्य यह कि अब इस कुठार से अपनी दुष्टदलनी शक्ति खींच लो जिससे यह हत्या करना छोड़ दे और मैं ब्राह्मण की तरह शान्त हो कर तप में निरत रहूँ। देखो फुट नोट छन्द नं० २१।

(लक्ष्मण) तोटक—जिनको सुअनुग्रह वृद्धि करै।
तिनको किमि निग्रह चित्त परै॥
जिनके जग अच्छत सीस धरै।
तिनको तन सच्छत कौन करै॥ ३२॥

शब्दार्थ—सुअनुग्रह=सुकृपा। निग्रह=दंड। चित्त परै=चित्त में आ सकता है। अच्छत सीस धरै=पूजन करता है। सच्छत=(सक्षत) जख़मी, घावयुक्त।

भावार्थ—जिन ब्राह्मणों की कृपा सबके मंगल की वृद्धि करती है, उनको दंड देने की बात चित्त में कैसे आ सकती है। जिनको ससार अच्छत पुष्पादि से पूजता है, उनके शरीर को कौन सक्षत (जख़मी) करेगा—अर्थात् तुम ब्राह्मण हो अतः अबध्य हो, नहीं तो समझ लेते, जाओ तुम्हारा दोष क्षमा करते हैं। (उत्तम व्यंग है)।

अलंकार—विरोधाभास।

(राम) मदिरा—

कंठ कुठार परै अब हार कि, फूलै असोक कि सोक समूरो।
कै चितसारि छढ़ै कि चिता, तन चंदन चर्चि कि पावक पूरो।
लोक में लोक बड़ो अपलोक, सु केशवदास जु होउ सु होऊ।
विप्रन के कुल को भृगुनन्दन! सूर न सूरज के कुल कोऊ॥ ३३॥

शब्दार्थ—असोक= (अशोक—शोक का विरोधी भाव) सुख। सोक= (शोक) दुःख। समूरो=समूल (पूरा) चितसारि=चित्रसारी (रंगमहल)। लोक=यश। अपलोक=कुयश, बदनामी, निंदा।

भावार्थ—(राम जी परशुराम प्रति कहते हैं)—चाहे अब मेरे कंठ पर कुठार पड़े अथवा हार; चाहे सुख हो अथवा अत्यन्त दुःख भोगना पड़े; चाहे यह शरीर चित्रसारी में आनन्द करे अथवा चिता में जलाया जाय; चाहे यह चंदन से चर्चित हो अथवा आग में झोंक दिया जाय; चाहे संसार में बड़ा यश मिले अथवा बड़ा अपयश हो; जो कुछ होना हो सो हो, पर हे भृगुनन्दन! ब्राह्मणों से लड़ने के लिये सूर्यवंश मे कोई भी तैयार नहीं—अर्थात् आप ब्राह्मण हैं, अतः अवध्य हैं, हम आप पर हाथ न घालेंगे, आपकी जो इच्छा हो सो करें। व्यंग से रघुनाथ जी यह जनाते हैं कि अब आप केवल ब्राह्मण मात्र रह गये हैं, विष्णु का वह अंश निकल गया, जिसके द्वारा आपने बड़े-बड़े दुष्ट क्षत्रियों का विनाश किया है।

अलंकार—विकल्प से पुष्ट स्वभावोक्ति-(कुल-स्वभाव वर्णन है)

(परशुराम) विशेषक—

हाथ धरे हथियार सबै तुम सोभत हौ।
मारनहारहि देखि कहा मन छोभत हौ॥
छत्रिय के कुल ह्वै किमि बैन न दीन रचौ।
कोटि करो उपचार न कैसहू मीचु बचौ॥३४॥

शब्दार्थ—छोभत हौ=डरते हो। किमि बैन न दीन रचौ=दीन वचन क्यों न बोलो (बोलना ही चाहिए—उत्तम क्षत्री ब्राह्मणों से सदा दीन ही वचन बोलते हैं)। उपचार=उपाय।

भावार्थ—तुम सब लोग हथियार लिये हो, फिर मारने वाले को देखकर

मन में डरते क्यों हो ? तुम क्षत्री वंशजात हो, अतः ब्राह्मण के सामने दीन वचन बोलना तुम्हें उचित ही है (क्योंकि उत्तम कुलीन क्षत्रियों का कुलाचार ही ऐसा होता है), परन्तु इस प्रकार के कोटि उपाय करने से भी मृत्यु से नहीं बचोगे (हम तुम्हें मारेंगे अवश्य)।

(लक्ष्मण) विशेषक—

क्षत्रिय ह्वै गुरु लोगन को प्रतिपाल करैं ;
भूलिहु तौ तिनके गुन औगुन जी न धरैं ॥
तौ हमको गुरुदोष नहीं अब एक रती।
जो अपनी जननी तुम ही सुख पाय हती ॥ ३५ ॥

भावार्थ—(लक्ष्मण जी परशुधर से कहते हैं)—क्षत्री होकर हम लोग गुरु लोगों का प्रतिपालन करते हैं और भूलकर भी कभी उनके गुणावगुण की ओर ध्यान नहीं देते। परन्तु जब आपने अपनी माता को आनन्दित होकर मार डाला, तो अब हमको भी तनिक भी गुरु-हत्या का पाप न लगेगा यदि हम आपको मार डालें।

सूचना—परशुराम ने श्री रामचन्द्र जी को गुरुद्रोही ठहराया है, अतः लक्ष्मण जी भी स्त्रीवध और मातृवध दिखलाकर परशुधर को गुरुदोषी ठहराते हैं।

(परशुराम) मदिरा—

लक्ष्मण के पुरिषान कियो पुरुषारथ सो न कह्यो परई।
बेष बनाय कियो बनितान को देखत केशव ह्यौ हरई।
क्रूर कुठार निहारि तजो फल ताको यहै जु हियो जरई।
आजु ते तोकहँ बँधु महा धिक क्षत्रिन पै जु दया करई ॥३६॥

शब्दार्थ—लक्ष्मण के पुरिधान=(यहाँ ठीक लक्ष्मण के पुरुषाओं से ही तात्पर्य नहीं है, वरन् वर्ण मात्र से तात्पर्य है) क्षत्रियों के पुरुषों ने। पुरुषारथ=पौरुष। बेष बनाय''हरई=सुन्दर स्त्रियों का भेष बना लिया था—(जब परशुराम जी ढूँढ़-ढूँढ़ कर क्षत्रियों का बध करते थे उस समय अनेक वीर क्षत्रियों ने स्त्री रूप धारण करके दया-प्रार्थना द्वारा प्राण बचाये थे, अथवा इसी प्रकाश में परशुराम के आगमन-समय का देखो छंद नं०२)। हयो=हिया, हृदय। बन्धु=कुठार का संबोधन है।

भावार्थ—(कुठार प्रति परशुराम जी कहते हैं) लक्ष्मण के पुरुषों ने जो पुरुषार्थ किया है वह कहा नहीं जा सकता, अपना रूप बदल कर स्त्रियों का सा रूप कर लिया जिसे देखकर मन मोहित होता है। हे क्रूरकर्मा कुठार ! उन स्त्री भेसधारी क्षत्रियों को देखकर भी जो तूने छोड़ दिया उसी का यह फल है जो इस समय जी जलता है। हे बन्धु ! आज से तुझको महाधिक्कार है जो तू क्षत्रियों पर दया करे अर्थात् जैसे उनको स्त्री भेस में देखकर छोड़ दिया वैसे ही इनको बालभेस में देखकर भी छोड़ दे तो तुझे धिक्कार है। यह बात आगे के छंद में स्पष्ट कही है।

नोट—इस छन्द का सरस्वती-उक्तार्थ यों समझिये:—लक्ष्मण के बड़ों ने अर्थात् श्रीरामचन्द्र जी ने जो पुरुषार्थ किया है वह कहा नहीं जा सकता। वह कृत्य यह है कि उन्होंने स्त्री का ऐसा सुन्दर रूप बना दिया जिसे देख मन मोहित होता है। (गौतमपत्नी अहल्या का चरित्र)। हे क्रूरकर्मा कुठार ! ऐसे अद्भुतकर्ता को देख (और उनकी शरण ले, तो तेरी भी जड़ता दूर हो जायगी) और यदि उनकी शरण को त्यागेगा तो इसका फल यह होगा कि पापों के संताप से तेरा हृदय सदा जला करेगा और हे बंधु, आज से मैं भी तुझे धिक्कारूँगा (यदि तू यह सोचे कि मुझ पापी को ये अपनी शरण में लेंगे या नहीं, तो मैं तुझे विश्वास दिलाता हूँ कि अवश्य लेंगे, क्योंकि) क्षत्रियों की यह पैज (प्रतिज्ञा) होती है कि शरण में आये हुए पर सच्चा क्षत्री दया करता ही है।

(परशुराम) गीतिका—

तब एक विंशति बेर मैं बिन छत्र की प्रृथिवी रची।
बहु कुंड शोनित सों भरे पितु-तर्पणादि क्रिया सची॥
उबरे जु छत्रिय छुद्र भूतल सोधि-सोधि सँहारिहौं।
अब बाल बृद्ध न ज्वान छाँड़हुँ धर्म निर्दय पारिहौं॥३७॥

शब्दार्थ—एकविंशति=इक्कीस। शोनित=रक्त। सची=की। सोधि-सोधि=खोज-खोज कर। पारिहौं=(पालिहौं) पालन करूँगा।

भावार्थ—तब तो मैंने इक्कीस बार पृथ्वी को निछत्र (राजाहीन) कर दिया, राजाओं को मार-मार कर उनके रक्त से कुण्ड भरे और उसी से पितरों के हेतु तर्पणादि क्रिया की (उस समय कभी-कभी कुछ दया भी करता था, परन्तु अब) इस भूतल में बचे हुए क्षुद्र स्वभाव क्षत्रियों को खोज-खोज कर

मारूँगा और इस धर्म को इतनी निर्दयता से पालूँगा कि बालक, बूढ़ा, अथवा युवा कोई हो, एक को भी न छोड़ूँगा। (यह परशुराम जी की बँदर-घुड़की है)।

(राम) दोहा—

भृगुकुल कमल दिनेश सुनि, जीति सकल संसार।
क्यों चहिहै इन सिसुन पै, डारत हौं यश-भार ॥ ३८ ॥

भावार्थ—(राम जी कहते हैं) हे भृगुवंश रूपी कमल को प्रफुल्लित करने वाले सूर्य, (परशुराम जी) सुनिये, सारे संसार को जीत कर जो विजय-यश आपने पाया है उस यश का भार इन बालकों पर क्यों लादते हैं, वह भार इनसे कैसे चलेगा (क्यों ऐसा करते हो कि ये बालक तुमसे लड़ बैठें और तुम्हें पराजित करके स्वयं विश्वविजयी-विजेता का यश पावें)।

अलंकार—अप्रस्तुतप्रशंसा—(कारजनिबन्धना) और प्रथम चरण में परम्परित रूपक।

(सोरठा) परशुराम—

राम सुबंधु सँभारि, छोड़त हौं सर प्राण हर।
देह हथ्यारन डारि, हाथ समेतन बेगिदै ॥ ३९ ॥

शब्दार्थ—सुबंधु = (स्वबंधु) अपने भाइयों को। हाथ समेतिन = हाथों सहित। बेगिदै = शीघ्रता से।

भावार्थ—हे राम, अपने भाइयों को सँभालो (बचाना चाहते हो तो हटको हमारा अपमान न करें) शीघ्र ही हाथों समेत हथियार फेंक दो नहीं तो मैं प्राणहर बाण छोड़ता हूँ—अर्थात् हथियार रख दो तो केवल हाथ ही काट कर छोड़ दूँगा, यदि ऐसा न करोगे तो मारूँगा।

अलंकार—सहोक्ति।

नोट—इसका सरस्वती उक्तार्थ यों होगाः—परशुराम जी अपने इष्टदेव जी को सहायतार्थ स्मरण करते हैं) हे हर! अपने सुबंधु राम को सँभालो—ये आप ही के मना करने से मानेंगे—इनके बाण से अब मैं प्राण छोड़ता हूँ अर्थात् अब ये मुझे मारना ही चाहते हैं। हे इष्टदेव शंकर! ऐसा करो कि शीघ्र ही इनके हथियार सहित हाथों से हथियार गिर जायें, जब तक ये सशस्त्र रहेंगे तब तक मुझे भय बना ही रहेगा, अतः इनका कोप शांत करा के हथियार उतरवा

दो (इस प्रार्थना के अनुसार महादेव का आना केशव ने छन्द नम्बर ४३ में आगे वर्णन भी किया है)।

(राम) पद्धटिका—सुनि सकल लोक गुरु जामदग्नि।
तपविशिष अनेकन की जु अग्नि।
सब विशिष छाँड़ि सहिहौं अखंड।
हर धनुष करयो जिन खंड-खंड ॥ ४० ॥

शब्दार्थ—जमदग्नि=जामदग्नि के पुत्र (परशुराम)। तप विशिष=तपस्या के बाण (शाप)। सब विशिष=एक नहीं जितने बाण आपके पास हों।

भावार्थ—हे सर्वलोक गुरु परशुराम जी सुनिये, एक नहीं जितने बाण आपके पास होंगे सब, और समस्त शापों के बाणों की अग्नि, सब एक ही बार हमारे ऊपर छोड़ो। मैं शम्भु धनु भंजनकारी, आपके सब बाणों की अखंडधारा सहन करूँगा—अर्थात् जब मैंने शिवधनु भंग किया है तब मैं दोषी ही हूँ, आप मारिये अथवा शाप दीजिये सब सहना ही होगा, पर मैं आप पर हाथ न उठाऊँगा क्योंकि आप सर्वपूज्य ब्राह्मण हैं। (सरस्वती उक्तार्थ)—जिसने तुम्हारे गुरु हर का धनुष खंडन कर दिया उस पर तुम्हारे समस्त बाणों और शापों का प्रभाव पड़ ही नहीं सकता। इस कथन से राम ने यह जनाया कि तुम्हारे गुरु भी हमारा कुछ नहीं कर सकते तब तुम्हारे बाणों से हमें क्या भय है, तुम बाण चलाओ वे सब निष्फल होंगे।

(परशुराम) मत्तगयन्द सवैया—
बाण हमारेन के तनत्राण विचारि विचारि विरंच करे हैं।
गोकुल, ब्राह्मण, नारि, नपुंसक जे जग दीन स्वभाव भरे हैं॥
राम कहा करिहौ तिनको तुम बालक देव अदेव डरे हैं।
गाधि के नंद तिहारे गुरू जिनते ऋषि वेष किये उबरे हैं॥४१॥

शब्दार्थ—तनत्राण=कवच, अभेद्य व्यक्ति (जिन पर बाण कुछ प्रभाव नहीं कर सकते)। विचारि=विशेष चार व्यक्ति। गोकुल=गउएँ। नपुंसक=नामरद। अदेव=असुर (राक्षस वा दैत्य)। गाधि के नन्द—विश्वामित्र।

भावार्थ—(परशुधर सगर्व कहते हैं।) हमारे बाणों से अभेद्य रहें ऐसे व्यक्ति तो ब्रह्मा ने विचार कर केवल चार ही बनाये हैं अर्थात् गऊ, ब्राह्मण,

स्त्री और नपुंसक जो इस संसार में अत्यन्त दीन स्वभाव वाले हैं। हे राम ! तुम उनसे बचने का क्या उपाय कर सकते हो, मेरे बाणों से सब सुरासुर डरते हैं तुम तो अभी बालक हो (तुम उन्हें किसी प्रकार नहीं सह सकते) यहाँ तक की तुम्हारे गुरु विश्वामित्र ऋषि होने के कारण बच गये हैं।

सूचना—अब गुरुनिंदा श्रीरामजी से सहन न हो सकी, तब परशुराम को पुनः सचेत करने को बोले :—

(राम) छप्पय—

भगन कियो भवधनुप साल तुमको अब सालौं।
नष्ट करौं विधि सृष्टि ईश आसन ते चालौं॥
सकल लोक संहरहुँ सेस सिरते धर डारों।
सप्त सिंधु मिलि जाहि होइ सवही तम भारों॥
अति अमल जोति नारायणी कह केशव बुझि जाय बर।
भृगुनंद सँभारु कुठार मैं कियो सरासन युक्त सर॥ ४२॥

शब्दार्थ—भव धनुष=महादेव का धनुष (पिनाक जिसकी गणना वज्रों में है)। ईश=महादेव। आसन से चालों=योगासन से डिगा दूँ। धर (धरा)=पृथ्वी। सबही=सर्वत्र। तम=अंधकार। भारों=बड़ी। नारायणीजोति=नारायण का वह अंश जो परशुराम में था। बर=श्रेष्ठ।

विशेष—राम रूप देख कर परशुराम मोहित हो ही चुके थे (देखो छन्द नं २८)। जब व्यंग वचनों से परशुराम न समझ सके कि रामावतार हो चुका और उनका समय बीत चुका तब राम जी ने स्पष्ट वचनों का सहारा लिया।

भावार्थ—(रामजी ने कहा कि हे परशुराम, अब बार-बार हम तुमको 'केवल ब्राह्मण' कहते हैं और जताते हैं कि अब तुम में से नारायणी अंश चला गया, तब भी तुम नहीं समझते, तो लो स्पष्ट सुनो) जब मैंने शिवधनु भंग किया, तब भी तुम नहीं समझे अब तुमको दुःख देता हूँ। तब भी नहीं समझ रहे हो (तुम्हें ये बालक चिढ़ा रहे हैं और तुम्हारा परशु नहीं चलता) तो लो सुनो, मैं वह व्यक्ति हूँ कि ब्रह्मा की सृष्टि नष्ट कर दूँ, महादेव को (तुम्हारे गुरु को) योगासन से डिगा दूँ, चौदहों लोकों का संहार कर दूँ, शेष के सिर से पृथ्वी को गिरा दूँ, सात समुद्र मेरी आज्ञा से मिल कर एक हो जायें (प्रलय का दृश्य उपस्थित कर दूँ,) सर्वत्र भारी अंधकार

हो जाय (यह भी प्रलय का एक दृश्य है)। श्रेष्ठ नारायणावतारी अंश तो तुम में से चला ही गया है, चाहूँ तो तुम में से उस अमल ज्योति का (जो केवल प्राणमात्र के रूप में मौजूद है) अत्यन्ताभाव कर दूं (तुम्हारे प्राण भी खींच लूँ)। हे भृगुनन्द! अब अपना कुठार सँभालो (ब्राह्मण रूप से जङ्गलों से हवन के लिये केवल लकड़ी काट लिया करो अब तुम्हारे कुठार में दुष्टदलनी शक्ति नहीं रह गई) अब मेरे अवतार का समय है और दुष्ट-दलन कार्य के लिये मैंने धनुष को शरयुक्त किया है—अर्थात् अब दुष्टदलन की जिम्मेदारी मेरे सिर है आप ब्राह्मण की तरह तप में निरत हूजिये।

नोट—स्मरण रखना चाहिये कि इस प्रसंग में राम जी ने परशुराम को भृगुनन्दन, भार्गव, जामदग्न्य इत्यादि शब्दों से ही सम्बोधित किया है जिसका व्यंग यही है कि अब तुम केवल ब्राह्मण हो, नारायणावतार नहीं रहे। अतः उन सब छन्दों में साभिप्राय संज्ञा होने से परिकरांकुर अलंकार मानना अनुचित न होगा।

स्वागत—राम-राम जब कोप करयो जू।
लोक-लोक भय भूरि भरयो जू।
वामदेव तब आपुन आये।
रामदेव दोउन समझाये॥ ४३॥

शब्दार्थ—भूरि = अत्यन्त। वामदेव = श्रीमहादेव जी। राम = श्रीरामचन्द्र जी और श्रीपरशुरामजी।

भावार्थ—जब श्रीरामचन्द्र जी और श्री परशुराम जी दोनों परस्पर क्रुद्ध हुए तो समस्त लोक अत्यन्त भय से परिपूर्ण हो गये (कि अब क्या होगा, इन दोनों के क्रोध से प्रलय तो न हो जायगा), यह दशा देख महादेव जी स्वयं आ उपस्थित हुए और दोनों रामदेवों को समझा बुझाकर शांत किया।

दो०—महादेव को देखि कै, दोऊ राम विशेष।
कीन्हों परम प्रणाम उन, आशिष दीन अशेष॥४४॥

शब्दार्थ—परम प्रणाम = साष्टांग प्रणाम, ऐसा प्रणाम जैसा शास्त्ररीति से उचित था। अशेष आशिष = उचित आशीर्वाद जैसा आशीर्वाद परशुराम को चेले की हैसियत से उचित था वैसा उनको और जैसा क्षत्रिय राजकुमार की हैसियत से रामचन्द्र को उचित था वैसा उनको।

भावार्थ—सरल ही है।

अलंकार—सम (प्रथम)

(महादेव) चतुष्पदी—

भृगुनंदन सुनिये, मन महँ गुनिये, रघुनंदन निरदोषी।
निजु ये अविकारी, सब सुखकारी, सबही विधि सन्तोषी॥
एकै तुम दोऊ, और न कोऊ, एकै नाम कहाये।
आयुर्बल खूट्यो, धनुष जु टूट्यो मैं तन मन सुख पाये॥ ४५॥

शब्दार्थ—निजु=निश्चय। अविकारी=मायाकृत विकार से रहित अर्थात् ईश्वर। संतोषी=इच्छारहित (यह भी एक ईश्वरीय गुण है)। आयुर्बल खूट्यो=विष्णु के अंशावतार होने का समय (तुम्हारे लिये) व्यतीत हो चुका (अब इस समय से तुम विष्णु के अंशावतार नहीं रहे, अब तुम केवल एक ब्राह्मण मात्र रह गये, ईश्वरांश की समस्त शक्तियाँ श्रीरामचन्द्रजी में केन्द्रीभूत हो गईं)।

भावार्थ—हे भृगुनन्दन! सुनो और मेरे कथन का तात्पर्य मन में अच्छी तरह समझो। इस विषय में श्रीरामजी नितान्त दोषरहित हैं (उन्होंने तुम्हारा या मेरा अपमान करने के लिये धनुष नहीं तोड़ा)। ये निश्चय ईश्वर हैं, सब को सुख देने वाले हैं. सर्व प्रकार इच्छारहित हैं तुम और ये दोनों एक ही हो, कोई दूसरे नहीं, अतः नाम भी एक ही है। अब तुम्हारा समय व्यतीत हो गया (अब तुम अपने को ईश्वरावतार या ईश्वरांशधारी मत समझो वरन् इनको ईश्वरावतार मानो), धनुष के टूटने से मैं अप्रसन्न नहीं वरन् तन मन से सुखी हुआ हूँ (तन से इसलिये सुखी हुआ कि अब पिनाक का भार ढोने से छूटा और मन से इसलिये कि ये ही रामजी मेरे इष्टदेव हैं)।

(महादेव) पद्धटिका—

तुम अमल अनंत अनादि देव,
नहिं वेद बखानत सकल भेव।
सब को समान नहिं वैर नेह,
सब भक्तन कारन धरत देह॥ ४६॥

शब्दार्थ—तुम = परशुराम और श्रीरामचन्द्र दोनों के प्रति संबोधन है—नम्बर ४५ में कहा है "एकै तुम दोऊ"।

भावार्थ—सुगम है।

अलंकार—अतिशयोक्ति और उल्लेख।

मूल—अब आपनपौ पहिचानि विप्र,
सब करहु आगिलो काज छिप्र।
तब नारायण को धनुष जानि,
भृगुनाथ दियो रघुनाथ पानि ॥ ४७ ॥

शब्दार्थ—आपनपौ = यह भाव कि "हम और ये एक ही हैं"। आगिल काज = रामावतार के कर्त्तव्य—वनगमन, सीतावियोग, सिंधु-बंधन, रावणादि-वध। छिप्र = शीघ्र।

भावार्थ—हे विप्र! अब यह जान कर कि तुम दोनों एक ही हो और अब आगे दुष्टों का दमन रामचन्द्र द्वारा होगा (तुम्हारे शरीर द्वारा नहीं) शीघ्र ही आगे का कार्य आरंभ करो (झगड़ा छोड़ो आगे का काम होने दो) ऐसा सुन कर परशुराम जी ने नारायण का धनुष (जो उनके पास था) श्रीरामजी के हाथों में दे दिया (एक तो इसलिए कि दुष्ट-दमन की जिम्मेदारी उनके सिपुर्द कर दो, दूसरे यह कि निश्चय हो जाय कि ये नारायणावतार हैं या नहीं)।

मोटनक—

नारायण का धनु बाण लियो। ऐंच्यो हँसि देवन मोद कियो ॥
रघुनाथ कह्यौ अब काहि हनों। त्रयलोक कँप्यों भय मानि घनों ॥
दिग्देव दहे बहु बात बहे। भूकम्प भये गिरिराज ढहे ॥
आकाश विमान अमान छये। हा-हा सब ही यह शब्द रये ॥४८॥

शब्दार्थ—घनो = बहुत अधिक। दिग्देव = दिग्पाल। बात बहे = (व्याकरण से अशुद्ध है) हवा चली। अमान = बे प्रमाण, बहुत से। रये = (रव किया) उच्चारित किया।

भावार्थ—परशुराम के हाथ से श्रीरामचन्द्र ने नारायणी धनुष बाण ले लिये और परशुराम का (परीक्षा का) अभिप्राय समझ कर धनुष पर बाण चढ़ाकर मुस्काते हुए उसे खींचा। यह देख देवगण आनन्दित हुए। (विश्वास

हो गया कि राम नारायणावतार हैं और अब ये रावण को अवश्य मारेंगे)। खींचने के बाद राम जी ने परशुराम से पूछा—कहो किसे मारूँ? यह देख बड़े भय से त्रिलोक काँप उठा, दिग्दाह होने लगा जिससे दिग्पाल जलने लगे, हवा तेजी से बहने लगी (तूफान सा आ गया), भूकंप हुआ, बड़े-बड़े पर्वत थहरा कर गिर गये, आकाश में असंख्य देवविमान आ कर छा गये और सब के मुख से हाहाकार का शब्द निकलने लगा।

नोट—"मुसकाते हुए खींचा" इसके तीन भाव हैं। एक यह कि बिना परिश्रम ही हँसते-हँसते खींचा। दूसरे यह कि शंकर के वचनों का भी विश्वास न करके तुम हमारी परीक्षा लेते हो अतः तुम्हारी बुद्धि हास्यास्पद है। तीसरे यह कि जिसकी ओर देख श्रीरामजी मुसका देते हैं वह माया में फँस जाता है और उसका सारा दिव्य ज्ञान मारा जाता है, ज्ञान मारे जाने से सारी शक्ति लुप्त हो जाती है। रामजी की हँसी को 'तुलसीदास' ने माया रूप ही माना है—जैसे, "माया हास बाहु दिगपाला"—(रामायण—लंका कांड)।

अलंकार—दीपक।

(परशुराम)—शशिवदना—

जगगुरु जान्यो। त्रिभुवन मान्यो।
मम गति मारो। समय विचारो॥ ४९॥

शब्दार्थ—त्रिभुवन मान्यो=त्रिभुवन-पूज्य (यह शब्द 'जगगुरु' का विशेषण है)। गति=शक्ति।

भावार्थ—(परशुराम कहते हैं) हे राम! अब मैंने जाना कि तुम त्रिभुवन-पूज्य जगद्गुरु हो अर्थात् ईश्वरावतार हो। अतः समय का विचार करके (इस समय आपके हाथ से मारकाट का काम होना उचित नहीं क्योंकि आप दूलह वेश में हैं और दूलह के हाथों मारकाट का अमांगलिक कार्य होना उचित नहीं) इस बाण से मेरी ही शक्ति को मारो (मेरा जो यह अहंकार है कि मैं सर्वश्रेष्ठ वीर हूँ इसे ही नष्ट कर दो, जिससे अब मैं निरहंकार ब्राह्मण होकर शांतियुक्त भजन करूँ)।

दो०—विषयी की ज्यों पुष्पशर, गति को हनत अनंग।
रामदेव त्योंही करी, परशुराम गति भंग॥ ५०॥

शब्दार्थ—विषयी=लंपट। पुष्पशर=फूल के बाण से। अनङ्ग=कामदेव।

भावार्थ—जैसे विषय लंपट पुरुष की गति को कामदेव फूल के बाण से मार देता है (अर्थात् चोट नहीं दिखाई देती पर उसकी ज्ञानशक्ति नष्ट हो जाती है) उसी तरह उस नारायणी बाण से श्री रामचन्द्र जी ने परशुराम की गति को भंग कर दिया (परशुराम जी का वीरदर्प और ईश्वरांशावतारी होने का ज्ञान दूर कर दिया)।

अलंकार—उदाहरण (देखो, अलंकार मंजूषा' पन्ना १०७। पुष्पशर और अनङ्ग शब्दों के प्रयोग से पुनरुक्तिवदाभास अलंकार स्पष्ट है।

चवपैया—

सुरपति गति भानी, सासन मानी, भृगुपति को सुख भारो।
आसिष रस भीने, सब सुख दीने, अब दसकंठहि मारो॥
अति अमल भये रवि, गगन बढ़ी छवि, देवन मंगल गाये।
सुरपुर सब हरषेहु, पुहुपन बरषे दुँदुभि दीह बजाये॥५१॥

शब्दार्थ—सुरपति=विष्णु। भानी=भंग कर दी। सासन (शासन)=आज्ञा।

भावार्थ—जब श्री रामचन्द्र ने परशुराम जी की आज्ञा मान कर उनकी वैष्णवीगति (विष्णु के अंशावतार की शक्ति) भंग कर दी, तब परशुराम को बड़ा सुख हुआ (इस विचार से कि अब हम दुष्टदलन की जिम्मेदारी से छूटे और इस कार्य का भार रामजी के सिर जा पड़ा) तब राम को आशीर्वाद देकर कहने लगे कि तुमने हमें सब प्रकार से सुखी कर दिया (हमारी जिम्मेदारी अपने सिर लेकर)। अब रावण को आप मारिये (यह काम आप के ही हाथों होना है, हमारे हाथों नहीं) इतनी वार्ता हो जाने पर, सूर्य निर्मल होकर निकल आये, आकाश शोभा युक्त हो गया, देवताओं ने मंगलगान किये, सुरपुर निवासी हर्षित हो उठे, फूल बरसाने लगे और बड़े-बड़े नगारे बजने लगे। (छंद नं० ४८, ४९ में वर्णित अवस्था दूर हो गई)।

दो०—सोवत सीतानाथ के, भृगुमुनि दीन्ही लात।
भृगुकुलपति की गति हरी, मनो सुमिरि वह बात॥५२॥

शब्दार्थ—सीतानाथ=रामजी । (यहाँ) नारायण, भगवान । लात दीन्ही=लात मारी थी । भृगुकुलपति=भृगुकुल में श्रेष्ठ परशुराम । सुमिरि=स्मरण करके । गति हरी=पंगु कर दिया ।

भावार्थ—भृगुमुनि ने सोते समय में नारायण को लात मारी थी उसी का स्मरण करके मानो नारायणावतार श्री रामजी ने भृगुकुल में श्रेष्ठ परशुराम जी की गति हरण कर ली (पंगु कर दिया) ।

अलंकार—स्मरण, उत्प्रेक्षा, प्रत्यनीक की छटा देखने योग्य है ।

नोट—जो पूज्य को लात मारे उसका पैर तोड़ देना चाहिए । यह शास्त्रोक्त दंड है । रामजी ने मर्यादा रक्षणार्थ भृगुमुनि से अपराध का दंड उनके वंशज परशुराम को दिया ।

मधुमार—दशरथ जगाइ । संभ्रम भगाइ ।
चले रामराइ । दुँदुभि बजाइ ॥५३॥

शब्दार्थ—संभ्रम=संपूर्ण भ्रम ।

भावार्थ—महाराज दशरथ को मूर्छा से जगाकर (परशुराम के आगमन और उनके क्रुद्ध होने से राजा दशरथ मूर्च्छित हो गये थे) और उनका संपूर्ण भ्रम भगाकर (यह कह कर कि परशुराम जी हम से हार गये) नगाड़े बजवा कर श्रीरामो जी आगे चले ।

सवैया (मत्तगयन्द)—

ताड़का तारि सुबाहु सँहारि कै गौतम नारि के पातक टारे ।
चाँप हत्यो हर को हठि केशव देव अदेव हुते सब हारे ।
सीतहि ब्याहि अभीत चले गिरगर्व चढ़े भृगुनन्द उतारे ।
श्रीगरुडध्वज को धनु लै रघुनन्दन औधपुरी पगुधारे ॥५४॥

शब्दार्थ—गौतमनारि=अहिल्या । हत्यो=तोड़ा । हठि=हठ करके (राजा जनक के मना करते रहने पर) । अदेव=असुर, राक्षसादि । अभीत=निडर होकर । गिरि गर्व चढ़े भृगुनन्द उतारे=परशुराम का घमंड दूर करके । गरुडध्वज=विष्णु ।

भावार्थ—सरल ही है ।

सातवाँ प्रकाश समाप्त

आठवाँ प्रकाश

दो०—या प्रकाश अष्टम कथा, अवध प्रवेश बखानि।
सीता बरन्यो दशरथहि, और बन्धुजन मानि॥

सुमुखी छंद—

सब नगरी बहु सोभ रये। जहँ तहँ मंगलचार ठये।
बरनत हैं कविराज बने। तन मन बुद्धि विवेक सने॥ १॥

शब्दार्थ—रये =रँजित, रंगे हुए। मंगलचार=हर्षसूचक आचार (देखो छन्द नं० २, ६, ७)। ठये=ठाने, किये। विवेक सने=विचार-युक्त।

भावार्थ—अयोध्या नगरी के सब स्थान अति शोभा से रंजित हैं (सजावट से सजाये हुए हैं) जहाँ तहाँ हर्षसूचक चिन्ह बनाये गये हैं (तोरण बंदनवार, कदली खंभ, चौक और कलशादि सजाये हैं)। सब लोग नगर की शोभा कविवत् वर्णन कर रहे हैं। सब नगरवासियों के तन, मन और बुद्धि विचार संयुक्त हैं (तन यथोचित वस्त्राभूषण से सुसज्जित हैं, मन उचित हर्ष से प्रफुल्लित हैं, और बुद्धि विवेकयुक्त हैं)।

मोटनक छंद—

ऊँची बहुबर्ण पताक लसैं। मानो पुर दीपति सी दरसैं।
देवी गण व्योम बिमान लसैं। सोभैं तिनके मुख अंचल सैं॥२॥

शब्दार्थ—पताक=पताकाएँ। दीपति=(दीप्ति) छवि-छटा। मुख-अंचल=घूँघट।

भावार्थ—नगर के मकानों के ऊपर बहुत ऊँची और अनेक रंगों की पताकाएँ चढ़ाई गई हैं, वे ऐसी शोभा देती हैं मानो नगर की छवि-छटा ही देख पड़ती है अथवा आकाश-विमानों में चढ़कर जो देव स्त्रियाँ आई हैं उनके घूँघटों के समान शोभा देती हैं।

अलंकार—उत्प्रेक्षा।

दो०—कलभन लीन्हें कोट पर, खेलत सिसु चहुँओर।
अमल कमल ऊपर मनो, चंचरीक चितचोर ॥३॥

शब्दार्थ—कलभन = हाथियों के बच्चे। कोट = शहरपनाह की ऊँची दीवार। चंचरीक = भौंरे। चितचोर = मनोहर।

भावार्थ—कोट पर चारों ओर नगर के बालक हाथियों के बच्चों को लिए खेलते हैं। वे हाथी के बच्चे कोट पर ऐसे जान पड़ते हैं मानो मनोहर भौंरे हैं।

अलंकार—उत्प्रेक्षा।

कलहंस—

पुर आठ-आठ दरबार बिराजैं। युत आठ-आठ सेना बल साजैं ॥
रह चार-चार घटिका परिमानैं। घर जात और जब आवत जानैं ॥ ४ ॥

विशेष—प्राचीन ग्रन्थों में आठ प्रकार के कोट कहे गये हैं। प्रत्येक राजधानी इन आठ कोटों से वेष्टित रहती थी जिससे शत्रु के आक्रमण से रक्षा होती थी। उनके नाम ये हैं :—(१) अतिदुर्ग, (२) कालभ्रम, (३) चक्रावर्त, (४) डिंबुर, (५) तटावर्त, (६) पद्माख्य, (७) यशश्छेद, (८) सर्वर। कालिंजर के किले में अभी इस प्रकार का कुछ-कुछ आभास मिलता है।

शब्दार्थ—पुर आठ = नगर के आठों कोटों में। दरबार = द्वार, फाटक सेनाबल = सिपाही, रक्षक।

भावार्थ—नगर के आठों कोटों में आठों दिशाओं पर फाटक हैं, प्रत्येक फाटक पर आठ-आठ रक्षक हैं जो चार-चार घड़ी वहाँ रहते हैं और जब अन्य रक्षकों को आया हुआ जान लेते हैं तब वे आठ अपने घर जाते हैं। इस प्रकार हिसाब लगाने से अयोध्या नगर के फाटकों के रक्षक ८×८×८×१५ = ७६८० होते हैं।

दो०—आठो दिशि के शील गुण, भाषा भेष बिचार।
बाहन बसन बिलोकिये, केशव एकहिं बार ॥ ५ ॥

शब्दार्थ—बार = दरवाजा, फाटक (कोट का द्वार)।

भावार्थ—आठों दिशाओं के रक्षकों के स्वभाव, गुण, भाषा, भेष, विचार, वाहन और वस्त्र एक फाटक पर ही देखे जाते थे अर्थात् जैसे सुभाव, गुण

भेष और विचारादि वाले सिपाही एक फाटक पर रहते थे वैसे ही सब फाटकों पर सब की वर्दी, सबके स्वभाव और गुण एक से थे।

कुसुमविचित्रा *—

अति सुभ बीथी रज परिहरे। मलयज लीपी पुहपन धरे।
दुहु दिसि दीसैं सुवरन मये। कलस बिराजैं मनिमय नये॥ ६॥

शब्दार्थ—बीथी = गलियाँ, रास्ते। रज परिहरे = धूल रहित, स्वच्छ। मलयज = चन्दन। पुहपन = (पुष्पन) फूल।

भावार्थ—अत्यन्त सुन्दर स्वच्छ धूलरहित गलियाँ हैं वे चन्दन से लीपी हैं और जहाँ तहाँ फूल छीटे हुए हैं। गलियों के दोनों ओर रत्न जटित नवीन सुवर्ण कलश शोभा देते हुए देख पड़ते हैं।

तामरस--

घर-घर घंटन के रव बाजैं। बिच-बिच शंख जु झालरि साजैं॥
पटह पखाउज आउझ सोहैं। मिलि सहनाइन सों मन मोहैं॥ ७॥

शब्दार्थ—झालरि = भिजयघंट। पटह = युद्ध का नगाड़ा। पखाउज = मृदङ्ग। आउझ = ताशा।

भावार्थ—सरल ही है।

हरी—सुन्दरि सब सुन्दर प्रति मंदिर पुर यों बनी।
मोहनगिरि शृंगन पर मानहु महि मोहनी॥
भूषनगन भूपित नत भूरि चितन चोरहीं।
देखत जनु रेखत तनु बान-नयन कोर हीं॥८॥

शब्दार्थ—रेखत = रेखा करती हैं, खरोचती हैं अर्थात् घाव करती हैं। नयन कोर = नेत्र की अनी (कटाक्ष)।

भावार्थ—(नगर की स्त्रियाँ आती हुई बरात का जुलूस देखने के लिये अटारियों पर चढ़ी हैं) पुर में प्रति मंदिर पर सुन्दरी स्त्रियाँ अटारियों पर चढ़ी हैं वे ऐसी बनी-ठनी हैं मानो मोहनगिरि पर्वत की चोटियों पर महि-मोहनी देवियाँ हैं (नगर को 'मोहन गिरि' और स्त्रियों को 'महिमोहनी'

* कुसुम विचित्रा छन्द का ११ वाँ अक्षर दीर्घ होना चाहिये, पर इसमें लघु है। कारण ज्ञात नहीं।

कहकर नगर और स्त्रियों की अति सुन्दरता सूचित की है)। अनेक आभूषणों से उनके शरीर सुसज्जित हैं (इससे उनका धन-सम्पन्न होना सूचित किया) और इतनी सुन्दर हैं कि अनेक जनों के चित्तों को चुरा लेती हैं (मोहित करती हैं) वे जिसकी ओर देख देती हैं मानो कटाक्ष—बाणसम नेत्रों की अनी से—उसके शरीर पर रेखा सी करती हैं। (घाव करती हैं)

अलंकार—उत्प्रेक्षा।

सुन्दरी—संकर-सैल चढ़ी मन मोहति।
सिद्धन की तनया जनु सोहति॥
पद्मन ऊपर पद्मिनि मानहु।
रूपन ऊपर दीपति जानहु॥ ९ ॥
कीरति श्री जयसंयुत सोहति।
श्रीपति मंदिर को मनमोहति॥
ऊपर मेरु मनो मन रोचन।
स्वर्णलता जनु रोचति लोचन॥ १० ॥

शब्दार्थ—संकर सैल = कैलाश पर्वत। पद्मिनि = लक्ष्मी। श्रीपतिमंदिर = बैकुंठ। मनरोचन = मनोहर। रोचति = सुहावनी लगती है।

भावार्थ—(अटारियों पर चढ़ी हुई स्त्रियों के लिये केशव जी उत्प्रेक्षा माला लिखते हैं) वे स्त्रियाँ कैसी शोभती हैं मानो कैलाश पर चढ़ी हुई सिद्ध-कन्यायें (शंकर का) तन मोहित कर रही हैं (अथवा) मानो कमलों पर लक्ष्मियाँ हैं, वा रूप पर छटायें हैं ॥९॥ या कीर्तिश्री जयश्री के साथ हैं जो वैकुंठ का भी मन मोहती हैं, या मनोहर मेरु पर्वत पर मानो नेत्रानंददायिनी सुवर्ण लताएँ हैं ॥१०॥

अलंकार—उत्प्रेक्षामाला।

विशेषक (इसे 'नील' और 'अश्वगति', भी कहते हैं)—
एक लिए कर दर्पण चंदन चित्र करे।
मोहति है मन मानहु चाँदनि चंद धरे॥
नैन विशालनि अम्बर लालनि ज्योति जगी।
मानहु रागिनि राजति है अनुराग रँगी॥ ११ ॥

नील निचोलन को पहिरे यक चित्त हरै।
मेघन की दुति मानहु दामिनी देह धरै॥
एकन के तत सूछम सारि जराय जरी।
सूर करावलि सी जनु पद्मिनि देह धरी॥ १२॥

शब्दार्थ—अम्बर=वस्त्र। अनुराग=प्रेम (इसका रंग लाल माना गया है)। निचोलन=वस्त्र। दुति=कान्ति। सूछम=बारीक, महीन। सारि=साड़ी जराय=जरी जरदोज़ी काम की (जिस पर सल्मे, सितारे का काम हो)। सूर करावलि=सूर्य की किरणों का समूह। पद्मिनी=कमलिनी।

भावार्थ—(अटारी पर चढ़ी हुई स्त्रियों में से) कोई हाथ में दर्पण लिए हुए और अपने शरीर में चंदन लगाए हुए है वह ऐसी जान पड़ती है मानों चाँदनी चन्द्रमा को हाथ में लिये हुए देखने वालों के मन को मोहित कर रही है (चाँदनी सम स्त्री, चन्द्रमा सा दर्पण, सफेद वस्त्र धारण किये हुए स्त्री का वर्णन है)। कोई स्त्री बड़े नेत्रों और लाल वस्त्रों की ज्योति से जगमगा रही है, मानों अनुराग से रंगी हुई कई रागिनी ही शोभित है॥११॥ कोई स्त्री नीलाम्बर धारण किए हुए मन को मोहती है, मानों बिजली ही ने मेघकान्ति को अपने शरीर पर धारण किया है। किसी स्त्री के तन पर जरी की बारीक साड़ी है, वह ऐसी शोभा देती है मानों कमलिनी ने सूर्य-किरण-समूह को शरीर पर धारण किया हो॥ १२॥

अलंकर—उत्प्रेक्षा।

तोटक—

वरपै कुसुमावलि एक घनी। सुभ-सोभन कामलता सी वनी॥
वरषा फल फूलन लायक की। जनु हैं तरुनी रतिनायक की॥१३॥

शब्दार्थ—एक=कोई स्त्री। सुभ-शोभन=अत्यन्त रूपवती। कामलता= अत्यन्त सुन्दर लता।। फल=पुंगी फलादि। लायक (लाजत)=लावा (मखाने के अथवा धान का लावा) रतिनायक=कामदेव।

भावार्थ—कोई स्त्री अत्यन्त सुन्दर कामलता सी बनी पुष्प वर्षा कर रही है। कोई फल फूल और लावों की वर्षा कर रही है, वह ऐसी सुन्दर है मानों कामदेव की स्त्री (रति) ही हो। तात्पर्य यह कि अटारी पर चढ़ी हुई सुन्दर स्त्रियाँ फल, लावा इत्यादि मंगल सूचक वस्तुओं की वर्षा कर रही हैं।

अलंकार उत्प्रेक्षा।

दो०—भीर भये गज पर चढ़े, श्री रघुनाथ विचारि।
तिनहि देखि वरनत सबै, नगर नागरी नारि ॥१४॥

शब्दार्थ—नागरी=चतुर।

भावार्थ—सरल ही है।

तोटक—

तमपुंज लियो गहि भानु मानो। गिरि अंजन ऊपर सोम भनो॥
मनमत्थ विराजत सोभ तरे। जनु भासत दानहि लोभ धरे॥१५॥

शब्दार्थ—गिरिअंजन=कज्जलगिरि। सोम=चन्द्रमा। मनमत्थ=कामदेव। शोभ=शोभा। तरे=नीचे। धरे=धारण किये हुए, सिर पर लिये हुए।

भावार्थ—(भीड़ अधिक होने से जब श्रीरामजी हाथी पर चढ़ कर चले तब हाथी पर सवार श्रीराम जी का वर्णन वे स्त्रियाँ यों करने लगीं) मानों तम समूह ने सूर्य को पकड़ लिया हो। (रामजी सूर्य, तमपुंज हाथी) अथवा कज्जलगिरि पर चन्द्रमा है ऐसा कहिए (राम जी चन्द्र कज्जलगिरि हाथी) अथवा लोभ दान को मस्तक पर धारण किए हुए देख पड़ता है (हाथी काला होने से लोभ सम, और श्री राम जी सुन्दर होने से दान सम हैं)।

अलंकार—उत्प्रेक्षा माला।

मरहट्टा—

आनन्द प्रकाशी सब पुरवासी करत ते दौरादौरी।
आरती उतारैं सरवसु वारैं अपनी अपनी पौरी॥
पढ़ि मन्त्र अशेषनि करि अभिषेकनि आशिष दै सविशेषै।
कुंकुम करपूरनि मृगमद चूरनि वर्षति वर्षा वेषै॥१६॥

शब्दार्थ—आनन्द प्रकाशी=आनन्द प्रकाशित करनेवाले। पौरी=दरवाजा। अशेषनि (अशेष)=समस्त सब प्रकार के। अभिषेकनि=मंत्रों द्वारा जल छिड़कना। आशिष=असीस, दुआ। सविशेषै=विशेष रीति से, बड़े प्रेमभाव से। कुंकुम=केसर। करपूर=कपूर। मृगमद=कस्तूरी। चूर=चूर्ण।

भावार्थ—आनन्द प्रकाशित करने वाले समस्त पुरवासी जन इधर उधर दौड़ धूप कर रहे हैं। अपने-अपने द्वार पर पहुँचने पर वे श्रीराम जी की आरती करते हैं और अपना सर्वस्व (तन, मन धन) निछावर कर डालते हैं। समस्त मंत्र पढ़ कर शुभकामना सूचक मंत्रजल से अभिषेक करते हैं और बड़े प्रेम से आशीर्वाद देते हैं; केसर, कपूर और कस्तूरी का चूर्ण वर्षा की तरह बरसाते हैं।

अलंकार—अत्युक्ति।

आभीर—यहि विधि श्रीरघुनाथ। गहे भरत को हाथ ॥
पूजित लोक अपार। गये राज-दरबार ॥१७॥
गये एक ही बार। चारो राज-कुमार ॥
सहित बधून सनेह। कौशल्या के गेह ॥१८॥

शब्दार्थ—पूजित लोक अपार=अनेक लोगों से पूजित होते हुए। दरबार=द्वार। सहित बधून=दुलहिनों सहित। सनेह=(स+नेह) प्रेम पूर्वक।

भावार्थ—सुगम ही है।

पद्मावती—
बाजे बहु बाजैं, तारनि साजैं सुनि सुर लाजैं दुख भाजैं।
नाचैं नवनारी, सुमन सिंगारी, गति मनुहारी, सुख साजैं ॥
बीनानि बजावैं, गीतनि गावैं, मुनिन रिझावैं मन भावैं।
भूषन पट दीजै, सब रस भीजै, देखत जीजै, छवि छावैं ॥१९॥

शब्दार्थ—तार=उच्चस्वर। तारनि साजैं=उच्चस्वर से गाते हैं। भूषण पट दीजै=भूषण और वस्त्र देते हैं। सब रस भीजै=सब पुरवासी लोग प्रेमयुक्त होकर। देखत जीजै=जिनको देख-देख कर लोग जीते हैं (ऐसे सुन्दर हैं जिनको देखने के लिये लोग कुछ दिन और जीवित रहना चाहते हैं)। भूषणपट......छावैं=वे नाचने गाने वाली नटिनियाँ बेड़िनियाँ ऐसी सुन्दर हैं कि लोग उनको देख-देख कर जीते हैं और प्रेमयुक्त होकर उन्हें भूषण और वस्त्र पुरस्कार में देते हैं।

भावार्थ—सुगम ही है।

सो०—रघुपति पूरण चन्द, देखि देखि सब सुख मढ़ैं।
दिन दूने आनन्द, ता दिन ते तेहिं पुर बढ़ैं ॥२०॥

शब्दार्थ—दिन = प्रतिदिन।

विशेष—तुलसीदास ने भी ऐसा ही कहा है : जबतें राम व्याहि घर आये। नित नव मंगल मोद बधाये।

(आठवाँ प्रकाश समाप्त)

बालकाण्ड की कथा सम्पूर्ण।

नवाँ प्रकाश

(अयोध्याकांड)

दो०—यह प्रकाश नवमें कथा, राम गमन वन जानि।
जनकनंदिनी को सुकृत, बरनन रूप बखानि॥
रामचन्द्र लछिमन सहित, घर राखे दशरत्थ।
विदा कियो ननसार को, सँग शत्रुघ्न भरत्थ॥१॥

शब्दार्थ—ननसार=(नान-शाला) ननिहाल, ननिऔरा।

भावार्थ—सरल ही है

तोटक—

दसरत्थ महा मन मोद रये। तिन बोलि वशिष्ठ सों मंत्र लये।
दिन एक कहो सुभ सोभ रयो। हम चाहत रामहि राज दयो॥२॥

शब्दार्थ—मोद रये=मोद से रंजित, मुदित। मंत्र लये=सलाह की। सोभ रयो=सुन्दर।

भावार्थ—सरल ही है।

मूल—

यह बात भरत्थ की मातु सुनी। पठऊँ वन रामहिं बुद्धि गुनी॥
तेहि मंदिर मों नृप सों बिनयो। वर देहु हुतो हमको जु दियो॥३॥
नृप बात कही हँसि हेरि हियो। वर माँगि सुलोचनि मैंजु दयो॥
(कैकेयी) नृपता सु विसेस भरत्थ लहैं। बरषैं बन चौदह राम रहैं॥४॥

शब्दार्थ—हेरि हियो=गौर करके, अपने दिए हुए वचन को स्मरण करके।

भावार्थ—सरल ही है।

पद्धटिका—यह बात लगी उर वज्र तूल।
हिय फाट्यो ज्यौं जीरन दुकूल ॥
उठि चले विपिन कहँ सुनत राम।
तजि तात मातु तिय बन्धु धाम ॥ ५ ॥

शब्दार्थ—तूल=तुल्य, समान। जीरन दुकूल=पुराना कपड़ा। विपिन=वन।

भावार्थ—सरल ही है।

वसंततिलका—छूटे सबै सबनि के सुख छुत्पिपास।
विद्वद्विनोद गुण, गीत बिधान, बास ॥
ब्रह्मादि अंत्यजन अंत अनंत लोग।
भूले अशेष सविशेषनि राग भोग ॥ ६ ॥

शब्दार्थ—क्षुत्पिपास=भूख-प्यास। विद्वद्विनोद=विद्याविनोद, शास्त्रार्थ इत्यादि। गुण=विद्या का अभ्यास। गीत बिधान=गाना बजाना, नृत्य इत्यादि। बास=घर। ब्रह्मादि अंत्यजन अंत=ब्राह्मणों से लेकर पतित शूद्रों तक। अशेष=सब। सविशेषनि=विशेष रूप से, बिल्कुल, अत्यंत। राग=प्रेम। भोग=सुख भोग इत्यादि।

भावार्थ—(राम के वन गमन की खबर सुन कर) सब लोगों को सब प्रकार के सुख भोग भूल गये, भूख प्यास भी जाती रही, पण्डित लोगों को शास्त्रार्थ विनोद, विद्याभ्यास (पठन-पाठन) भूल गया। गायक लोग गान वाद्यादि का व्यसन भूल गये, यहाँ तक कि लोगों को अपने-अपने घर-द्वार की भी सुधि भूल गई। ब्राह्मणों से लेकर पतित शूद्रों तक असंख्य लोगों को सब प्रकार के सुख और आनन्दप्रद भोगविलास अत्यन्त भूल गये—अर्थात् सब लोग दुखी हो उठे कि यह क्या हुआ।

मोतियदाम—गये तहँ राम जहाँ निज मात।
कही यह बात कि हौं वन जात ॥

कछू जनि जी दुख पावहु माइ।
सुदेहु असीस मिलौं फिरि आइ॥ ७॥

(कौशल्या)—रहौ चुप ह्वै सुत क्यों बन जाहु।
न देखि सकैं तिनके उर दाहु॥
लगी अब बाप तुम्हारेहि बाय।
करैं उलटी विधि क्यों कहि जाय॥ ८॥

शब्दार्थ—न देखि...दाहु=जो तुम्हें सुखी नहीं देख सकते (तुम्हारा राज्याभिषेक जिन्हें न भावे) ईश्वर उनके हृदय जला दे तो अच्छा हो। लगी......बाय=तुम्हारे पिता जी अब (इस अवस्था में) बावले हो गये हैं अर्थात् सठिया गये हैं—उनके वचन प्रामाणिक नहीं। विधि=रीति, कार्य।

भावार्थ—सरल ही है।

(पुत्र-धर्म वर्णन)

(राम) ब्रह्मरूपक* —

अन्न देइ सीख देइ राखि लेइ प्राण जात।
राज बाप मोल लै करै जु पोषि दाह गात॥
दास होय पुत्र होय शिष्य होइ कोइ माइ।
सासना न मानई तो कोटि जन्म नर्क जाइ॥ ९॥

शब्दार्थ—सासना=(शासन) आज्ञा। नर्क=नरक।

भावार्थ—सरल ही है।

(कौशल्या) सारवती—

मोहि चलौ बन संग लिये। पुत्र तुम्हैं हम देखि जिये।
औधपुरी महँ गाज परै। कै अब राज्य भरत्थ करै॥१०॥

(नारि-धर्म वर्णन)

(राम) तोमर—

तुम क्यों चलौ बन आजु। जिन सीस राजत राजु॥
जिय जानिये पतिदेव। करि सर्ब भाँतिन सेव॥ ११॥

---

*हाल के पिंगलों में इसका नाम 'चंचला' है।

पति देइ जो अति दुःख। मन मानि लीजै सुक्ख ॥
सब जगत जानि अमित्र। पति जानि केवल मित्र ॥१२॥

अमृतगति—

नित पति पंथहि चलिये। दुख सुख का दलु दलिये।
तन मन सेवहु पति को। तब लहिये सुभ गति को ॥१३॥

स्वागता—(यह छन्द एक प्रकार की 'चौपाई' है)

जोग जाग व्रत आदि जु कीजै। न्हान, गानगुन, दान जु दीजै ॥
धर्म कर्म सब निष्फल देवा। होहि एक फल कै पति सेवा ॥१४॥
तात मातु जन सोदर जानो। देव जेठ सब संगिहु मानौ ॥
पुत्र पुत्रसुत श्री छवि छाई। हैं विहीन भरता दुख दाई ॥१५॥

शब्दार्थ—(छन्द १२) अमित्र=अहितु। मित्र=हितैषी। (छन्द १४) गानगुन=गुणगान (ईश्वर भजन)। देवा=देव पूजन। (छन्द १५) देव=देवर। पुत्रसुत=पौत्र। विहीन=बिना।

भावार्थ—छन्द ११ से १५ तक का अर्थ सरल ही है।

कुंडलिया—

नारी तजै न आपनो सपने हू भरतार।
पंगु गुंग बौरा बधिर अंध अनाथ अपार ॥
अंध अनाथ अपार वृद्ध बावन अति रोगी।
बालक पंडु कुरूप सदा कुवचन जड़ जोगी ॥
कलही कोढ़ी भीरु चोर ज्वारी व्यभिचारी।
अधम अभागी कुटिल कुमति पति तजै न नारी ॥१६॥

शब्दार्थ—और भावार्थ—सरल ही हैं

पंकजवाटिका—(यह भी चौपाई ही है)

नारि न तजहिं मरे भरतारहिं। ता सँग सहहि धनंजय झारहिं।
जो केहु विधि करतार जियावहिं। तो केहि कहँ यह बात बतावहिं ॥१७॥

शब्दार्थ—धनंजय=अग्नि। करतार=ईश्वर। बात=आचार-शिक्षा।

भावार्थ—स्त्री को चाहिये कि वह मर जाने पर भी अपने पति को न छोड़े। उसी के साथ अग्नि की झार सहन करे (सती हो जाय)। यदि किसी

कारणवश ईश्वर ऐसा संयोग ला दे कि पति की मृत्यु के बाद भी उसे जीवित रहना पड़े (किसी धर्मकृत्य के अनुरोध से—यथा पति का अंतिम संस्कार करना वा पुत्रपालन इत्यादि) तो उसके लिये यह आचार-शिक्षा बतलाई गई है।

अलंकार—मुद्रा।

नोट—आगे होने वाली बात का आभास चतुर कवि पहले से श्रीराम के मुख से दिलाता है। यह केशव का कौशल है।

(विधवा धर्म-वर्णन)

(राम) निशिपालिका—

गान बिन मान बिन हास बिन जीवहीं।
तप्त नहिं खाय जल सीत नहिं पीवहीं॥
तेल तजि खेल तजि खाट तजि सोवहीं।
सीत जल न्हाय नहिं उष्ण जल जोवहीं॥ १८॥
खाय मधुरान्न नहिं पाय पनही धरैं।
काय मन वाच सब धर्म करिबो करैं॥
कृच्छ्र उपवास सब इन्द्रियन जीतहीं।
पुत्र सिख लीन तन जौंलगि अतीतहीं॥ १९॥

शब्दार्थ—मधुरान्न=मिठाई। पनही=पादत्राण। कृच्छ्र उपवास= चांद्रायण व्रत इत्यादि, शरीर को कृश करने वाले वा कष्ट देने वाले उपवास। ऐसे व्रतों में एक दिन पहिले पंचगव्य का प्राशन किया जाता है, दूसरे दिन व्रत किया जाता है। पुत्र सिख लीन=पुत्र की आज्ञा के अनुसार रहते हुए। अतीतहीं=छोड़े, त्याग करे।

भावार्थ—न स्वयं गावे न गान सुने, किसी से सम्मान पाने की इच्छा न करे, किसी से परिहास न करे, गर्म वस्तु न खाय, पानी को ठंडा कर न पिये (जैसा मिल जाय वैसा ही पिये), तेल न लगावे, किसी क्रीड़ा में सम्मिलित न हो, खटिया पर न सोवे, ठंढे पानी से स्नान करे, गर्म जल की तलाश न करे॥ १८॥ मीठा भोजन न करे, पैर में पनही न पहिने। मन, वचन, कर्म से धर्म-कार्य ही किया करे। शरीर को कष्ट देने वाले व्रत करके इन्द्रियों को

जीते। पुत्र की आशा में रहें, जब तक शरीर न छूटे तब तक इस प्रकार जीवन व्यतीत करे॥ १९॥

दो०—पति हित पितु पर तनु तज्यो, सती साखि दै देव।
लोक लोक पूजित भई, तुलसी पति की सेव॥२०॥
मनसा वाचा कर्मणा, हमसों छाड़हु नेहु।
राजा को बिपदा परी, तुम तिनकी सुधि लेहु॥ २१॥

नोट—सती (दक्षकन्या) और तुलसी (वृन्दा) कथाएँ प्रसिद्ध हैं।

शब्दार्थ—बिपदा=आफत, कष्ट। सुधि लेहु=सारसँभार करो।
भावार्थ—सरल ही है।

(राम-जानकी-संवाद)

पद्धटिका—
उठि रामचन्द्र लक्ष्मण समेत। तब गये जनक-तनया निकेत॥
सुनि राजपुत्रिके एक बात। हम वन पठये हैं नृपति तात॥२२॥
तुम जननि सेव कहँ रहहु वाम। कै जाहु आजु ही जनक धाम॥
सुनि चन्द्रवदनि गजगमनि एनि। मन रुचै सो कीजै जलजनैनि॥२३॥

शब्दार्थ—एनि=(एणी) कस्तूरी-मृगी (यह मृगी बहुत सुन्दर होती है। कद छोटा, पर आँखें बहुत बड़ी-बड़ी और सुन्दर होने से बहुत प्यारी सूरत की होती है अतः यहाँ पर अर्थ होगा) सुन्दरी, प्यारी।

भावार्थ—सरल ही है।

(सीता) नराच—
न हौं रहौं न जाँहु जू बिदेह धाम को अबै।
कही जु बात मातु पै सु आजु मैं सुनी सबै॥
लगै छुधाहि माँ भली विपत्ति माँझ नारिये।
पियास-त्रास नीर बीर युद्ध में सँभारिये॥ २६॥

शब्दार्थ—विदेह-धाम=जनकपुर। छुधाहि=भूख में। माँ=माता। पियास-त्रास=पियास की त्रास। बीर=योद्धा या भाई।

भावार्थ—(सीता जी कहती हैं) न तो मैं अयोध्या में रहूँगी, न अभी मैं जनकपुर जाऊँगी। जो बात अभी आपने माता जी से कही है वह मैंने

त्र सुनी है। भूख के समय माता ही अच्छी लगती है, विपत्ति में स्त्री ही अच्छी सेवा-शुश्रूषा करती है, पियास में पानी ही अच्छा काम देता है और युद्ध के समय भाई ही (या योद्धा) काम आता है, अतः ऐसे समयों के लिये इन्हीं व्यक्तियों को सँभाल कर साथ रखना चाहिये।

नोट—भावी राम-रावण-युद्ध का तथा लक्ष्मण द्वारा अच्छी सहायता प्राप्त होने का आभास यहीं से कुशल कवि ने सीता जी के मुख से दिला दिया :—

"विपत्ति माँझ नारिये"—"नारिये माँझ विपत्ति" शब्द भी आगे की लीला का आभास दे रहे हैं। केकई द्वारा वनगमन की विपत्ति पड़ी, आगे सूर्पणखा और सीता द्वारा विपत्तियाँ आवेंगी। विपत्ति से उद्धार पाने के उद्योग में नारियाँ ही (सुरसा, सिंहिका, लंका इत्यादि) बाधा डालेंगी। आगे स्त्री ही द्वारा विपत्ति हटेगी अर्थात् कपियों द्वारा मंदोदरी के केशकर्षण को देख कर रावण का यज्ञ भंग होगा जिससे रावण मारा जायगा और विपत्ति हटेगी। फिर सीतात्याग द्वारा पुनः विपत्ति आवेगी, इत्यादि कथाओं का आभास इन तीन शब्दों में भरा है।

'हैमलेट' और 'शकुन्तला' में इसी प्रकार के आभासों के लिए शेक्सपियर और कालिदास की कुशलता की प्रशंसा करते हुए अनेक अँगरेजी आलोचकों की जबान घिस गई। वे लोग देखें कि हिन्दी कवियों में भी वही योग्यता मौजूद है और बहुत अधिक मात्रा में है। हमारे चतुर साहित्यकारों ने इस कुशलता के प्रदर्शन के लिए अलंकार शास्त्र में 'मुद्रा' नामक अलंकार की रचना आदि काल से कर रखी है।

अलंकार—मुद्रा।

(लक्ष्मण) सुप्रिया वा शशिकला—

वन महँ विकट विविध दुख सुनिये।
गिरि गह्वर मग अगमहिं गुनिये॥
कहुँ अहि हरि कहुँ निशिचर चरहीं।
कहुँ दव दहन दुसह दुखसरहीं॥ २५॥

शब्दार्थ—गह्वर = अंधकारमय गूढ़ स्थान। हरि = सिंह, बाघ, बंदर। दव-दहन = दावाग्नि। शर = मूँज, सरकंडा, सरपत (मुंज, वन)।

भावार्थ—(लक्ष्मण जी सीताजी को वन के दुःख बतलाते हैं) हे वैदेही ! सुनिये, वन में विविध प्रकार के कठिन दुःख होते हैं। कहीं पर्वत हैं, कहीं तमावृत्त गहरे गड्ढे हैं जहाँ चलना अगम ही है, इस बात को आप भली भाँति समझ लीजिये। कहीं सर्प, कहीं सिंह, कहीं निशिचर (चोर) विचरते हैं। कहीं दावाग्नि लगती है, कहीं मुँज वन में दुसह दुःख सहने पड़ते हैं (उसे पार करते समय शरपत्र से शरीर चिर जाता है।)

नोट—इसमें भी हरि (बंदर) और निशिचर शब्दों से भावी घटनाओं का आभास मिलता है।

अलंकार—स्वभावोक्ति।

(सीता) दंडक—

केसोदास नींद भूख प्यास उपहास त्रास,
दुख को निवास विप मुखहू गह्यौ परै।
वायु को वहन दिन दावा को दहन,
वड़ी वाड़वा अनल ज्वालजाल में रह्यौ परै।
जीरन जनमजात जोर जुर घोर परि-पूरन,
प्रगट परिताप क्यों कह्यौ परै,
सहिहौं तपन ताप पर के प्रताप रघुवीर,
को विरह बीर! मो सों न सह्यौ परै॥ २६॥

शब्दार्थ—उपहास=निन्दामय हँसी (अन्य जनों की)। वहन=झोंका। दिन=प्रतिदिन। दहन=जलन (ताप)। जीरन जोर जुर घोर=अत्यन्त जोरदार और भयंकर ज्वर। जनम जात जोर जुर घोर=आजीवन रहने वाला कठिन और भयंकर ज्वर। ('जोर और जुर' का अन्वय 'जीरन' और 'जनम-जात' दोनों शब्दों के साथ करना चाहिये)। परि पूरन......परै=जिनका पूरा दुःख किसी तरह कहा नहीं जा सकता—अत्यन्त कठिन और भयंकर। तपनताप=सूर्य की धूप। पर के प्रताप=शत्रु द्वारा दिये गये कठिन दुःख। बीर=भाई।

नोट—इस छन्द के तीसरे तथा चौथे चरणों में विरति भंग दोष स्पष्ट है।

भावार्थ—(सीता जी लक्ष्मण के प्रति कहती हैं) मैं नींद, भूख, प्यास, निंदासूचक (अन्य जनों की) हँसी, त्रास सह सकूँगी, यहाँ तक कि सर्व दुःखदायी विष भी खा सकती हूँ। वायु के कठिन झोंके, दावानल की लपटें सह लूँगी, यहाँ तक कि अगर बड़वानल की ज्वालाओं में रहना पड़े तो रह सकूँगी। अत्यन्त कठिन और भयंकर तथा आजीवन रहने वाले जीर्ण ज्वर जिसका पूर्ण भयंकर प्रभाव कहा नहीं जा सकता, सह लूँगी। सूर्य की गर्म धूप और शत्रुकृत अपकार दुःख सह लूँगी, पर हे वीर! श्रीरघुवीर का विरह मुझसे नहीं सहा जा सकता।

नोट—इसमें 'रघुवीर' और 'वीर', शब्द बड़ा मजा दे रहे हैं। भाव यह है कि मैं एक वीर की पत्नी और एक वीर को भौजाई हूँ। मुझे तुम वन के दुःखों से डरवाना चाहते हो, अगर मैं डर जाऊँ तो तुम्हारी वीरता में कलंक लग जायगा, अतः मेरा साथ चलना ही अच्छा है। मैं इतने कष्ट सहन कर सकती हूँ, मुझे तुमने समझ क्या रक्खा है?

अलंकार—अनुप्रास, परिकर।

(राम-लक्ष्मण संवाद)

(राम) विशेषक—

धाम रहो तुम लक्ष्मण राज की सेव करौ।
मातन के सुनि तात! सुदीरघ दुःख हरौ॥
आय भरत्थ कहाँ धौं करैं जिय भाय गुनौ।
जो दुख देयँ तो लै उर गौं यह सीख सुनौ॥ २७॥

शब्दार्थ—सेव=सेवा। भाय=भाव। गुनौ=खूब ध्यान से समझो। लै उर गौ= गौं से उसे हृदय पर ले लो (सहन कर लो)।

भावार्थ—(राम जी लक्ष्मण के प्रति कहते हैं) हे लक्ष्मण! (हम तो वन को जाते हैं) तुम घर पर रहो, और राजा (दशरथ) की सेवा करो (वे इस समय बीमार हैं और दोनों लघु भ्राता भी यहाँ मौजूद नहीं हैं।) और हे तात! सुनो, माताओं के दीर्घ दुःख भी हरना (किसी माता को दुःख न होने पावे) न जाने भरत आकर (और राज्य पाकर) क्या करें। पर जो कुछ वे करें उसका भाव खूब गौर से समझते जाना। जो माताओं को, राज्य

को वा तुमको दुःख दें, तो भी तुम गौं से (चुपचाप) सह लेना; यही हमारी शिक्षा है—इसे ध्यान में रखना।

नोट—श्रीराम जी लक्ष्मण के उग्र स्वाभाव को खूब जानते थे। अतः यही उचित शिक्षा दी, जिससे भाइयों में बैर-विरोध न हो।

(लक्ष्मण) दो०—

शासन मेटो जाय क्यों, जीवन मेरे हाथ।
ऐसी कैसे बूझिये, घर सेवन वन नाथ॥ २८॥

भावार्थ—(लक्ष्मण जी राम जी से कहते हैं कि) बहुत अच्छा ! आप की आज्ञा कैसे भंग की जा सकती है (आप की आज्ञा से घर पर रह जाता हूँ) पर जीना या न जीना यह तो मेरे हाथ है, क्यों यह कैसे उचित समझा जा सकता है कि सेवक तो घर में रह कर आनन्द उड़ावै और मालिक वन-वन भटकता फिरे। भाव यह कि यदि आप आज्ञा के बल मुझे घर पर ही रखेंगे तो मैं आत्महत्या करूँगा और अपने प्राणों को आप की सेवा में रखूँगा।

(वन-गमन वर्णन)

द्रुतविलंबित—विपिन मारग राम विराजहीं।
सुखद सुन्दरि सोदर भ्राजहीं॥
विविध श्रीफल सिद्ध मनों फलो।
सकल साधन सिद्धिहि लै चलो॥२६॥

शब्दार्थ—श्री=शोभा। फल=तपस्या के फल, साधन=संयम, नियम, ध्यानादि सिद्धजनों के कर्तव्य। सिद्ध=अष्ट सिद्धियाँ (अणिमा, महिमा, गरिमा, लघिमा, प्राप्ति, प्राकाम्य, ईशित्व और वशित्व)।

भावार्थ—राम जी वन मार्ग से जाते हुए शोभा पा रहे हैं, साथ में सुखप्रद पत्नी (सीता) और भाई लक्ष्मण भी शोभा दे रहे हैं। ऐसा जान पड़ता है मानो कोई सिद्धपुरुष (महात्मा योगी) अपनी तपस्या में सफल होकर शोभा पा रहा है और अपने सब साधनों और प्राप्त सिद्धियों को समेट कर अपने घर जा रहा है (राम जी सिद्ध हैं, लक्ष्मण साधन हैं, सीता जी एकत्राभूत सिद्धियाँ हैं)।

अलंकार—उत्प्रेक्षा।

दो०—राम चलत सब पुर चल्यो, जहँ तहँ सहित उछाह।
मनो भगीरथ पथ चल्यो, भागीरथी प्रवाह ॥३०॥

भावार्थ—राम के चलते ही जहाँ-तहाँ से समस्त पुरवासी जन भी बड़े उत्साह से नगर छोड़कर उनके पीछे चले मानो राजा भगीरथ के पीछे गंगा की धारा बह चली हो।

अलंकार—उत्प्रेक्षा।

चंचला—रामचन्द्र धाम तें चले सुने जबै नृपाल।
बात को कहै सुने सु ह्वै गये महा बिहाल ॥
ब्रह्मरंध्र फोरि जीव यों मिल्यो जुलोक जाय।
गेह तूरि ज्यों चकोर चन्द्र में मिलै उड़ाय ॥३१॥

शब्दार्थ—नृपाल=राजा दशरथ। बिहाल=व्याकुल। ब्रह्मरंध्र=मस्तक पर का वायु ब्रह्मांड, नवमद्वार। जुलोक (द्युलोक)=सुरलोक, बैकुन्ठ। गेह=पिंजरा।

भावार्थ—जब राजा ने सुना कि रामजी घर से वन को प्रस्थान कर गये, तब इतने व्याकुल हो गये कि उन्हें किसी से कुछ बातचीत करने की शक्ति न रही। तदनन्तर ब्रह्मांड फोड़कर उनके प्राण सुरलोक को इस प्रकार चले गये जैसे पिंजरा तोड़कर चकोर उड़कर चन्द्रमा से जा मिलता है।

अलंकार—उदाहरण।

चित्रपदा - रूपहिं देखत मोहैं ईश! कहो नर को हैं?
संभ्रम चित्त अरूझैं! रामहि यों सब बूझैं ॥३२॥

भावार्थ—(पंथ में जाते हुए) राम, लक्ष्मण, सीता को देख कर लोग मोहित होते हैं। मन में विचार करते हैं कि हे भगवान्! ये कौन नर हैं (कहाँ के रहने वाले और किसके पुत्र हैं) जब कुछ निश्चित नहीं कर सकते और चित्त भारी भ्रम में उलझ जाता है, तब सब लोग रामजी से यों पूछते हैं।

चंचरी—कौन हो कित तें चले कित जात हो केहि काम जू
कौन की दुहिता बहू कहि कौन की यह बाम जू ॥
एक गाँउ रहा कि साजन मित्र बंधु बखानिये।
देश के पर देश के किधौं पंथ की पहिचानिये ॥३३॥

शब्दार्थ—दुहिता=पुत्री। बहू=पुत्रवधू। बाम=स्त्री। साजन= आदरणीय सज्जन। किधौं पंथ की पहिचानिये=या तुम में सिर्फ रास्ते ही भर की जान-पहचान है, पंथ के साथी ही हो। तात्पर्य यह कि तुम तीनों एक गाँव के हो, एक कुल के हो या केवल मार्ग ही के साथी-संगी हो।

भावार्थ—सरल है।

अलंकार—सन्देह।

दन्डक—किधौं यह राजपुत्री वरही वरी है।
किधौं उपदि बर्‍यो है यह सोभा अभिरत हौ।
किधौं रतिनाथ जस साथ केसोदास।
जात तपोवन सिव बैर सुमिरत हौ॥
किधौं मुनि साप हत किधौं ब्रह्मदोषरत।
किधौं सिद्धि युत सिद्ध परम बिरत हौ।
किधौं कोऊ ठग हौ ठगौरी लीन्हें किधौं तुम।
हर हरि श्री हौ सिवा चाहत फिरत हौ॥३४॥

शब्दार्थ—वरही=बलही से, बलपूर्वक, जबरदस्ती। बरी है=विवाही है। उपदि=अपनी इच्छा से। उपदि बर्‍यो है यह=इस राजकुमारी ने अपनी इच्छा से चुनकर तुम्हें वरण किया है। सोभा अभिरत हौ=ऐसी सुन्दरता से युक्त हो, तुम ऐसे सुन्दर हो। जस=सुयश। बिरत=वैराग्य-युक्त। श्री=लक्ष्मी। सिवा=(शिव) पार्वती। चाहत फिरत हौ=खोजते फिरते हो।

भावार्थ—(लोग पूछते हैं) या तो तुमने इस राजपुत्री को ज़बरदस्ती विवाहा है, या इसने ही माता-पिता की इच्छा के विरुद्ध केवल अपनी इच्छा से तुम को वरा है (इसी से डर कर वन-वन छिपे फिरते हो), तुम ऐसे सुन्दर हो (कि क्या कहें)। केशवदास कहते हैं कि या तो तुम तीनों (रति, काम और संसार विजयी होने का) सुयश हो—(लक्ष्मण जी सुयश रूप हैं) और शिव का बैर स्मरण करके वन में एकान्तवास करने आ रहे हो। या किसी मुनि द्वारा शापित व्यक्ति हो, या किसी ब्राह्मण का कुछ दोष करने में मन लगाये हो (अतः रूप बदले वन में फिर रहे हो घात पाकर हत्या करोगे या सिद्धि प्राप्त कोई परम विरागी सिद्ध पुरुष हो या तुम दोनों पुरुष राम और

लक्ष्मण) विष्णु और शिव हो जिनके साथ लक्ष्मी तो हैं पर (खोई हुई) पार्वती को खोजते फिरते हो (बतलाओ तुम हो कौन ?) ।

अलंकार—संदेह

मत्तमातंगलीलाकरण दंडक—

मेघ मंदाकिनी चारु सौदामिनी रूप रूरे लसैं देहधारी मनो ।
भूरि भागीरथी भारती हंसजा अंश के हैं मनो, भोग भारे भनो ।
देवराजा लिये देवरानी मनो पुत्र संयुक्त भूलोक में सोहिये ।
पक्ष दूसंधि संध्या सँधी हैं मनों लक्षिये स्वच्छ प्रत्यक्ष ही मोहिये ॥३५॥

शब्दार्थ—मंदाकिनी=आकाश गंगा । सौदामिनी=बिजली । रूरे=सुन्दर । भागीरथी=गंगा । भारती=सरस्वती (नदी) । हंसजा=सूर्यकन्या, यमुना । पक्ष दू=दोनों पक्ष (कृष्ण और शुक्ल) । सँधी हैं=परस्पर संधित हैं (एक दूसरे से जुड़ी हुई एकत्र हैं) । लक्षिये=लखते हैं, देखते हैं । स्वच्छ=अति निर्मल । प्रत्यक्ष ही=इन्हीं चर्मचक्षुओं से (देखते हैं) ।

नोट—राम, सीता, लक्ष्मण तीनों आगे-पीछे मार्ग में चल रहे हैं । वन के कारण तीनों की स्थिति अति सन्निकट की है, अर्थात् सटे हुये से चलते हैं—इसी स्थिति पर केशव जी उत्प्रेक्षा द्वारा अपनी प्रतिभा प्रकट करते हैं—कहते हैं कि :—

भावार्थ—(राम, सीता, लक्ष्मण मार्ग में चलते हुए कैसे मालूम होते हैं) मानो मेघ, आकाशगंगा और बिजली ही देहधारी होकर सुन्दर रूप से शोभा दे रहे हैं—राम मेघ हैं, जानकी आकाशगंगा हैं और लक्ष्मण बिजली हैं । या यों कहो कि अनेक गंगा, सरस्वती और यमुना के देहधारी अंशों रूप हैं; जो इनके दर्शन कर रहे हैं उनका बड़ा सौभाग्य है (इनके दर्शन अनेक तीर्थराज प्रयाग के समान पुण्यप्रद हैं) अथवा मानो इन्द्र महाराज इन्द्राणी और अपने पुत्र जयंत को लिए हुए भूलोक की शोभा बढ़ा रहे हैं । या मानो दोनों पक्षों की संधि (पूर्णमासी या अमावस) की तीनों संध्यायें सन्निकट होकर एकत्र हो गई हैं जिन्हें प्रत्यक्ष ही अत्यन्त निर्मल देख कर मन मोहित होता है ।

सूचना—सामवेदी संध्या में यह प्रमाण है कि प्रातः संध्या का रंग लाल, मध्यान्ह संध्या का रंग श्वेत तथा सायं संध्या का रंग श्याम है । इस

उक्ति से यह भी लक्षित होता है कि केशवदास जी सामवेदी संध्या ही किया करते थे (अर्थात् सामवेदी सनौढिया ब्राह्मण थे)।

अलंकार—उत्प्रेक्षा।

अनंगशेखर दंडक—

तड़ाग नीरहीन ते सनीर होत केशोदास,
पुंडरीक झुंड भौंर मंडलीन मंडहीं।
तमाल बल्लरी समेत सूखि सूखि कै रहे,
ते बाग फूलि फूलि कै समूल सूल खंड हीं।
चितै चकोरिनी चकोर मोर मोरनी समेत
हंस हंसिनी सुकादि सारिका सबै पढ़ैं।
जहीं जहीं विराम लेत राम जू तहीं तहीं,
अनेक भाँति के अनेक भोग भाग सों बढ़ैं ॥३६॥

शब्दार्थ—पुंडरीक = कमल। बल्लरी = लता। सूल = दुःख। विराम लेत = ठहर कर सुस्ताते हैं, ठहरते हैं।

भावार्थ—सरल ही है।

मोदक—घाम को राम समीप महाबल।
सीतहिं लागत है अति सीतल॥
ज्यों घन संयुत दामिनि के तनु।
होत है पूषन के कर भूषन ॥३७॥
मारग की रज तापित है अति।
केशव सीतहिं सीतल लागति॥
प्यौ पद पंकज ऊपर पायनि।
दैजु चले तेहि ते सुख दायनि ॥३८॥

शब्दार्थ—पूषन के कर – सुर्य की किरणें। प्यौ – पति।

भावार्थ—सरल है।

दो०—प्रतिपुर औ प्रति ग्राम की, प्रति नगरन की नारि।
सीता जू कौ देखि कै, बरनत हैं सुखकारि ॥३६॥

भावार्थ—सरल ही है।

(सीता मुख वर्णन)

दंडक—वासों मृग अंग कहैं तोसों मृगनैनी सब,
वह सुधाधर तुहूँ सुधाधर मानिये।
वह द्विजराज तेरे द्विजराजि राजै,
वह कलानिधि तहूँ कलाकलित बखानिये।
रत्नाकर के हैं दोऊ केशव प्रकाशकर,
अंबर विलास कुवलय हितु मानिये॥
वाके अति सीत कर तुहूँ सीता सीतकर,
चन्द्रमा सी चन्द्रमुखी सब जग जानिये॥४०॥

शव्दार्थ—सुधाधर=सुधा है अधर में जिसके। द्विजिराजि=दाँतों की पंक्ति। कलाकलित=चौंसठ कलाओं को जानने वाला। रत्नाकर=(१) समुद्र (२) रत्नसमूह, रत्न जटित आभूषण। अंबर विलास=(१) आकाश में हैं विलास जिसका (२) जो सुन्दर वस्त्रों से शोभित है। कुवलय हितू=(१) कुमोदिनी का हितैषी (२) पृथ्वी मंडल (कु=पृथ्वी+वलय=मंडल) की हितैषिणी। सीतकर=ठंढी किरणें (२) संताप हारिणी (दर्शकों को आनंददायिनी)।

भावार्थ—(ग्रामवासिनी स्त्रियों में से एक सीता के प्रति कहती है) हे चन्द्रमुखी सीता सब जग निवासी तुझे चन्द्रमा समान जानते हैं। (जो गुण चन्द्रमा में हैं वे सब तुझ में भी हैं अर्थात्) उस चन्द्रमा को लोग मृगांक कहते हैं तो तुझे भी सब लोग मृगनैनी कहते हैं; वह सुधाकर (अमृतधारी) है तो तू भी ओठों में सुधा रखती है; वह द्विजराज है तो तेरे भी दन्तपंक्ति द्विज (राजि) शोभित है, वह कलानिधि (कला कला करके बढ़ने वाला) है तो तू भी चौसठ कलाओं की जानकारी से युक्त है; तुम दोनों रत्नाकर के प्रकाशक हो—अर्थात् चन्द्रमा आकाश में विलास करता है और तेरे शरीर पर वस्त्र विलास करते हैं, चन्द्रमा कुमोदिनी का हितू है तो तू भूमंडल (कु+वलय) की हितैषिणी है (पृथ्वी की कन्या होने से); उस चन्द्रमा की किरणें शीतल हैं तो तू भी दर्शकों के संताप (त्रिताप) हर करके उनके चित्त को शान्ति रूपी शीतलता देने वाली है—अतः तू चन्द्रमा से किसी गुण में कम नहीं है।

अलंकार—श्लेष से पुष्ट उपमा।

दंडक—कलित कलंक केतु, केतु अरि सेत गात,
भोग योग को अयोग रोग ही को थल सो।
पून्यो ई को पूरन पै आन दिन ऊनो ऊनो,
छन छन छीन होत छीलर के जल सो।
चन्द्र सो जो वरनत रामचन्द्र की दोहाई,
सोई मति मंद कवि केशव मुसल सो।
सुन्दर सुवास अरु कोमल अमल अति,
सीता जू को मुख सखि केवल कमल सो ॥४१॥

शब्दार्थ—कलित कलंक केतु=कलंक केतु से युक्त (भारी कलंकी) केतु अरि—केतु है शत्रु जिसका—राहु और केतु को ही एक मान कर केशव ने ऐसा लिखा। ऊनो—अपूर्ण। छीलर=उथला जलाशय (थोड़ा जल और अधिक कीचड़ वाला जलाशय)। मुसल=मूसल (मूर्ख)।

भावार्थ—(दूसरी स्त्री उसके मत को खंडन करती हुई अपनी उक्ति लड़ाती है) हे सखी! सीता जी का मुख केवल कमल सा है चन्द्रमा के समान नहीं, क्योंकि चन्द्रमा तो भारी और प्रसिद्ध कलंकी है, केतु उसका शत्रु है वह श्वेतांग भी है (कुष्ठरोगी है), भोग योग के अयोग्य है, रोगी है (क्षय रोग है) शुक्ल पक्ष में भी केवल पूर्णिमा को ही पूर्ण होता है अन्य दिनों तो अपूर्ण ही रहता है, कृष्णपक्ष में तो उथले जलाशय के जल की भाँति प्रति दिन क्षीण ही होता जाता है। सीता जी के मुख को जो कवि चन्द्रमा सा कहता है वह मतिमंद पक्का मूसरचंद (महामूर्ख) है। सीता जी का मुख तो इन दोषों से रहित तथा सौंदर्य, सुगंध, सुकोमलता और स्वच्छता से युक्त है, अतः केवल कमल के समान है चन्द्रसम नहीं।

अलंकार—उपमा।

दंडक—एकै कहैं अमल कमल मुख सीता जूको,
एकै कहैं चन्द्र सम आनन्द को कंद री।
होय जो कमल तो रयनि में न सकुचै री,
चन्द जो तो बासर न होती दुति मंद री॥

वासर ही कमल रजनि ही में, चन्द्र, मुख,
वाहर हू रजनि विराजै जगबंद री।
देखे मुख भावै अनदेखई कमल चन्द्र,
ताते मुख मुखै सखी कमलै न चंद री॥ ४२॥

शब्दार्थ—आनन्द को कंद=आनंद बरसाने वाला बादल। रयनि=(रजनी) रात्रि। जगबंद=जगत भर से वंदनीय। अनदेखई कमल चंद=बात यह है कि कमल और चन्द्रमा अपने गुणों और प्रभाव के बदौलत ही अच्छे समझे जाते हैं। इनका वास्तविक रूप देखने में सुन्दर नहीं।

भावार्थ—(तीसरी स्त्री दोनों का मत खंडन करके कहती है) कोई कहता है सीता जी का मुख अमल कमल सा है, कोई कहता है चन्द्र सा आनन्ददायक है। पर मैं कहती हूँ कि यदि कमल सा होता तो रात्रि को संकुचित न होता? यदि चन्द्र सा होता तो दिन में उसकी आभा मंद न पड़ती? कमल तो दिन ही में प्रफुल्लित रहता है, चंद्रमा रात्रि ही में प्रकाशित रहता है, पर यह मुख तो रातदिन समस्त जग से सम्मान पाने योग्य है। कमल और चन्द्रमा देखने में तो सुन्दर नहीं हैं (केवल उनके गुण सुनने में भले जँचते हैं) पर यह मुख टकटकी बाँधकर देखने में ही आता है (सौंदर्य से तृप्ति नहीं होती)। इस कारण मेरी सम्मति तो यह है कि इस मुख के समान यही मुख है, न तो कमल ही इसके समान है न चन्द्रमा ही इसके तुल्य है।

अलंकार—अनन्वयोपमा।

दो०—सीता नयन चकोर सखि, रविवंशी रघुनाथ।
रामचन्द्र सिय कमल मुख, भलो बन्यो है साथ॥४३॥

शब्दार्थ—भलो=अत्यन्त अद्भुत, बड़ा ही विलक्षण।

भावार्थ—हे सखी! सीता के नेत्र चकोर हैं, रघुनाथ जी रविवंशी हैं (चकोर और रवि से विरोध होने पर भी सीता के नेत्र चकोर उन पर आसक्त हैं, यह आश्चर्य है) और राम जी चन्द्र हैं (पर उसे देख कर) सीता का मुख-कमल प्रसन्न रहता है (चन्द्र और कमल का विरोध होने पर भी) यह बड़ा ही अद्भुत संयोग है।

अलंकार—विरोधाभास।

सूचना—इस दोहे में अद्भुत रस झलक रहा है। केशव के पांडित्य और प्रतिभावान होने का अच्छा नमूना है।

दुर्मिल—

कहुँ बाग तड़ाग तरंगिनि तीर तमाल की छाँह विलोकि भली।
घटिका यह बैठत हैं सुख पाय बिछाय तहाँ कुस काँस थली॥
मग को श्रम श्रीपति दूर करैं सिय को शुभ वालक अंचल सो।
श्रम तेऊ हरैं तिनको कहि केशव चंचल चारु दृगंचल सों॥४४॥

शब्दार्थ—तरंगिनी=नदी। श्रीपति=श्री राम जी (पति की हैसियत से)। वालक अंचल सों=वल्कल वस्त्र से हवा करके। तेऊ=श्रीसीता जी। तिनको=श्रीराम जी का। दृगंचल=कटाक्ष, बाँकी चितवन।

भावार्थ—(रास्ते में चलते हुए) कहीं किसी बाग में वा तड़ाग अथवा नदी के किनारे तमाल की अच्छी घनी छाया देख कर कुशासन बिछाकर एक घड़ी आनन्दपूर्वक बैठते हैं। सीता जी की थकावट वल्कल वस्त्र की हवा करके श्रीराम जी दूर करते हैं, और सीता जी बाँकी चितवन से हेर कर श्रीराम जी की थकावट दूर करती हैं।

अलंकार—अन्योन्य।

सो०—श्री रघुबर के इष्ट, अश्रुवलित सीता नयन।
साँची कही अदृष्ट, झूठी उपमा मीन की॥ ४५॥

शब्दार्थ—इष्ट=अति प्रिय। अश्रुवलित=आनन्दाश्रु युक्त। अदृष्ट=होनहार।

भावार्थ—श्री राम जी का इतना प्रेम देख जानकी के नेत्रों में आनन्द के आँसू आ जाते हैं। वे अश्रुयुक्त नेत्र श्रीराम जी को अति प्यारे मालूम होते हैं। कवि कहता है कि संयोगवश इस होनहार ने (सीता सहित राम का वनगमन) नेत्रों को मीन की उपमा जो झूठी ही दी जाती है (क्योंकि मीन तो पानी में रहती है, नेत्र सदैव पानी में नहीं रहते, अतः उपमा झूठी थी सो) वह इस समय सत्य हो गई अर्थात् अश्रुयुक्त सीता के नेत्र ठीक मीन-से जान पड़ते हैं।

दो०—मारग यों रघुनाथ जू, दुख सुख सब ही देत।
चित्रकूट परबत गये, सोदर सिया समेत॥ ४६॥

भावार्थ—दर्शनों से सब लोगों को सुख तथा पुनः निज वियोग से दुख देते हुए श्री रघुनाथ जी लक्ष्मण और सीता सहित चित्रकूट पर्वत पर पहुँचे।

नवम प्रकाश समाप्त

दसवाँ प्रकाश

दो०—यहि प्रकाश दसमें कथा, आवन भरत स्वधाम।
राज मरन अरु तासु को, बसिबो नन्दीग्राम॥

दोधक—

आनि भरत्थ पुरी अवलोकी। थावर जंगम जीव ससोकी॥
भाट नहीं विरदावलि साजैं। कुंजर गाजैं न दुन्दुभि बाजैं॥ १॥
राज सभा न विलोकिय कोऊ। सोक गहे तब सोदर दोऊ॥
मंदिर मातु विलोकि अकेली। ज्यों विन वृक्ष विराजति वेली॥ २॥

शब्दार्थ—विन वृक्ष की वेलि = बिना आश्रय की वेलि अर्थात् भूमि पर पतित, ज़मीन पर पड़ी हुई।

भावार्थ—दोनों छन्दों का सरल ही है।

तोटक—

तब दीरघ देखि प्रनाम कियो। उठि कै उन कंठ लगाय लियो।
न पियो जल संभ्रम भूलि रहे। पुनि मातु सों बैन भरत्थ कहे॥३॥

शब्दार्थ—दीरघदेखि = ज़मीन पर लम्बायमान पड़ी हुई (शोक से भू-पतिता)। न पियो जल = कैकेयी का दिया हुआ जल पान न किया! भ्रम = भारी भ्रम।

दुर्मिल—

मातु कहाँ नृप? तात गये सुरलोकहि, क्यों? सुत शोक लये।
सुत कौन सु? राम, कहाँ हैं अबै? वन लच्छमन सीय समेत गये॥
वन काज कहा कहि? केवल मों सुख, तोको कहाँ सुख यामें भये?
तुमको प्रभुता, धिक तोकों कहा अपराध विना सिगरेई हये॥४॥

शब्दार्थ—प्रभुता = राज्याधिकार । सिगरे = (सकल) सब । हये = (हने) मारे ।

अलंकार—प्रश्नोत्तर ।

दो०—भर्ता सुत विद्वेषिनी, सब ही कौ दुखदाइ ।
यह कहि देखे भरत तब, कौसल्या के पाइ ॥ ५ ॥

शब्दार्थ—विद्वेषिनी = बहुत अधिक द्वेष रखने वाली । देखे······पाइ = तब भरत जी कौशल्या जी के निकट जा उनके पैर छुए, प्रणाम किया ।

तोटक—

तब पायन जाइ भरत्थ परे । उन भेंटि उठाय के अंक भरे ।
सिर सूँघि विलोक बलाइ लई । सुत तो बिन या विपरीत भई ॥६॥

शब्दार्थ—सिर सूँघि = प्राचीन काल में वात्सल्य प्रेम प्रकाशन की यह रीति थी—(अब भी छोटे बालकों के सिर पर लोग हाथ फेरते हैं)। बलाइ लई = बलिहारी गई । (बच्चों को चुम्बन करते हुए स्त्रियाँ ऐसा कहती हैं) ।

(भरत) तारक—

सुनु मातु भई यह बात अनैसी । जु करो सुत-भर्तृबिनाशिनि जैसी ॥
यह बात भई अब जानत जाके । द्विज दोष परै सिगरे सिर ताके ॥७॥

शब्दार्थ—अनैसी = (अनिष्ट) बहुत बुरी । भर्तृ = (भर्ता) पति । द्विजदोष = ब्रह्म: हत्यादि पाप । सिगरे = सब ।

भावार्थ—(भरत जी कौशल्या जी को इतमीनान कराने को शपथ खाते हैं) हे माता ! सुनो, यह घटना जैसो पुत्र और पति-घातिनी कैकेयी ने की है, बहुत ही बुरी हुई । जिसके जानते हुए यह बात हुई हो उसके सिर ब्रह्महत्यादि पाप पड़े (अर्थात् यदि मेरे जानते यह बात हुई हो तो मुझे ब्रह्म हत्या का पाप लगे) ।

भरत—

जिनके रघुनाथ विरोध बसै जू । मठधारिन के तिन पाप ग्रसै जू ।
रसराम रस्यो मन नाहिन जाको । रण में नित होय पराजय ताको ॥८॥

शब्दार्थ—रसराम = रामप्रेम । रस्यो = रस से भीगी । पराजय = हार ।

भावार्थ—हे माता! जिनके हृदय में रघुनाथ जी का विरोध बसता हो, उनको मठधारियों का पाप लगे। जिनका मन रामप्रेम से आर्द्र न हो ईश्वर करे रण में नित्य उनकी हार हो।

सूचना—गोस्वामी तुलसीदास जी ने भी निजकृत रामचरितमानस में ऐसी शपथें दिखाई हैं, (देखिये रामचरितमानस अयोध्या काण्ड दोहा ६३ से दोहा ६८ तक का प्रसंग)।

कौशल्या—

जनि सौंह करौ तुम पुत्र सयाने। अति साधु चरित्र तुम्हें हम जाने।
सबको सब काल सदा सुखदाई। जिय जानति हौं सुत-ज्यों रघुराई ॥९॥

शब्दार्थ—सौंह=शपथ। साधुचरित=अति शुभ चरित्र वाले। रघुराई—श्रीराम जी।

चंचरी—हाय हाय जहाँ तहाँ सबह्वै रही सिगरी पुरी।
धाम धामनृप सुन्दरी प्रगटीं सबै जे रहीं दुरी॥
लै गये नृपनाथ को सब लोग श्री सरजूतटी।
राजपत्नि समेत पुत्रनि विप्रलाप गटी रटी ॥१०॥

शब्दार्थ—विप्रलाप=प्रलाप, अनर्थ वचन। गटी=समूह। रटी=कह कह कर।

भावार्थ—समस्त अयोध्यापुरी में जहाँ देखो वहीं हाय-हाय शब्द हो रहा है, जो स्त्रियाँ कभी अंतःपुर के बाहर न निकली थीं वे भी इस समय राजा दशरथ की अर्थी के दर्शनों के निमित्त बाहर निकल आईं। महाराजा दशरथ के मृत शरीर को सरयू नदी के तट पर सब लोग ले गये, राजपत्नियों और राजपुत्रों ने बहुत कुछ प्रलाप किया।

सोभाराजी—करी अग्नि अर्चा। मिटी प्रेत चर्चा।
सबै राजधानी। भई दीन बानी ॥११॥

भावार्थ—(भरतजी ने) राजादशरथ की दाह-क्रिया की, प्रेतकृत्य समाप्त हुए और समस्त राजधानी के लोग अत्यन्त करुण स्वर से रोये।

कुमारललिता—क्रिया भरत कीनी। वियोग रस भीनी।
तजी गति नवीनी। मुकुंद पद लीनी ॥१२॥

भावार्थ—भरतजी ने पिता की मृतक्रिया की। यद्यपि वियोग से अति दुःखी हुए, तथापि ऐसी विधि से प्रेतक्रिया की कि राजा दशरथ की नवीन गति हो गई अर्थात् वे मुकुंद पद में लीन हो गये (मुक्ति को प्राप्त हुए)।

तोटक—

पहिरे वकला सुजटा धरिकै। निज पायन पंथ चले अरिकै।
तरि गंग गये संग लिये। चित्रकूट विलोकत छाँड़ि दिये ॥१३॥

भावार्थ—तदनंतर भरत जी ने वल्कल वस्त्र पहन, जटा धारण कर, हठ पूर्वक पैदल ही रामजी के पास चले। गंगा उतर कर गुह (केवट) को साथ लिये आगे बढ़े। जब चित्रकूट पर्वत को देखा तब उसे भी छोड़ कर अति आतुरतावश आगे बढ़े।

सुन्दरी—

सब सारस हंस भये खग खेचर वारिद ज्यों बहु बानर गाजे।
बनके नर बानर किन्नर बालक लै मृग ज्यों मृगनायक भाजे।
तजि सिद्ध समाधिन केशव दीरघ दौरि दरीन में आसन साजे।
सब भूतल भूधर हाले अचानक आइ भरत्थ के दुंदुभी बाजे ॥१४॥

शब्दार्थ—खेचर भये=आकाशगामी हुए (उड़ चले)। बानर=हाथी। मृगनायक=सिंह। दरीन=कंदराएँ। भूधर=पहाड़।

भावार्थ—जब भरत जी चित्रकूट के निकट वाले जंगल में अपनी सेना तथा समाज सहित पहुँचे, तब सेना के नगाड़ों के बजने तथा हाथियों के गरजने के शब्द से भयभीत होकर वन के नर, बानर, किन्नर, अपने-अपने बालकों को लेकर भागे जैसे कोई सिंह मृग को उठाकर ले भागता है। उस वन के तपस्वी लोगों ने भी तपस्या में विघ्न आया हुआ जान शीघ्रता-पूर्वक दौड़ कर गिरिकंदराओं के भीतर जाकर आसन लगाया और एकाएक पृथ्वी और पहाड़ हिल गये।

दो०—रामचन्द्र लक्ष्मण सहित, सोभित सीता संग।
केशव दास सहास उठि, चढ़े धरनिधर सृंग ॥ १५ ॥

शब्दार्थ—सहास=हँसते हुए। धरनिधर सृङ्ग=पहाड़ की चोटी।

भावार्थ—सरल है।

(लक्ष्मण)—मोहन—

देखहु भरत चमू सजि आये। जानि अबल हमको उठि धाये॥
हीसत हय बहु बारन गाजे। दीरघ जहँ-तहँ दुंदुभि बाजे॥१६॥

शब्दार्थ—चमू=सेना। अबल=निबल, सहाय व सेना रहित। हींसत=हिनहिनाते हैं।

भावार्थ—सरल है।

तारक—गजराजन ऊपर पाखर सोहैं।
अति सुन्दर सीस-सिरोमन भौहैं॥
मनिघूँघुर घंटन के रव बाजैं।
तड़ितायुत मानहुँ बारिद गाजैं॥१७॥

शब्दार्थ—पाखर=झूलें। सीस-सिरी=(शीश-श्री) मस्तक की शोभा। तड़िता=बिजुली।

भावार्थ—बड़े-बड़े हाथियों पर झूलें सोहती हैं, उनके मस्तक की शोभा (आभूषणों अथवा चित्र विचित्र रंगों से) अति सुन्दर है जिसे देखकर मन मोहता है। मणि जटित घुंघरू सहित घंटों का शोर हो रहा हैं, मानो बिजली समेत बादल गरज रहे हों।

सूचना—मेरी सम्मति में हाथियों का ऐसा वर्णन इस स्थल पर अनुचित जँचता है।

मत्तगयंद—
युद्ध को आजु भरत्थ चढ़े धुनि दुँदुभि की दसहूँ दिस धाई।
प्रात चली चतुरंग चमू बरनी सु न केसव कैसहु जाई॥
यों सब के तनत्राननि में झलकी अरुनोदय की अरुनाई।
अंतर ते जनु रंजन को रजपूतन को रज बाहर आई॥१८॥

शब्दार्थ—तनत्रान=कवच, जिरह-बखतर। अरुनोदय=सूर्योदय। अरुनाई=ललाई। अन्तर=अन्तस्तल (मन)। रजपूत=छत्री। रज=रजपूती, रजोगुणमय क्षत्रीपन।

भावार्थ—(लक्ष्मणजी विचारते हैं कि) भरत ने आज युद्ध के हेतु चढ़ाई की है, नगारों की ध्वनि दशों दिशाओं में भर गई है। प्रातःकाल (सूर्योदय के समय) भरत की चतुरंगिनी सेना चली आ रही है, (केशव

कहते हैं कि) उसका वर्णन किसी प्रकार नहीं करते बनता। समस्त सैनिकों के (लोहे के) कवचों पर सूर्योदय समय की लालिमा इस प्रकार झलकती है, मानो क्षात्र धर्म से (वीरता से) रंजित करने के हेतु क्षत्रियों का क्षत्रियत्व अंतःकरण से निकलकर ऊपर ही आ गया है।

सूचना—केशवकृत भरतसेना का यह वर्णन कुछ अनुचित सा जँचता है, पर आगे चलकर लक्ष्मण जी के चित्त में रौद्ररस का आविर्भाव प्रदर्शित करना कवि का लक्ष्य है, अतः इन उद्दीपनों का वर्णन रस की परिपूर्णता हेतु जरूरी है।

अलंकार—उत्प्रेक्षा।

तोटक—

उड़ि कै धर धूरि अकाश चली। बहु चंचल बाजि खुरीन दली॥
भुव हालति जानि अकालहि ये। जनु थंभित ठौरनि ठौर किये॥१६॥

शब्दार्थ—धर=(धरा से) पृथ्वी से। बाजि=घोड़े। खुरीन=सुमों से। अकालहिं=बेवक्त, असमय (प्रलय से पहले ही) थंभित किये=स्तंभ लगा दिये हैं।

भावार्थ—(कवि वर्णन करता है) बहुत से चंचल घोड़ों के सुमों से पिसकर पृथ्वी से धूल उड़कर आकाश को जा रही है। वे धूल के धौरहर ऐसे जान पड़ते हैं मानो पृथ्वी को असमय ही डोलते डगमगाते देख ब्रह्मा ने खंभे गाड़ दिये हैं। (जिससे पृथ्वी के हिलने-डुलने से सृष्टि का विनाश न हो)।

नोट—पृथ्वी का हिलना पीछे छन्द १४ में आये हैं।

तारक—रण राजकुमार अरूझहिंगे जू।
अति सन्मुख घायन जूझहिंगे जू॥
जनु ठौरनि-ठौरनि भूमि नवीने।
तिनके चढ़िबे कहँ मारग कीने॥ २०॥

शब्दार्थ—अरूझहिंगे=(अवरुद्धहिंगे) एक दूसरे को रोकेंगे, भिड़ेंगे। जूझहिंगे=जख्मी होंगे, जूझ जायँगे, मरेंगे।

भावार्थ—(अथवा) भूमि ने यह समझ कर कि यहाँ क्षत्रीगण भिड़कर युद्ध करेंगे और वीरतापूर्वक रण में सन्मुख मार करते हुए प्राण त्यागेंगे, अतः ठौर-ठौर पर उनके स्वर्गारोहण के लिए नवीन सड़कें तैयार कर दी हैं।

अलंकार—उत्प्रेक्षा।

तोटक—

रहि पूरि विमाननि व्योमथली। तिनको जनु टारन भूमि चली॥
परिपूरि अकासहिं धूरि रही। सु गयो मिटि सूरप्रकास सही॥२१॥

दो०—अपने कुल को कलह क्यों, देखहि रवि भगवंत।
यहै जानि अन्तर कियो, मानो मही अनंत॥ २२॥

भावार्थ—अपने वंशधरों का पारस्परिक कलह सूर्य भगवान् कैसे देख सकेंगे, इसी विचार से मानो पृथ्वी ने सूर्य के मुख पर धूल का पर्दा डाल कर आकाश को पृथक् कर दिया है (बड़ी अनोखी उक्ति है)।

तोटक—

बहु तामहँ दीह पताक लसैं। जनु धूम में अग्नि की ज्वाल बसैं॥
रसना किधौं काल कराल घनी। किधौं मीचु नचै चहुँ ओर बनी॥२३॥

भावार्थ—उस उड़ती हुई धूल में अनेक पताकाएँ फहराती हैं, वे ऐसी जान पड़ती हैं मानों धूप में अग्नि की ज्वालाएँ हैं, अथवा कराल काल की अनेक जीभें हैं, या अनेक रूप धारण किये हुए मृत्यु ही जहाँ=तहाँ घूम रही है।

सूचना—ऐसे समय में इस वर्णन में ये उत्प्रेक्षाएँ हमें समुचित नहीं जँचती। न जाने केशव ने इन्हें क्यों यहाँ स्थान दिया है? इसमें केवल सूखा पांडित्य=प्रदर्शन ही प्रधान है। कैसा समय और कैसा प्रसंग है, इसका ध्यान कुछ भी नहीं। वास्तविक युद्धस्थल में ऐसा वर्णन उपयुक्त हो सकता था।

दो०—देखि भरत की चल ध्वजा धूरिन में सुख देति।
युद्ध जुरन का मनहुँ प्रति-योधन बोले लेति॥ २४॥

शब्दार्थ—प्रतियोधा=प्रतिभट, शत्रु, विरोधी दल का योधा।

भावार्थ—उड़ती हुई धूल में भरत के दल की चंचल ध्वजाएँ ऐसी शोभा दे रही हैं मानों युद्ध करने के लिये शत्रुपक्ष के योद्धाओं को इशारा दे दे कर बुला रही हैं।

अलंकार—उत्प्रेक्षा।

नोट—इस दोहे के तीसरे चरण में यतिभंग दूषण है।

(लक्ष्मण) दंडक—

मारि डारौं अनुज समेत यहि खेत आजु,
मेटि पारौं दीरघ वचन निज गुर को।
सीतानाथ सीता साथ बैठे देखि छत्र तर,
यहि सुख सोखों सोक सब ही के उर को।
केसोदास सविलास बीसबिसे वास होय,
कैकेयी के अंग-अंग सोक पुत्रजुर को।
रघुनाथ जू को साज सकल छिड़ाई लेउं,
भरतहि आजु राजु देउँ प्रेतपुर को॥ २५॥

शब्दार्थ—अनुज = शत्रुघ्न। मेटि पारौं = मेट दूंगा। सविलास = विलास = पूर्वक अर्थात् भलीभाँति। बीसबिसे = निश्चय। पुत्रजुर = पुत्रमरण का संताप। प्रेतपुर = यमपुर। रघुनाथ जू को साज = सारा राज साज (हाथी, घोड़े, झण्डे, निशान, सेना, कोश इत्यादि राजवैभव जो इस समय भरत के पास है)।

अलंकार—प्रतिज्ञाबद्ध स्वभावोक्ति। (देखो अलंकार मंजूषा, पृष्ठ २१८)।

दो०—एक राज महँ प्रगट जहँ, द्वै प्रभु केशवदास।
तहाँ बसत है रैनि दिन, मूरतिवंत विनास॥ २६॥

कुसुम विचित्रा—

तब सब सेना वहि थल राखी। मुनि जन लीन्हें सँग अभिलाषी।
रघुपति के चरनन सिर नाये। उन हँसि कै गहि कंठ लगाये॥२७॥

शब्दार्थ—अभिलाषी = अभिलषित, अपने पसंद के, चुने हुए (यह शब्द 'मुनिजन' का विशेषण है)।

(भरत) दोधक—

मातु सबै मिलिबे कहँ आई। ज्यों सुत को सुरभी सुलवाई।
लक्ष्मण स्यों उठिके रघुराई। पायन जाय परे दोउ भाई॥ २८॥

शब्दार्थ—सुरभी = गाय। लवाई = सद्यः प्रसूता, जो अभी बच्चा जनी हो। स्यों = सहित।

दोधक—

मातनि कंठ उठाय लगाये। प्रान मनो मृत देहनि पाये।
आय मिली तब सीय सभागी। देवर सासुन के पगलागी॥ २६॥

तोमर—तब पूछियो रघुराइ सुख है पिता तन माइ।
तब पुत्र को मुख जोइ। क्रम ते उठीं सब रोइ॥ ३०॥

दोधक—

आँसुन सों सब पर्वत धोये। जड़ जंगम को सब जीवहु रोये।
सिद्ध वधू सीगरी सुन आईं। राजवधू सबई समुझाईं॥३१॥

शब्दार्थ—जंगम = चर जीव। जड़ = अचर जीव (वृक्ष, पाषाण आदि)। सिद्ध वधू = सिद्धि-प्राप्त तपस्वियों की स्त्रियाँ। राजवधू = दशरथ की रानियाँ।

मोहन—धरि चित्त धीर। गये तीर।
शुचि ह्वै शरीर। पितु तर्पि नीर॥ ३२॥

शब्दार्थ—गंगा = मंदाकिनी गंगा जो चित्रकूट में है। तर्पि नीर = जल देकर, तर्पण करके, तिलांजुलि दे कर।

(भरत) तारक—

घर को चलिये अब श्रीरघुराई। जन हौं तुम राज सदा सुखदाई।
यह बात कही जल सों गल भीनो। उठ सादर पाँव परे तब तीनो॥३३॥

शब्दार्थ—हौं = मैं। राज = राजा। जलसों गल भीनो = कंठ गद्गद् हो आया, आगे बात न कर सके (यथा-गद्गद् कंठ न कछु कहि जाई—तुलसी)।

(श्रीराम) दोधक—

राज दियो हमको वन रूरो। राज दियो तुमको परिपूरो।
सो हमहूँ तुम हूँ मिलि कीजै। बाप को बोल न नेकहु छीजै॥३४॥

भावार्थ—राजा ने हमको वन का वास दिया, और तुमको पूरा राज्य दिया है। अतः तुमको और हमको मिल कर वही बात करनी चाहिये जिससे पिता जी के वचन भंग न हों।

दो०—राजा को अरु बाप को, वचन न मेटै कोय।
जो न मानिये भरत तो, मारे को फल होय॥ ३५॥

शब्दार्थ—फल = पाप।

(भरत) स्वागता—

मद्यपान रत तियजित होई। सन्निपातयुत वातुल जोई।
देखि देखि जिन को सब भागै। तासु बैन हनि पाप न लागै॥३६॥

शब्दार्थ—तियजित=स्त्री के वशीभूत। वातुल=बहुत व्यर्थ बकवादी। देखि देखि......भागै=महापापी, घृणित। तासु बैन हनि=उसका वचन मेटने में।

भावार्थ—(भरत जी नीति वचन कहते हैं) जो शराबी हो, स्त्री के वशीभूत हो (स्त्री की सम्मति पर चलता हो), सन्निपात में प्रलाप करता हो, व्यर्थ बकवादी हो और जो महापापी हो, उसका वचन मेटने में पाप नहीं लगता—(चाहे वह राजा हो चाहे बाप हो)।

ईश ईश जगदीश बखान्यो। वेदवाक्यबल तें पहिचान्यो।
ताहि मेटि हठ कै रजिहौ जौ। गंग तीर तन कों तजिहौं तौ॥३७॥

शब्दार्थ—ईश=महादेव। ईश=विष्णु। जगदीश=ब्रह्मा। रजिहौं=मुझसे राज-काज कराओगे। गंग=मंदाकिनी नदी, जो चित्रकूट में है जिसे सब लोग मंदाकिनी गंगा कहते हैं।

भावार्थ—(भरत जी कहते हैं) जो नीति मैंने ऊपर कही है, वह मेरी गढ़ी नीति नहीं है, वह ब्रह्मा, विष्णु तथा महादेव के वचन हैं। विद्या बल से मैंने उन वाक्यों को पहचाना है (वेद में ऐसा ही लिखा है और मैंने पढ़ा है)—महादेव, ब्रह्मा तथा विष्णु के वचनों से बढ़कर तो राजा और बाप के वचन माने नहीं जा सकते अतः यदि आप उन त्रिदेवों के वचन मेट कर हठपूर्वक मुझसे राज्य करावेंगे तो मैं यहीं चित्रकूट में मंदाकिनी गंगा के किनारे शरीर त्याग कर दूंगा।

दो०—मौन गही यह बात करि, छोड़ो सबै विकल्प।
भरत जाय भागीरथी, तीर कर्‌यो संकल्प॥ ३८॥

शब्दार्थ—विकल्प=विचार। भागीरथी=(गंगा) यहाँ—मंदाकिनी गंगा।

भावार्थ—यह बात कह कर भरत जी चुप हो रहे, अन्य सब विचार (अर्थात् और अधिक तर्क-वितर्क करने का) छोड़ दिया और मंदाकिनी गंगा के तीर जाकर शरीर त्याग का संकल्प किया।

इंद्रवज्रा—

भागीरथी रूप अनूप कारी। चंद्राननी लोचन कंजधारी।
वाणी बखानी सुख तत्व सोध्यो। रामानुजै आनि प्रबोध बोध्यो ॥३९॥

शब्दार्थ—सुखतत्व = सुख का मूल सिद्धान्त (राम रजाय मानना) जिससे सब को सुख हो।

भावार्थ—अनुपम रूप धारण करने वाली मंदाकिनी गंगा जी ने चन्द्र-वदनी और कमललोचनी स्त्री का रूप धारण कर, सुखतत्व की बात शोधकर (संक्षेप में) रामनुज भरत को समझा कर प्रबोध कर दिया, जिससे सब को सुख हो।

(गंगा) उपेन्द्रवज्रा—

अनेक ब्रह्मादि न अंत पायो। अनेकधा वेदन गीत गायो॥
तिन्हें न रामानुज बंधु जानो। सुनौ सुधी केवल ब्रह्म मानो ॥४०॥

भावार्थ—जिनका अंत (सच्चा भेद) अनेक ब्राह्मणों ने नहीं पाया, जिनकी प्रशंसा वेद ने अनेक प्रकार से की है, उनको (राम को) हे रामानुज भरत! तुम अपना भाई न समझो (बड़ा भाई समझ कर ही जो तुम्हें ऐसा मोहजनित संकोच हो रहा है उसे छोड़ो) हे बुद्धिमान भरत! सुनो, इस समय तुम उन्हें (भाई न मान कर) केवल ब्रह्म ही मानो।

मूल—

निजेच्छया भूतल देहधारी। अधर्म संहारक धर्मचारी।
चले दशग्रीवहि मारिबे को। तपी व्रती केवल पारिबे को ॥४१॥

शब्दार्थ—निजेच्छया = अपनी इच्छा से। पारिबे को = पालन करने को।

भावार्थ—उन्होंने अपनी इच्छा से पृथ्वी में नर शरीर धारण किया है। वे अधर्म के संहारक और धर्म का प्रचार करने वाले हैं। वे रावण को मारने के लिये और रावण को मारकर तपस्वियों तथा व्रतधारियों का पालन करने के लिये वन को जा रहे हैं। (उनके इस कार्य में तुम अपने हठ द्वारा विघ्न न डालो)।

उठो हठी होहु न काज कीजै। कछू राम सो घानि लीजै।
अदोष तेरी सुत मातु सोहै। सो कौन माया इनकी न मोहै ॥४२॥

भावार्थ—उठो, हठ मत करो बल्कि उनका काम करो। (उनके काम में सहायक हो) जो कुछ राम जी कहें उसे मान लो। हे पुत्र! तेरी माता बिल्कुल निर्दोष है (इसका संकोच न करो)। ऐसा कौन है जो इनकी माया के फेर में न पड़ा हो, अर्थात् इन्हीं की माया से तुम्हारी माता ने यह दोष (वनवास दिलवाने का) अपने सिर लिया है, नहीं तो वह नितान्त निर्दोष है।

दो०—यह कहि कै भागीरथी, केशव भई अदृष्ट।
भरत कह्यौ तब राम सों देहु पादुका इष्ट ॥४३॥

शब्दार्थ—अदृष्ट भई = अन्तर्धान हो गई। इष्ट = पूज्यदेव (स्वामीवत् सेवन करने के लिये पूज्य वस्तु)।

उपेन्द्रवज्रा—

चले बली पावन पादुका ले। प्रदक्षिणा राम सियाहु को दे।
गये तें नंदीपुर वास कीन्हों। सबंधु श्रीरामहिं चित्त दीन्हों ॥४४॥

शब्दार्थ—बली = बलयुक्त होकर (अब तक भरत जो अपने को राम विमुख समझ कर अपने को निर्बल समझते थे। अब पादुका पाकर बलीहुए—असमंजस मिट गया, क्योंकि गंगा ने भी साक्षी दी कि तुम्हारी माता निर्दोष है) सबन्धु = शत्रुघ्न सहित। नंदीपुर = नंदीग्राम।

दो०—केशव भरतहि आदि दै, सकल नगर के लोग।
बन समान घर घर बसे, विगत सकल संभोग ॥४५॥

शब्दार्थ—बन समान = वनवासियों की तरह। बिगत = छोड़े हुए। संभोग = भोग-विलास की वस्तुएँ।

सूचना—हमारी सम्मति है कि केशव ने यह भरतमिलाप का वर्णन बहुत संक्षिप्त कहा, अच्छा भी नहीं कहा। तुलसीदास ने इस वर्णन में कविता का कमाल दिखलाया है।

दसवाँ प्रकाश समाप्त

ग्यारहवाँ प्रकाश

दो०—एकादश प्रकाश में, पंचवटी को वास।
सूर्पणखा के रूप को, रघुपति करिहैं नास ॥

रथोद्धता —

चित्रकूट तव राम जू तज्यो। जाय यज्ञथल अत्रि को भज्यो।
राम लक्ष्मण समेत देखियो। आपनो सफल जन्म लेखियो ॥१॥

शब्दार्थ—भज्यो = प्राप्त हुए, पहुँचे।

भावार्थ—(भरत के चले जाने पर) तब रामजी चित्रकूट पर्वत का निवास छोड़ आगे को बढ़े और जाकर अत्रि के आश्रम में पहुँचे। जब अत्रि ऋषि ने श्री राम-लक्ष्मण को अपने आश्रम में आया हुआ देखा तब अपना जन्म जीवन सफल माना।

अलंकार — हेतु (प्रथम)।

(अत्रि) चंद्रवर्त्म —

स्नान दान तप जाप जो करियो। सोधि सोधि उर माँझ जु धरियो।
जोग जाग हम जा लग गहियो। रामचन्द्र सबको फल लहियो ॥२॥

भावार्थ—(अत्रि जी अपने भाग्य की सराहना करते हैं) स्नान, दान, जप तप जो कुछ हमने किया, बड़े परिश्रम और शुद्धता से जिसे हमने हृदय में धारण किया है (ईश्वर का ध्यान किया है), जोग और यज्ञादि, जिसके लिए किये हैं, उन सब पुण्य कर्मों के फल हमने राम-दर्शन के रूप में आज पा लिया (धन्य है हमारा भाग्य)।

वंशस्थविलम्—

अनेकधा पूजन अत्रि जू कर्‌यो।
कृपालु ह्वै श्रीरघुनाथ जू धर्‌यो॥
पतिव्रता देवि महर्षि की जहाँ।
सुबुद्धि सीता सुखदा गई तहाँ ॥३॥

भावार्थ—अत्रि जी ने श्रीरामजी का अनेक प्रकार से सत्कार किया (आदरपूर्वक फल-मूलादि दिये) और श्रीरामजी ने कृपापूर्वक सब वस्तुएँ ग्रहण कीं (स्वीकार की)। तब (भोजनादि से निवृत्त होकर) सुन्दर बुद्धि वाली और सब सुखों को देने वाली (लक्ष्मी स्वरूपा) सीता महर्षि अत्रि जी की पतिव्रता स्त्री अनुसूया के पास गईं।

दो०— पतिव्रतन की देवता अनुसूया सुभगाथ।
सीता जू अवलोकियो जरा सखी के साथ ॥४॥

शब्दार्थ—देवता=देवी (पूजनीया)। शुभगाथ=प्रशंसनीय आचरण वाली।

सूचना—केशव ने 'देवता' शब्द इसी पुस्तक में कई जगह स्त्रीलिंग में लिखा है।

भवार्थ—(निकट जाने पर) पतिव्रता स्त्रियों से समादरणीया, देवी-स्वरूपता, प्रशंसनीया आचरण वाली श्री अनुसूया जी को सीता ने जरावस्था रूपी सखी के साथ देखा अर्थात् अत्यन्त जरावस्था में देखा।

चौपैया—(३० मात्रा का १०, ८, १२ पर विराम)

सिर सेत विराजै, कीरति राजै, जनु केशव तपवल की।
तनु बलित पलित जनु, सकल वासना, निकरि गई थल थल की।
काँपति शुभ ग्रीवाँ, सब अँग सीवाँ, देखत चित्त भुलाहीं।
जनु अपने मन प्रति, यह उपदेशति, या जग में कछु नाहीं ॥५॥

शब्दार्थ—बलित पलित=झुर्रियाँ पड़ी हुई। ग्रीवाँ=गर्दन। सीवाँ=सीमा, हद (सौंदर्य की सीमा)।

भावार्थ—सिर के सब बाल सफ़ेद हो गए हैं, मानो तपस्या की कीर्ति सिर पर विराज रही है, सारे शरीर में झुर्रियाँ पड़ी हुई हैं (जरावस्था के कारण त्वचा सिकुड़ गई है) मानो प्रति अंग की वासनाएँ निकल गई हैं (और उनका स्थान खाली पड़ा है)। उनकी सुन्दर गर्दन कंपायमान (जो गर्दन पहले युवावस्था में सुन्दरता के सब अंगों की सीमा थी अर्थात् अत्यन्त सुन्दर थी)—उस कंप को देख कर देखने वाले का चित्त भूल में पड़ जाता है (कि यह क्या ?)—यह गर्दन का हिलना ऐसा जान पड़ता है मानो अनुसूया जी अपने मन को यह उपदेश देती हैं कि इस जग में कुछ सार नहीं है—, जरावस्था में सिर इस तरह हिलने लगता है जैसे 'नाहीं' करने में हिलाया जाता है—इसी से ऐसी उत्प्रेक्षा की गई)।

अलंकार—उत्प्रेक्षा

प्रतिमाक्षरा—

हरुवाइ जाय सिय पाँय परी। ऋषिनारि सूँघि सिर गोद धरी।
बहु अंगराग अंग अंग रये। बहु भाँति ताहि उपदेश दये ॥६॥

शब्दार्थ—हरुवाइ=जल्दी से, शीघ्रतायुक्त। सूँघि सिर=सिर सूँघ कर (आशीर्वाद देने की प्राचीन चाल थी)। अंगराग=महावर, मेंहदी, सिन्दूर, अर्गजा, केशर, कस्तूरी, चन्दनादि के लेप जो भिन्न-भिन्न अंगों में लगाये जाते हैं। प्राचीन काल में सौभाग्यवती स्त्री का सम्मान सिंगार करके ही किया जाता था। अब भी कोछ डाल कर सौभाग्यवती स्त्री का सम्मान किया जाता है। बहु अंगराग अंग अंग रये=अनेक प्रकार के अंगरागों को लगा कर अनुसूया जी ने जानकी जी का सिंगार रचकर उनका सम्मान किया।

भावार्थ—सरल ही है।

स्रग्विणी—राम आगे चले मध्य सीता चली।
बंधु पाछे भये सोभ सोभै भली।
देखि देही सबै कोटिधा कै भनो।
जीव जीवेश के बीच माया मनो॥ ७॥

शब्दार्थ—देही=देहधारी जन। कोटिधा कै=अनेक प्रकार से। भनो =वर्णन किया। जीवेश=ईश्वर, ब्रह्म।

भावार्थ—अत्रि के आश्रम को छोड़ जब आगे चले तब श्री राम जी आगे हुए, बीच में जानकी जी हुईं और पीछे लक्ष्मण जी हुए। इन तीनों पथिकों की बड़ी ही सुन्दर शोभा हुई; जिसे देख कर सब मनुष्यों ने अनेक प्रकार से वर्णन किया। केशव कहते हैं कि मुझे तो ऐसा जान पड़ा मानो ईश और जीव (दोनों) बीच में माया को किये हुए सफर कर रहे हों।

सूचना—यहाँ पर केशव को अनेक उपमायें देना चाहिये था सो चूक गए हैं।

गो० तुलसीदास ने भी ऐसा ही कहा है।

आगे राम लखन पुनि पाछे। मुनिवर वेष बने अति आछे॥
उभय बीच सिय सोहति कैसी। ब्रह्म जीव बिच माया जैसी॥

अलंकार—उत्प्रेक्षा।

मालती—

विपिन विराध वलिष्ट देखियो; नृप तनया भयभीत लेखियो।
तब रघुनाथ बाण कै हयो। निज निरवाण पंथ को ठयो॥८॥

शब्दार्थ—नृप तनया=सीता। हयो=हन्यो, मारा। निज......ठयो =उसके लिए अपने निर्वाण पद का मार्ग तैयार कर दिया अर्थात् उसे मुक्ति दी। बाण के हयो=बाण करके मारा, बाण से मारा।

भावार्थ—सरल ही है।

दो०—रघुनायक सायक धरे, सकल लोक सिरमौर।
गये कृपा करि भक्ति वस, ऋषि अगस्त के ठौर॥ ९॥

शब्दार्थ—सिरमौर=शिरोमणि। ठौर=स्थान, आश्रम।

वसंत तिलका—श्रीराम लक्ष्मण अगस्त्य सनारि देख्यो।
स्वाहा समेत शुभ पावक रूप लेख्यो॥
साष्टांग क्षिप्र अभिवन्दन जाय कीन्हो।
सानन्द आशिप अशेप ऋषीश दीन्हो॥ १०॥

शब्दार्थ—सनारि=स्त्रीसहित (अगस्त्य की स्त्री का नाम 'लोपामुद्रा' था)। स्वाहा=अग्नि की स्त्री का नाम। साष्टांग=आठो अंगों को पृथ्वी से छुवाते हुए (दोनों हाथ, ललाट और नाक, पैर की दोनों गाँठें, पैर के दोनों अँगूठे)।

भावार्थ—श्री राम लक्ष्मण ने आश्रम में जाकर सस्त्रीक अगस्त्य जी के दर्शन किये और उस युगल जोड़ी को स्वाहा और अग्नि देव के समान समझा। शीघ्रतापूर्वक निकट जा कर साष्टांग दंडवत की और ऋषिवर ने आनन्दित होकर सब प्रकार के आशीर्वाद दिये।

मूल—बैठारि आसन सबै अभिलाप पूजे।
सीता समेत रघुनाथ सबन्धु पूजे।
जाके निमित्त हम यज्ञ यज्यो सु पायो।
ब्रह्मांडमंडन स्वरूप जु वेद गायो॥ ११॥

शब्दार्थ—यज्ञ यज्यो=यज्ञ किये।

भावार्थ—अगस्त्य जी ने सीता लक्ष्मण समेत श्री रघुनाथ जी को सुन्दर आसनों पर बैठा कर सादर उनका पूजन किया और अपनी समस्त अभिलाषा पूर्ण कर ली (अपने सब अरमान पूरे कर लिये, तब कहने लगे कि) समस्त ब्रह्मांड को विभूषित करने वाला रूप जिसका वर्णन वेद

करता है और जिससे मिलने के लिये हमने अनेक यज्ञ किये हैं उसे आज हमने पा लिया।

(अगस्त्य) पद्धटिका—

ब्रह्मादि देव जब विनय कीन। तट छीर सिन्धु के परम दीन॥
तुम कह्यौ देव अवतरहु जाय। सुत हौं दशरथ को होव आय॥१२॥

भावार्थ—जब ब्रह्मादि देवों ने अति दीन हो क्षीर सिंधु के तट पर विनय की थी तब आपने कहा था कि हे देवगण, तुम सब जाकर पृथ्वी पर अवतार लो, मैं भी आकर राजा दशरथ का पुत्र हूँगा।

मूल—

हम तबतें मन आनन्द मानि। मग चितवत वन आगमन जानि॥
ह्यां रहिये करिये देव काजु। मम फूलि फर्‌यो तपवृक्ष आजु॥१३॥

शब्दार्थ—मग चितवत = बाट जोह रहे हैं।

भावार्थ—हम तभी से आनंदित मन हो कर आप के वनगमन की बाट जोह रहे हैं। भले आये, अब यहाँ रहिये और देवताओं का काम कीजिये, आज तो मेरा तपवृक्ष फूल कर सफल हो गया (तपस्या सफल हुई)।

अलंकार—रूपक।

(राम) पृथ्वी—

अगस्त ऋषिराज जु बचन एक मेरी सुनो।
प्रशस्त सब भाँति भूतल सुदेश जी में गुनो।
सनीर तरु खंड मंडित समृद्ध शोभा धरैं।
तहाँ हम निवास की बिमल पर्णशाला करैं॥ १४॥

शब्दार्थ—प्रशस्त = अच्छा। सुदेश = समतल, बराबर। जी में गुनो = सोच कर हमको बतलाओ। सनीर = जलयुक्त। तरुखंड मंडित = वृक्ष समूह से सुशोभित। समृद्ध शोभा धरैं = खूब बड़ी शोभा को धारण किये हों, खूब सुहावने हों।

भावार्थ—हे अगस्त्य जी, मेरी एक बिनती सुनिये। सोच कर हमें एक ऐसा अच्छा सुन्दर स्थान बतलाइये जहाँ जल का सुपास हो और सुहावने वृक्ष कुंज हों, तो वहीं हम अपने रहने के लिए पत्तों की कुटी बना लें।

(अगस्त्य) पद्मावती—

यद्यपि जग करता पालक हरता, परिपूरण वेदन गाये।
अति तदपि कृपा करि, मानुषवपु धरि, थल पूछन हमसों आये ॥
सुनि सुरवर नायक, राक्षस घायक, रक्षहु मुनिजन जस लीजै।
सुभ गोदावरि तट, विशद पञ्चवट, पर्णकुटी तहाँ प्रभु कीजै ॥१५॥

शब्दार्थ—वपु = शरीर। विशद = खूब लम्बा = चौड़ा। पंचवट = पंचवट नामक वन जहाँ पर कि पंचवट संज्ञक वृक्ष बहुतायत से थे।

सूचना—पंचवट = बट, पीपल, आमला, अशोक और बेल।

भावार्थ—(अगस्त्य जी कहते हैं) यद्यपि आप जगत के कर्ता, पालक और संहारक हैं, और वेदों ने आप को परिपूर्ण (सर्वज्ञ) बतलाया है, तथापि बड़ी कृपा करके आप मनुष्य शरीर धारण करके (मानव भाव से) हमसे स्थान पूछने आये हैं। अतः हे सुरों को श्रेष्ठ नायक ! राक्षसों के संहारक ! मुनियों की रक्षा करके सुयश लीजिये, सुन्दर गोदावरी नदी के तट पर खूब लम्बा = चौड़ा पंचवट नामक वन है, उसी वन में आप अपनी पर्णशाला बनाइये।

दो०—केशव कहे अगस्त के, पञ्चवटी के तीर।
पर्णकुटी पावन करी, रामचन्द्र रणधीर ॥ १६ ॥

शब्दार्थ—पंचवटी के तीर = उस वन के एक तट पर (उस वन के मध्य में नहीं)।

(पंचवटी वन-वर्णन)

रसभंगी—

फल फूलन पूरे, तरुवर रूरे, कोकिल कुल कलरव बोलैं।
अति मत्त मयूरी, पिय रस पूरी, बन प्रति नाचति डोलैं ॥
सारी शुक पंडित, गुन गन मंडित, भावनमय अरथ बखानैं।
देखे रघुनायक, सीय सहायक, मनहु मदन रति मधु जानैं ॥१७॥

शब्दार्थ—कलवर = धीमी आवज जो कानों को कर्कश न जान पड़े जैसे पंडुक की होती है। सारी = शारिका, मैना। भावनमय = प्रेमभावमय। सहायक = लक्ष्मण जी। मधु = वसंत।

भावार्थ—(उस उजाड़ दंडकारण्य के पंचवट भाग को राम जी के जाते ही यह अवस्था प्राप्त हुई) वहाँ के सुन्दर-सुन्दर वृक्ष फल फूलों से परिपूर्ण हो गये, कोकिल समूह मन्द मधुर शब्द से गाने लगा, मोरनियाँ दाम्पति रस से पूर्ण हो कर वनों में नाचने और फिरने लगीं, शारिका और सुग्गे बड़े गुणी पंडित की भाँति (कोकिल के गान और मयूरिनियों के नाच का) भावमय अर्थ बताने लगे—उनकी प्रशंसा करने लगे। उस वन के निवासी जीवों ने श्रीराम जी को, सीता और लक्ष्मण समेत देखकर, रति और वसंत के साथ कामदेव समझा।

अलंकार—उत्प्रेक्षा।

(लक्ष्मण) सवैया—

सब जाति फटी दुख की दुपटी कपटी न रहै जहँ एक घटी।
निघटी रुचि मीचु घटी हूँ घटी जगजीव जतीन की छूटी तटी।
अघ ओघ की बेरी कटी बिकटी निकटी प्रकटी गुरु ज्ञान गटी।
चहुँ ओरन नाचति मुक्ति नटी गुन धूरजटी वन पंचवटी ॥१८॥

शब्दार्थ—दुपटी=चद्दर। घटी=घड़ी। निघटी=निश्चय घट गई। रुचि=इच्छा। घटी हू घटी=प्रति घड़ी। तटी=ध्यानस्थित, समाधिस्थिति निकटी=इसके निकट आते ही। गुरु ज्ञान गटी=भारी ज्ञान की गठरी गुन=(गुण) समान गुण वाला। धूरजटी=महादेव।

भावार्थ—(लक्ष्मण जी कहते हैं कि) यह पंचवटी नामक वन तो शिव के से गुणवाला है, (जैसे शिव के दर्शनों से दुःख नहीं रहता वैसे ही) यहाँ दुख की चादर फट जाती है, और कपटी पुरुष यहाँ एक घड़ी भी नहीं रह सकता—यहाँ एक घड़ी मात्र रहने से कपटी पापी मनुष्य का भाव बदल कर धर्म की ओर झुकेगा। यहाँ के निवासी जीवों की तो प्रति घड़ी मृत्यु की इच्छा घटती है (यहाँ का शांतिमय सुख भोगने की इच्छा से, यहाँ के निवासी मरकर मुक्ति भी नहीं लेना चाहते, अर्थात् मुक्ति के आनन्द से यहाँ का आनन्द बढ़ कर है)। यहाँ के यती लोगों (तपस्वी गण) की समाधि-अवस्था छूट जाती है (समाधि-अवस्था में जो ब्रह्मानन्द प्राप्त होता है, उससे भी बढ़कर यहाँ का आनन्द है) पाप की विकट बेड़ी यहाँ कट जाती है और तुरन्त ही भारी ज्ञान की गठरी प्रकट हो जाती है (इसके निकट

आते ही पूर्ण ज्ञान प्राप्त होता है) और यहाँ तो मुक्ति चारों ओर नटी के समान नाच रही है, अतः यह पंचवटी वन शिव के से गुणों से युक्त है (शिव के दर्शन वा समागम से जैसी वस्तुएँ प्राप्त होती हैं वैसे ही इसके समागम से भी होती हैं)।

अलंकार—अनुप्रास, यमक और ललितोपमा।

सूचना—'हृदयराम कवि ने भी हनुमन्नाटक में पंचवटी के वर्णन में ऐसे ही दो तीन सवैया लिखे हैं।

दंडक वन-वर्णन

हाकलिका*—

शोभत दंडक की रुचि वनी। भाँतिन-भाँतिन सुन्दर घनी॥
सेव बड़े नृप की जनु लसै। श्रीफल भूरि भयो जहँ वसै॥१९॥

शब्दार्थ—दंडक=एक वन का नाम (दंडक नाम का एक राजा था। शुक्राचार्य उसके गुरु थे। गुरुपुत्री पर कुदृष्टि डालने के अपराध में शुक्र के शाप से उसके देश पर सात रात-दिन तक बराबर गर्म बालू बरसी। देश उजड़ गया। वही देश दंडक वन कहलाता था। पंचवटी नामक वन उसी दंडक वन का एक भाग था। (श्रीराम जी के चरणों के प्रताप से वह वन पुनः हरा भरा हो उठा)। रुचि—शोभा। सेव=सेवा। श्रीफल=(१) वेल का वृक्ष (२) भोगविलासप्रद वैभव।

भावार्थ—दंडक वन की शोभा पुनः बन ठन कर शोभित हुई, अनेक प्रकार की घनी सुन्दरता आ गई, वह शोभा ऐसी मालूम होती थी मानो किसी बड़े राजा की सेवा (चाकरी) हो, क्योंकि जैसे राजा की सेवा में श्रीफल (लक्ष्मी का वैभव) भूरिभाव से बसता है वैसे ही उस वन में भी श्रीफल (वेल फलों) की अधिकता थी।

अलंकार—श्लेष से पुष्ट उत्प्रेक्षा।

मूल—वेर भयानक सी अति लगै। अर्क समूह जहाँ जग मगै।
नैनन को बहु रूपन ग्रसै। श्रीहरि की जनु मूरत लसै॥२०॥

---

*इस छंद का लक्षण—भगन तीन धरिये सुभग पुनि लघु गुरु दि मिलाउ। हाकलिका शुभ छंद रचि केशव हरि गुण गाउ॥

शब्दार्थ—अति भयानक बेर=प्रलयकाल (अत्यन्त भयानक वेला)। अर्क=(१) सूर्य (२)मंदार का वृक्ष।

भावार्थ - वह दंडक की शोभा प्रलयकाल की सी वेला जान पड़ती है, क्योंकि (जैसे प्रलयकाल में अनेक सूर्य प्रचंड तेज से जगमगायेंगे, त्योंहि यहाँ भी) मंदार वृक्ष समूह जगमगा रहे हैं (मंदार वृक्ष खूब फूले हुए हैं)। दंडक वन की शोभा अनेक रूप से नेत्रों को पकड़ लेती है (नेत्रों की टकटकी लग जाती है) मानों श्रीहरि की मूर्ति ही है—अर्थात् जैसे श्रीहरि की मूर्ति का सौंदर्य देखते ही आँख तृप्त नहीं होती वैसे ही इस वन की शोभा देख नेत्रों को संतोष नहीं होता, जो चाहता है कि देखा ही करें।

अलंकार—श्लेष से पुष्ट उत्प्रेक्षा !

राम दोधक—पांडव की प्रतिमा सम लेखो।
अर्जुन भीम महामति देखो।
है सुभगा सम दीपति पूरी।
सिंदुर औ तिलकावलि रूरी ॥२१॥

शब्दार्थ - पांडव=पांडु राजा के (युधिष्ठिर, भीम, अर्जुन, नकुल और सहदेव) प्रतिमा=मूर्ति। अर्जुन=(१) तृतीय पांडव (२) अर्जुन नामक वृक्ष जिसे ककुभ भी कहते हैं। भीम=(१) द्वितीय पांडव (२) अम्ल वेत नामक वृक्ष। महामति=बुद्धिमान (लक्ष्मण प्रति सम्बोधन है)। शुभगा= सौभाग्यवती स्त्री। दीपति=(दीप्ति) कांति, शोभा। सिंदुर=(१) सिंदूर (२) सिंदूर नामक एक वृक्ष। तिलक=(१) मकरीपत्र रचना (प्राचीन काल में स्त्रियाँ अपने मुख पर चमकी वा सितारों तथा सेंदुर से अनेक चित्रवत रचनाएँ करती थीं। अब केवल रासलीला में वा रामलीला में मूर्तियों का वैसा सिंगार होता है। साधारण स्त्रियाँ केवल सेंदुर से माँग भरती हैं) (२) तिलक नामक वृक्ष। रूरी=अच्छी, शोभाप्रद।

भावार्थ— (लक्ष्मण जी की उत्प्रेक्षाएँ सुन कर श्रीराम जी कहते हैं) हे बुद्धिमान लक्ष्मण ! देखो यहाँ वन पांडवों की मूर्ति सा है, क्योंकि यहाँ भी अर्जुन (ककुभ) और भीम (अम्लबेतस) मौजूद हैं। और इस वन की शोभा किसी सौभाग्वती स्त्री की सी है, क्योंकि (जैसे सौभाग्यवती स्त्री सिंदूर

और चित्रित तिलकों से सजी रहती हैं) वैसे ही यहाँ भी सिंदूर और तिलक वृक्षों की अवली शोभा दे रही हैं।

अलंकार—श्लेष पुष्ट उपमा।

सूचना—इस छंद में राम जी के मुख से पाडवों का वर्णन करना उचित न था। राम के समय तक तो पांडव पैदा ही न हुए थे। इसे काव्य के दोषों में से अर्थ-दोषान्तर्गत कालविरुद्ध दोष कहना होगा।

(सीता) दोधक--राजति है यह ज्यों कुलकन्या।
धाइ विराजित है सँग धन्या॥
केलिथली जनु श्रीगिरिजा की।
शोभ धरे सितकंठ प्रभा की ॥२८॥

शब्दार्थ--कुलकन्या = किसी अच्छे कुलीन घर की कन्या धाइ = (१) बच्चों का पालन पोषण करने वाली स्त्री दाई (२) धवई नामक झाड़। धन्या = पूज्या, समादरणीया। केलिथली = केलि का स्थान। गिरजा = पार्वती। सितकन्ठ = (१) मयूर (२) महादेव।

भावार्थ--(सीता जी कहती हैं) इस वन की शोभा एक कुलकन्या के समान है। जैसे कुलकन्याओं के संग सदैव उपमातास्तना (दूध पिलाने वाली) दाई रहती हैं, वैसे ही यहाँ भी समादरणीय धाय वृक्ष (धावा) विराजते हैं। और इस वन की शोभा मानो पार्वती जी की केलिस्थली है क्योंकि जैसे उनकी केलिस्थली में महादेवजी (शितकंठ) रहते हैं वैसे ही यहाँ भी (शितकंठ) मयूर रहते हैं।

अलंकार—श्लेष से पुष्ट उपमा और उत्प्रेक्षा।

सूचना—केशव की प्रतिभा की उचित योजना यहाँ उचित मात्रा में दिखलाई पड़ती है। दंडकवन वर्णन में लक्ष्मण जी से ऐसी उत्प्रेक्षाएँ कराई हैं जिनसे लक्ष्मण का वीरत्व और धैर्य प्रकट होता है और रामजी से ऐसी उत्प्रेक्षाएँ कराई हैं जिनमें शृंगार की आभा झलकती है। सीताजी से स्त्रियोचित उत्प्रेक्षा कराई है। कारण यह है कि लक्ष्मणजी यहाँ पर अपत्नीक तथा रामजी सपत्नीक हैं। लक्ष्मण के चित्त में निर्भयता, धैर्य, और वीरत्व होना चाहिए और रामजी के हृदय में जानकी जी के मनोरंजनार्थ शृंगार की कुछ न कुछ आभा होनी ही चाहिये नहीं तो आगे विरह वर्णन शोभा न

देगा। सीता की उक्ति भी पवित्रता तथा सिंगार सूचक है क्योंकि पति का मनोरंजन करना है।

(गोदावरी वर्णन)

(राम) मनहरन*

अति निकट गोदावरी पाप संहारिणी।
चल तरंग तुंगावली चारु संचारिणी॥
अलि कमल सौगंध लीला मनोहारिणी।
बहु नयन देवेश-शोभा मनो धारिणी॥२३॥

शब्दार्थ—चल=चंचल। तुंग=ऊँच। सौगंध=सुगंध। देवेश=इन्द्र।

भावार्थ—(राम जी कहते हैं) हमारी पर्णकुटी के अति निकट ही पाप-नाशिनी गोदावरी नदी भी है, जो चंचल और ऊँची तरंगों की सुन्दर पंक्तियों सहित सदा बहती है तथा भौंरों सहित सुगंधित कमलों की लीला से मन को हरती है, ऐसा जान पड़ता है मानो यह गोदावरी बहुलोचन इन्द्र की शोभा धारण किये हुए है (जैसे इन्द्र के शरीर में बहुत से नेत्र हैं वैसे ही इस गोदावरी में भ्रमरयुक्त असंख्य कमल हैं)

अलंकार—उत्प्रेक्षा।

दोधक—रीति मनो अविवेक की थापी।
साधुन की गति पावत पापी॥
कंजन की मति सी बड़ भागी।
श्रीहरि मंदिर सों अनुरागी॥२४॥

शब्दार्थ—इस गोदावरी ने अविवेक की सी रीति चलाई है कि पापी भी साधुओं की गति पाता है (जो पापी स्नान करता है वह वैकुंठ को जाता है) यह गोदावरी बड़भागी ब्रह्मा की मति के समान श्रीहरि-मन्दिर (वैकुंठ वा समुद्र) में अनुराग रखती है—अर्थात् जैसे ब्रह्मा की मति सदैव परम धाम वैकुण्ठ की ओर लगी रहती है वैसे ही यह गोदावरी भी समुद्र की ओर बहा करती है वा सबको वैकुंठ भेजा करती है।

---

*यह केशव का निकाला हुआ छंद है।

अलंकार—व्याजस्तुति, उत्प्रेक्षा, उपमा का संकर।

अमृत गति—

निपट पतिव्रत धरणी। मगजन को सुखकरणी।
निगति सदा गति सुनिए। अगति महापति गुनिए ॥२५॥

शब्दार्थ—मगजन=पथी (जो रास्ता चलते कहीं भी गोदावरी में स्नान करते हैं वा उसका जल पीते हैं)। निगति=जिसकी गति न हो सकती अर्थात् पापी। अगति=गतिरहित अर्थात् अचल जो नदी की तरह बहता नहीं।

भावार्थ—यह गोदावरी अत्यन्त पतिव्रता है (क्योंकि सदैव निजपति समुद्र की सेवा में निरत रहती है—) सदैव समुद्राभिमुख रहती है (तो भी रास्ता चलते लोगों को सुख देता है) पतिव्रता स्त्री यदि राहगीरों को सुख दे तो वह पतिव्रता कैसे रहेगी—यह विरोध है)। पापियों को सदा गति सुगती बैकुंठ देती है, पर निजपति समुद्र को महा अगति से ही रखती है—(समुद्र सदैव समभाव से स्थिर ही रहता है, गतिवान नहीं होता)।

अलंकार—विरोधाभास।

दो०—विषमय वह गोदावरी, अमृत के फल देति।
केशव जीवनहार को दुःख, अशेष हरि लेति ॥ २६ ॥

शब्दार्थ—विष=जल। अमृत=अमर, देवता। जीवनहार=पानी-हरन करने वाला, पानी पीनेवाला। अशेष=समस्त, सब।

भावार्थ—यह सजला गोदावरी (स्नान पान करने से) देवताओं के पाने योग्य फल (सुगति, मुक्ति) देती है। केशव कहते हैं कि यह गोदावरी अपने जीवन का हरण करने वाले का (पानी पीने वाले का) सब दुख हर लेती है।

अलंकार—श्लेष से पुष्ट विरोधाभास।

(सीताजी के गान-वाद्य का प्रभाव वर्णन)

त्रिभंगी—

जब जब धरि बीना प्रकट प्रवीना बहु गुन लीना सुख सीता।
पिय जियहि रिझावै दुखनि भजावै विविध बजावै गुन गीता ॥

तजि मति संसारी विपिन विहारी सुख दुख कारी घिरि आवैं।
तब तब जगभूषण रिपुकुलदूषण सब को भूषण पहिरावैं ॥ २७ ॥

शब्दार्थ—बहुगुन लीना = बहुत गुण युक्त । सुख = सुख पूर्वक, सहज भाव से । बजावै गुनगीता = राम के गुणवर्णन के गीत बाजे के साथ गाती हैं । मति संसारी ससारी मति (भेद वा भय)। बिपिन विहारी = वन जंतु । दुखकारी = सिंह, व्याघ्रादि । सुखकारी = मोर, कोकिलादि । जगभूषण = श्रीरामजी । रिपुकुलदूषण = शत्रुहंता । भूषण = गहने ।

भावार्थ—जब जब वीणा लेकर प्रत्यक्ष प्रवीणा और बहुगुणवती सीता सुख पूर्वक बैठकर, रामजी को प्रसन्न करती हैं दुःख को भगाती हैं, और नाना प्रकार के राग बजा कर रामगुण गान करती हैं, और जब भले बुरे सभी वनजन्तु आकर उनको घेर लेते हैं, तब शत्रु संहारक श्रीराम जी उन सब जंतुओं को आभूषण पहिनाते हैं (फूलों के अथवा जानकी जी ही के) ।

अलंकार—अनुप्रास ।

तोटक—

कबरी कुसुमाजि सिखीन दई । गज कुम्भनि हारनि शोभ भई ।
मुकुता सुक सारिक नाक रचे । कटि केहरि किंकणि शोभ सचे ॥२८॥
दुलरी कल कोकिल कंठ बनी । मृग खंजन अंजन शोभ घनी ।
नृपहं सनि नूपुर शोभ भरी । कलहंसनि कंठनि कंठसिरी ॥२६॥

शब्दार्थ—(२८) कबरी = चोटी । शिखी = मोर । केहरि = सिंह । सचे = संचित की । (२६) नृपहंस (यह हंस बहुत बड़ा होता है) । कलहंस = मधुर स्वर से बोलने वाले हंस (यह मँझोले डील के होते हैं और बालहंस बहुत छोटे कद के होते हैं) । कंठसिरी = (कंठ श्री) कंठी ।

भावार्थ—फूलों की चोटी मोरों को दी, गज-कुम्भों पर हार की शोभा हुई, शुक और सारिका की नाक में मोती पहनाये, सिंह की कमर पर किंकणी की शोभा सचित हुई (सिंह को किंकणी पहनाई) ॥२८॥ सुन्दर दुलरी कोकिल कंठ में पहना दी, मृग और खंजन की आँखों में अँजन की अति सुन्दर शोभा हुई, राजहंसों के पैरों से नूपुर की शोभा भिड़ गई (उनको नूपुर पहिनाये) और कलहंसों को कंठी पहना दी ।

तोटक—

मुख वासनि बासित कीन तवै। तृण गुल्म लता तरु सैल सवै ॥
जलहूँ थलहूँ यहि रीति रमैं। वन जीव जहाँ तहँ संग भ्रमैं ॥३०॥

भावार्थ—सीता और रामजी ने अपने मुखों की सुगन्ध से तृण, पौदे, लता, वृक्ष और सब पर्वतों को सुगंध से भर दिया है। जल के निकट वा स्थल में जहाँ जहाँ वे घूमते हैं तहाँ तहाँ उनके रूप पर मोहित वनजंतु साथ साथ फिरा करते हैं (यह उनके रूप की प्रशंसा है)।

अलंकार—अत्युक्ति।

(सूर्पणखा-राम संवाद)

दो०—सहज सुगन्ध शरीर की, दिसि विदिसनि अवगाहि।
दूती ज्यों आई लिये, केशव सूर्पनखाहि ॥ ३१ ॥

शब्दार्थ—अवगाहि=ढूँढ़कर।

भावार्थ—रामजी के शरीर की सहज सुगन्ध दूती की तरह सब ओर ढूँढ़ कर सूर्पनखा को लिये हुए राम के निकट आई (राम के सुगन्ध से आकृष्ट होकर सूर्पनखा राम के पास आई)।

अलंकार—उदाहरण।

मरहटा—

यक दिन रघुनायक, सीय सहायक, रतिनायक अनुहारि।
सुभ गोदावरि तट, बिमल पञ्चवट, बैठे हुते मुरारि ॥
छबि देखत ही मन, मदन मथ्यो तन, सूर्पनखा तेहि काल।
अति सुन्दर तनु करि, कछु धीरज धरि, बोली बचन रसाल। ३२॥

शब्दार्थ—सीय सहायक=सीता सहित। रतिनायक=काम। अनुहारि=समान रूपवाले। हुते=थे। सरल=रसीले।

भावार्थ—एक दिन काम समान सुन्दर शरीर वाले मुरारि रामचन्द्र सीता सहित गोदावरी तट पर पंचवट नामक स्थान में बैठे हुए थे। उनकी छबि देख उस समय सूर्पनखा के तन मन में काम की पीड़ा उत्पन्न हुई। तब वह सुन्दर रूप बना कर, कुछ धैर्यपूर्वक उनके निकट आकर रसीले वचन बोली।

नोट—यहाँ पर 'मुरारि' कहने का तात्पर्य केवल वैष्णवी बल-वैभव सूचित करने का है। 'कछु धीरज' धरि का तात्पर्य यह है कि स्त्रियाँ काम पीड़ित होने पर भी कुछ धैर्य रखकर पुरुष से बात करके उसके मन में काम वासना उत्पन्न करके तब अपना दुष्ट अभिप्राय प्रकट करती हैं। स्त्री-प्रकृति को कितनी सूक्ष्मता से केशव ने निरीक्षण किया था, यह बात यहाँ प्रत्यक्ष दिखाई देती है।

(सूर्पणखा) सवैया—

किन्नर हौ नर रूप विचच्छन जच्छ कि स्वच्छ सरीरन सोहौ।
चित्त चकोर के चंद किधौं मृगलोचन चारु विमानन रोहौ॥
अंग धरे कि अनंग हौ केशव अंगी अनेकन के मन मोहौ।
बीर जटान धरे धनुबान लिये वनिता वन में तुम को हौ॥३३॥

शब्दार्थ—विचच्छन=प्रवीण; जच्छ=यक्ष; मृगलोचनचारु विमानन रहौ=लोगों के सुन्दर नेत्ररूपी विमानों पर सवार हो (जो तुम्हें देखता है उसके नेत्रों में बस जाते हो)। रोहौ=आरोहण करते हो, सवार हो जाते हो। अनङ्ग=काम। अंगी=शरीर धारी।

भावार्थ—सरल ही है।

नोट—प्रशंसा करके ही किसी का मनोभाव आकर्षित किया जा सकता है। जैसा अभिप्राय हो प्रशंसा भी उसी के अनुकूल होनी चाहिये। यहाँ सूर्पणखा का कामभाव है, अतः रूप की प्रशंसा ही उचित थी। स्त्रियाँ सुन्दर और वीर पुरुष को अधिक पसंद करती हैं। केशव ने नारी हृदय के भावों को कितनी गहराई तक देखा है, यही बात द्रष्टव्य है।

अलंकार—संदेह।

(राम) मनोरमा *—

हम हैं दशरत्थ महीपति के सुत।
सुभ राम सु लच्छन नामक संजुत॥
यह सासन दै पठये नृप कानन।
मुनि पालहु घालहु राच्छस के गन॥ ३४॥

---

*यह छंद खास केशव का निकाला हुआ जान पड़ता है। अन्य पिंगलों के मनोरमा छंद से इसका रूप नहीं मिलता। इसका लक्षण है ४ सगण और २ लघु अर्थात् (स, स, स, स, ल, ल)।

शब्दार्थ – लच्छन = लक्ष्मण। नामन संजुत = नामधारी। शासन = शामन, आज्ञा।

नोट – शास्त्राज्ञा है कि अपनी ज़बान से अपना नाम न लेना चाहिये। यदि आवश्यकता ही आ पड़े तो वंश परिचय तथा किसी विशेषण के साथ अपना नाम बतलावे। इसी से 'शुभ' शब्द का प्रयोग रामजी ने किया है।

(सूर्पणखा) – नृपरावण की भगिनी गनी मोकहँ।
जिसकी ठकुराइत तिनहु लोकहँ॥
सुनिजै दुखमोचन पंकज लोचन।
अब मोहिं करौ पतिनी मनरोचन॥ ३५॥

शब्दार्थ – ठकुराइत = राज्य, आतंक। सुनिजै = सुनिये। पतिनी = स्त्री। मनरोचन = मन को रुचनेवाले।

नोट—रामजी ने अपने को राजपुत्र बतलाया, तो सूर्पणखा अपने को राज-भगिनी बतलाकर विवाह को उपयुक्त ठहराती है। पंकजलोचन, मनरोचन तथा दुखमोचन इन तीन विशेषणों द्वारा वह प्रकट करती है कि तुम मुझे अति सुन्दर जँचते हो, इसलिए मेरा मन तुम पर आसक्त हो गया है और तुम्हीं को अपनी काम-पीड़ा निवारण करने के योग्य समझती हूँ, अतः पत्नीवत् स्वीकार करके मेरा दुःख निवारण करो।

तोमर – तब यों कह्यौ हँसि राम। अब मोहि जानि सवाम॥
तिय जाय लक्ष्मण देखि। सम रूप यौवन लेखि॥ ३६॥

शब्दार्थ – सवाम = विवाहित (सस्त्रीक, स्त्री सहित)।

भावार्थ – तब राम जी ने हँसकर कहा कि हे सुन्दरी, मेरा तो विवाह हो चुका है – मैं सस्त्रीक हूँ, अतः तुम जाकर हमारे लघु भ्राता लक्ष्मण से मिलो, वह तुम्हारे ही समान रूप तथा यौवन वाला है (शायद वह तुम्हें विवाह ले)।

(सूर्पणखा) दोधक –

राम सहोदर भोतन देखो। रावण की भगिनी जिय लेखो॥
राजकुमार रमौ सँग मेरे। होंहि सबै सुख संपति तेरे॥३७॥

(लक्ष्मण) दोधक—

यै प्रभु हौं जन जानि सदाई। दासि भये महँ कौनि बड़ाई।
जो भजिये प्रभु तौ प्रभुताई। दासि भये उपहास सदाई ॥३८॥

शब्दार्थ—यै=श्रीराम जी, हौं=मैं। जन=सेवक। भजिये=सेइये प्रभुताई=बड़प्पन, रानीपन। उपहास=हँसी, निन्दा (राजा की भगिनी के लिये दासी होना निन्दा की बात है)।

मल्लिका—हास के विलास जानि। दीह माय खंड मानि।
भच्छिवे को चित्त चाहि। सामुहें भई सियाहि ॥३९॥

शब्दार्थ—विलास=खेल। मान=सम्मान, इज्जत। खंड=खंडित। सामुहें=सम्मुख।

भावार्थ—जब सूर्पणखा ने देखा कि ये दोनों भाई मेरे साथ हँसी का खेल कर रहे हैं (मज़ाक कर रहे हैं) तो उसने अपने सम्मान को खंडित हुआ समझकर—अपना अपमान हुआ जानकर—भक्षण कर डालने की इच्छा से, सीता के सम्मुख हुई (सीता की ओर दौड़ी)।

तोमर—तब रामचन्द्र प्रवीन। हँसि बन्धु त्यों दृग दीन॥
गुनि दुष्टता सहलीन। श्रुति नासिका बिनु कीन ॥ ४० ॥

शब्दार्थ—त्यों=तरफ, ओर। दृग दीन=आँखों से कुछ संकेत किया। सहलीन=उद्यत, निमग्न। श्रुति=कान।

भावार्थ—तब चतुर रामचन्द्र ने हँसकर लक्ष्मण की ओर देख कुछ संकेत किया लक्ष्मण ने उसे दुष्टता पर उद्यत जान कर उसके नाक-कान काट लिये।

दो०—शोन छिंछि छूटत बदन, भीम भई तेहि काल।
मानो कृत्या कुटिल युत, पावक ज्वाल कराल ॥४१॥

शब्दार्थ—शोन=शोनित, रक्त। छिंछि=छींट। भीम=भयंकर। कृत्या=तंत्र के अनुसार पैदा की हुई भयंकर राक्षसी जो तांत्रिक के शत्रु को विनष्ट करती है।

भावार्थ—नाक कान काटे जाने पर उसके चेहरे पर से रक्त की छींटें सी छूटीं। इन रक्त-छींटों युक्त सूर्पणखा उस समय ऐसी भयंकरी दिखलाई दी

मानो कुटिल कृत्या (राक्षसी) कठिन अग्नि ज्वालाओं युक्त हो कर आई हो (सूर्पणखा कृत्या सम और खून की छाछे अग्नि ज्वाला सम)।

अलंकार – उत्प्रेक्षा।

ग्यारहवाँ प्रकाश समाप्त

बारहवाँ प्रकाश

दो०—या द्वादशों प्रकाश खर दूपण त्रिशिरा नास।
सीता-हरण विलाप सु-ग्रीव मिलन हरि त्रास॥

नोट – इस दोहे में यतिभंग दोष बहुत खटकता है।

तोटक—

गई सूपनखा-खरदूपन पै। सजि ल्याई तिन्हें जगभूषण पै।
सर एक अनेक ते दूर किये। रवि के कर ज्यों तमपुंज पिये॥१॥

शब्दार्थ—जगभूषण = श्रीराम जी। कर = किरणें।

भावार्थ—(तदनन्तर) सूर्पनखा खरदूषण के पास गई और उन्हें रण हेतु सजाकर श्रीराम के पास लिवा लाई। राम जी ने उन सबों को उसी प्रकार एक ही बाण से मार डाला जैसे सूर्य की किरणें अंधकार समूह को पी जाती हैं।

अलंकार—उपमा।

मनोरमा – वृष के खरदूषण ज्यों खर दूषण।
सब दूर किये रवि के कुल भूषण॥
गदशत्रु त्रिदोष ज्यों दूरि करै बर।
त्रिशिरा सिर त्यौं रघुनन्दन के सर॥ २॥

शब्दार्थ – वृष के = वृषराशि के। खरदूषण = तृणों को नष्ट करनेवाले (सूर्य)। रवि के कुल भूषण = सूर्य कुल के मंडन (श्रीराम जी)। गदशत्रु = वैद्य। त्रिदोष = सन्निपात।

अन्वय – ज्यों वृष के खरदूषण खर दूर किये त्यों रविकुल-भूषण खर-दूषण दूर किये।

भावार्थ—जैसे वृषराशि के (जेठ मास के प्रखर सूर्य किरण) सूर्य तृण-समूह को जला डालते हैं वैसे ही राम जी ने खर और दूषण का नाश कर दिया। जैसे वैद्यवर त्रिदोषज सन्निपात रोग को निज विद्याबल से दूर करता है, वैसे ही राम जी के बाणों ने त्रिशिरा के सिरों को दूर कर दिया।

अलंकार—देहरी दीपक से पुष्ट उपमा ('दूर किये' शब्द देहरी दीपक है)।

दो०—खरदूषन सों युद्ध बड़, भयो अनंत अपार।
सहस चतुर्दस राक्षसन, मारत लगी न वार॥ ३॥
गई अंध दसकंध पै, खरदूषनहि जुझाय।
सूपनखा लखि मन सिया, बेष सुनायो जाय॥ ४॥

भावार्थ—खरदूषण को जुझाकर सूर्पनखा अज्ञानी रावण के पास गई और उसे कामी समझ कर सीता का सौंदर्य सुनाया—(इस विचार से कि यह सौंदर्य सुनकर उसको हर लावेगा जिससे मुझे संतोष होगा।

दंडक—मय की सुता धौं को है, मोहनी है, मोहै मन,
आजु लौं न सुनी सु तौ नैनन निहारिये।
देहदुति दामिनी हू नेह काम कामिनी हूँ,
एक लोम ऊपर पुलोमजा बिचारिये॥
भाग पर कमला सुहाग पर बिमला हूँ,
बानी पर बानी केसोदास सुख कारिये।
सात दीप सात लोक सातहु रसातल की,
तीयन के गोत सबै सीता पर बारिये॥ ५॥

शब्दार्थ—मय की सुता=मन्दोदरी। पुलोमजा=शची, इन्द्राणी। बिमला=ब्रह्माणी (ब्रह्मा की स्त्री)। बानी=मधुर भाषण। बानी=(वाणी) सरस्वती।

भावार्थ—(सीता के रूप की प्रशंसा) उसके रूप के सामने मयनन्दिनी मन्दोदरी क्या वस्तु है—अर्थात् तुच्छ है। वह मोहिनी होकर मन को मोह लेती है, आज तक ऐसी रूपवती स्त्री सुनी भी न होगी उसे प्रत्यक्ष जाकर देखो। उसकी देहद्युति के सामने बिजली और प्रेम करने में रति कुछ भी नहीं हैं। उसके एक रोम पर शची निछावर है। भाग पर लक्ष्मी, सौभाग्य पर ब्रह्माणी

और मधुरभाषण पर सुखप्रद सरस्वती भी निछावर हैं। कहाँ तक कहूँ सातों द्वीप, सातों लोक और सातों रसातलों की स्त्रियों के समूह उस सीता पर निछावर करने योग्य हैं।

अलंकार—अत्युक्ति।

नोट—छन्द नं० ४ और ५ हमें बुँदेलखंड से प्राप्त हस्तलिखित प्रति में मिले हैं। अन्य प्रतियों में नहीं हैं।

मनोरमा—भजि सूपनखा गई रावन पै जब।
त्रिशिरा खरदूषन नास कहे सब॥
तब सूपनखा मुख बात जबै सुनि।
उठि रावन गो जहँ मारिच हो मुनि॥ ६॥

शब्दार्थ—हो = था। जहँ मारिच हो मुनि = जहाँ मारीच मुनि रूप से रहता था।

दोधक—
रावण बात कही सिगरी त्यों। सूपनखहिं विरूप करी ज्यों।
एकहि राम अनेक सँहारे। दूषण स्यों त्रिशिरा खर मारे॥ ७॥

शब्दार्थ—विरूप = बदसूरत (नाक कान काट कर) स्यों = सहित।

अलंकार—विभावना (दूसरी)।

दोधक—
तू अब होहि सहायक मेरो। हौं बहुतै गुण मानिहौं तेरो॥
जो हरि सीतहि ल्यावन पैहैं। वै भ्रमि सोकन ही मरि जैहैं॥ ८॥

शब्दार्थ—गुण मानिहौं = कृतज्ञ हूँगा, एहसान मानूँगा। वै = राम। भ्रमि = घूमते-घूमते।

(मारीच) दोधक—
रामहि मानुष कै जनि जानौ। पूरन चौदह लोक बखानौ॥
जाहु जहाँ सिय लै सु न देखौं। हौं हरि को जलहू थल लेखौं॥ ९॥

शब्दार्थ—मानुष कै = मनुष्य करके, मनुष्य ही। सु = सो। हौं = मैं

भावार्थ—(मारीच रावण को समझाता है) हे रावण! राम को मनुष्य मत समझो, वरन् उनको समस्त चौदहों भुवनों में व्यापक समझो। मैं

ऐसा कोई स्थान नहीं देखता जहाँ तुम सीता को ले जाकर छिपा रक्खोगे। मैं राम को जल थल में व्यापक मानता हूँ।

(रावण) सुन्दरी—

तू अब मोहि सिखावत है सठ। मैं बस लोक करे अपनी हठ।
वेगि चलै अब देहि न ऊतरु। देव सबै जन एक नहीं हरु ॥ १० ॥

शब्दार्थ—ऊतरु=उत्तर, जवाब। जन=दास, सेवक। हरु=(हर) महादेव।

भावार्थ—(रावण मारीच को डाँटता है) हे शठ! तू मुझे सिखाता है (चलने में बहाना करता है) मैंने अपनी हठ से सब लोगों को वश में कर लिया है। बस उत्तर मत दे, जल्दी चल। एक शिव को छोड़ कर और सब देवता तो मेरे दास हैं (वे मेरा क्या कर सकते हैं)।

दो०—जानि चल्यो मारीच मन, मरन दूहूँ विधि आसु।
रावन के कर नरक है, हरि कर हरिपुर वासु ॥ ११ ॥

भावार्थ—मारीच, यह जानकर कि अब शीघ्र ही मुझे दोनों तरह से मरना ही है (वहाँ जाने से राम मारेंगे, न चलने से रावण मारेगा) अतः राम के हाथ से मरना ही अच्छा है, क्योंकि रावण के हाथ से मरने में नरकगामी हूँगा और राम के हाथ से मारे जाने से बैकुण्ठ प्राप्त होगा। इस प्रकार विचार कर रावण के साथ चल दिया।

(राम) सुन्दरी—

राजसुता एक मंत्र सुनो अब। चाहत हौं भुव भार हर्यो सब ॥
पावक में निज देहहि राखहु। छाय शरीर मृगैं अभिलाषहु ॥ १२ ॥

शब्दार्थ—छाय शरीर=छाया शरीर से। मृगैं अभिलाषहु=मृग मारने के लिये मुझ से अपनी इच्छा प्रकट करो।

चामर—आइयो कुरंग एक चारु हेम हीर को।
जानकी समेत चित्त मोहि राम वीर को।
राजपुत्रिका समीप साधु बन्धु राखि कै।
हाथ चाप बाण लै गये गिरीश नाखि कै ॥ १३ ॥

शब्दार्थ—कुरंग=मृग। हेम=सोना। हीर=हीरा। साधु=इन्द्रीजित ब्रह्मचारी। गिरीश=बड़ा पर्वत। नाखि कै=लाँघ कर, उस ओर।

दो०—रघुनायक जबहीं हन्यो, सायक सठ मारीच।
'हा लछिमन' यह कहि गिरो, श्रीपति के स्वर नीच ॥१४॥

भावार्थ—रघुनाथ जी के बाण मारते ही दुष्ट मारीच श्रीपति (श्रीरामजी) के स्वर से 'हा लक्ष्मण' शब्द उच्चारण कर गिर कर शरीर त्याग दिया।

निशिपालिका—राज तनया तबहिं बोल सुनि यों कह्यो।
जाहु चलि देवर न जात हम पै रह्यो।
हेम मृग होहि नहिं रैनिचर जानियो।
दीन स्वर राम केहि भाँति मुख आनियो ॥ १५ ॥

शब्दार्थ—राजतनया=सीता (का छाया शरीर)। बोल=राम के स्वर में उच्चरित 'हा लक्ष्मण' शब्द। रैनिचर=निशिचर। मुख आनियो=उच्चरण किया।

भावार्थ—तब वह 'हा लक्ष्मण' शब्द सुनकर सीता ने कहा, हे देवर तुम जल्दी जाओ। श्रीराम तुम्हें सहायतार्थ टेरते हैं—उनका दीन वचन सुनकर मुझसे रहा नहीं जाता। जान पड़ता है कि वह मृग नहीं है, कोई राक्षस है—ऐसा न होता तो रामजी ऐसे दीन स्वर से न टेरते। जान पड़ता है कि राम पर कोई संकट आ पड़ा है।

(लक्ष्मण) निशिपालिका—
शोच अति पोच उर मोच दुखदानिये।
मातु यह बात अवदात मम मानिये।
रैनि चर छद्म बहु भाँति अभिलाषही।
दीन स्वर राम कबहूँ न मुख भाषहीं ॥१६॥

शब्दार्थ—अवदात=शुद्ध, सत्य। छद्म=कपट।

भावार्थ—हे माता जानकी! यह अति तुच्छ और दुखदायी दुःख मन से निकाल दो और मेरी इस बात को सत्य जानो कि निशिचर चाहे लाख कपट करें पर श्रीरामजी मुख से कभी दीन वचन उच्चारण न करेंगे।

चंचला—पच्छिराज जच्छराज प्रेतराज जातुधान।
देवता अदेवता नृदेवता जिते जहान ॥

पर्वतारि अर्ब खर्ब सर्ब सर्वथा बखानि।
कोटि कोटि सूर चन्द्र रामचन्द्र दास मानि ॥१७॥

शब्दार्थ—पच्छिराज=गरुड़। जच्छराज=कुवेर। प्रेतराज=यम। अदेवता=दैत्य। नृदेवता=राजा। पर्वतारि=इन्द्र। अर्ब=एक अरब (संख्या)। खर्ब=एक खरब (संख्या)। सर्ब=शिव।

भावार्थ—गरुड़, कुवेर, यम, राक्षस, देवता, दैत्य और राजा इस संसार में जितने हैं; और अरबों इन्द्र, वा खरबों शिव तथा करोड़ों सूर्य और चन्द्र, इन सब को श्रीराम जी का दास ही समझो) कोई भी रामजी को कष्ट नहीं पहुँचा सकता)।

अलंकार उदात्त।

चामर—राजपुत्रिका कहो सु और को कहै सुनै।
कान मूँदि बार बार सीस बीसधा धुनै॥
चापकीय रेख खांचि देव साखि दै चले।
नाखिहैं ते भस्म होहि जीव जे भले बुरे॥१८॥

शब्दार्थ—और को कहै सुनै—अकथ्य और अश्रवणीय हैं, कहने सुनने लायक नहीं (अर्थात् अत्यन्त कटु और कठोर हैं)। बीसधा=अनेक प्रकार से। चापकीय=धनुर से, धनुष द्वारा। देव साखि दै=अपनी निर्दोषता का साक्षी बना कर।

भावार्थ—तब सीता जी ने लक्ष्मण को अत्यन्त कटु और कठोर वचन कहे जो कहने सुनने योग्य नहीं। और लक्ष्मण की बातें न सुनाई पड़ें इसलिए कान मूँद कर बार बार अनेक प्रकार से अपना सिर पीटने लगी (अबला स्त्रियों का ऐसा ही स्वभाव होता है। हठी होती हैं, सिर फोड़ लेती हैं)। जब लक्ष्मण जी ने देखा कि ये मानेंगी नहीं, तब धनुष से पर्ण-कुटी के चारों ओर रेखा खींच कर और अपनी निर्दोषता के हेतु देवताओं को साक्षी बना कर देवताओं की कसम दिला कर—और यह कहा कि जो कोई इस रेखा को लाँघेगा, चाहे वह भला हो चाहे बुरा हो, भस्म हो जायगा, राम की ओर चल दिये!

अलंकार—तुल्ययोगिता (चौथी)

नोट—सीता ने उस धनुरेखा को लाँघा था। उसके फल स्वरूप लंका विजय होने पर सीता को यह रूप जलाना पड़ा। लक्ष्मण का वचन सत्य हुआ।

चामर—छिद्र ताकि छुद्रबुद्धि लंकनाथ आइयो।
भिच्छु जान जानकी सुभीख को बुलाइयो।
सोच पोच मोचि कै सकोच भीम भेप को।
अंतरिच्छ ही हरी ज्यों राहु चंद्ररेख को ॥१६॥

शब्दार्थ—छिद्र=मौका (जानकी को अकेली जानकर)। मोचि कै संकोच भीम भेष को=अपने बड़े भयंकर भेप को छोटा बनाकर आया था, उस संकोचन को—छोड़ कर अर्थात् पुनः बड़ा और भयंकर रूप (अपना असली रूप) धर कर। अंतरिच्छ=आकाश। चंद्ररेख=(चंद्रलेखा) द्वितीया का चंद्रमा। ज्यों=मानों।

भावार्थ—मौका ताक कर क्षुद्रबुद्धि रावण जानकी की पर्णकुटी के निकट आया। (चूँकि वह सन्यासी का भेष धारण किये था अतः) उसे भिक्षुक समझ कर जानकी जी ने भीख देने के लिए निकट बुलाया। ऐसा मौका पाकर उस पोच ने सब विचार छोड़ कर पुनः अपना असली भयंकर रूप धरकर सीता को पकड़ इस प्रकार आकाश मार्ग से उड़ा मानों राहु ने द्वितीया के चंद्रमा को पकड़ा हो।

अलंकार—उत्प्रेक्षा (यहाँ 'ज्यों' शब्द 'मानो' के अर्थ में है अतः इसमें उत्प्रेक्षा अलंकार मानना मुझे अधिक उचित जँचता है)।

दंडक—धूमपुर के निकेत मानो धूमकेतु की शिखा,
कै धूमयोनि मध्य रेखा सुधाधाम की।
चित्र की सी पुत्रिका कै रूरे बगरूरे माहि,
शंवर छड़ाइ लई कामनी कै काम की॥
पाखंडी की सिद्धि कै मठेस बस एकादसी,
लीनी कै स्वपचराज साखा सुद्ध साम की।
केसव अदृष्ट साथ जीव जोति जैसी तैसी,
लंकनाथ हाथ परी छाया जाया राम की॥ २०॥

शब्दार्थ—धूमकेतु=अग्नि। धूमयोनि=बादल। सुधाधाम=चन्द्रमा। रूरे=बड़े। बगरूरा=बवंडर। शंबर=शंबर और प्रद्युम्न की कथा श्रीमद्भागवत के दशम स्कंध के ५५ वें अध्याय में देखो। मठेश=मठपति, किसी मठ का पुजारी। (केशवकृत विज्ञान गीता में इसकी कथा देखो)। स्वपचराज=चाण्डाल। अदृष्ट=भाग्य, प्रारब्ध। जाया=पत्नी। छाया जाया राम की=राम की छायामय (मायामय, असली नहीं) पत्नी सीता।

भावार्थ—(सीता रावण के वश में पड़ी हैं—कैसे) धूम समूह में अग्नि शिखा है, या बादल में चन्द्रकला है, या बड़े बवंडर में कोई सुन्दर चित्र है, या शंबरासुर ने रति को हरण किया है, या पाखंडी की सिद्धि हैं (पाखंडी में असली सिद्धि होती ही नहीं—वैसे ही यह असली सीता नहीं) या मठाधीश के वश में ज़बरदस्ती एकादशी पड़ गई है, या चांडाल ने अनधिकार ही शुद्ध सामवेद की शाखा ग्रहण की है। केशव कहते हैं कि जैसे प्रारब्ध के फंदे में जीव की ज्योति (अविनाशी सच्चिदानन्द ईश्वर का अंश) पड़ी हुई है, वैसे ही रावण के हाथ में रामपत्नी का केवल मायामय रूप पड़ा है—तात्पर्य यह है कि जैसे उपर्युक्त वस्तुएँ विवश होकर अवास्तविक रूप से इन जनों के वश में केवल देखने मात्र को होती हैं, वैसे ही मायामय रूप से सीता भी रावण के हाथ पड़ी हैं।

अलंकार—संदेह से पुष्ट उपमा।

(सीता) वसन्ततिलका—

हा राम! हा रमन! हा रघुनाथ धीर।
लंकाधिनाथ बश जानहु मोहि बीर॥
हा पुत्र लक्ष्मण! छुड़ावहु बेगि मोहीं।
मार्तंडवंश यश की सब लाज तोहीं॥ २१॥

वसन्ततिलका—

पक्षी जटायु यह बात सुनंत धाय।
रोक्यो तुरन्त बल रावण दुष्ट जाय॥
कीन्हों प्रचंड रण छत्रध्वजा विहीन।
छोड्यो विपक्ष तब भो जब पक्षहीन॥ २२॥

शब्दार्थ—सुनंत=सुन कर। बल=बलपूर्वक। विपच्छ=शत्रु। पच्छ=पंख।

संयुक्ता—

दशकंठ सीतहि लै चल्यौ। अति वृद्ध गीध हियो दल्यो।
चित जानकी अध को कियो। हरि तीन द्वै अवलोकियो ॥२३॥

शब्दार्थ—गीध हियो दल्यो=गृद्ध (जटायु) के हृदय में बड़ा दुःख हुआ (शरीर के कष्ट का कुछ भी ध्यान नहीं) हृदय इस हेतु दुःखी है कि इतना शारीरिक कष्ट सहने पर भी सीता का उपकार न कर सका। अध को=नीचे को। हरि=बंदर। तीन द्वै=(३+२) पाँच (देखो छंद नं० ५१, ५६ तथा प्रकाश १३ वें का छन्द नं० ३६)।

भावार्थ—तदनन्तर रावण सीता को लेकर लंका को चला। अत्यंत बुड्ढे जटायु को अत्यन्त हार्दिक दुःख हुआ। आगे बढ़ने पर जानकी ने नीचे की ओर (भूमि की ओर) देखा तो एक पर्वत पर पाँच बन्दरों को बैठे देखा।

मूल—पद पद्म की शुभ घूँघरी। मणि नील हाटक सों जरी॥
जुत उत्तरीय विचारि कै। भुव डारि दी पग टारि कै॥२४॥

शब्दार्थ—घूँघरी=नूपुर। हाटक=सोना। उत्तरीय=ओढ़नी। पग टारिकै=पैर से उतार कर।

भावार्थ—सीता जी ने अपने चरण कमलों के घुँघरू जो सुवर्ण के थे और जिनमें नीलम जड़े हुए थे, पैर से उतार कर और अपनी ओढ़नी में बाँध-कर ज़मीन पर फेंक दिये (ताकि ये बंदर उसे पावें और खोज करते हुए राम जी को खोज दें)।

दो०—सीता के पदपद्म के, नूपुर पट जनि जानु।
मनहु कर्‌यो सुग्रीव घर, राजश्री प्रस्थानु॥ २५॥

शब्दार्थ—राजश्री=राज्यवैभव, राज्यलक्ष्मी। प्रस्थान=आगमन चिन्ह।

भावार्थ—(कवि कहता है) उनको सीता के चरण का नूपुर और कपड़ा ही न समझो वे तो मुझे ऐसे जान पड़ते हैं मानो सुग्रीव के घर राज-

लक्ष्मी का प्रस्थान रक्खा गया है (थोड़े दिनों में सुग्रीव को राज्य मिलनेवाला है, उसी के आगमन चिन्ह हैं)।

अलंकार—अपह्नुति और उत्प्रेक्षा।

दो०—यद्यपि श्री रघुनाथ जू, सम सर्वंग सर्वज्ञ।
नर कैसी लीला करत, जेहि मोहत सब अज्ञ ॥२६॥

शब्दार्थ—सम=सदा एक रस (जो किसी भी मनोभाव से प्रभावित न हो)। सर्वंग=सर्वत्र व्याप्त। सर्वज्ञ=सब बातों को जानने वाले। अज्ञ=मूढ़।

(राम) सवैया—
निज देखौं नहीं शुभ गीतहि सीतहिं कारण कौन कहौ अबहीं।
अति मो हित कै बन माँझ गई सुर मारग मैं मृग मार्‌यो जहीं॥
कटु बात कछू तुम सों कहि आई किधौं तेहि त्रास दुराय रहीं।
अब है यह पर्णकुटी किधौं और किधौं वह लक्ष्मण होइ नहीं ॥२७॥

शब्दार्थ—सुरमारग=मारीच ने जो मरते समय 'हा लक्ष्मण' शब्द कहा था, उसी शब्द मार्ग पर, जिस ओर से शब्दध्वनि आई थी उसी रास्ते पर।

भावार्थ—(पर्णकुटी पर आकर और सीता को वहाँ न पाकर श्रीराम जी लक्ष्मण से कहते हैं) मैं अपनी सुन्दर सीता को यहाँ नहीं देखता इसका क्या कारण है? तुरन्त बतलाओ। क्या मुझपर अति प्रेम करके वे उस शब्द-मार्ग से उस वन को चली गई जहाँ मैंने मृग को मारा है? या तुमको कुछ कटु वचन कहे हैं और अब मेरे आने पर लज्जित होकर या भय से कहीं छिप रही हैं। यह हमारी ही पर्णकुटी है या कोई दूसरी है? तुम वही मेरे सहोदर लक्ष्मण हो कि नहीं (कपट वपुधारी कोई दूसरे व्यक्ति तो नहीं हो)?

अलंकार—संदेह।

दोधक—
धीरज सो आपनो मन रोक्यो। गीध जटायु पर्‌यो अवलोक्यो॥
छत्र ध्वजा रथ देखि कै बूझ्यो। गीध कहौ रण कौन सों जुझ्यो॥

(जटायु)—

रावण लैगयो राघव सीता। हा रघुनाथ रटै शुभगीता॥
मैं विनु छत्र ध्वजा रथ कीनो। ह्वै गयो हौं बल पक्ष विहीनो॥
मैं जग में सब ते बड़भागी। देह दशा तब कारण लागी॥
जो बहु भाँतिन वेदन गायो। रूप सो मैं अवलोकन पायो॥ ३०॥

शब्दार्थ—देह दशा लागी=यह गीध देह और यह वृद्धावस्था (जो किसी काम की न थी) तुम्हारे उपकार में लगी।

(राम) दोधक—

साधु जटायु सदा बड़ भागी। तो मन मो वपु सों अनुरागी॥
छूटो शरीर सुनी वह वानी। रामहिं में तब जोति समानी॥ ३१॥

भावार्थ—(श्रीरामजी जटायु से कहते हैं) हे जटायु! साधुवाद (धन्य धन्य)। तुम बड़े भाग्यवान हो जो तुम्हारा मन मेरे रूप से अनुराग रखता है, राम की वह वाणी सुनते ही जटायु ने प्राण त्याग दिये और उसकी जीव-ज्योति राम ही में लीन हो गई। (सायुज्यमुक्ति को प्राप्त हुआ)।

तोटक—

दिसि दच्छिन को करि दाह चले। सरिता गिरि देखत वृक्ष भले॥
बन अंध कबन्ध विलोकत हीं। दोउ सोदर खैंचि लिये तबहीं॥३२॥

शब्दार्थ—अंध=नेत्रहीन। कबंध=सिरहीन एक राक्षस (आगे के छन्दों में उसने स्वयं अपनी कथा कही है) इन्द्र के वज्र मारने से इसका सिर पेट में घुस गया था, पर मरा नहीं। इन्द्र ने इसकी भुजाएँ दो-दो कोस कर दी थीं। सिर पेट में घुस गया था, इस कारण इसे देख नहीं पड़ता था। लम्बी भुजाओं से ढूँढ़ टटोल कर अपना आहार पकड़ लेता था, अतः 'विलोकत ही, का अर्थ यहाँ होगा 'टटोलते ही', भुजाओं से स्पर्श होते ही।

भावार्थ—जटायु की दाह-क्रिया करके रामजी दक्षिण की ओर को आगे बढ़े और नदी, पहाड़, और सुन्दर वृक्ष देखते (और उनसे जानकी का पता पूँछते) चले जा रहे थे कि रास्ते में अंधा कबंध मिला और इनकी आहट पाकर टटोल कर दोनों भाइयों को अपनी लंबी भुजाओं से अपने निकट खींच लिया।

तोटक—

जब खैंचेहि को जिय बुद्धि गुनी। दुहुँ बाननि लै दोउ बाहु हनी॥
वह छाँड़ि कै देह चल्यो जबही। यह व्योम में बात कही तबही॥३३॥

शब्दार्थ—बुद्धिगुनी=विचार किया। दुहु=दोनों ने (राम और लक्ष्मण ने।) बाहु हनी=भुजाएँ काट डाली। व्योम=आकाश।

भावार्थ—जब उसने राम और लक्ष्मण के भक्षण कर डालने का विचार किया तब दोनों भाइयों ने उसकी दोनों भुजायें बाणों से काट डालीं। जब वह शापित गन्धर्व अपनी इस राक्षसी देह को छोड़ कर पुनः सुरपुर को चला, तब आकाश में उसने यह बात कही:—

(कबंध—गंधर्व रूप से) तोटक—

पीछे मघवा मोहि शाप दई गन्धर्व ते राक्षस देह भई॥
फिरकै मघवा सह युद्ध भयो। उन क्रोध कै सीस पै वज्र हयो॥३४॥

शब्दार्थ—पीछे—गतकाल में। मघवा=इन्द्र। सह=के साथ, से। हयो=मारा।

नोट—इसी 'सह' वा 'सँग' से 'सन', इत्यादि विभक्तियाँ बनी हुई जान पड़ती हैं।

भावार्थ—गतकाल में इन्द्र ने मुझे शाप दिया था, जिससे मैं गंधर्व से राक्षस हो गया। तदनंतर इन्द्र से मेरा युद्ध हुआ, तब उन्होंने क्रोध से मेरे सिर पर बज्र मारा।

दो०—गयो सीस गड़ि पेट में, परयो धरणि पर आय।
कछु करुणा जिय मों भई, दीन्ही बाहु बढ़ाय॥ ३५॥
बाहु दई द्वै कोस की, "आवै तेहि गहि खाउ।
रामरूप सीता-हरण, उधरहु गहन उपाउ"॥ ३६॥

भावार्थ—दोहा नं० ३५ का अर्थ सरल ही है। दोहा नं० ३६ में वह गंधर्व कहता है कि जब इन्द्र ने कृपा करके मेरी भुजाएँ दो-दो कोस की कर दीं उसी समय यह भी कहा कि जो कोई तेरे निकट आवै उसे पकड़ कर खा लिया कर (इस प्रकार तू जीवित रहेगा) रामावतार के समय जब सीता हरण हो जाने पर श्रीराम इस वन में आवें तब उनको पकड़ लेना तब तेरा उद्धार हो जायगा। (राक्षस देह छोड़ कर गंधर्व शरीर पावेगा।)

(गन्धर्व) दो० –

सुरसरि ते आगे चले, मिलिहैं कपि सुग्रीव।
दै हैं सीता की खबर बाढ़ै सुख अति जीव ॥३७।)

भावार्थ—(वही गन्धर्व आकाश से कहता है कि) जब इस गोदावरी से आगे बढ़ोगे तो तुम्हें सुग्रीव नामक एक बंदर मिलेगा। वह ,सीता की ठीक खबर देगा (सीता की कुछ सहिदानी देगा) जिसके मिलने से आपको बड़ा आनन्द होगा। (इस वार्ता को सुन कर श्रीरामजी आगे को चले)।

(विरह में राम की उन्मत्त दशा)

तोटक –

सरिता इक केशव सोभ रई। अवलोकि तहाँ चकवा चकई ॥
उरमें सिय प्रीति समाइ रही। तिनसों रघुनायक बात कही ॥३८॥

शब्दार्थ—सोभ रई=शोभारंजित, अति सुन्दर।

तोटक—

अवलोकत हे जबहीं जबहीं। दुख होत तुम्हें तबहीं तबहीं ॥
वह वैर न चित्त कछु धरिये। सिय देहु बताय कृपा करिये ॥३९॥

शब्दार्थ—हे=थे। दुख होत=साहित्य में स्त्री के कुच युग्म की उपमा चक्रवाक के जोड़े से दी जाती है। अतः सीता के कुचयुग्म से तुम लज्जित होकर विरोध मानते थे। वैर=विरोध भाव।

भावार्थ—(रामजी चक्रवाक के जोड़े से कहते हैं) जब जब सीता को तुम देखते थे, तब तब तुम्हें दुःख होता था (कि हम ऐसे सुन्दर नहीं हैं) अतः उस विरोध को भुला कर सीता को इधर जाते देखा हो तो कृपा करके पता तो बतलाओ।

तोटक—

शशि को अवलोकन दूर किये जिनके मुख की छवि देखि जिये।
कृत चित्त चकोर कछूक धरो। सिय देहु बताय सहाय करो ॥४०॥

शब्दार्थ—कृत – एहसान, चतुराई, कृतज्ञता।

भावार्थ --हे चकोरगण ! चंद्रमा का देखना छोड़ कर जिस सीता की मुखछबि देख कर तुम जीते थे, उस एहसान की कुछ सुध करो, और सीता का पता बतला कर मेरी सहायता करो।

नोट—भाव यह है कि चंद्रमा के अभाव में मेरी स्त्री की मुख छवि देख कर तुम जीते थे। मैं चाहता तो तुमको अपनी स्त्री का मुख न देखने देता। पर तुमको दुःखित जान कर मैं ऐसा न करता था। अब मैं उसके विरह से दुखी हूँ, अतः अब तुम्हें मेरी सहायता करनी चाहिये—मैं तुम्हें जीवित रहने में सहायता देता था तुम मेरी जीवित रहने में सहायता करो, नहीं तो कृतघ्न कहलाओगे। 'कृत' शब्द पर विचार करने से यही भाव स्पष्ट निकलता है।

अलंकार—अन्योन्य

दुर्मिल सवैया—

कहि केशव याचक के अरि चंपक शोक अशोक भये हरिकै।
लखि केतक केतकि जाति गुलाब ते तीक्ष्ण जानि तजे डरिकै।
सुनि साधु तुम्हैं हम बूझन आये रहे मन मौन कहा धरिकै।
सिय को कछु सोधु कहौ करुणामय हे करुणा करुणा करिकै॥४१॥

शब्दार्थ—केतक = केवड़ा। केतकि = केतकी। जाति = जायफल का पेड़। तीक्ष्ण = काँटेदार। साधु = सज्जन। सोध = पता। करुणा = करना नामक पुष्प-वृक्ष। करुणामय = दयावान्।

भावार्थ—(श्रीरामजी करुना नामक वृक्ष से कहते हैं) हे करुणामय (दयालु) करुणा! कृपा करके हमें सीता का कुछ पता बतलाओ, तुम साधु प्रकृति हो इसी से तुम से पूछते हैं। तुम क्यों मौन हो रहे हो (साधुजन पर दुःख को भली भाँति अनुभव कर सकते हैं)। यदि कहो कि अन्य वृक्षों से क्यों नहीं पूछते, तो उसका कारण सुनो, चंपक से इस कारण नहीं पूछा कि वह याचक का शत्रु है। (मकरंद के याचक भौंरे को वह पास तक नहीं फटकने देता—प्रसिद्ध बात है कि भौंरे चम्पे पर नहीं बैठता) अतः वह हमारा दुःख क्या समझेगा। अशोक तो अपना सब शोक दूर करके 'अशोक' कहलाता है। (जो स्वयं अशोक है वह दूसरे के शोक का क्या अनुभव करेगा) इस कारण उससे भी नहीं पूछा। केवड़ा, केतकी, जायफल, और गुलाब को तीक्ष्ण काँटेदार जान कर छोड़ दिया है, क्योंकि जो तीक्ष्ण प्रकृति के होते हैं वे भयंकर होते हैं। अतः आपको ही सज्जन जानकर पूछते हैं (सज्जन साधु ही हमारी पीड़ा का अनुभव कर सकता है)।

अलंकार—स्वभावोक्ति से पुष्ट निरुक्ति।

(राम) नाराच—

हिमांशु सूर सी लगै सो बात वज्र सी वहै।
दिशा जगैं कृसानु ज्यों विलेप अंग को दहै।
विसेस कालराति सों कराल राति मानिये।
वियोग सीय को न, काल लोकहार जानिये ॥४२॥

शब्दार्थ—हिमांशु=चन्द्रमा। बात=वायु। विलेप=शीतलकारक विशेष लेपनादि (चन्दन कर्पूरादि)। कालराति=मृत्यु की रात्रि। कराल=भयंकर। लोकहार=जनसंहारक।

भावार्थ—(राम जी लछमण प्रति कहते हैं) हे लक्ष्मण! हमें सीता के वियोग में चन्द्रमा सूर्य के समान सन्तप्त लगता है, मलय पवन वज्र सी चलती है, समस्त दिशायें आग सी जलती हैं, चन्दन कर्पूरादि का लेप (जो तुम मेरे तन पर लगाते हो) अंग को जलाता है, रात्रि तो मुझे कालिरात्रि से भी अधिक भयानक जान पड़ती है। यह सीता का वियोग नहीं है, इसे संसार-संहारक काल ही जानो।

अलंकार—शुद्धापह्नुति।

पद्धटिका—

यहि भाँति विलोके सकल ठौर। गये सबरी पै दुउ देवमौर॥
लियों पादोदक तेइ पद पखारि। पनि अर्घादिक दीन्हें सुधारि॥४३॥

शब्दार्थ—पादोदक=चरणामृत। अर्घादिक=जल, फूल, मूलादि कुछ हलके पदार्थ अतिथि के आने पर उसे जलपान को दिये जाते हैं।

भावार्थ—इस प्रकार सब जगह सीता को खोजते हुए वे दोनों देव-शिरोमणि (राम लक्ष्मण) शवरी के स्थान में पहुँचे। उसने चरण धो कर चरणामृत लिया और अतिथि जानकर उनको उचित जलपान दिया।

पद्धटिका—

हर देत मंत्र जिनको बिशाल। सुभ कासी में पुनि मरण काल॥
ते आये मेरे धाम आज। सब सफल करन जप तप समाज॥४४॥

भावार्थ—(शवरी अपने मन में सोचती है, जिनके नाम का महा शुभंकर मंत्र काशी में महादेव जी सब जीवों को मरण काल में सुनाते हैं वे

ही श्रीराम आज मेरा जप तप सफल करने के लिये मेरे स्थान में आये हैं (अतः आज मैं अत्यन्त बड़भागिनी हुई)।

पद्धटिका—

फल भोजन को तेहि धरे आनि। भपे यज्ञपुरुप अतिप्रीति मानि॥
तिन रामचन्द्र लक्ष्मण स्वरूप। तब धरे चित्त जगजोति रूप॥४५॥

भावार्थ—तदनंतर शबरी ने भोजनार्थ फल लाकर दिये उसके फलों को यज्ञपुरुप (नारायणरूप) राम जी ने बड़ी रुचि से प्रीतिपूर्वक खाया। तदनन्तर शबरी ने राम लक्ष्मण को जगत के प्रकाशक विष्णु भगवान समझ अपने चित्त में धारण कर लिया (अपने हृदय ही में राम का रूप देखने लगी, उसका हृदय ब्रह्मज्योति से प्रकाशित हो गया)।

दो०—शबरी पावकपंथ तब, हरषि गई हरि लोक।
वनन विलोकत हरि गये, पंपातीर सशोक॥४६॥

शब्दार्थ—पावकपंथ = योगाग्नि से अपना शरीर जला कर। हरिलोक = परम धाम, बैकुण्ठ।

(पंपासर वर्णन)

तोटक—

अति सुन्दर सीतल सोम बसै। जहँ रूप अनेकनि लोभ लसै॥
बहु पंकज पच्छि विराजत हैं। रघुनाथ विलोकत लाजत हैं॥४७॥

भावार्थ—वह पंपासर अति सुन्दर है, चारों ओर शीतल शोभा है। (सब जगह ठंढक की अधिकता है) और वहाँ अनेक रूप से लोभ बसता है—(अर्थात् वहाँ की रमणीक शोभा और शीतलता देख कर बड़े बड़े त्यागियों का मन भी वहाँ रहने के लिये लालायित हो उठता है और वहाँ से अन्यत्र जाने को मन नहीं चाहता)। वहाँ बहुत प्रकार के कमल और पच्छी हैं पर वे सब श्रीरघुनाथ जी को देख कर लज्जित होते हैं (अर्थात् राम जी के अंगों की सुन्दरता देख कर अपनी सुन्दरता को तुच्छ समझते हैं)।

अलंकार—ललितोपमा।

तोटक—

सिगरी ऋतु सोभित शुभ्र जहीं। लह ग्रीषम पै न प्रवेश सही॥
नव नीरज नीर तहाँ सरसैं। सिय के सुभ लोचन से दरसैं॥४८॥

भावार्थ—वहाँ सब ही ऋतुएँ शोभती हैं (मौजूद रहती हैं) पर एक ग्रीष्म को ही यहाँ प्रवेश नहीं मिलता। (ग्रीष्म का प्रभाव नहीं होता)। जल में नवीन कमल खिले हैं जो सीता जी के सुन्दर नेत्रों के समान दिखलाई पड़ते हैं।

अलंकार—उपमा।

सवैया—

सुन्दर सेत सरोरुह में करहाटक हाटक की दुति को है।
तापर भौंर भलो मनरोचन लोक विलोचन की रुचिरो है॥
देखि दई उपमा जलदेविन दीरघ देवन के मन मोहै।
केशव केशवराय मनो कमलासन के सिर ऊपर सोहै॥४९॥

शब्दार्थ—करहाटक=कमल का बीजकोष, शिफाकंद, कमलपुष्प के मध्य की छतरी जो पहिले पीली होती है पुनः बढ़ने पर हरी हो जाती है। हाटक=सोना (पीले रंग का)। मनरोचन=मन को रुचने वाला, सुन्दर। लोक विलोचन की रुचि रोहै=लोगों (दर्शकों) की रुचि पर सवार हो जाता है (देखने में भला मालूम होता है) केशवराय=विष्णु। कमलासन=ब्रह्मा।

भावार्थ—सुन्दर सफेद कमल में पीली छतरी है। उसपर सुन्दर भौंरा बैठा है जो सब दर्शकों को अत्यन्त भला जान पड़ता है। इसको देख कर जलदेवियों ने ऐसी उपमा दी जिसे सुन कर बड़े-बड़े देवताओं के मन भी मोहित हो गये (भली मालूम हुई)। केशव कहते हैं कि (उन्होंने यह कहा कि) इस पीली छतरी पर काला भौंरा ऐसा जान पड़ता है मानो ब्रह्मा के सिर पर विष्णु विराजमान हों।

अलंकार—उत्प्रेक्षा।

(लक्ष्मण) सवैया—

मिलि चक्रिन चंदन वात बहै अति मोहत न्यायन ही मति को॥
मृगमित्र विलोकत चित्त जरै लिये चन्द्र निशाचर-पद्धति को।

प्रतिकूल शुकादिक होहिं सबै जिय जानै नहीं इनकी गति को।
दुख देत तड़ाग तुम्हें न बनै कमलाकर ह्वै कमलापति को ॥५०॥

शब्दार्थ—चक्रिन=सर्प। चंदनबात=मलय-पवन। न्यायन ही=न्याय युक्ति, ठीक ही। मृगमित्र=चन्द्रमा (पशु का मित्र है अतः जड़बुद्धि)। निशाचर-पद्धति=निश्चरों की रीति।

भावार्थ—(लक्ष्मण जी पंपासर से कहते हैं)—हे कमलाकर (कमलों की खानि) पंपासर! कमलापति (श्रीराम जी) को जो तुम दुःख देते हो (विरह को उद्दीप्त करते हो) यह बात तुम्हारे योग्य नहीं (क्योंकि तुम कमलाकर हो और ये कमलापति हैं—ये तुम्हारे दामाद हैं)—यदि कहो कि मलय पवन भी तो इन्हें दुःख देता है, तो वह तो उचित ही कार्य करता है क्योंकि चंदन स्वयं जड़ है और सर्पयुक्त है अतः विषैला है (विष का स्वाभाविक गुण विमोहन है) विष से संबंध रखने वाले जड़वृक्ष की वायु यदि राम को विमोहित करे तो आश्चर्य नहीं। चन्द्रमा को देखकर जो इनका चित्त दग्ध होता है (सो भी उचित ही है क्योंकि) चन्द्रमा निश्चरों की रीति लिए हुए है (रात्रिचर है)। शुकपिकादि पक्षियों की काकली जो इनको दुखद लगती है वह भी उचित ही है क्योंकि वे जड़बुद्धि हैं। इनकी विरह दशा को नहीं जानते, पर तुम तो कमलाकर हो (पर्याय से यहाँ इसका अर्थ "कमला को पैदा करने वाले" लेना चाहिये) और ये कमलापति हैं अतः तुम्हारा इनका ससुर दामाद का रिश्ता है। ससुर हो कर दामाद को दुःख न देना चाहिये। यह बात तुमसे नहीं बनती।

अलंकार—वक्रोक्ति ('कमलाकर' का दूसरा अर्थ लिया गया है)।

अरण्यकाण्ड की कथा समाप्त

किष्किन्धाकांड

दो०—ऋष्यमूक पर्वत गये, केशव श्रीरघुनाथ।
देखे बानर पंच विभु, मानो दक्षिण हाथ ॥ ५१ ॥

शब्दार्थ—बानरपंच=पाँच बानर—सुग्रीव, हनुमान, नल, नील और सखेन। विभु=प्रतापी, तेजस्वी। दक्षिण हाथ=दक्षिण दिशा के रक्षक

अथवा (श्रीराम ने) उन्हें दक्षिण हाथ की तरह अपना सच्चा सहायक समझ कर मित्ररूप देखा, अर्थात् देखते ही राम को यह भावना हुई कि सीता की खोज में इनसे सहायता मिलेगी।

अलंकार—उत्प्रेक्षा।

कुसुमविचित्रा—

जब कपि राजा रघुपति देखे। मन नर नारायण सम लेखे
द्विजवपु कै श्रीहनुमंत आये। वहु विधि दै आशिप मन भाये॥५२॥

भावार्थ—जब सुग्रीव ने राम जी को देखा (जब) अपने मन में दोनों भाइयों को (श्रीराम और लक्ष्मण को) नर और नारायण ही समझा। ब्राह्मण भेष से श्रीहनुमान जी राम जी के निकट आये और अनेक प्रकार से मन भाये आशीर्वाद दिये।

(हनुमान) कुसुमविचित्रा—

सब विधि रूरे बन महँ को हौ। तन मन सूरे मनमथ मोहौ॥
सिरसि जटा वाकल वपुधारी। हरि हर मानौ विपिन विहारी॥५३॥

भावार्थ—(हनुमान जी पूछते हैं) हे महाराज! आप लोग अति सुन्दर रूप वाले हो अतः कौन हो? वन में किस कार्य से आये हो? आप तन मन से शूरवीर मालूम होते हो, सुन्दर इतने हो कि काम को भी मोहते हो सिर पर जटा और शरीर पर वल्कलवस्त्र धारण किये हो, ऐसा जान पड़ता है मानों आप विष्णु और शिव हो, जंगल में सैर करने को आये हो।

अलंकार—उत्प्रेक्षा।

कुसुमविचित्रा—

परम वियोगी सम रस भीने। तन मन एकै युग तन कीने।
अब तुम को का लगि बन आये। केहि कुल हौ कानहिं पुनि जाये॥५४॥

भावार्थ—तुम ऐसे रस-निमग्न जान पड़ते हो जैसे किसी के वियोग में हो—वियोगी के समान विरह-रस में भींगे हो। तुम तन मन से एक ही हो, पर दो तन धरे हो (इतना तो मैं तुम्हारे रूप से ही जान गया)। पर अब तुम बताओ कि तुम कौन हो और किस काम से वन में आये हो? किस कुल के हो और किसके पुत्र हो?

(राम) चंचरी

पुत्र श्रीदसरत्थ के वन राज सासन आइयो।
सीय सुन्दरि संग ही बिछुरी सु सोधु न पाइयो।
रामलक्ष्मण नाम संयुत सूर वंश बखानिये।
रावरे वन कौन हो केहि काज क्यों पहिचानिये ॥५५॥

शब्दार्थ—सासन=आज्ञा। संग ही=साथ में थी। सोधु=पता, खोज। सूर=सूर्य। रावरे=आप। क्यों पहिचानिये=आप को हम किस परिचय से जानें (आपका नाम, धाम, वंश इत्यादि क्या समझें सो कहिये)।

भावार्थ—(श्री राम जी अपना परिचय देते हैं) हम श्रीदशरथ जी के पुत्र हैं, राजा की आज्ञा से वन को आये हैं। हमारे साथ में सीता नाम्नी एक स्त्री थी, वह इस वन में खो गई है, उसका कुछ पता नहीं चलता। हम दोनो के नाम राम और लक्ष्मण हैं, हम सूर्यवंश के हैं। आप कहिये, आप कौन हैं, इस वन में क्यों आये हैं? आपका परिचय क्या है (अर्थात् आप अपना नाम, धाम, काम और वंश का परिचय दीजिये)।

(हनुमान) दो०

या गिरि पर सुग्रीव नृप, ता सँग मन्त्री चारि।
बानर लई छड़ाइ तिय, दीन्हों बालि निकारि ॥५६॥

भावार्थ—(जब हनुमान जी ने सुना कि ये भी स्त्री-वियोगी हैं—ठीक सुग्रीव की सी दशा इनकी भी है, एक दशा वालों में शीघ्र मित्रता हो सकती है, तब अपना परिचय देना छोड़ कर तुरन्त सुग्रीव का हाल कहने लगे—इससे हनुमानजी की चतुराई प्रकट है) इस पर्वत पर राजा सुग्रीव रहते हैं। उनके साथ उनके चार मंत्री हैं (उन्हीं में एक मुझे भी जानो) बालि नामक बानर ने उनकी स्त्री छीन ली है और उन्हें घर से निकाल दिया है।

दोधक—

वा कहँ जो अपनो करि जानौ। मारहु बालि बिनै यह मानौ।
राज देउ दै वाकि तिया को। तो हम देहि बताय सिया को ॥५७॥

भावार्थ—उस सुग्रीव को यदि आप अपना सगा करके जानें (क्योंकि आप सूर्यवंश के हैं और वह भी सूर्य का पुत्र) है तो मेरी बिनती मान कर आप बालि को मारिये। उसकी स्त्री और राज्यश्री यदि आप उसको दिलवा

दें तो हम आप को सीता का पता भी बता दें अथवा "सीया को बताय देहिं" अर्थात् सीता का पता भी बतावें और ला भी दें।

अलंकार—संभावना।

(लक्ष्मण) दोधक—

आरत की प्रभु आरति टारौं। दीन अनाथन को प्रभु पारौं।
थावर जंगम जीव जु कोऊ। संमुख होत कृतारथ सोऊ ॥५८

भावार्थ—(लक्ष्मण जी हनुमान जी के प्रस्ताव का अनुमोदन करते हैं) हे प्रभु, दुखी जन की विपत्ति टारिये, दीन अनाथ का प्रतिपालन कीजिये, क्योंकि आपका प्रण है कि चर अचर कोई हो, सम्मुख होते ही वह कृतार्थ होगा (उसके मनोरथ की सिद्धि होगी)।

दोधक—

बानर ह्वै हनुमान सिधार्यो। सूरज को सुत पायनि पार्यो।
राम कह्यो उठि बानर राई। राज सिरी सख स्यों तिय पाई ॥५६॥

भावार्थ—तब हनुमान (ब्राह्मण का भेष छोड़ कर) बानर रूप (अपने असली भेष) में आकर राम जी के पास से सुग्रीव के पास गए और सुग्रीव को अपने साथ लाकर राम जी के चरणों पर डाला (शरणागत किया)। श्रीराम ने सुग्रीव को चरणों पर पड़ा हुआ देख कर कहा—हे बानरराज! उठो। हे सखा! तुमने अब राज्यश्री को स्त्री समेत पा लिया (पाओगे)।

अलंकार—भाविक (भावी बात वर्तमान क्रिया में वर्णित है)।

दो०—उठे राज सुग्रीव तब, तन मन अति सुख पाइ।
सीता जी के पट सहित, नूपुर दीन्हें लाइ ॥६०॥

तारक—रघुनाथ जबै पट नूपुर देखे।
कहि केशव प्राण समानहि लेखे।
अवलोकन लक्ष्मण के कर दीन्हें।
उन आदर सो सिर लाइ कै लीन्हें ॥६१॥

शब्दार्थ—अवलोकन=देखने को, पहिचानने के लिये।

दंडक—पंजर कै खंजरीट नैनन को केशोदास।
कैधौं मीन मानस का जालु है कि जारु है।

अंग को कि अंगराग गेंडुआ कि गलसुई,
किधौं कोट जीव ही को उरको कि हारु है।
बंदन हमारो काम केलि को, कि ताड़िवे को,
ताजनो विचार को, कै व्यजन विचारु है।
मान की जमनिका के कंजमुख मूँदिबे को,
सीता जू को उत्तरीय सब सुख सारु है ॥६२॥

शब्दार्थ—पंजर=पिंजड़ा। खंजरीट=खंजन। जारु=जाल। गेंडुआ=(खास बुन्देलखंडी शब्द है) तकिया। गलसुई=गाल के नीचे लगाने की छोटी गोल और मुलायम तकिया। कोट जीवन को=प्राणों की रक्षा करने का कोट। ताजनो=(फ़ा० ताजियाना) कोड़ा, कशा, उत्तेजक। विचार=रति केलि का विशेष आचरण, प्रेम प्रीति का विशेष आचार। व्यजन=पंखा विचारु=भावना। जमनिका=पर्दे की दीवार, पट्टी, कनात। उत्तरीय=ओढ़नी, ओढ़ने का वस्त्र।

भावार्थ—(श्रीराम जी सीता की ओढ़नी देखकर विचार करते हैं) यह मेरे नेत्ररूपी खंजनों के लिये पिंजड़ा है, या मन रूपी मीन के लिये प्राणाधार जल है, या फँसाने के लिये जाल है, या मेरे अंग को आनन्द प्रदायक शीतल और सुगंधित लेप वा तकिया और गलसुई है, या मेरे जीव का रक्षा-कारक कोट है, या मेरे हृदय के लिये शोभाप्रद हार है, या कामकेलि के समय का मेरे हाथों का बंधन है या रति-केलि आदि को उत्तेजित करने के लिये कोड़ा है, या प्रेम प्रीति की भावना रूपी अग्नि को भड़काने के लिये पंखा है, या मान के समय में कमलमुख मूँदने के लिये पर्दा है, या सर्व सुख की मूल श्री सीता जू की ओढ़नी है।

अलंकार—संदेह।

सूचना—ऐसा वर्णन हनुमन्नाटक में भी है। शायद उसी से पढ़कर केशव को यह उक्ति सूझी हो। वह वर्णन यों है:—

द्युते पणः प्रणयकेलिषु कंठपाशः।
क्रीडापरिश्रमहरं व्यजनं रतान्ते॥
शय्यानिशीथसमये जनकात्मजायाः।
प्राप्तं मया विधिवशादिह चोतरीयम्॥

स्वागता –

वानरेन्द्रतब ही हँसि बोल्यो। भीति भेद जिय को सब खोल्यो।
आगि वारि जब साखि करीजू। रामचंद्र हँसि बाँह धरीजू ॥६३॥

शब्दार्थ – वानरेन्द्र = सुग्रीव। भीति-भेद = भय का सब मर्म। बाँह धरी = सदैव रक्षा करने की (मित्राभाव स्थापित किया)।

स्वागता –

सूर पुत्र तब जीवन जान्यो। वालि जोर बहु भाँति बखान्यो ॥
नारि छीनि जेहि भाँति लईजू सो अशेष विनती विनईजू ॥६४॥

शब्दार्थ – सूरपुत्र = सुग्रीव। जोर = बल। अशेष = सब। विनती विनई = निवेदन किया।

स्वागता –

एक बार शर एक हनो जो। ताल वेधि बलवन्त गनों तो ॥
रामचन्द्र हँसि बाण चलायो। ताल वेधि फिर कैकर आयो ॥६५॥

शब्दार्थ – ताल = ताड़ वृक्ष। ताल वेधि = सातों ताड़ों को छेद कर।

(सुग्रीव) तारक –

यह अद्भुत कर्म न और पै होई। सुर सिद्धि प्रसिद्धन में तुम कोई।
निकरी मन ते सिगरी दुचिताई। तुम सों प्रभु पाये सदा सुखदाई ॥६६॥

शब्दार्थ – प्रसिद्ध = नामी। दुचिताई = सन्देह, दुविधा।

मत्तगयन्द सवैया—

वामन को पद लोकन मापि ज्यों वामन के वपु माहि समायो।
केशव सूरसुता जल सिंधुहि पूरि कै सूरहि को पद पायो ॥
काम के बाण त्वचा सब वेधिकै काम पै आवत ज्यों जग गायो।
राम को सायक सातहु तालन वेधिकै रामहि के कर आयो ॥ ६७ ॥

शब्दार्थ—सूरसुता = जमुना। सूरहि को पद पायो = फिर सूर्य ही में जा समाता है।

अलंकार—मालोपमा।

सो०—जिनके नाम विलास, अखिल लोक वेधत पतित।
तिनको केशवदास, सात ताल बेधन कहा ॥ ६८ ॥

शब्दार्थ—नाम विलास=नाम लेने से।

(राम) तारक—

अति सङ्गति वानर की लघुताई। अपराध विना वध कौन वड़ाई।
हति वालिहि देउँ तुम्हें नृप शिक्षा। अब है कछु मोमन ऐसिय इच्छा॥ ६६॥

भावार्थ—(रामजी कहते हैं) यद्यपि चंचल-स्वभाव वानरों की संगति करना मेरे लिये लघुता की बात है और बिना अपराध किसी को मारना कोई प्रशंसा की बात नहीं है, तथापि अब वालि को मार तुम्हें राजनीति की शिक्षा दूँगा (राजनीति यह है कि अपने उद्देश्य-साधन के हेतु यदि कुछ अनुचित कार्य भी करना पड़े तो करना चाहिये) इस समय मेरी ऐसी ही इच्छा है।

बारहवाँ प्रकाश समाप्त

तेरहवाँ प्रकाश

दो०—या तेरहें प्रकाश में, वालि बध्यो कपिराज।
वर्णन बर्षा शरद को, उदधि उलंघन साज॥

पद्धटिका—

रविपुत्र वालि सों होत युद्ध। रघुनाथ भये मन माहँ क्रुद्ध।
सर एक हन्यो उर मित्र काम। तव भूमि गिरयो कहि राम राम॥ १॥
कछु चेत भये ते बलनिधान। रघुनाथ विलोके हाथ बान।
सुभ चीर जटासिर स्याम गात। वनमाल हिये उर विप्रलात॥ २॥

शब्दार्थ—रविपुत्र=सुग्रीव। मित्रकाम=मित्र अहित की कामना से। बलनिधान=(वह वालि इतना बली था कि राम के बाण से तुरन्त मरा नहीं वरन् थोड़ी देर बाद सँभल कर उठ बैठा)। विप्रलात=भृगुचरण-चिन्ह।

(वालि) पद्धटिका—

जग आदि मध्य अवसान एक। जग मोहत हौ वपु धरि अनेक।
तुम सदा शुद्ध सब को समान। केहि हेतु हत्यो करुणानिधान॥ ३॥

शब्दार्थ—जग आदि=संसार के उत्पादक। जग मध्य=संसार के पालक। जग अवसान=संसार के संहारक। जग...एक=संसार के कर्ता, भर्ता और हर्ता आप ही एक हैं, अर्थात् मैं (तुम्हारे भृगुचरण चिन्ह से) पहचान गया कि विष्णु के अवतार हो। समान=समदर्शी।

(राम)—

सुनि बासवसुत बल बुधि निधान। मैं शरणागत हित हते प्रान।
यह साँटो लै कृष्णावतार। तब ह्वै हौ तुम संसार पार॥ ४॥

शब्दार्थ—बासवसुत=बालि। साँटो=बदला। संसारपार=मुक्त।

विशेष—कृष्णावतार में बालि ने ही जरा नामक व्याधे का अवतार लेकर कृष्ण को बाण मारा था।

मूल—

रघुबीर रंक ते राव कीन। युवराज विरद अंगदहिं दीन।
तब किष्किंधा तारा समेत। सुग्रीव गये अपने निकेत॥ ५॥

शब्दार्थ—युवराज विरद=युवराज पद। निकेत=घर।

दो०—कियो नृपति सुग्रीव हति, बालि बली रणधीर।
गये प्रवर्षण अद्रि को, लक्ष्मण स्यों रघुबीर॥ ६॥

शब्दार्थ—अद्रि=पर्वत। स्यों=सहित।

त्रिभंगी—

देख्यो सुभ गिरवर, सकल सोभधर, फूल बरन बहु फरनि फरे।
सँग सरभ ऋच्छ जन, केसरि के गन, मनहु चरन सुग्रीव परे।
सँग सिवा विराजै, गजमुख गाजै, परभृत बोलै चित्त हरे।
सिर सुभ चन्द्रक धर, परम दिगम्बर, मानो हर अहिराज धरे॥७॥

शब्दार्थ—सोभ=शोभा। सरभ=(१) पशु (२) बानरों की एक जाति विशेष। ऋच्छ=(१) रीछ (२) जामवंत। केशरी=(१) सिंह (२) बानरों की एक जाति विशेष (जिसमें हनुमान जी के पिता मुख्य थे)। सिवा=(१)शृगाली (२) पार्वती। जगमुख=(१) गणेश (२) मुख्य-मुख्य जाति के हाथी। परभृत=(१) कोयल (२) बड़े बड़े सेवक अर्थात् नंदी, भृंगी इत्यादि। चन्द्रक=(१) जल (२) चन्द्रमा। दिगम्बर=(१) बहुत

बड़ा (२) नंगा, वस्त्र-रहित। अहिराज=(१) बड़े सर्प (शेष वा वासुकी)।

भावार्थ—श्रीरामजी ने उस पवित्र पहाड़ को देखा जो सब प्रकार की शोभा से युक्त है (ज़ो-जो वस्तुएँ पर्वत में होनी चाहिये वे सब वहाँ हैं)। अनेक रंग के फूल फूले हैं और बहुत प्रकार के फल भी फले हुए हैं) सब ऋतुओं के फल-फूल वहाँ हैं)! अनेक बन-पशु, रीछ और सिंहों के गणों से युक्त वह पहाड़ है, सो ऐसा जान पड़ता है मानों शरभ जाति के बानर, जामवंत तथा केशरी नामक बानर को साथ लिये हुए सुग्रीव सदा श्रीराम के चरणों के नीचे पड़े रहते हैं। (अति। दो चरणों में शिव और पर्वत की समता श्लेष से दिखाई गई है) वह पर्वत मानो शिव है=(कारण यह है कि)=शिव के संग में शिवा (पार्वती) विराजती हैं तो यहाँ भी सिवा है (शृगाली है), शिव के संग गजमुख (गणेश) गलगजे उड़ाते हैं तो यहाँ भी मुख्य-मुख्य (बड़े बड़े) हाथी गरजते हैं, शिव के साथ परभृत (बड़े-बड़े सेवक, नंदी भृंगी इत्यादि) स्तुति गान कर उनको प्रसन्न करते हैं तो यहाँ भी परभृत (कोयल) बोलकर चित्त हरती है, शिवजी सिर पर चन्द्रक (चन्द्रमा) धारण किये हुए हैं तो यह पर्वत भी निज तन पर चन्द्रक (जलाशय सरोवरादि) धारण किये है, शिवजी परम दिगम्बर हैं, तो यह पर्वत भी परम दिगम्बर (अति विस्तृत) है, शिवजी अहिराज को धारण करते हैं, तो यह पर्वत भी बड़े-बड़े सर्पों को धारण किये हुए है (बड़े-बड़े सर्प पर्वत में हैं) अतः इन समताओं के कारण यह पर्वत शिव रूप है।

अलंकार—श्लेष से पुष्ट उल्लेख।

सूचना—यह छंद केशव के पांडित्य का नमूना है। ऐसे छंद इस ग्रंथ में अनेक हैं—देखो प्रकाश २ में छन्द नं १०)।

तोमर—सिसु सो लसै सँग धाय। बनमाल ज्यों सुरराय॥
अहिराज सो यहि काल। बहु सीस सोभनि माल॥ ८॥

शब्दार्थ—धाय=(१) दूध पिलाने वाली दाई (२) धवई नामक वृक्ष। बनमाल=(१) विष्णु की प्रसिद्ध माला (२) बनों का समूह, अनेक प्रकार के वृक्षों के पृथक् वन। सरराय=विष्णु। सीस (१) सिर (२) गिरिशृंग।

भावार्थ—यह पर्वत शिशु समान शोभित है, क्योंकि जैसे शिशु के संग धाई रहती है वैसे ही इसमें भी धवा वृक्ष हैं। यह पर्वत विष्णु के समान है क्योंकि वे भी वनमाला धारण करते हैं और इसमें भी वनों के समूह (वन-माला) हैं। यह पर्वत इस समय (वर्षा में) शेषनाग सम हैं, क्योंकि जैसे उनके बहुत से सुन्दर (मणियुक्त) सिर हैं वैसे ही इस पर्वत के भी अनेक सुशोभित शृंग (सिर) हैं।

अलंकार—उपमा और श्लेष से पुष्ट उल्लेख।

(वर्षा-काल-वर्णन)

(राम)—स्वागता—

चँद मंद द्युति वासर देखौ। भूमहीन भुवपाल विशेषौ।
मित्र देखिये सोभत है यों। राजसाज विनु सीतहि हौं ज्यों ॥९॥

भावार्थ—रात्रि में (शुक्ल पक्ष में भी) चंद्रमा मंद द्युति रहता है, दिन भी सुप्रकाशवान नहीं होता। ये दोनों ठीक वैसे ही तेजहीन हैं जैसे राज्यहीन राजा। सूर्य भी ऐसा मंद द्युति देख पड़ता है जैसा राज्यहीन और बिना सीता के मैं हूँ।

अलंकार—पूर्वार्द्ध में दृष्टान्त, उत्तरार्द्ध में उपमा।

दो०—पतिनी पति विनु दीन अति, पति पतिनी विनु मंद।
चन्द्र विना ज्यों जामिनी, ज्यौं विनु जामिनि चन्द ॥ १० ॥

शब्दार्थ—मंद=हीन प्रभा। जामिनी=रात्रि।

अलंकार—अन्योन्य।

वर्षा-वर्णन

स्वागत—

देखि राम वरषा ऋतु आई। रोम रोम वहुधा दुखदाई॥
आस पास तम की छवि छाई। राति द्यौस कछु जानि न जाई॥११॥

शब्दार्थ—आस पास=चारों ओर। तम की छवि छाई=घोर अंधकार है। द्यौस=(दिवस) दिन।

अलंकार—तद्गुण।

मूल—मंद मंद धुनि सों घन गाजैं। तूर तार जनु आवझ बाजैं॥
ठौर ठौर चपला चमकै यों। इन्द्रलोक-तिय नाचति हैं ज्यों ॥१२॥

शब्दार्थ – तूर = तुरही । तार = (ताल) मँजीरा । आवझ = ताशा ।

भावार्थ—मंद-मंद ध्वनि से बादल गरजते हैं उनका शब्द ऐसा मालूम होता है मानो तुरही, मँजीरा और ताशे बजते हों, और जगह-जगह पर बिजली चमकती है, वह ऐसी मालूम होती है मानो इन्द्रपुरी की स्त्रियाँ (अप्सराएँ) नाचती हैं ।

अलंकार – उत्प्रेक्षा । प्रतिवस्तूपमा ।

मोटनक –

सोहैं घन स्यामल घोर घने । मोहैं तिनमें बक पांति भनैं ॥
संखावलि पी बहुधा जल स्यों । मानों तिनको उगिलै बकस्यों ॥१३॥

शब्दार्थ – स्यों = सहित ।

भावार्थ – घोर काले बादल सोहते हैं, उनमें उड़ती हुई बक-पंक्तियाँ मन को मोहती हैं । यह घटना ऐसी जँचती है मानो बादल समुद्र से जल पीते समय जल के साथ बहुत से शंख भी पी गये थे और अब वे ही शंख बल-पूर्वक उगल रहे हैं ।

अलंकार – उत्प्रेक्षा ।

शोभा अति शक्र शरासन में । नाना द्युति दीसति है घन में ।
रत्नावलि सी दिविद्वार भनो । वर्षागम बाँधिय देव मनो ॥१४॥

शब्दार्थ – शक्र-शरासन = इन्द्र धनुष । रत्नावलि = रत्नों की बनी झालर, बंदनवार । दिविद्वार = देवलोक के दरवाजे पर ।

भावार्थ – इन्द्रधनुष अति शोभा दे रहा है, बादलों में नाना प्रकार के रंग देख पड़ रहे हैं । ऐसा जान पड़ता है मानो बर्षा के स्वागत में देवताओं ने सुरपुर के द्वार पर रत्नों की झालर (बंदनवार) बाँधी हो ।

अलंकार – उत्प्रेक्षा ।

तारक –

घन घोर घने दसहू दिस छाये । मघवा जनु सूरज पै चढ़िआये ॥
अपराध बिना छिति के तन ताये । तिनपीड़न पीड़ित ह्वै उठि धाये ॥१५॥

शब्दार्थ – मघवा = इन्द्र । छिति = पृथ्वी ।

भावार्थ – सब ओर घने बादल छाये हुए हैं, मानों इन्द्र ने सूर्य पर चढ़ाई की है, (चढ़ाई का कारण यह है कि) सूर्य ने बिन अपराध ही पृथ्वी को संतप्त

किया है (ग्रीष्म से सताया है) अतः पृथ्वी के दुःख से दुखित होकर सूर्य को दण्ड देने के लिए इन्द्रदेव उठ दौड़े हैं।

अलंकार – उत्प्रेक्षा।

तारक –

अति घातज बाजत दुँदुभि मानो। निरघात सबै पविपात बखानो।
धनु है यह गौरमदाइन नाहीं। सरजाल बहै जलधार बृथाहीं ॥१६॥

शब्दार्थ – निरघात = (निर्घात) बिजली की कड़क। पविपात = वज्रपात। गौरमदाइन = (बुंदेलखंडी) इन्द्रधनुष। बहै = चलती है।

भावार्थ – बादल अति जोर से गरज रहे हैं वही मानो रण-नगारे बज रहे हैं, और बिजली की कड़क के शब्द को वज्र फेंकने का शब्द जानो। यह इन्द्रधनुष नहीं है वरन् इसे सुरपति का चाँप समझो और जो बूँदे पड़ती हैं यह बाणवर्षा है, इसे जलधार कहना व्यर्थ है।

अलंकार – उत्प्रेक्षा, रूपक, अपह्नुति।

तारक –

भट चातक दादुर मोर न बोले। चपला चमकै न फिरै खँग खोले॥
दुतिवंतन को विपदा बहु कीन्ही। धरनी कहँ चन्द्रवधू धरि दीन्ही ॥१७॥

शब्दार्थ—खँग = (खड्ग) तलवार। दुतिवंत = चन्द्र, शुक्रादि चमकीले ग्रह। चन्द्रवधू = वीरबहूटी नामक लाल रंग का सुकुमार कीड़ा।

भावार्थ—ये पपीहा, मेढक और मोर नहीं बोलते, वरन् इन्द्र के भट सूर्य को ललकार रहे हैं, यह बिजली नहीं चमक रही है, वरन् महाराज तलवार खोले घूम रहे हैं, यह और (सूर्य पर क्रुद्ध होने के कारण) समस्त द्युतिमान चमकीले ग्रहों पर विपत्ति डाल दी है, यहाँ तक कि चन्द्रवधुओं को पकड़ कर पृथ्वी के हवाले कर दिया है (कि इन्हें मनमाना दंड देकर अपना बदला लो)।

अलंकार – अपह्नुति। प्रत्यनीक (सूर्य पर क्रुद्ध होकर समस्त द्युतिवंत ग्रहों को दण्ड देना)।

तरुनी यह अत्रि ऋषीश्वर की सी।
उर में मंद चन्द्र प्रभा सम नीसी॥

वरषा न सुनौ किलकै कल काली।
सब जानत हैं महिमा अहिमाली ॥ १८ ॥

शब्दार्थ—तरुनी=स्त्री (अनुसूया) चन्द्र=(१) चन्द्रमा (२) सोम नामक अनुसूया का एक पुत्र। किलकै=हँसती है। कल=सुन्दर। अहिमाली=(१) महादेव (२) सर्प समूह। वर्षा=वर्षाकाल के शब्द (दादुर, मोरादि वा बिजली की कड़क)।

भावार्थ—(श्रीराम जी लक्ष्मण जी से कहते हैं) यह वर्षा अत्रि-पत्नी अनुसूया सी है, क्योंकि जैसे अनुसूया के गर्भ में सोम की प्रभा थी वैसे ही इस वर्षा में भी बादलों में चन्द्रप्रभा छिपी है (जैसे सोम नामक पुत्र के गर्भ में आने से अनुसूया के तन में मंद प्रभा प्रकाशित हुई थी वैसे ही वर्षा में बादलों से ढँका चन्द्रमा मंद प्रकाश देता है) (पुनः कहते हैं) यह वर्षा काल के शब्द नहीं हैं, वरन् काली सुन्दर शब्द से हँस रही है। जैसे काली की समस्त महिमा महादेव जी जानते हैं वैसे ही वर्षा शब्द की समस्त महिमा सर्प समूह ही जानता है (वर्षा में सर्पों को दादुर, झिल्ली इत्यादि जंतु अधिकता से खाने को मिलते हैं, अतः वर्षा की महिमा सर्प ही भली भाँति जानते हैं)।

अलंकार—उपमा, अपह्नुति, श्लेष।

(वर्षा-कालिकारूपक)

घनाक्षरी—भौंहैं सुरचाप चारु प्रमुदित पयोधर,
भूखन जराय जोति तड़ित रलाई है।
दूरि करी सुख मुख सुखमा ससी की,
नैन अमल कमलदल दलित निकाई है॥
केसोदास प्रबल करेनु का गमन हर,
मुकुत सुहंसक सबद सुखदाई है।
अंबर बलित मति मोहै नीलकंठ जू की,
कालिका कि वरषा हरषि हिय आई है॥ १९ ॥

सूचना—इस छंद के दो अर्थ स्पष्ट हैं। एक कालिकापक्ष का, दूसरा

वर्षा पक्ष का। सभङ्ग श्लेष पद अलंकार होने के कारण दोनों पक्ष के हेतु शब्दार्थ भी भिन्न-भिन्न होंगे।

शब्दार्थ—(कालिका पक्ष में)—सुरचाप=इन्द्र-धनुष। प्रमुदित= प्रमोदप्रद (उन्नत, पीन)। पयोधर=कुच। भूखन=जेवर। तड़ित= बिजली। रलाई है=मिली हुई है। सुख=सहज ही। सुखमा=शोभा। निकाई=शोभा। प्रबल=मत्त। करेनुका=हथिनी। गमनहर=चाल को छीन लेने वाली। मुकुत=(मुक्त) स्वच्छन्द। हंसक-सबद=बिछुआओं का शब्द। अंबर=कपड़ा। बलित=युक्त। नीलकंठ=महादेव।

भावार्थ—(कालिका पक्ष का) इन्द्रधनुष ही जिसकी सुन्दर भौंहें हैं, घने और बड़े बादल (पयोधर) ही जिसके उन्नत कुच हैं, बिज्जुछटा ही जिसके जड़ाऊ जेवरों की चमक है, जिसने अपने मुख से सहज ही में चन्द्रमा के मुख की शोभा दूर कर दी है (वर्षा में चन्द्रमा मंदज्योति रहता है), जिसके निर्मल नेत्रों से कमल की पंखुड़ियाँ शोभा-दलित हो गई हैं (वर्षा में कमलदल शोभाहीन हो जाते हैं)—केशवदास कहते हैं कि जिसने (कालिका ने) मतवाली हथिनियों की चाल छीन ली है (वर्षा में हाथियों की यात्रा भी बंद रहती है), जिसके बिछुआओं का स्वच्छंद शब्द (झिल्ली आदि का शब्द), सुखदाई है, नीलाम्बर से युक्त हो कर (कालिका ने नीलाम्बर पहन लिया है और वर्षा में मेघाच्छन्न आकाश भी अति नील रहता है) जो नीलकंठ महादेव (वर्षा से मयूरगण) की मति को मोहित करती है वही कालिका देवी (पार्वती) हैं (या यह वर्षा है)।

शब्दार्थ—(वर्षा-पक्ष में) भौ=भय, डर। सुरचाप=इन्द्र-धनुष। प्रमुदित पयोधर=उनये हुए बादल (घनघोर घटा)। भू=पृथ्वी। ख= आकाश। नजराय=देख पड़ती है। तड़ित=बिजुली। तरलाई=चंचलता। सुख=सहज ही। मुख सुखमा ससी की=चंद्रमा की प्रभा। नैन अमल= नदियाँ निर्मल नहीं हैं। कमलदल दलित=कमलों के दल दलित हो गये हैं। निकाई=काई रहित हैं (सिवार, काई इत्यादि नष्ट हो गये हैं)। क= जल। प्रबल क=जल की प्रबल धारा। रेनुकाहार=धूल को बहा ले जाने वाली। गमनहर=आवागमन बंद करने वाली। मुहंसक-सबद सुकुत=हंसों के

शब्द से रहित (वर्षा में हंस बोलते नहीं, कहीं चले जाते हैं)। अंबर= आकाश। बलित=बादलों से युक्त। नीलकंठ=मयूर।

भावार्थ—(वर्षा पक्ष का) हर्षित होकर ऐसी वर्षा ऋतु आई है जिसमें अनेक भय हैं (अर्थात् सर्प, बिच्छू आदि के भय वा घर गिरने का वज्रपात के भय), इन्द्रधनुष है, उनई हुई घनघोर बादलों की घटा है और भूमि तथा आकाश में चंचल बिजली की चमक देख पड़ती है, चन्द्रमा की सुन्दर प्रभा सहज ही दूर हो गई है, नदियाँ स्वच्छ नहीं हैं, कमल-दल दलित हो गये हैं। जलाशय कांड रहित हैं, (केशव कहते हैं कि जल की प्रखर धारा ने धूल को बहा दिया है और आने जाने वालों का गमनागमन रोक दिया है (इसी से हम भी सीता की खोज में कहीं जा नहीं सकते), सारा देश सुखप्रद हंस शब्द से रहित है (हंस कहीं चले गये हैं), आकाश बादलों से युक्त है, जिसे देख-देख कर मोरों की मति मोहित होती है (वे मस्त हो-हो कर नाचते हैं) यह कालिका है या वर्षा आई है।

अलंकार - संदेह से पुष्ट सभंग पद श्लेष।

तारक—

अभिसारि निसी समझौ परनारी। सत मारगमेटन की अधिकारी॥
मति लोभ महामद मोह छई है। द्विजराज सुमित्र प्रदोपमई है॥२०॥

शब्दार्थ—अभिसारिनी=अभिसारिका, नायिका। परनारी=(१) परकीया स्त्री (२) बड़ी-बड़ी नालियाँ। सत मारग=(१) धर्ममार्ग (२) अच्छे रास्ते। द्विजराज=(१) चन्द्रमा (२) ब्राह्मण। सुमित्र=(१) अच्छे मित्र (२) सूर्य। प्रदोप=(१) बड़ा दोष (२) अंधकार।

भावार्थ—इस वर्षा से बनी हुई बड़ी-बड़ी नालियाँ परकीयाभिसारिका सी हैं। जैसे वे (परकीया स्त्रियाँ) स्वधर्ममार्ग को मेटती हैं, वैसे ही इस वर्षा में बड़ी-बड़ी नालियों ने अच्छे मार्गों के मिटाने का (काट कर खराब कर देने का) अधिकार पाया है (वर्षा के जलप्रवाह से रास्ते बिगड़ गये हैं)। अथवा यह वर्षा किसी पापी मनुष्य की लोभ, मद इत्यादि से युक्त बुद्धि है, क्योंकि जैसे पापी की लोभ, मोहादि ग्रसित बुद्धि ब्राह्मण और अच्छे मित्रों का बड़ा दोष करती है, वैसे ही यह वर्षा चन्द्रमा और चमकीले सूर्य को अंधकार में छिपाये रहती है।

अलंकार—उपमा और श्लेष से पुष्ट उल्लेख।

दो०—वरनत केशव सकल कवि, विपम गाढ़ तम-सृष्टि।
कुपुरुप सेवा ज्यों भई, सन्तत मिथ्या दृष्टि॥ २१॥

शब्दार्थ—विषमगाढ़ = अति सघन। तम = अंधकार। सतत = सर्वदा। दृष्टि = (१) नज़र (२) आशा, उम्मेद।

भावार्थ—केशव कहते हैं कि वर्षा में ऐसे सघन अंधकार की उत्पत्ति होती है कि सर्वदा (रातोदिन) दृष्टि मिथ्या प्रमाणित होती है (कुछ दिखाई नहीं पड़ता) जैसे बुरे मनुष्य की सेवा से कोई आशा फलीभूत नहीं होती।

अलंकार—उदाहरण।

(राम) दुर्मिल सवैया—

कलहंस कलानिधि खंजन कंज कछू दिन केशव देखि जिये।
गति आनन लोचन पायन के अनुरूपक से मन मानि किये॥
यहि काल कराल ते शोधि सबै हठि कै वरषा मिस दूर किये।
अवधौं विनु प्राण प्रिया रहिहैं कहि कौन हितू अवलंबि हिये॥२२॥

शब्दार्थ—कलहंस = छोटे और सुन्दर मधुर शब्द बोलने वाले हंस। कलानिधि = चन्द्रमा। अनुरूपक = समानवाले, समता के। शोधि = खोज-खोज कर। हितू = हितैषी।

भावार्थ—(राम जी कहते हैं) सीता के वियोग में कलहंस, चन्द्रमा, खंजन और कमलों को देख कर कुछ दिन तक तो मैं जीवित रह सका, क्योंकि इन वस्तुओं को मैंने मन से सीता की गति, मुख, नेत्र और पैरों के समान वाले पदार्थ मान लिया था। पर कराल काल से यह भी न देखा गया (सीता को तो दूर ही कर दिया था) अब वर्षा के बहाने इन (दिल बहलाने वाले) पदार्थों को भी, खोज-खोज कर हठपूर्वक दूर कर दिया। अब बिना प्रिया के मेरे प्राण किसका अवलंबन करके रहेंगे।

अलंकार—क्रम

(शरद वर्णन)

दो०—बीते वरषा काल यों, आई सरद सुजाति।
गये अँध्यारो होति ज्यों, चारु चाँदनी राति॥ २३॥

शब्दार्थ—सुजाति=अच्छे कुल की सुन्दरी स्त्री।

भावार्थ—वर्षा काल बीतने पर सुन्दरी शरद इस प्रकार आ गई जैसे अँधेरी रात बीत जाने पर सुन्दर चाँदनी रात आ जाती है (तो आनन्द होता है)।

अलंकार—उदाहरण।

मोटनक—

दन्तावलि कुंद समान गनो। चन्द्रानन कुंतल भौंर घनो।
भौंहैं धनु खंजन नैन मनो। राजीवनि ज्यों पद पानि भनो ॥२४॥
हारावलि नीरज हीय रमैं। जनु लीन पयोधर अम्बर में।
पाटीर जुन्हाइहि अंग धरे। हंसी गति केशव चित्त हरे ॥२५॥

शब्दार्थ—(छन्द २४)—समान=(मानयुक्त), गर्वीले। कुन्तल=बाल। धनु=धनुष—(वर्षा काल में वीर लोग अपने धनुष उतारकर रख देते हैं। शरद काल में उन्हें पुनः दुरुस्त करके पूजते हैं और काम में लाते हैं तथा नवीन धनुष भी बनाये जाते हैं)। राजीव=लाल कमल।

(छन्द २५)—नीरज=कुमुद वा अन्य सफेद पुष्प जो जल में पैदा होते हैं। अथवा मोती (ये भी शरद ऋतु में ही पैदा होते हैं)। पयोधर=(१) बादल (२) कुच। अम्बर=(१) आकाश (२) कपड़ा। पाटीर=चन्दन। हंसी गति=हंसों की चाल (हंसों की चाल वाली)।

भावार्थ—(पहले शरद को 'सुजाति' सुन्दरी कहा अतः उसका रूपक छन्द २४, २५ में कहते हैं) छन्द २४—वह शरद सुन्दरी कैसी है। गर्वीले कुन्द पुष्प ही उसके दाँत समझो, चन्द्रमा को ही मुख और भ्रमर समूह को केश मानो। वीरों के दुरुस्त किये हुए वा नवीन बने हुए धनुषों को भौंहैं समझो और लाल कमलों को हाथ-पाँव कहो। छन्द २५—कुमुद पुष्प वा मोतियों को हृदय पर पड़े हुए हार समझो, और (चूँकि 'सुजाति'—सुकुल-जाता है अतः लज्जा से) कुचों को कपड़े में छिपाये है (शरद में बादल आकाश में लीन हो जाते हैं—होते ही नहीं अथवा बहुत कम होते हैं), चाँदनी ही का चन्दन तन पर लगाये हुए है और हंसों की चाल रूपी हंसगति (मंदगति) से चलती हुई चित्त को हरती है।

अलंकार—रूपक—(श्लेष पुष्ट रूपक)।

मोटनक—

श्रीनारद की दरसै मति सी। लोपै तम ताप अकीरति सी॥
मानो पति देवन की रति सी। सन्मारग की समझौ गति सी॥२६॥

शब्दार्थ—तम=(१) अंधकार (२) अज्ञान। ताप=(१) त्रिविधताप (२) ताप, गर्मी। अकीरति=(१) अपयश (२) अकर्तव्यता। पतिदेवा=पतिव्रता स्त्री। रति=प्रेम। सन्मारग=(१) धर्ममार्ग (२) अच्छे रास्ते। गति=(१) सुगति (२) चाल, यात्रा।

भावार्थ—यह शरद ऋतु श्रीनारद मुनि की मति सी दिखलाई पड़ती है, क्योंकि जैसे नारद जी की मति से (सलाह वा उपदेश से) अज्ञानांधकार त्रिताप और अपयश का लोप होता है, वैसे ही इस शरद से भी वर्षा की अंधकार, सिंह के सूर्य की गर्मी तथा अकर्तव्यता (राजकाज दिग्विजयादि, व्यापार, यात्रा आदि बन्द रहते हैं) का लोप होता है। अथवा इस शरद की पतिव्रता स्त्रियों के सच्चे प्रेम समान मानो, क्योंकि जैसे उनके प्रेम से स्वामि-भक्ति रूपी सन्मार्ग रूपी चाल से औरों को सन्मार्ग पर चलने की चाल सूझ पड़ती है, वैसे ही इस शरद के आने से सब रास्ते सूझ पड़ने लगे (सब मार्ग चलने योग्य हो गये—अब हमें सीता की खोज में आगे बढ़ना चाहिये)।

दो०—लक्ष्मण दासी वृद्ध सी, आई सरद सुजाति।
मनहु जगावन को हमहिं, बीते बरषा राति॥ २७॥

भावार्थ—हे लक्ष्मण, यह शरद ऋतु उत्तम कुलजात बूढ़ी दासी के समान आ गई, मानो वर्षा रूपी रात्रि के बीतने पर हमें जगाने आई है—(इससे स्पष्ट जान पड़ता है कि राजकुमारी को जगाने के लिये बूढ़ी दासियाँ रहती थीं)—तात्पर्य यह कि अब सीता के खोज में सन्नद्ध होना चाहिये।

अलंकार—उपमा से पुष्ट उत्प्रेक्षा।

कुंडलिया—ताते नृप सुग्रीव पे जैय सत्वर तात।
कहियो बचन बुझाय कै कुशल न चाहो गात।
कुशल न चाहो गात चहत हौ बालिहि देख्यो।
करहु न सीता सोध कामबश राम न लेख्यो॥

राम न लेख्यो चित्त लही सुख-सम्पति जाते।
मित्र कह्यो गहि बाँह कानि कीजत है ताते ॥ २८ ॥

शब्दार्थ—सत्वर = शीघ्र। कुशल न चाहौ गात = क्या अपने शरीर की कुशल नहीं चाहते ? बालिहि देख्यो चाहत हौ—बालि के निकट जाना चाहते हो (मरना चाहते हो)। सोध = खोज। राम न लेख्यो = राम को कुछ नहीं समझते। कानि = लज्जा।

दो०—लक्ष्मण किष्किंधा गये, वचन कहे करि क्रोध।
तारा तब समझाइयो, कीन्हों बहुत प्रबोध ॥२९॥

दोधक—बोल लये हनुमान तबै जू। ल्यावहु वानर बोलि सबै जू॥
वार लगै न कहूँ थिरमाहीं। एक न कोउ रहै घर माहीं॥३०॥

त्रिभंगी—

सुग्रीव सँघाती, मुखदुति राती, केशव साथहि सूर नये।
आकाशविलासी, सूरप्रकाशी, तबही वानर आय गये।
दिसि दिसि अवगाहन, सीतहि चाहन, यूथप यूथ सबै पठये।
नल नील ऋच्छपति अंगद के संग, दच्छिण दिसि का विदा भये ॥३१॥

शब्दार्थ—संघाती—साथी (जातिवाले)। राती—लाल। साथहि = लक्ष्मण के साथ ही। सूर नये—नवयुवक उत्साही सूर वीर। आकाशविलासी आकाश में छलांग मार कर चलने वाले। सूर प्रकाशी = सूर्य के समान तेज वाले। आय गये—रामजी के पास आ गये। अवगाहन = खोज करने। चाहन—देखने। यूथप यूथ—दलपति सहित दल के दल। ऋच्छपति— जामवंत।

दो०—

बुधि विक्रम व्यवसाय युत, साधु समुझि रघुनाथ।
बल अनंत हनुमंत के, मुँदरी दीन्हीं हाथ ॥ ३२ ॥

शब्दार्थ—बुद्धि—तात्पर्य यह कि ये बुद्धिमान हैं अतः भेद-नीति से काम लेंगे। विक्रम—बली होने के कारण दंड भी दे सकते हैं। व्यवसाय—तात्पर्य यह कि ये व्यवसाय-कुशल हैं। अतः दाम नीति (लेन-देन) से भी कार्य साधन कर सकते हैं। साधु—शान्त स्वभाव होने से साम-नीति से कार्य साधन करेंगे। बल—सेना। अनंत—असंख्य।

भावार्थ—श्रीरम जी ने हनुमान जी को चारों नीतियों में कुशल समझ कर असंख्य सेना के साथ करके अपनी मुद्रिका दे कर दक्षिण की ओर विदा किया।

हीरक*—चंडचरन, छंडि धरनि, मंडि गगन धावहीं।
तत्क्षण हुइ दक्छिन दिसि लक्ष्यहि नहि पावही ॥
धीरधरन बीरवरन सिंधुतट सुभावहीं॥
नाम परम, धाम धरम, राम करम गावहीं ॥३३॥

शब्दार्थ—चंडचरन=चरणों के बली अर्थात् चलने वा कूदने में अति प्रबल (अथक)। छन्डि धरनि=पृथ्वी को छोड़कर, उछाल मार कर। मंडि गगन=आकाशमार्ग में शोभित होते हुए। तत्क्षण=उसी समय, तुरन्त (ज्योंही श्रीराम ने आज्ञा दी)। हुइ दच्छिन दिशि=दक्षिण की ओर मुख करके। लक्ष्यहि=सीता को। धीर धरन=धैर्यवान। बीर बरन=श्रेष्ठ वीर। सुभावहीं =स्वभाव से ही अर्थात् किसी भय वा निराश से नहीं। नाम परम=पुनीत नाम। धरम=धर्म के स्थान। राम करम=राम जी के कृत्य (बालि बध, सुग्रीव मैत्री इत्यादि)।

भावार्थ—जिस समय श्रीराम जी ने आज्ञा दी उसी समय तुरन्त दक्षिण दिशा की ओर वे लोग कूदते-फाँदते आकाश मार्ग से उड़ते जाने लगे। खोज करते हैं पर सीता को नहीं पाते। तब वे धैर्यवान वीरश्रेष्ठ समुद्र के तट पर बैठ कर सहज स्वभाव से श्रीराम जी के कार्यों को (लीलाओं को) गाने लगे (कहने लगे, चर्चा करने लगे)।

(अंगद) अनुकूला—

सीय न पाइ अवधि निवासी। होहु सबै सागर तट वासी।
जो घर जैये सकुच अनंता। मोहि न छोड़े जनक निहंता ॥३४॥

शब्दार्थ—अवधि निवासी—अवधि के दिन बीत गये (३० दिन का समय दिया गया था)। सकुच—लज्जा। जनक-निहंता—पिता का बध कराने वाला (सुग्रीव)।

---

*हीरक छंद दो प्रकार का है। एक २३ मात्रा का होता है। दूसरा वर्णिक जो १८ अक्षर का होता है। यह वर्णिक हीरक है। इसका रूप है (भ, स, न, ज, न, र,)

भावार्थ—(अंगद कहते हैं) सीता न मिली और जितना समय दिया गया था, वह बीत गया। जो लौट कर घर जाते हैं तो बड़ी लज्जा की बात है, मुझे तो सुग्रीव छोड़ेंगे नहीं अर्थात् प्राणदंड देंगे। (अतः यही उचित है कि अब हम सब यहीं समुद्र तट पर घर बनाकर बस रहें।)

हनुमान अनुकूल—

अंगद रक्षा रघुपति कीन्हों। सोध न सीता जल, थल लीन्हों।
आलस छांड़ो कृत उर आनौं। होहु कृतघ्नी जनि सिख मानौं ॥३५॥

भावार्थ—(अंगद ही इस यूथ के प्रधान थे। उनको हताश देखकर हनुमान जी कहते हैं) हे अंगद ! राम जी ने तुम्हारी रक्षा की है (यद्यपि पिता को मारा है, पर तब भी तुम्हें युवराज पद दिया है, उसके बदले तुमने अभी पूर्ण कृतज्ञता नहीं दर्शाई। तुमने सीता की खोज स्थल में तो की है पर अभी जल में नहीं की ; अतः तुम्हें समुद्रस्थ द्वीपों में खोजना चाहिये) अतः राम जी का एहसान स्मरण करके तुम्हें आलस छोड़ कर उद्योग करना चाहिए। कृतघ्नी मत बनो, मेरी शिक्षा मानो।

अंगद दन्डक—जीरण जरायुगीध धन्य एक जिन रोकि,
रावण विरथ कीन्हों सहि निज प्राण हानि।
हुते हनुमन्त बलवन्त तहाँ पाँच जन,
दीन्हे हुते भूपन कछूक नररूप जानि।
आरत पुकारत ही राम राम बार बार,
लीन्हों न छँड़ाय तुम सीता अति भीति मानि।
गाय द्विजराज तिय काज न पुकार लागै,
भोगवै नरक घोर चोर को अभयदानि ॥३६॥

शब्दार्थ—जीरण=बुड्ढा। एक=अकेला। विरथ=रथहीन। हुते=थे। पाँच जन=सुग्रीव, हनुमान, नल, नील और सुखेन। ही=थीं। भीति—डर। न पुकार लागै=बचाने को न दौड़े। भोगवै=भोगता है। अभयदानि=दंड न देने वाला।

भावार्थ—(अंगद जी हनुमान जी को उत्तर देते हैं) बुड्ढा जटायु धन्य है, जिसने अकेला ही होने पर रावण को रोका था और अपने प्राण देकर रावण को रथहीन कर दिया था। हे हनुमान ! तुम तो बली पाँच जन

थे और कुछ-कुछ नररूपधारी जानकर सीता ने तुम्हें कुछ भूषण भी दिये थे (जटायु को तो कुछ दिया भी न था) तथा दुःखित होकर बार-बार राम-राम कहकर पुकारती थी तब ही तुमने सीता को क्यों नहीं छीन लिया, तब तो तुम अत्यंत डर गये थे (अब बड़ी बातें मारते हो और मुझे कृतघ्न बतलाते हो।) सुनो! नीति यह कहती है कि गाय, ब्राह्मण, राजा और स्त्री को (विपत्ति में देखकर) जो बचाने को न दौड़े और जो चोर को दंड न दे वह घोर नरक भोगता है—(कैसा मुँहतोड़ जवाब है)।

दो०—सुनि संपाति सपक्ष ह्वै, राम चरित सुख पाय।
सीता लंका माँझ है, खगपति दई बताय ॥३७॥

शब्दार्थ—संपाति=जटायु का भाई। सपक्ष ह्वै=पुनः नवीन पंखयुक्त होकर। खगपति=संपाति (आदर से खगपति शब्द कहा गया है)।

दंडक—हरि कैसो वाहन कि विधि कैसो हेम हंस,
लीकसी लिखत नभ पाहन के अंक को।
तेज को निधान राम मुद्रका विमान कैधों,
लच्छन का बाण छूट्यो रावण निशंक को।
गिरिगज गंड ते उड़ान्यो सुवरन अलि,
सीता पद पंकज सदा कलंक रंक को।
हवाई सी छूटी केशोदास आसमान में,
कमान कैसो गोला हनुमान चल्यो लंक को ॥३८॥

शब्दार्थ—हरि कैसो वाहन=गरुड़ के समान (अति वेग से)। हेम-हंस=सुवर्ण के रंग का हंस। लीक=रेखा। पाहन=कसौटी। लच्छन=लक्ष्मण। गंड=गाल। सुवरन अलि=पीला भौंरा। कलंक-रहित (जिसमें कलंक न हो) (हवाई=बुँदेलखंडी शब्द) आतशबाजी का बाण। कमान=तोप।

भावार्थ—(हनुमान जी की छलांग का वर्णन। मन्दर नामक पर्वत पर से उछल कर उस पार सुवेल नामक पर्वत पर जा गिरे—उसी की उपमायें हैं) विष्णु भगवान के वाहन (गरुड़) के समान, या ब्रह्मा के पीले हंस के समान आकाशरूपी नीली कसौटी पर सोने की रेखा खींचते हुए (शीघ्रता-पूर्वक) उड़ गये या तेज-निधान हनुमान रामचन्द्र की मुद्रिका को विमान

बनाकर उड़ गये, या निशंक रावण को मारने को लक्ष्मण का बाण छूटा, या (सुन्दर नामक) पर्वतरूपी हाथी के गाल पर से पीला भौंरा उड़कर सीता जी के निष्कलंक पदकमल की ओर उड़ गया या आकाश में आतशबाजी का बाण छूट गया या तोप के गोला के समान हनुमान जी लंका को चले।

अलंकार—उपमा और रूपक से परिपुष्ट संदेह।

(किष्किंधाकांड का कथा समाप्त)

सुन्दरकांड

दो०—उदधि नाकपतिशत्रु को, उदित जान बलवंत।
अंतरिच्छ ही लच्छि पद, अच्छ छुयो हनुमंत॥ ३९॥

शब्दार्थ—उदधि=समुद्र। नाकपतिशत्रु=मैनाक। उदित=उठता हुआ। अंतरिच्छ ही=आकाश ही से। लच्छि=देखकर। पद अच्छ=(अक्षपद) नजर के चरणों से (केवल दृष्टि मात्र से)।

भावार्थ—बलवान हनुमान जी ने समुद्र में (विराम देने के हेतु) मैनाक को उठता हुआ देख कर आकाश ही से केवल दृष्टि के पैर से छुआ (वहाँ उतर कर विश्राम नहीं किया)।

सूचना—'पदअच्छ' शब्द में विसंधि और यतिभंग दूषण पड़ता है।

दो०—बीच गये सुरसा मिली, और सिंहिका नारि।
लीलि लियो हनुमंत तेहि, कढ़े उदर कहँ फारि॥ ४०॥

शब्दार्थ—बीच=आधे मार्ग में। सुरसा=सर्पों की माता। सिंहिका=राहु की माता, छाया ग्राहिणी। कढ़े=निकले।

तारक—कछु राति गये करि दंस दसा सी।
पुर माँझ चले बनराजि बिलासी॥
जब ही हनुमंत चले तजि शंका।
मग रोकि रही तिय ह्वै तब लंका॥ ४१॥

शब्दार्थ—करि दंश दसा सी=(मसक समान रूप कपि धरी—तुलसी)। दंस, डाँस, मसा। बनराजि बिलासी=बनों में बिचरने वाले हनुमान जी। तिय ह्वै=स्त्री रूप धर कर।

(लंका) तारक—कहि मोहि उलंघि चले तुम को हौ।
अति सूक्ष्म रूप धरे मग के हौ॥
पठये केहि कारण कौन चले हौ।
सुर हौ किधौं कोउ सुरेश भले हौ॥ ४२॥

शब्दार्थ—मोहि उलंघि=मेरी अवहेलना करके।

भावार्थ—(लंका नाम्नी राक्षसी हनुमान जी से पूछती है) बतलाओ तुम कौन हो, जो मेरी अवहेलना करके नगर के भीतर जा रहे हो, तुम अति छोटा रूप धारण करके मन को धोखा देते हो (अर्थात् छोटा जंतु जानकर कोई तुम्हारी परवाह न करेगा, ऐसा समझ कर तुमने धोखा देने की ठान ली है) किस कारण और किसके भेजे हुए तुम लंका को चले हो। तुम कोई सुर हो, या भलेमानस इन्द्र हो।

अलंकार—संदेह।

(हनुमान)—हम वानर हैं रघुनाथ पठाये।
तिनकी तरुणी अवलोकन आये॥
(लंका)—हति मोहि महामति भीतर जैये।
(हनुमान)—तरुणीहि हते कबलौं सुख पैये॥ ४३॥

भावार्थ—(हनुमानजी कहते हैं) हम राम जी के भेजे हुए बानर हैं, उनकी स्त्री को खोजने आये हैं। (लंका कहती है) हे महामति! मुझको मार कर तब नगर के भीतर जाइयो (जीते जी मैं भीतर न जाने दूँगी) तब हनुमान जी कहते हैं, स्त्री को मार कर कब तक सुख पावेंगे (अर्थात् स्त्री को मारना महापाप है—कैसे मारें)।

तारक—(लंका) तुम मारेहि पै पुर पैठ न पैहौ।
हठ कोटि करौ घर ही फिरि जैहौ॥
हनुमंत बली तेहि थापर मारी।
तजि देह भई तब ही वर नारी॥४४॥

शब्दार्थ—थापर=थप्पड़।
विशेष—आगे के छंद में लंका अपना हाल स्वयं कहती है।

(लंका) चौपाई –

धनदपुरी हौं रावन लीनी। बहुविधि पापन के रस भीनी॥
चतुरानन चितचिन्तन कीन्हों। वर करुणा करि मो कहँ दीन्हों॥४५॥
जब दसकंठ सीय हरि लैहैं। परि हनुमंत विलोकन ऐहैं॥
जब वह तोहि हतै तजि संका। तब प्रभु होय विभीषन लंका॥४६॥
चलन लगौ जब ही तब कीजो। मृतक सरीरहि पावक दीजो॥
यह कहि जाति भई वह नारी। सब नगरी हनुमंत निहारी॥४७॥

शब्दार्थ—(४५) धनद = कुबेर। भीनी = भीगी हुई। वर = वरदान। (४६) हरि = वानर।

चौपाई—तब हरि रावन सोवत देख्यो। मनिमय पलिका की छवि लेख्यो॥
तहँ तरुणी बहु भाँतिन गावैं। बिच बिच आवज बीण बजावैं॥४८॥

भावार्थ—तब वानर (हनुमान) ने रावण को मणि-जटित सुवर्ण के पलंग पर सोते देखा। वहाँ बहुत स्त्रियाँ गाना गाती थीं और बीच-बीच में ताशे और बीणा भी बजाती थीं।

चौपाई—मृतक चिता पर मानहु सोहैं। चहुँ दिस प्रेतबधू मन मोहैं॥
जहँ जहँ जाय तहाँ दुःख दूनो। सिय बिन है सिगरो पुर सूनो॥४९॥

भावार्थ—रावण पलंग पर सोता है, वह कैसा जान पड़ता है। मानों चिता पर मुर्दा पड़ा है और इर्द-गिर्द गाती बजाती हुई स्त्रियाँ ऐसी जान पड़ती हैं मानों प्रेतिनियाँ हैं (तदनन्तर अन्यान्य घरों को देखा, पर जहाँ-जहाँ हनुमान जी जाते हैं तहाँ-तहाँ (सीता को न पाकर) उन्हें बड़ा दुःख होता है। सारा नगर (प्रति घर ढूँढ़ डाला) सीता बिना शून्य देखा।

भुजंग प्रयात—कहूँ किन्नरी किन्नरी लै बजावैं॥
सुरी आसुरी बाँसुरी गीत गावैं।
कहूँ यक्षिणी पक्षिणी लै पढ़ावैं।
नगीकन्यका पन्नगी को नचावैं॥५०॥

शब्दार्थ—किन्नरी=किन्नरों की कन्यायें। किन्नरी=सारंगी। सुरी= देव कन्यायें। आसुरी=असुर कन्यायें। यक्षिणी=यक्ष कन्यायें। पक्षिणी= शारिका, मैना आदि पक्षी। नगीकन्यका = पार्वत्य प्रदेश की कन्यायें (काश्मीर वा तिब्बत देश की)। पन्नगी = नाग कन्यायें।

भावार्थ—कहीं किन्नर कन्यायें सारंगी लिये बजा रही हैं, कहीं देव कन्यायें तथा असुर कन्यायें आँसुरी में गीत गा रही हैं। कहीं यक्ष कन्यायें शारिका इत्यादि को पढ़ा रही हैं, कहीं पार्वत्यप्रदेशी कन्यायें नाग कन्याओं को नचा रही हैं (अनेक प्रकार के वैभवसूचक रागरंग हो रहे हैं)।

भुजंगप्रयात—पियें एक हाला गुहैं एक माला।
बनी एक बाला नचै चित्रशाला॥
कहूँ कोकिला कोककी कारिका को।
पढ़ावैं सुवा लै सुकी सारिका को॥५१॥

शब्दार्थ—हाला=शराब। चित्रशाला=रंगशाला, नाचघर। कोक की कारिका=कोकशास्त्र के श्लोक। कोकिला=कोकिलकंठ स्त्रियाँ। सुकी=सुग्गी। सारिका=सारो, मैना (पक्षी)।

भावार्थ—कहीं कोई स्त्री मदिरा पीती है, कोई माला गूँथती है, कोई बनी-ठनी युवती नाचघर में नाच रही है, कहीं कोई कोकिलकंठी स्त्री सुवा (सुग्गी) को और मैना के साथ लेकर (पिंजरों में एकत्र करके) कोकशास्त्र के मंत्र (आलिंगन चुंबनादि की परिभाषायें) पढ़ा रही हैं।

भुजङ्गप्रयात—फिरयो देखि कै राजशाला सभा को।
रह्यो रीझि कै, बाटिका की प्रभा को॥
फिरयो और चौहूँ चितै शुद्धगीता।
विलोकी भली सिंसिपामूल सीता॥५२॥

शब्दार्थ—राजशाला=राजभवन (रावण का महल)। प्रभा=सुन्दर शोभा। और चौहूँ=चारों ओर। शुद्धगीता=सर्व प्रशंसित (सीता का विशेषण है)। सिंसिपा=(शिंशिपा) शीशम वृक्ष। सिंसिपामूल=शीशम के नीचे।

भावार्थ—राजमहल को देखकर हनुमान राजसभा की ओर गये और उसका सौन्दर्य और वैभव देखकर रीझ रहे। (जब सीता को कहीं नहीं देखा तब) बाटिका की ओर गये और चारों ओर घूमकर देखा तो एक शीशम के पेड़ के नीचे सर्व प्रशंसित सीता को बैठे देखा।

(सीता की वियोगिनी मूर्ति)

भुजंगप्रयात—धरे एक बेणी मिली मैल सारी।
मृणाली मनो पंक तें काढ़ि डारी॥
सदा राम नामै ररै दीन बानी।
चहूँ ओर हैं राकसी दुःखदानी॥ ५३॥

शब्दार्थ—धरे एक वेणी = सब बाल उलझ कर एकत्र होकर एक लंबी जटा सी बन गई है। मृणाली = कमलदंड, मुरार। पंक = कीचड़। ररै = रटती है। राकसी = राक्षसी।

भावार्थ—(हनुमान जी ने सीता जी को किस रूप में देखा कि) सब बाल उलझ कर सिर पर एक जटा-सी बन गई है और साड़ी मैली हो रही है। ऐसी जान पड़ती है जैसे कीचड़ से निकाली हुई मुरार हो। सदा दीन वाणी से राम शब्द रटती है और चारों ओर दुःखदायिनी राक्षसियाँ घेरे हैं।

अलंकार—उत्प्रेक्षा।

भुजंगप्रयात—ग्रसी बुद्धि सी चित्त चिंतानि मानों।
किधौं जीभ दंतावली में बखानों॥
किधौं घेरि कै राहु नारीन लीनी।
कला चन्द्र की चारु पीयूष भीनी॥ ५४॥

भावार्थ—मानो चित्त की चिंताओं से बुद्धि ग्रसी हो, या दाँतों के बीच में जीभ ही कहो, या राहु की स्त्रियों ने सुन्दर अमृतयुक्त चंद्रकला को घेर लिया हो।

अलंकार—उत्प्रेक्षा से पुष्ट संदेह।

भुजंगप्रयात—किधौं जीव की जोति मायान लीनी।
अविद्यान के मध्य विद्या प्रवीनी॥
मानो संवर-स्त्रीन में कामवामा।
हनूमान ऐसी लखी राम रामा॥ ५५॥

शब्दार्थ—जीव की जोति = सच्चिदानन्द की अंश स्वरूपा जीवात्मा माया = अज्ञान कृत्य। अविद्या = सांसारिक विषयों में लीन बुद्धि। विद्या =

पारमार्थिक बुद्धि । प्रवीनी=निपुण । संबर स्त्रीन=शंबर नामक असुर की स्त्रियाँ । कामबामा=रति । राम रामा:=रामपत्नी सीता ।

भावार्थ—या माया में लीन सच्चिदानन्द की अंश स्वरूपा जीवात्मा है, या निपुण पारमार्थिक बुद्धि सांसारिक विषय सम्बन्धी बुद्धियों में फँसी है, या मानों शंबरासुर की स्त्रियों के बीच में रति है, श्री हनुमान जी ने सीता जी को ऐसी दशा में देखा ।

अलंकार—उत्प्रेक्षा से पुष्ट संदेह ।

(रावण का आना और सीता प्रति वार्ता)

भुजंगप्रयात—तहाँ देव द्वेपी दसग्रीव आयो ।
सुन्यो देवि सीता महा दुःख पायो ॥
सबै अंगलै अंग ही में दुरायो ।
अधोदृष्टि कै अश्रुधारा बहायो ॥ ५६ ॥

शब्दार्थ—देवद्वेपी=देवताओं का शत्रु । दसग्रीव=रावण । सबै...... दुरायो=अति लज्जा से सब अंगों को सिकोड़ कर बैठी । अधोदृष्टि कै=नीचे को दृष्टि करके ।

भावार्थ—वहाँ उसी समय देवशत्रु रावण आ गया । उसका आगमन सुन कर देवी सीता अत्यन्त दुःखी हुईं और लज्जा से सिकुड़ कर बैठ गईं और नीचे को दृष्टि करके रोने लगीं (जिससे आँसुओं की धारा बह चली) ।

(रावण) भुजंगप्रयात—सुनौ देवि मोपै कछू दृष्टि दीजै ।
इतो सोच तो राम काजै न कीजै ॥
बसै दंडकारण्य देखै न कोऊ ।
जु देखै महा बाहरो होय सोऊ ॥ ५७ ॥

भावार्थ—(रावण सीता प्रति कहने लगा) हे देवि ! मुझ पर कुछ तो कृपादृष्टि करो, राम के लिए इतना सोच मत करो । वे राम तो वनवासी हैं, कोई उन्हें देखता भी नहीं (कोई ज़रा भी सम्मान नहीं करता, मैं राजा हूँ, सम्मानित हूँ) वे राम ऐसे भेष से हैं कि जो कोई उन्हें देखे वह भी बावला हो जाय (तपस्वी भेष से हैं अतः शृंगारमय सुन्दर रूप नहीं है) ।

सूचना—रावण के वचनों का साधारण अर्थ तो विरोधी पक्ष में निन्दामय जान पड़ता है, पर रामभक्त टीकाकार सरस्वती उक्तार्थ के बल पर एक दूसरा अर्थ भी करते हैं।

सरस्वती उक्तार्थ—हे देवि! अब मुझ पर कृपादृष्टि करो कि मैं शीघ्र इस निश्चर शरीर से मुक्ति पाऊँ। (यदि कहो कि राम भजन करके मुक्ति की इच्छा कर, तो उसका उत्तर यह है कि) मैं राम भजन की इतनी चिंता नहीं करता जितनी चिंता तुम्हारे भजन की है, क्योंकि राम का भजन ऐसा कठिन है कि दंडकारण्य में रहने वाले तपस्वियों में से भी कोई उन राम को नहीं देख सकता (और आप तो प्रत्यक्ष मेरे सामने मौजूद हैं) और जो कोई उनको देख पाता है वह महा बावला ही होता है अर्थात् शंकर सरीखे परमहंस स्वरूप लोग ही उनके दर्शन पा सकते हैं—(मैं तामसी प्रकृति के कारण उस उच्च परमहंस पद तक पहुँच नहीं सकता, अतः उनका भजन तो मुझसे न हो सकेगा, आपकी ही शरण लेता हूँ, आप ही कृपादृष्टि से मुझे मुक्ति दीजिये)।

अलंकार—व्याजस्तुति।

भुजंगप्रयात—कृतघ्नी कुदाता कुकन्याहि चाहै।
हितू नग्न मुडी नहीं को सदा है॥
अनाथै सुन्यो मैं अनाथानुसारी।
बसैं चित्त दंडी जटी मुंडधारी॥ ५८॥

भावार्थ—(रावण पक्ष का) तेरा पति राम कृतघ्नी है (क्योंकि तू तो सहानुभूति से उनके साथ वन में आई और उन्होंने तुझे अकेली वन में छोड़ शिकार में मन लगाया, तेरी कुछ परवाह न की। कृपण भी है (तुझे अच्छे-अच्छे वस्त्राभूषण देकर तेरा सम्मान नहीं करता, मैं तुझे अच्छे-अच्छे वस्त्राभूषण दूँगा) वह कुकन्याओं को चाहता है परस्त्री का प्रेमी है—(शबरी इत्यादि को चाहता है) सदा नंगे और मुड़िया साधु वैरागियों का हितुवा है अर्थात् राजसी ठाट-बाट कुछ भी नहीं है। स्वयं अनाथ (निराश्रय) है और अनाथों ही का आश्रयी है (राजपाट कुछ भी नहीं और न राजों से मेल ही है) उसके चित्त में सदा जटाधारी दंडी-मुंडो

(तपस्वी) बसा करते हैं अर्थात् वह तुझ जैसी स्त्री का कदर नहीं जानता, अतः तुझे समुचित प्यार नहीं करता।

नोट—नीतिकुशल रावण पति के दोष दिखला कर सती सीता को निज वश में करना चाहता है।

सरस्वती उक्तार्थ—राम कृतघ्नी हैं अर्थात् भक्तों के समस्त अच्छे-बुरे कर्मों को नाश करने वाले हैं; कुदाता हैं अर्थात् (कु=पृथ्वी) पृथ्वी देने वाले हैं (दासों को राजपाट सब कुछ देते हैं) और कु=कन्या (पृथ्वी की पुत्री) सीता को चाहते हैं, नंगे दंडी मुंडी (साधु परमहंसादि) इत्यादि के परम हितू हैं, स्वयं अनाथ हैं (जिसका कोई भी नाथ न हो—जिसके ऊपर कोई न हो स्वयं परम स्वतन्त्र हो) और अन्य अनाथ लोग (आश्रयहीन जन) उनके पीछे चलते हैं (उनका आश्रय लेते हैं) और दंडी (सन्यासी लोग) और जटा तथा मुण्डमालधारी शिव जी के चित्त में वे बसते हैं।

अलंकार—श्लेष और व्याजस्तुति।

भुजंगप्रयात—तुम्हें देवि दूषैं हितू ताहि मानै।
उदासीन तोसों सदा ताहि जानै॥
महा निर्गुणी नाम ताको न लीजै।
सदा दास मोपै कृपा क्यों न कीजै॥ ५६॥

भावार्थ—(रावणपक्ष का) हे देवि! तुम्हारा पति राम उसी को अपना हित समझता है जो तुम्हें दूषण देता है (तुम्हारी निन्दा करता है) अतः उसको तुम अपनी ओर से सदा उदासीन समझो (उसे तुम्हारी कुछ परवाह नहीं है)। वह महानिर्गुण है (उसमें कोई गुण नहीं है) उसका नाम मत लो। और मैं तो आप का दासवत् पूजन करूँगा। मेरे ऊपर कृपादृष्टि क्यों नहीं की जाती।

दूसरा अर्थ—(भक्तपक्ष का)—हे देवि! श्रीराम जी उन्हीं को हितू समझते हैं जो तुम्हारे देवीरूप (लक्ष्मी) को दोषपूर्ण समझ कर धन-सम्पत्ति की इच्छा नहीं करते और जिसे सदा ही तुम्हारी ओर से उदासीन जानते हैं। वे महानिर्गुण हैं (सत—रज—तम से परे अर्थात् त्रिगुणातीत हैं) उनका कुछ नाम ही नहीं है इसीसे उनका नाम ही नहीं जपा जा सकता—

वे पूर्ण त्रिगुण ब्रह्म हैं, उनकी उपासना मुझसे न हो सकेगी। आप तो प्रत्यक्ष मूर्तिमान सगुण रूप मेरे सामने मौजूद हैं। आप मुझे अपना सदैव का दास समझ कर कृपा क्यों नहीं करतीं (कृपादृष्टि से मुक्ति प्रदान क्यों नहीं करतीं)।

अलंकार—श्लेष व्याजस्तुति।

भुजंगप्रयात—अदेवी नृदेवीन की होहु रानी।
करैं सेव बानी मघौनी मृडानी॥
लिये किन्नरी किन्नरी गीत गावैं।
सुकेसी नचैं उर्वसी मान पावैं॥ ६०॥

शब्दार्थ—अदेवी=राक्षसियाँ। नृदेवी=रानियाँ। बानी=सरस्वती। मघौनी=(मघवानी) इन्द्र की स्त्री शची। मृडानी=भवानी, पार्वती। किन्नरी=(१) किन्नरों की स्त्रियाँ (२) सारंगी। सुकेसी=अप्सरा विशेष। उर्वसी=अप्सरा विशेष।

भावार्थ—(रावणपक्ष का) पत्नी रूप से मेरे महलों में चल कर रहो और मेरे घर जो राक्षसियाँ वा नर कन्यायें मेरी पत्नी हैं, उन सब की रानी (पूज्य) बनो। (ऐसा करने से) सरस्वती, शची और पार्वती भी तुम्हारी सेवा करेंगी। किन्नर कन्याएँ सारंगी लिये तुम्हें गीत सुनावेंगी, और सुकेशी, उर्वसी इत्यादि अप्सराएँ तुम्हारे सामने नाच कर अपने को सम्मानित समझेंगी—अर्थात् तुम्हें सब रानियों में सर्वश्रेष्ठ पद दूँगा और सब प्रकार के भोग-विलास करोगी।

दूसरा अर्थ—(भक्त पक्ष का) हे सीता! दैत्य कन्याओं और राजरानियों की भी रानी हो, तुम्हारी सेवा सरस्वती, शची और भवानी भी करती हैं, सारंगी लिये किन्नर कन्यायें तुम्हारे सामने गीत गाती हैं और सुकेशी तथा उर्वसी इत्यादि अप्सरायें तुम्हारे सामने नाच कर सम्मान पाती हैं (तुम समस्त शक्तियों में सर्वश्रेठ शक्ति हो)।

अलंकार—उदात्त।

मालिनी—तृन बिच देइ बोली सीय गंभीर बानी।
दसमुख सठ को तू कौन की राजधानी॥

दशरथ सुत द्वेषी रुद्र ब्रह्मा न भासै।
निसिचर बपुरा तू क्यों न स्यों मूल नासै॥ ६१॥

शब्दार्थ—गंभीर=निर्भयता से। न भासै=शोभित नहीं होते। स्यों=सहित।

भावार्थ—सीता जी ने एक तिनका बीच में करके रावण को निर्भयता-युक्त उत्तर दिया कि हे शठ रावण! तू क्या और तेरी राजधानी क्या, जब राम से बैर करके रुद्र और ब्रह्मा भी शोभा नहीं पा सकते तो तू बेचारा निशिचर (ऐसा करने से) क्यों न समूल नष्ट हो जायगा।

मालिनी—अति तनु धनुरेखा नेक नाकी न जाकी।
खल सर खर धारा क्यों सहै तिच्छ ताकी।
बिड़कन घन घूरे भच्छि क्यों बाज जीवै।
सिव सिर ससि श्री को राहु कैसे सु छीवै॥ ६२॥

शब्दार्थ—तनु=बारीक। तिच्छ=तीक्ष्ण। बिड़कन=गलीज के कण। घन=बहुत। ससिश्री=चन्द्रमा की शोभा। छीवै=(बुन्देलखंडी) छुवै।

भावार्थ—हे रावण! जिनकी खींची हुई पतली धनुरेखा तुझसे जरा भी लाँघी नहीं गई, उनके तेज बाणों की तीक्ष्ण धारा तू कैसे सह सकता है। घूरे में पड़े हुए बहुत से विष्ठाकणों को खाकर बाज पक्षी जीवित रहेगा—(तेरा राज वैभव मैं विष्ठावत समझती हूँ)—और तू मुझे उसी तरह नहीं छू सकता जैसे शिव जी के सिर पर के चन्द्रमा को राहु नहीं छू सकता।

अलंकार—काकुवक्रोक्ति से पुष्ट दृष्टान्त।

मालिनी—उठि उठि शठ ह्याँ ते भागु तौलों अभागे।
मम वचन बिसर्पी सर्प जौलों न लागे॥
विकल सकुल देखौं आसुरी नास तेरो।
निपट मृतक तोकों रोष मारै न मेरो॥ ६३॥

शब्दार्थ—बिसर्पी—तेज चलने वाले। आसु=अति शीघ्र।

भावार्थ—हे अभागे रावण! उठ और यहाँ से तब तक भाग कर अपने प्राण बचा ले जब तक मेरे शीघ्रगामी वचन-सर्प तुझे नहीं डसते। मैं शीघ्र ही कुल सहित तेरा नाश देख रही हूँ, तुझको निपट मृतक जान कर मेरा रोष तुझे नहीं मारता।

दो०—अवधि द्वैदई मास की, कह्यों राक्षसिन बोलि।
ज्यों समुझाइयो युक्ति, छुरी सों छोलि॥ ६४॥

शब्दार्थ—युक्ति छुरी सों छोलि=इसका भाव यह है कि यदि कुछ कष्ट पहुँचाने की ज़रूरत पड़े तो कष्ट भी पहुँचाना।

अलंकार—व्याजोक्ति।

(सीता-हनुमान संवाद)

चामर—देखि देखि कै अशोक राजपुत्रिका कह्यों।
देहि मोहि आगि तैं जु अंग आगि ह्वै रह्यौं॥
ठौर पाइ पौनपूत डारि मुद्रिका दई।
आस तास देखि कै उठाय हाथ कै लई॥ ६५॥

शब्दार्थ—जु अंग आगि ह्वै रह्यौ=तू सर्वाङ्ग अग्निवत् हो रहा है (अर्थात् लाल पल्लवयुक्त हो रहा है और मुझे विरहाग्नि से संतप्त करता है)। ठौर=मौका, सुअवसर। उठाय हाथ कै लई=(बुन्देलखंडी मुहावरा है), हाथ से उठा ली, उठाकर हाथ में ले ली।

भावार्थ—अशोक वृक्ष को नवपल्लव युक्त देख कर सीता जी ने कहा, हे अशोक! तू जो सर्वाङ्ग अग्निमय हो रहा है, मुझ पर कृपा कर और थोड़ी अग्नि मुझे भी दे (जिससे मैं जल मरूँ) ऐसा अच्छा मौका पाकर हनुमान जी ने ऊपर से श्री राम जी की अँगूठी गिरा दी (और उसे अग्निकण जान कर सीता जी ने इधर-उधर देख कर—कि कोई है तो नहीं—अपने हाथ से उठा ली।

अलंकार—भ्रम।

तोमर—

जब लगी सियरी हाथ। यह आगि कैसी नाथ॥
यह कह्यों लखि तब ताहि। मनि जटित मुँदरी आहि॥६६॥
जब बाँचि देख्यो नाँव। मन पर्‍यो संभ्रम भाऊ॥
आबाल तें रघुनाथ। यह धरी अपने हाथ॥६७॥
बिछुरी सु कौन उपाउ। केहि आनियो यहि ठाँउ॥
सुधि लहौं कौन प्रभाउ। अब काँहि बूझन जाऊँ॥६८॥

चहुँ ओर चितै सत्रास। अवलोकियो आकास ॥
तहँ साख बैठो ,नीठि। तब पर्‌यो वानर दीठि ॥ ६९ ॥

शब्दार्थ—(६६) सियरी = ठंढी। (६७) संभ्रम = भारी भ्रम। आबाल ते = बचपन से। (६८) सुधि = ठीक हाल। कौन प्रभाऊ = किस भाँति। (६९) सत्रास = डर से (डर यह कि रावण कोई राक्षसी माया तो नहीं रच रहा है)। अवलोकियो = देखा। नीठि = मुश्किल से, कठिनता से।

तोमर—तब कह्यौ को तू आहि।
सुर असुर मोतन चाहि ॥
कै पक्ष पक्ष-विरूप।
दसकंठ वानर रूप ॥ ७० ॥

शब्दार्थ—मोतन चाहि = मेरी तरफ देख। पक्ष = मेरे पक्ष वाला (राम पक्ष का कोई दूत वा सहायक)। पक्ष विरूप = शत्रु पक्ष का (रावण की ओर का कोई मायावी हितैषी)।

भावार्थ—तब सीता जी ने पूछा तू कौन है? तू सुर है वा असुर! मेरी ओर तो देख! तू मेरे पक्ष का है वा शत्रुपक्ष का अथवा तू रावण ही है, वानर रूप धर कर मेरे साथ माया रचता है?

अलंकार—संदेह।

मूल—कहि आपनो तू भेद। नतु चित्त उपजत खेद ॥
केहि बेगि वानर पाप। नतु तोंहि दैहौं शाप ॥ ७१ ॥
डरि वृक्ष साखा भूमि। कपि उतरि आयो भूमि।
संदेस चित्त महँ चाइ। तब कही बात बनाइ ॥ ७२ ॥

शब्दार्थ—(७१) खेद = डर। पाप = छल, कपट। (७२) संदेस चित्त महँ चाइ = सीता के चित्त में राम का संदेशा पाने की चाह समझ कर।

पद्धटिका—

कर जोरि कह्यौ हौं पौनपूत। जिय जननि जानि रघुनाथ दूत।
रघुनाथ कौन दशरत्थनंद। दशरत्थ कौन अज तनय चंद ॥७३॥
केहि कारण पठये यहि निकेत। निज देन लेन संदेस हेत ॥
गुण रूप सील सोभा सुभाव। कछु रघुपति के लक्षण सुनाउ ॥ ७४ ॥

शब्दार्थ—(७३) चन्द=इस शब्द का अन्वय 'अज' के साथ है अर्थात् 'अजचन्द'। (७४)—निज देन लेन संदेश हेत=निज संदेशा पहुँचाने के लिये और आपका संदेशा ले जाने के लिये। 'हेत' शब्द का अन्वय लेन तथा देन के साथ है—अर्थात् देन हेत ; लेन हेत।

भावार्थ—(छंद ७३ बहुत सरल है)। (छंद ७४) सीता जी ने पूछा कि राम ने तुझे यहाँ क्यों भेजा है ? हनुमान ने कहा, अपना संदेशा तुम्हें सुनाने के लिए और तुम्हारा संदेशा उनके पास ले जाने के लिए। (तब पुनः सीता ने कहा) राम जी के कुछ लक्षण बताओ—उनमें कौन सा विशेष गुण है, उनका कैसा रूप है, कैसा शील है और स्वभाव कैसा है—(ये सब बातें हनुमान की सत्यता जाँचने के लिए पूछी गई हैं)।

(हनुमान) पद्धटिका—

अति जदपि सुमित्रानन्द भक्त। अति सेवक हैं अति सूर सक्त।
अरु जदपि अनुज तीजो समान। पै तदपि भरत भावत निदान ॥७५॥

भावार्थ—हनुमान जी श्रीराम का विशेष गुण बतलाते हैं कि यद्यपि लक्ष्मण जी उनके बड़े भक्त हैं, उनकी बड़ी सावधानी से सेवा करते हैं, बड़े शूर और शक्तिमान हैं, और यद्यपि तीनों ही भाई ऐसे हैं तथापि भरत ही पर राम का अधिक प्रेम रहता है।

पद्धटिका—

ज्यों नारायन उर श्री बसंति। त्यों रघुपति उर कछु दुति लसंति।
जग जितने हैं सब भूमि भूप। सुर असुर न पूजें राम रूप ॥ ७६ ॥

भावार्थ—(राम के रूप की विशेषता) जैसे नारायण भगवान् के हृदय पर श्रीवत्स का चिन्ह है त्योंही श्रीराम जी के हृदय में भी द्युतिमान चिन्ह है। इस जगत में जितने राजे हैं, वे और सुर अथवा असुर, कोई भी राम के सौंदर्य की बराबरी नहीं कर सकता।

(सीता)—निशिपालका—

मोहि परतीत यहि भाँति नहीं आवई।
प्रीति कहि धौं सुनर बानरनि क्यों भई॥
बात सब बर्णि परितीति हरि त्यों दई।
आँसु अन्हवाय उर लाय मुँदरी लई ॥ ७७ ॥

भावार्थ—(सीता जी पुनः बोलीं) इन बातों से भी मुझे विश्वास नहीं होता कि तू सचमुच राम का दूत है। अच्छा यह बतला कि नर वानरों में प्रीति कैसे हुई ? अर्थात् श्रीराम जी और तुझसे जान-पहचान कैसे हुई और मित्रता कैसे जुड़ी। तब हनुमान जी ने सब बातें—जैसा सीता जी जानना चाहती थीं—(सीता जी का पट-भूषण गिराना, और सुग्रीव द्वारा उन पट-भूषणों का राम जी के पास पहुँचाना, सुग्रीव-मित्रता इत्यादि) कह कर विश्वास करा दिया। तब सीता जी के नेत्रों में प्रेमाश्रु उमड़ आये और उन आँसुओं से मुँदरी को भिगो कर उसे हृदय से लगा लिया।

नोट—इस प्रसङ्ग में सीता जी का चातुर्य, नीति-निपुणता, पातिव्रत इत्यादि का अच्छा वर्णन है। मायावी राक्षसों के बीच धोखा हो जाने का भय था, अतः सीता ने हनुमान की अच्छी तरह परीक्षा करके तब उन पर विश्वास किया। मुद्रिका पाकर सीता की मनोभावनाओं की अधिकता वर्णन करने में केशव ने अपनी प्रतिभा का कमाल दिखलाया है।

दो०—आँसु वरषि हियरे हरषि, सीता सुखद सुभाइ।
निरखि निरखि पिय मुद्रिकहिं, वरनति है वहु भाइ ।। ७८ ।।

शब्दार्थ—सुखद सुभाइ=सहज ही करुणामूर्ति। बहु भाइ=विविध प्रकार से।

नोट—आगे इस प्रसंग भर में उल्लेख अलंकार मानना उचित होगा। अलग-अलग प्रत्येक छन्द में 'संदेह' होगा।

पद्धटिका—

यह सूर किरण तम दुःख हारि। ससिकला किधौं उर सीतकारि।
कल कीरति सी सुभ सहित नाम। कै राज्यश्री यह तजो राम ।।७६।।

शब्दार्थ—सीतकारि=शीतल करने वाला। सहित नाम=उस अँगूठी पर "श्रीरामो जयति" खुदा हुआ था।

भावार्थ—(जानकी जी विचार करती हैं कि) क्या यह मुँदरी सूर्य किरण है क्योंकि इसने मेरे दुःखरूपी अंधकार को हर लिया, या यह चन्द्रमा की कोई कला है, क्योंकि मेरे हृदय को शीतल कर रही है (विरह-ताप शान्त कर रही है) या नाम सहित यह श्रीराम की सुन्दर कीर्ति ही है क्योंकि जैसे श्रीराम के नाम-स्मरण वा कीर्ति-श्रवण से जीव को आनन्द प्राप्त

होता है वैसा ही आनन्द यह मुझे दे रही है। अथवा राम ने इसे राज्यश्री का चिह्न जान राज्य की तरह इसे भी त्याग दिया है।

अलंकार—संदेह।

पद्धटिका—

कै नारायण उर सम लसंति। सुभ अंकन ऊपर श्री बसंति।
वर विद्या सी आनन्द दानि। जुत अष्टापद मन शिवा मानि ॥८०॥

शब्दार्थ—अंकन=(१) शरीर, वक्षस्थल (२) अक्षर। श्री=(१) श्रीवत्स चिह्न (२) 'श्री' शब्द। अष्टापद=(१) पशु अर्थात् सिंह (२) सुवर्ण। शिव=पार्वती। (शिव की कल्याणकारिणी शक्ति)।

भावार्थ—अथवा यह मुँदरी श्रीनारायण भगवान् का हृदय ही है, क्योंकि जैसे श्रीनारायण के वक्षस्थल पर श्रीवत्स का चिह्न है, वैसे ही इसमें भी सब अंकों से ऊपर (सब अंकों से पहले) 'श्री' बसती है—(उस अँगूठी के नगीने में "श्रीरामो जयति" शब्द लिखा हुआ था। या यह परा-विद्या है, क्योंकि उसी के समान यह भी आत्मानन्द दे रही है। या इसे (कल्याणकारिणी) पार्वती ही समझूँ क्योंकि जैसे पार्वती अष्टापदयुक्त (सिंह सहित) रहती हैं वैसे ही यह अष्टापद (स्वर्ण) युक्त अर्थात् स्वर्णमय है।

अलंकार—श्लेष से पुष्ट संदेह।

पद्धटिका—

जनु माया अच्छर सहित देखि। कै पत्री निश्चयदानि लेखि।
पिय प्रतिहारिनी सी निहारि। श्रीरामो जय उच्चार कारि ॥ ८१ ॥

शब्दार्थ—अच्छर=(१) अक्षर ब्रह्म। अविनाशी ब्रह्म। (२) लिपि अक्षर। प्रतिहारिनी=चोबदारिन। माया=(१) प्रकृति (२) धन अर्थात् सुवर्ण।

भावार्थ—यह मुँदरी मानों माया-सहित अक्षर ब्रह्म है (जैसे माया और ब्रह्म एकत्र रहते हैं वैसे ही इसमें भी सुवर्ण और अक्षर लिखे हैं) या यह निश्चयदायिनी पत्रिका है। (मोहर की हुई चिट्ठी वा सनद) क्योंकि जैसे उसमें नाम की मोहर होती है, वैसे ही इसमें श्री राम का नाम खुदा हुआ है। या यह प्रियतम रामचन्द्र की चोबदारिन है, क्योंकि जैसे चोबदारिन

मालिक का नाम लेकर जय जयकार उच्चारण करती है वैसे ही वह मुँदरी भी नाम सहित जयकार का उच्चारण करती है।

अलंकार—श्लेष और उत्प्रेक्षा से पुष्ट संदेह।

पद्धटिका—

पिय पठइ मानो सखि सुजान। जगभूपन को भूषन-निधान।
निजु आई हमको सीख देनखु। यह किधौं हमारो मरम लेन॥८२॥

शब्दार्थ—जगभूपन=श्रीरामजी। भूषन-निधान=भूषणों की मंजूषा। निजु=निश्चय ही। सीखु=शिक्षा। मरम=भेद तत्व।

भावार्थ—यह मुद्रिका श्रीराम जी की अलंकारमंजूषा है, अर्थात् श्रीराम जी केवल इसी को पहन कर ऐसी शोभा पाते हैं मानों सब भूषण पहने हुए हैं। इस मुद्रिका को प्रियतम ने मानो सखी बनाकर हमारे पास भेजा है ताकि यह हमें पातिव्रत की शिक्षा दे अथवा हमारे हृदय के मर्म (पतिव्रत वा कुशीलाचरण) का पता लगावे (मुद्रिका को देखकर सीता की आकृति वा भावनाएँ जैसी हो जाय—उनको देख कर हनुमान जी समझ लेंगे कि जानकी पतिव्रता हैं वा कुशीलाचारिणी)।

अलंकार—उत्प्रेक्षा से पुष्ट संदेह।

दो०—सुखदा सिखदा अर्थदा, यशदा रसदातारि।
रामचन्द्र की मुद्रिका, किधौं परम गुरु नारि॥८३॥

भावार्थ—यह श्रीराम जी की मुद्रिका है या कोई परम हितैषिणी गुरु-स्त्री (सास, धाय, माता इत्यादि) है क्योंकि जैसे गुरु-स्त्री सुख, शिक्षा प्रयोजन, यश, और रस (दाम्पति सुख) देने का प्रबन्ध करती है वैसे ही यह मुद्रिका भी प्रयोजन रखती है।

अलंकार—श्लेष से पुष्ट संदेह।

दो०—बहु वर्णा सहज प्रिया, तमगुण हरा प्रमान।
जग मारग दरशावनी, सूरज किरण समान॥८४॥

शब्दार्थ—बहुवर्णा=(१) कई रंगवाली (सूर्य किरण में सात रंग होते हैं)—(२) कई अक्षर वाली (अँगूठी में 'श्रीरामो जयति' ये छः अक्षर लिखे थे)। सहजप्रिया=साधारणतः प्रिय (सूर्य किरण भी सहज प्रिय होती है, अँगूठी भी वैसे ही होती है)। तमगुणहरा=(१) अंधकार

हरने वाली (२) दुःख हरने वाली। प्रमान=निश्चय पूर्वक। जग मारग दरशावनी—(१) सांसारिक कार्यों का मार्ग दिखलानेवाली (२) सांसारिक रीति दिखलाने वाली (पति-पत्नी का परस्पर स्मरण कर सम्बन्ध दृढ़ करने वाली।)

भावार्थ—यह मुद्रिका सूर्य किरण के समान है क्योंकि बहु-वर्णी है (सूर्य किरण में बहुत से रंग होते हैं, इसमें भी बहुत से अक्षर हैं) सहज प्रिया है, तमगुण हरा है (सूर्य किरण अंधकार हरती है, यह मुद्रिका दुःख वा अज्ञान हरती है) और निश्चयपूर्वक जग मार्ग को दरशानेवाली है (सूर्य किरण उजेला देकर सबको सांसारिक कार्यों का मार्ग दिखाती है और यह अँगूठी मुझे प्रियतम का स्मरण करा कर दम्पति-प्रेम का मार्ग दिखाती है।)

अलंकार—श्लेष से पुष्ट समुच्चयोपमा।

मूल—दो०—श्रीपुर में वन मध्य हौं, तू मग करी अनीति।
कहि मुँदरी अब तियन की, को करिहै परतीति ॥ ८५ ॥

शब्दार्थ—श्री=राज्यश्री। हौं=मैं। अनीति करी=धोखा दिया, त्याग दिया।

भावार्थ—(श्रीसीता जी मुद्रिका के प्रति कहती हैं) राज्यलक्ष्मी ने अयोध्या में, मैंने वन में और तूने मार्ग में राम को छोड़ा, अतः हे मुद्रिका बतला तो अब स्त्रियों की वफादारी पर कौन नर विश्वास करेगा?

पद्धटिका—

कहि कुशल मुद्रिके राम गात। सुभ लक्ष्मण सहित समान तात।
यह उतरु देति नहि बुद्धिवंत। केहि कारण धौं हनुमत संत ॥ ८६ ॥

शब्दार्थ—सहित=हितैषी। समान=(स+मान) स्वाभिमानी! बुद्धिवंत =हनुमंत का विशेषण है।

भावार्थ—हे मुद्रिका! बतला, राम जी तो शरीर से सकुशल हैं? और शुभ लक्ष्मण मेरे परम हितैषी तथा स्वाभिमानी प्यारे लक्ष्मण जी तो सकुशल हैं? हे बुद्धिमान, सज्जन हनुमत तुम ही बतलाओ, यह मुद्रिका तो कुछ उत्तर नहीं देती, इसका क्या कारण है?

(हनुमान) दो०—तुम पूँछत कहि मुद्रि के, मौन होत यहि नाम।
कंकन की पदवी दई, तुम विन यह कहँ राम ॥८७॥

भावार्थ—(हनुमान जी चतुराई से उत्तर देते हैं कि) हे माता, तुम इसे मुद्रिका नाम से संबोधन करके पूछती हो इसी से यह इस नाम को सुन कर चुप है (कि मुझसे पूँछती ही नहीं) क्योंकि अब तुम से रहित होकर (तुम्हारे वियोग में) श्रीराम जी ने इसे कंकण की पदवी दी है (तुम्हारे वियोग में इतने दुबले हो गये हैं कि मुँदरी को अब कंकण पहनते हैं)—अतः यह मुँदरी अपने को कंकण समझती है इसीसे मुँदरी कहने से नहीं बोलती—(दूसरे के नाम से दूसरा नहीं बोलता)।

अलंकार—अल्प।

(रामजी की विरहावस्था)

(हनुमान) दंडक—दीरघ दरीन बसैं केशोदास केसरी ज्यों,
केसरी को देखि वन करी ज्यों कँपत हैं।
वासर की संपति उलूक ज्यों न चितवत,
चकवा ज्यों चंद चितै चौगुनी चँपत हैं॥
केका सुनि व्याल ज्यों विलात जात घनश्याम,
घनन की घोरन जवासो ज्यों नाम तपत हैं।
भौंर ज्यों भँवत वन जोगी ज्यों जगत रैनि,
साकत ज्यौं नाम राम तेरो ई जपत हैं॥८८॥

शब्दार्थ—दरीन=गुफाएँ। केसरी (१) सिंह (२) केशर। करी=हाथी। बासर की संपति=दिन का प्रकाश। केका=मोर का शब्द। घनश्याम =खूब काले। घोरन=गरज। साकत=शक्ति, शक्ति व दुर्गा के उपासक।

शब्दार्थ—श्री हनुमानजी मौका पाकर श्री राम जी की विरह दशा का वर्णन करते हैं। राम जी सिंह की तरह बड़ी-बड़ी गुफाओं में ही बसते हैं (वन शोभा नहीं देखते) और केशर की क्यारियाँ देख कर ऐसे भयभीत होते हैं जैसे जंगली हाथी सिंह को देख कर डरता है। दिन का प्रकाश उसी तरह ही देखते हैं जैसे उलूक पक्षी (दिन का प्रकाश उन्हें अच्छा नहीं लगता)। और चंद्रमा को देखकर चकवा से भी अधिक चँपते हैं (व्याकुल होते हैं)।

मोरों का शब्द सुन कर सर्प की तरह (कंदराओं में) छिपे रहते हैं, और काले बादलों की गरज सुन कर जवासे की भाँति जलते हैं। भँवर की तरह चंचल चित्त वनों में घूमा करते हैं रात्रि को जोगियों की तरह जागते हैं (रात्रि को नींद नहीं आती) और शाक्त की तरह (तुम्हें अपनी इष्ट देवी समझ) सदा तुम्हारा ही नाम रटते रहते हैं।

अलंकार—उपमाओं से पुष्ट उल्लेख।

(हनुमान) वारिधर—

राजपुत्रि यक बात सुनौ पुनि। रामचन्द्र मन मोंह कही गुनि॥
राति दीह जमराज जनी जनु। जातनाति तन जानत कै मनु॥ ८६॥

शब्दार्थ—जमराज जनी=यमराज की दासी (अति कष्टदायिनी)। जातना=यातना, पीड़ा।

भावार्थ—हे राजपुत्री ! पुनः एक बात सुनिये जो श्रीरामचन्द्र जी ने खूब सोच-विचार कर कही है। बड़ी रात्रि यमराज की दासी के समान कष्टदायिनी जान पड़ती है, हमारी पीड़ा को हमारा तन या मन ही जानता है (कहने योग्य नहीं)।

दो०—दुज देखे सुख होहिगो, सुख नहिं दुःख विहीन।
जैसे तपसी तप तपै, होइ परम पद लीन॥९०॥

भावार्थ—(श्रीराम जी ने यह भी कहा है कि) दुःख के बाद सुख होगा (धैर्य रखना) क्योंकि प्रकृति का नियम है कि बिना दुःख झेले सुख नहीं मिलता। जैसे तपस्वी पहले तपका दुःख झेलता है तब मोक्ष पाता है।

अलंकार—अर्थान्तरन्यास। 3५1९२७1 9 लरूच

दो०—बरषा वैभव देखिकै, देखी सरद सकाम।
जैसे रन में कालभट भेंटि भेटियत बाम॥ ९१॥

शब्दार्थ—सकाम=उत्कट, इच्छायुक्त। बाम=देवांगना।

भावार्थ—वर्षा का वैभव देख कर अब कामनायुक्त हृदय से शरद को देखा है। (अर्थात् तुम्हारी तलाश की कामना रखते हुए भी वर्षा के कारण रुक जाना पड़ा, अब भी हमारी उत्कट इच्छा दब नहीं गई। अब शरद ऋतु आई है, रास्ता साफ़ हुआ है, हम शीघ्र तुम्हारे पास आते हैं) वह वर्षा की रुकावट और तदनन्तर शरद का आना हमें कितनी कठिनाई से प्राप्त हुआ

है जैसे किसी योद्धा को रण में पहले कालभट से भेंट करनी पड़ती है तदनन्तर देवांगनाओं से भेंट होती है।

अलंकार—उदाहरण।

(सीता) दो०—दुःख देखि कै देखिहौं, तव मुख आनंदकंद।
तपन ताप तपि द्यौस निशि, जैसे सीतल चन्द ॥ ९२ ॥

भावार्थ—दुख झेल कर तब तेरा आनन्दप्रद मुख देखूँगी। जैसे जो दिनभर सूर्य की गरमी से तपता है वह रात्रि को चन्द्रमा की शीतलता का अनुभव करता है।

अलंकार—उदाहरण।

दो०—अपनी दसा कहौं, दीप दसी सी देह।
जरत जाति बासर निसा, केशव सहित सनेह ॥ ९३ ॥

शब्दार्थ—दसा=हालत। दीपदसा=दिया की बत्ती। सनेह=(१) प्रेम (२) तैल।

भावार्थ—मैं अपनी हालत क्या कहूँ, मेरा शरीर तो चिराग की बत्ती के समान प्रेमवश रातदिन जला करता है।

अलंकार—उपमा और श्लेष से पुष्ट व्यतिरेक।

(हनुमान) दो०—

सुगति सुकेशि, सुनैनि सुनि, सुमुखि, सुदंति सुश्रोनि।
दरसावै गो वेगिही तुमको सरसिज-योनि ॥ ९४ ॥

शब्दार्थ—सरसिजयोनि=ब्रह्मा।

भावार्थ—हे सुन्दर चाल, बाल, नेत्र, मुख, दन्त और कटि वाली सीता! सुनो, धैर्य रखो, ब्रह्मा शीघ्र ही ऐसा संयोग उपस्थित करेगा कि मैं तुम्हारे दर्शन करूँगा।

हरिगीतिका—

कछु जननि दे परतीति जासों रामचन्द्रहि आवई।
सुभ सीस की मणि दई यह कहि सुजस तव जग गावई ॥
सब काल ह्वैहौं अमर अरु तुम समर जयपद पाइहौ।
सुत आजु ते रघुनाथ के तुम परम भक्त कहाइहौ ॥ ९५ ॥

शब्दार्थ—परतीति=विश्वास। सीस की मणि=चूड़ामणि, शीशफूल। जयपद=विजय, जीत।

मूल—करजोरि पग परि तोरि उपवन कोरि किंकर मारियो।
पुनि जंबुमाली मंत्रिसुत अरु पञ्च मंत्रि सँहारियो।
रन मारि अच्छ कुमार बहु विधि इन्द्रजित सों युद्ध कै।
अति ब्रह्म अस्त्र प्रमाण मानि सो वश्य भो मन शुद्ध कै ॥९६॥

शब्दार्थ—उपवन=वाटिका। कोरि=करोड़। किंकर=दास। जंबुमाली=प्रहस्त नामक मन्त्री का पुत्र। पंचमन्त्रि=(१) विरूपाक्ष, (२) यूपाक्ष, (३) दुर्द्धर्ष, (४) प्रघसभास, (५) कर्ण। अक्षकुमार=रावण का एक पुत्र। इन्द्रजित=मेघनाद। ब्रह्मअस्त्र=ब्रह्मा की दी हुई फाँस। वश्य भो=वशीभूत हुआ। मन शुद्ध कै=शुद्ध मन से केवल राम काज हेतु (बल से या भय से हार कर नहीं)।

तेरहवाँ प्रकाश समाप्त

नोट—छन्द ९५ के बाद एक हस्तलिखित प्रति में नीचे लिखे छन्द मिलते हैं, और छन्द नं० ९६ उसमें नहीं है।

हरिगीतिका—
कर जोरि पग परि तोरि उपवन कोरि किंकर मारियो।
घर पौढ़ियों जहँ जंबुमाली दूत जाय पुकारियो॥
उठि धाइयो मन क्रोध अति करि सोधु कपि जब पाइयो।
यह आइयौ तेहि ठौर तवही संक उर नहिं लाइयो॥
अति जोर स्यों हनुमन्त देखि अनन्त बानन मारियो।
मन मानियो नहिं छोभ कपि तब सकल सैन सँहारियो॥
पुनि जंबुमाली सों भिर्‌यो लइ बाहु जुगल उखारि कै।
मठ बैठि कै अभिलाष सों पुर में ते दीनी डारि कै॥
परियो ते रावन की सभा तेहि काल तेहि पहिचानियो।
पुनि पंचसुत मंत्रीन के तिन सीस आयसु मानियो॥
तन त्रान कसि हँसि बान धनु तेहि काल लेइ गये तहाँ।
रन दूत पूत सुसैन स्यों वर जंबुमाली पर्‌यो जहाँ॥

बरषै सु बान समान घन तन भे दयो हनुमंत का।
तब धाइया कपि नाद करि रोकै कहा मयमंत का॥
घननाल लै सिगरै हये उर साल रावन के भयो।
तेहि काल अच्छ कुमार बोलि प्रहस्त को आयसु दयो॥

नराच—
जुरे प्रहस्त हस्त लै हथ्यार दिव्य आपने।
कुमार अच्छ तिच्छ बाण छाड़यो घन घने॥
कपीस जुद्ध क्रुद्ध भो सँहारि अच्छ डारियो।
प्रहस्त सीस मैं तबै प्रहारि मुष्ट मारियो॥

दो०—
मारो अच्छ सुनो जहीं, रावण अति पछिताय।
इन्द्रजीत सो या कही, वानर जियत न जाय॥

तोटक—
घननाद गयो सजि कै जबहीं। हनुमंत सो युद्ध जुरे तबहीं।
बलवंत गुन्यो वह हेरि हियो। मन में गुनि एक उपाय कियो॥

तोमर—
तब इन्द्रजीत विलोकि। विधिपास दीन्हीं मोकि।
कपि ब्रह्म तेजहि जानि। तिज सीस लीन्ही मानि॥

॥ इति॥

चौदहवाँ प्रकाश

दो०—या चौदहें प्रकाश में, ह्वै है लङ्का दाह।
सागर तीन मेलानपुनि, करिहैं रघुकुल नाह॥

शब्दार्थ – मेलान = डेरा डालना, ठहरना, विश्राम।

(रावण) – मत्तगयन्द –
रे कपि कौन तू? अच्छ को घातक दूत बली रघुनन्दन जू को।
को रघुनंदन रे? त्रिशिरा—खर-दूषण—दूषणभूषण भू को॥

सागर कैसे तरयो ? जस गोपद, काज कहा ? सिय चोरहि देखो।
कैसे बँधायो ? जु सुंदरि तेरी छुई दृग सोवत पातक लेखो ॥१॥

शब्दार्थ—त्रिशिरा-खरदूषण-दूषण = त्रिशिरा और खर-दूषण को नाश करने वाले।

भावार्थ—(रावण पूछता है कि) रे कपि, तू कौन है ? (हनुमान जी जवाब देते हैं कि) मैं अक्षयकुमार का घातक बली रघुनाथ जी का दूत हूँ। (पुनः प्रश्न है कि) कौन रघुनाथ ? (जवाब है कि) त्रिशिरा और खरदूषण को मारने वाले और संसार के भूषण रूप रघुवंशी श्रीराम जी। (तब प्रश्न है कि) तूने समुद्र कैसे पार किया ? (जवाब है कि) गोपद समान लाँघ कर आया। (फिर प्रश्न है कि) किस काम के लिये आया ? (जवाब है कि) सीता के चोर को ढूँढ़ने के लिये। (फिर प्रश्न है कि) तू बंदी क्यों हुआ ? (जवाब है कि) तेरी स्त्री को सोते समय आँख से देखा है इसी पाप से बन्दी होना पड़ा।

विशेष—आचार्य केशव ने इस छंद में जिस युक्ति से राम जी के महात्म्य, रूप और बल का तथा रामभक्तों के आचरण का वर्णन किया है सो समझते ही बन पड़ता है।

बल कैसा है ? हज़ारों की सेना एक दम में मार सकते हैं। महात्म्य कैसा है ? उसके सेवक अक्षय (अमर) को भी मार सकते हैं। रूप कैसा है ? सारे संसार का भूषण है।

राम-सेवक सागर (भवसागर) कैसे तरते हैं ? जैसे गोपद। राम सेवक काम क्या करते हैं ? केवल रामसंबंधी कार्य। इस शरीर से किए हुए पापों का दण्ड यहीं भोग लेते हैं, पर स्त्री को माता के अतिरिक्त अन्य दृष्टि से देखने को पाप समझते हैं।

अलंकार—गूढ़ोत्तर।

(रावण) चामर—कोरि कोरि यातनानि फोरि फोरि मारिये।
काटि काटि फारि माँसु बाँटि बाँटि डारिये।
खाल खैंचि खैंचि हाड़ि भूंजि भूंजि खाहु रे।
पौरि टाँगि रुंड मुंड लै उड़ाइ जाहु रे ॥ २ ॥

शब्दार्थ—कोरि = करोड़। यातना = कष्ट। फोरि फोरि मारिये = इतना

पीटो कि इनके सब अंग फूट फूट रक्त निकलने लगे। पौरि=द्वार। रुंड=सिर रहित शरीर।

भावार्थ—सरल है। (रावण हनुमान जी के दण्ड की व्यवस्था करता है)।

(विभीषण)– दूत मारिये न राजराज छोड़ दीजई।
मन्त्रि मित्र पूँछि कै सो और दंड कीजई॥
एक रंक मारि क्यों बड़ो कलंक लीजई।
बुंद सूखि गो कहा महासमुद्र छीजई॥ ३॥

शब्दार्थ—(विभीषण रावण को समझाते हैं) हे राजेश्वर! दूत को मारना उचित नहीं। इसे छोड़ दीजियें और अपने मंत्रियों तथा मित्रों से पूछ कर कोई और दण्ड दीजिये। एक क्षुद्र दूत को मार कर बड़ा कलंक क्यों लेते हैं। समुद्र में से एक बूँद सूख जाने से क्या समुद्र घट जाता है। अर्थात् राम की सेना में से यदि एक को मार भी डाला जाय तो क्या उनकी सेना कम हो जायगी।

अलंकार—दृष्टान्त।

चामर–तूल तेल बोरि बोरि जोरि जोरि बाससी।
लै अपार रार ऊन दून सूत सों कसी॥
पूँछ पौनपूत की सँवारि बारि दी जहीं।
अंग को घटाई कै उड़ाइ जात भो तहीं॥ ४॥

शब्दार्थ—तूल=रुई। बाससी=वस्त्र, कपड़े। रार=धूना, राल। दून सूत सों=दोहरे सूत से। कसी=कस कर बाँध दिया। बारि दी=जला दी, आग लगा दी। जहीं=ज्योंहि। तहीं=त्योंही।

भावार्थ—रुई को तेल में बोर-बोर कर और बहुत से वस्त्र जोड़-जोड़ कर और बहुत सी रार और ऊन लेकर दोहरे सूत से कस कर पूँछ में बाँध दिया। इस प्रकार पूँछ को बना कर आग जला दी गई, त्योंहि हनुमान जी (लघिमा सिद्धि से) अपने अंग को छोटा करके ब्रह्म फाँस से निबुक कर अटारी पर चढ़ गये।

चंचरी–धाम धामनि आग की बहु ज्वाल माल विराजहीं।
पौन के झकझार ते झँझरी झरोखन भ्राजहीं॥

वाजि वारन सारिका सुक मोर जोरन भाजहीं।
छुद्र ज्यों विपदाहि आवत छोड़ि जात न लाजहीं॥ ५॥

शब्दार्थ—ज्वालमाल=आग की लपटें। झँझरी=छिद्र, सूराख। वाजि=घोड़े। वारन=हाथी। जोरन=जोर से। क्षुद्र=नीच लोग। विपदा=आफत।

भावार्थ—घर-घर में आग की लपटें उठने लगीं। हवा के झोकों से झरोखों के सूराखों से लपटें निकलने लगीं। घोड़े, हाथी, मैंना, शुक और मोरादि पशु-पक्षी गण जोर से भागने लगे, जैसे आफत आते ही नीच जन मालिक को छोड़ भागने में लज्जित नहीं होते।

अलंकार—उदाहरण।

भुजंगप्रयात—जटी अग्नि ज्वाला अटा सेत हैं यों।
शरत्काल के मेघ संध्या समै ज्यों॥
लगी ज्वाल धूमावली नील राजैं।
मनो स्वर्ण की किंकनी नाग साजैं॥ ६॥

शब्दार्थ—जटी=जड़ी हुई (युक्त)। अटा=अट्टालिकाएँ। नाग=हाथी।

भावार्थ—अग्नि ज्वालाओं से युक्त श्वेत अट्टालिकाएँ ऐसी हो रही हैं, जैसे संध्या समय शरद ऋतु के बादल होते हैं। ज्वालाओं सहित धुएँ के धौरहर ऐसे जान पड़ते हैं मानों बड़े-बड़े हाथी सोने की किंकिणी पहिने हों।

अलंकार—उपमा और उत्प्रेक्षा।

भुजंगप्रयात—लसैं पीत छत्री मढ़ी ज्वाल मानो।
ढके ओढ़ना लंक बक्षोज जानो॥
जरैं जूह नारी चढ़ीं चित्रसारी।
मनो चेटका में सती सत्यधारी॥ ७॥

शब्दार्थ—पीत छत्री=सोने की बनी पीली-पीली महलों की बुर्जियाँ (छतरियाँ)। ज्वालमढ़ी=ज्वालायुक्त। लंक=लंकापुरी। बक्षोज=कुच। जूह=यूथ। चित्रसारी=सेजभवन (सोने के कमरे)। चेटका=चिता।

भावार्थ—महलों की स्वर्ण की बनी हुई बुर्जियाँ ज्वाला से ढक गई हैं, वे ऐसी मालूम होती हैं, मानो लंकापुरी के कुचों पर ओढ़नी पड़ी हुई है। रंगमहल के शयनागारों में स्त्रियों के झुंड के झुंड जल रही हैं, ये ऐसी जान पड़ती हैं मानो सती स्त्रियाँ चिताओं में जल रही हैं।

अलंकार—उत्प्रेक्षा।

भुजंगप्रयात—कहूँ रैनिचारी गहे ज्योति गाढ़े।
मनो ईश रोषाग्नि में काम डाढ़े॥
कहूँ कामिनी ज्वालमालानि भोरें।
तजैं लाल सारी अलंकार तोरें॥ ८॥

शब्दार्थ—रैनिचारी=निश्चर। गहे ज्योति गाढ़े=लपटों में जलते हैं। ईश=महादेव। भोरें=धोखे में। अलंकार=सोने के आभूषण।

भावार्थ—कहीं निश्चर अग्नि की लपटों में पड़ गये हैं वे ऐसे जान पड़ते हैं मानो महादेव की कोपाग्नि में कामदेव जल रहा हो। कहीं स्त्रियाँ ज्वालाओं के धोखे में अपनी लाल साड़ी छोड़ कर और स्वर्णाभूषण तोड़ कर फेंकती हैं।

अलंकार—उत्प्रेक्षा और भ्रम।

भुजंगप्रयात–कहूँ भौन राते रचे धूम छाहीं।
ससी सूर मानो लसैं मेघ माहीं॥
जरैं शस्त्रशाला मिली गंधमाला।
मलै अद्रि मानो लगी दावज्वाला॥ ९॥

शब्दार्थ—राते=लाल (स्वर्ण के)। रचे=रंग से रंगे हुए। मलै अद्रि=मलयागिरि। दावज्वाला=दावाग्नि।

भावार्थ—कहीं लाल रंग से चित्रित सोने के मकान पर धुवाँ छा गया है, वे ऐसे जान पड़ते हैं मानो सूर्य और चन्द्रमा मेघों से ढक गये हैं। रावण की शस्त्रशाला जल रही है और उससे ऐसी गंध निकल रही है मानों मलयागिर में दावाग्नि लग गई हो (जैसे मलयागिर में दावाग्नि लगने से जलने पर चन्दन से सुगंध और सर्पों से दुर्गन्ध निकलती है वैसे ही शस्त्रशाला के जलने से दो प्रकार की गंध आती है।

अलंकार—उत्प्रेक्षा।

भुजंग प्रयात—

चलीं भागि चौहूँ दिशा राजरानी। मिलीं ज्वालमाला फिरैं दुःखदानी।
मनों ईश बानावली लाल लोलैं। सबै दैत्य-जायान के संग डोलैं ॥१०॥

शब्दार्थ—राजरानी=रावण की स्त्रियाँ या वधुएँ। लोल=चलती हुई। दैत्य-जायान=निश्चरियाँ।

भावार्थ—रावण की स्त्रियाँ चारों ओर भागती हैं, पर जिस ओर जाती हैं उसी ओर उन्हें दुःखद अग्नि की ज्वालाएँ मिलती हैं और वे उधर से लौटती हैं, पुनः जिधर जाती हैं उधर ही वही हाल होता है। यह घटना ऐसी मालूम होती है मानो ईश्वर की लाल और चर बाणावली सभी निश्चरियों के साथ-साथ लगी उन्हें रगेदे फिरती हैं।

अलंकार—उत्प्रेक्षा।

मत्तगयंद सवैया—

लंकहि लाय दई हनुमंत विमान बचे अति उच्चरुखी ह्वै।
पाचि फटैं उचटैं बहुधा मनि रानि रटैं पय पानी दुःखी ह्वै॥
कंचन को पघिलो पुर पूर पयोनिधि में पसरो सो सुखी ह्वै।
गंग हजारमुखी गुनि केशो गिरा मिली मानो अपार मुखी ह्वै ॥११॥

शब्दार्थ—लायदई=आग लगा दी। उच्चरुखी ह्वै=और ऊँचे होकर चलने से। गुनि=समझ कर। गिरा=सरस्वती।

भावार्थ—लंका में जब हनुमान जी ने आग लगा दी तब इतनी ऊँची लपटें उठीं कि देवताओं के विमानों को (मामूली ऊँचाई की अपेक्षा) बहुत अधिक ऊँचाई से चलना पड़ा तब वे बच सके (नहीं तो वे भी जल जाते) अग्नि से तप कर अनेक प्रकार के बहुमूल्य पत्थर फट कर उछलते हैं और सब रानियाँ दुःखित हो होकर पानी-पानी चिल्लाती हैं। यहाँ तक हुआ कि सोने की समस्त लंकापुरी पिघल जाने से सोने का द्रव असंख्य धाराओं से समुद्र में जा गिरा। यह बात, कवि केशव कहते हैं कि, ऐसी जान पड़ी कि मानों गंगा को हजार धारा से मिलती हुई देख ईर्ष्या से सरस्वती नदी असंख्य धाराओं से सुखी होकर समुद्र से मिल रही है।

अलंकार—उत्प्रेक्षा।

दो०—हनुमत लाई लंक सब, बच्यो विभीषन धाम।
जनु अरुणोदय बेर में, पंकज पूरब जाम ॥१२॥

शब्दार्थ—लाई=जलाई। पूरबजाम=पहले पहर में।

भावार्थ—हनुमान ने सब लंका जलाई। उसमें बचा हुआ विभीषण-का घर ऐसी शोभा पा रहा है मानो सूर्योदय बेला के पहले ही पहर में कमल प्रफुल्लित होकर शोभित हो रहा है।

नोट—बेर और जाम में पुनरुक्ति सी जान पड़ती है। पर ऐसा कहने में युक्ति यह है कि राम-प्रताप रूपी सूर्योदय बेला के आरंभिक भाग में इतना प्रफुल्लित है, तब ज्यों-ज्यों राम-प्रताप रूपी दिन चढ़ता जायगा त्यों-त्यों अधिकाधिक शोभित होता जायगा।

अलंकार—उत्प्रेक्षा।

संयुता—

हनुमंत लंकहि लाइ कै। पुनि पूँछ सिंधु बुझाइ कै।
शुभ देखि सीतहिं पाँ परे। मनि पाय आनँद जी भरे ॥१३॥

शब्दार्थ—शुभ=कुशल पूर्वक। मनि=चिंतामणि।

नोट—लंका जलाते समय हनुमान जी को शंका हुई कि सीता भी न जल गई हों, अतः पुनः उन्हें देखने को आये (पहले उनसे विदा हो चुके थे। देखो प्रकाश १२, छंद ६५)।

भावार्थ—हनुमान जी लंका को जला कर और समुद्र में अपनी पूँछ बुझा कर सीता के पास पुनः आये और उन्हें कुशलपूर्वक पाकर पैर पड़े (बिना राम और सीता की आज्ञा के यह काम किया उसकी माफी माँगी) और ऐसे आनंदित हुए जैसे कोई चिंतामणि पाकर होता है।

अलंकार—उपमा।

दो०—बिदा पाई सुख पाइ कै, चले जबै हनुमंत।
पुहुप वृष्टि देवन करी, सागर रतन अनंत ॥१४॥

शब्दार्थ—सुख पाइ कै=सीता को सही सलामत पाने से आनंदित होकर। पुहुप=पुष्प, फूल।

तोमर—सीता न ल्याये बीर। मन माँझ उपजति पीर।
आनौं सु कौन उपाय। पर पुरुष छ्वै काय ॥ १५ ॥

शब्दार्थ—छीवै=छुवै। काय=काया, शरीर।

भावार्थ—(श्रीहनुमान जी अपने मन में सोचते हैं) वीर होकर भी मैं सीता को न लाया, इस बात का मुझे मन में खेद रहेगा, पर लाता किस उपाय से, मैं पर पुरुष होकर उनके शरीर को कैसे छूता।

संयुता—यहि पार अंगद भेटियो। सब को सबै दुख मेटियो।
जयसी कछु बितई सबै। तिनसों कही तयसी तबै ॥१६॥

भावार्थ—समुद्र के इस पार आकर हनुमान जी ने अंगद से भेंट की (अंगद ही उस यूथ के मुखिया थे, इससे केवल अंगद का नाम लिखा गया) सब का, सब प्रकार का शोक मिट गया। तब जैसी कुछ जिस पर बीती थी, सो सब दुःख की बातें उसने परस्पर कह सुनाई (हनुमान ने अपनी बीती कही और अंगद के साथ वालों ने अपनी बीती कही)।

नोट—'जयसी' और 'तयसी' शब्द इसी रूप से लिखे जायँगे, तभी छन्द का रूप शुद्ध रहेगा। जैसी और तैसी लिखने से छन्द का रूप अशुद्ध हो जायगा।

तोमर—जब राम धरिहैं चाप। रन रावनै संताप।
बरषे सघन सर-धार। लंका बहत नहि बार ॥ १७ ॥

भावार्थ— सब विचार करते हैं) जब राम जी धनुष चढ़ावेंगे, तब रण में रावण को संताप होगा (बिना युद्ध किये रावण सीता न देगा), परन्तु जब राम जी की घनी शरधारा बर्षेगी, तब लंका को बहते देर न लगेगी (लंका ऐसा दृढ़ गढ़ नहीं है कि उसे जीतते देर लगे—यह कपिगण के उत्साह और हिम्मत का वर्णन है)।

तोमर—चलि अंगदादिक वीर। तहँ आइयो रनधीर ॥
जहँ बाग है सुग्रीव। फल देखि ललक्यो जीव ॥ १८ ॥

भावार्थ—यहाँ से चल कर सब रणधीर वीर वहाँ आये जहाँ सुग्रीव के बाग (कई एक फले हुये बाग) थे, और भूखे होने के कारण और उन बागों में खूब फल देख कर उन सब का जी खाने को ललक उठा।

तोमर—सब खाइयो फल फूल। रहियो सु केवल मूल।
तब दीख दधिमुख आय। वह मारियो कपि धाय ॥१६॥

शब्दार्थ—दधिमुख=सुग्रीव का पुत्र और उन बागों का मुख्य रक्षक।

भावार्थ—अंगद के यूथ के सब बानरों ने उन बागों के सब फूल-फल खा डाले (फल-फूलों से खाली होकर) वृक्ष केवल ठूँठमात्र रह गये। यह हाल दधिमुख ने देखा, तब वह (बरजने की रीति से) दौड़-दौड़ कर बानरों को मारने लगा।

तोमर—अति रोस वालिकुमार। गहि मारियो कपि धार।
सब लै गये निजु जीव। जहँ वैठियो सुग्रीव ॥ २० ॥

भावार्थ—तब अंगद ने भी अति क्रुद्ध होकर, दधिमुख की सेना को पकड़ पकड़ कर खूब पीटा। जब खूब पीटे गये तब वे रक्षक बानर अपने-अपने प्राण लेकर भागे और वहाँ गये जहाँ सुग्रीव बैठे थे और सब हाल कहा।

दो०—लै आये सीता खबर, ताते मन अति फूल।
इनको बिलग न मानिये, नहिं चरिये चित भूल ॥२१॥

शब्दार्थ—खबर = खोज। फूल = आनन्द। बिलगु = बुराई। भूल = दोष।

भावार्थ—(सुग्रीव ने अंगद की यह ढिठाई सुनकर अनुमान किया कि मालूम होता है कि) अंगद सीता का सोध लेकर आये हैं, इसी से आनंदयुक्त होकर ऐसा काम कर बैठे हैं। खैर, यदि ऐसा है तो उनके इस कार्य से बुरा न मानना चाहिये और इस दोष को चित्त से दुष्ट न मानना चाहिये (क्योंकि हमारे परम मित्र राम का काम तो पूरा कर आये हैं।)

संयुक्ता—

रघुनाथ पै जबहीं गये। उठि अंक लावन को भये ॥
प्रभु मैं कहा करनी करी। सिर पायँ की धरनी धरी ॥ २२ ॥

शब्दार्थ—अंक लावन = छाती से लगाकर भेंटना। करनी = करतूत।

भावार्थ—जब सब मिल कर राम जी के पास गये, तब राम जी हनुमान जी को छाती से लगा कर भेंटने को उठते ही थे कि हनुमान जी ने यह कह कर कि महाराज मैंने कौन सा बड़ा काम किया है जो आप इतना सम्मान देना चाहते हैं (छाती से लगा कर भेंटना चाहते हैं। यह सम्मान मित्र के दर्जे का है, मैं तो दास हूँ) पैर के निकट ज़मीन पर अपना सिर टेक दिया (अति नम्र भाव से चरणों पर सिर रख दिया)।

नोट—मिस और सायँ शब्द का ऐसा प्रयोग करना फारसी तथा उर्दू के साहित्य के अनुसार एक प्रकार का अलंकार है जिसे हिन्दी में 'मुद्रा' अलंकार कहते हैं।

दो०—चिंतामणि सी मणि दई, रघुपति कर हनुमंत।
सीता जू को मन रँग्यो, जनु अनुराग अनंत ॥ २३ ॥

भावार्थ—हनुमान जी ने श्रीरघुनाथ जी के हाथ में चिन्तामणि समान सर्व आनंददायिनी सीता जी की 'चूड़ामणि' दे दी, वह चूड़ामणि ऐसी जान पड़ती थी मानों अनंत अनुराग में रंजित श्री सीता जी का मन ही था।

नोट—इस छन्द से यह स्पष्ट है कि वह चूड़ामणि लाल रंग की थी।

अलंकार—उत्प्रेक्षा।

दोधक—

श्रीरघुनाथ जबै मणि देखी। जी महँ भागदशा सम लेखी।
फूलि उठ्यो मन ज्यों निधि पाई। मानहु अंध सुडीठि सुहाई ॥२४॥

शब्दार्थ—भागदशा = सौभाग्य की अवस्था, खुश-किस्मती। फूलि उठ्यो = आनंदित हुआ। निधि = नव निधि।

भावार्थ—श्रीरघुनाथ जी ने जब वह सीता जी की चूड़ामणि देखी तो उसे अपने मन में अपनी खुशकिस्मती ही के समान समझा। मन ऐसा आनंदित हुआ मानो दरिद्र ने नवो निधियाँ पाई हों या मानो अन्धे को सुदृष्टि मिली हो।

अलंकार—उत्प्रेक्षा।

(श्रीराम वचन) तारक—

मणि होहि नहीं मनु आय प्रिया को।
उर प्रगट्यो गुन प्रेम दिया को ॥
सब भाग गयो जु हुतो तम छायो।
अब मैं अपने मन को मत पायो ॥ २५ ॥

शब्दार्थ—आय = है। गुन = स्वरूप (दीपक का स्वरूप अर्थात् ज्योति)। तम = विरह दुःख और कर्तव्यविमूढ़ता। मत = कर्तव्य ज्ञान।

भावार्थ—राम जी कहने लगे कि यह मणि नहीं वरन् सीता का मन ही है इसे पाकर प्रेम दीपक की ज्योति हमारे हृदय में प्रकाशित हो उठी है, जिस प्रकाश से विरह दुःख और कर्तव्य-विमूढ़ता तो चले गये और अब हम अपने मन का मत पा गये (अर्थात् अब यह मणि पाकर सीता का निश्चित पता मिल गया, प्रेम ने उत्तेजना दी है, अब वह काम करेंगे जो एक प्रेमी पति को अपनी प्रियतमा के लिए करना चाहिये अर्थात् सीताहर्ता रावण पर चढ़ाई करेंगे। और उसे दंड देकर सीता का उद्धार करेंगे)।

अलंकार—अपह्नुति।

तारक—दरसै हमकोऽब नहीं दरसाये।
उर लागति आय बरयाई लगाये॥
कुछ उत्तर देत नहीं चुप साधी।
जिय जानति है हमको अपराधी॥ २६॥

शब्दार्थ—ऽब = अब। दरसाये = दरशाने से भी ('हमारी ओर देखो') ऐसा कहने से भी। बरयाई=बरियाई, जबराई।

भावार्थ—(मणि पाकर राम जी को प्रेमवश विरह की उन्माद दशा का आवेश हो आया है, अतः कहते हैं कि) हम कहते हैं कि हमारी ओर देखो तब भी यह हमारी ओर नहीं देखती, जबरदस्ती जब हम हृदय से लगाते हैं तब हृदय से लगती है (प्रेम से स्वयं हृदय से नहीं लगती) पूछने पर कुछ उत्तर भी नहीं देती चुप्पी साध ली है, हमें अपराधी जान कर ऐसा करती है (तो ठीक ही है)।

नोट—मुद्रिका पाकर सीता की जो दशा हुई थी वही दशा मणि पाकर राम जी की भी हुई। वे मुन्दरी से वार्ता करने लगी थीं, ये मणि से बातें करने लगे। यह दशा देख, अधिक व्याकुलता से बचाने के लिये हनुमान जी बोल उठे।

(हनुमान) तारक—

कछु सीय दशा कहि मोहिं न आवै।
चर का जड़ बात सुने दुख पावै।
सर सो प्रति बासर बासर लागै।
तन घाव नहीं मन प्रानन खाँगै॥२७॥

शब्दार्थ—प्रतिबासर=रोज, प्रतिदिन । बासर=राग, गान (जो रावण के यहाँ नित्य होता है और अशोक वाटिका से सुनाई पड़ता है)। छाँगे=छेदता है)।

भावार्थ—(हनुमान जी कहते हैं) हे महाराज! सीता की दशा मुझसे कुछ कही नहीं जाती, यदि मैं कहूँ तो वह वार्ता सुनकर चैतन्य की तो बात क्या जड़ पदार्थ भी दुःख पावें। सुनिये, उनकी यह दशा है कि रावण के यहाँ जो संगीत होता है (जिससे सब ही दुःखी जीवों का कुछ न कुछ मनोरंजन होता है) वह उनको निरंतर बाण सम लगता है। तन में घाव तो नहीं देख पड़ता पर मन और प्राणों को वह छेदता है।

नोट—हनुमान जी संगीत विद्या के आचार्य हैं और उन्हें संगीत का यह प्रभाव अच्छी तरह विदित है कि संगीत सब प्रकार के दुखियों का मनोरंजन कर सकता है। जिस दुःख का इलाज संगीत से न हो सके वह दुःख लाइलाज समझना चाहिये। अतः सीता का दुःख बड़ा कठिन है, संगीत भी उन्हें बाण सम लगता है। यह कह कर हनुमान जी यह दर्शाना चाहते हैं कि सीता का प्रेम और तज्जनित विरह आपके प्रेम और विरह से कम नहीं।

अलंकार—उपमा।

तारक—प्रति अंगन के सँगही दिन नासैं।
निशि सों मिलि बाढ़ति दीह उसासैं॥
निशि ने कहु नींद न आवति जानो।
रवि की छवि ज्यों अधरात बखानो॥२८॥

भावार्थ—(हनुमान जी शरद ऋतु में खबर लेकर लौटे हैं। शरद में दिन घटता है और रात्रि बढ़ती है, अतः कहते हैं कि) प्रतिदिन सीता के अंगों सहित दिन कम होता है (जैसे आज कल प्रतिदिन दिन का मान कम होता है वैसे ही प्रतिदिन सीता के अंग कम होते जाते हैं—वे दुबली होती जाती हैं)। जैसे प्रति रात्रि को रात्रि का मान बढ़ता है वैसे ही सीता की उसासें भी प्रति रात्रि दीर्घतर होती जाती हैं। रात्रि को उन्हें ज़रा भी नींद नहीं आती जैसे आधी रात को सूर्य की ज्योति नहीं आती।

अलंकार—सहोक्ति और उपमा।

घनाक्षरी—भौंरिनी ज्यों भ्रमत रहति वन वीथिकानि,
हंसिनी ज्यों मृदुल मृणालिका चहति है।
हरिनी ज्यों हेरति न केशरि के काननहिं,
केका सुनि व्यालि ज्यों बिलान ही चहति है।
पीउ पीउ रटति रहति चित चातकी ज्यों,
चंद चितै चकई ज्यों चुप ह्वै रहति है।
सुनहु नृपति राम विरह तिहारे ऐसी,
सूरति न सीताजू की मूरत गहति है ॥२६॥

शब्दार्थ—मृदुल मृणालिका=(१) मुलायम कमलदंड (२) कमलनाल-वत् मृदु बाहें। केशरि=(१) सिंह (२) केशर। बिलान=(१) बिलों को (२) विलुप्त हो जाना (कहीं छुप रहना)। चहति है=ढूँढ़ती है। सूरति=दशा। मूरति=शरीर।

भावार्थ—हे राजा रामचन्द्र! सुनिये, आपके विरह में सीता जी का शरीर (स्वयं सीता जी) इन दशाओं को ग्रहण करता है (सीता जी की यह दशा है) कि जैसे भ्रमरी वनवीथिकाओं में इतस्ततः घूमती रहती है उसी भाँति सीता भी अशोक वन की वीथिकाओं में तुम्हें खोजती हुई भ्रमण किया करती हैं अर्थात् अशोक वाटिका के तमालादि श्यामरङ्ग वृक्षों को भ्रमवश तुम्हारा शरीर समझ कर भेंटने को दौड़ती हैं, और जैसे हंसिनी मुलायम कमलदंड को सदैव चाहती है उसी भाँति सीता जी तुम्हारी कमलनाल सम भुजाओं को चाहती रहती हैं। जैसे हिरनी सिंह के निवास करने के वन की ओर भूल कर भी कभी दृष्टिपात नहीं करती उसी प्रकार सीता जी केशर की क्यारियों की ओर नहीं देखतीं और जैसे मोर का शब्द सुन कर सर्पिनी बिल खोजती है (भय से छिप जाना चाहती है) उसी तरह जानकी भी मयूरध्वनि सुनकर कहीं विलुप्त हो जाने को कोई विवर ढूँढ़ा करती हैं। चित्त लगा कर चातकी की तरह पीउ कहाँ पीउ कहाँ रटती रहती हैं और चन्द्रमा को देख कर चक्रवाकी की भाँति चुप हो जाती हैं।

अलंकार—उपमाओं से पुष्ट उल्लेख

(सीता जी का संदेश)

दो०—श्रीनृसिंह प्रह्लाद की, बेद जो गावत गाथ।
गये मास दिन आसु ही, झूठी ह्वै है नाथ ॥३०॥

भावार्थ—श्रीसीता जी ने कहा है कि हे नाथ ! श्रीनृसिंह और प्रह्लाद की कथा जो वेद में वर्णित है, वह शीघ्र ही एक मास बीतने पर झूठी हो जायगी अर्थात् प्रह्लाद की कथा से जो यह बात प्रसिद्ध है कि ईश्वर अपने शरणागत भक्तों की रक्षा करते हैं, वह झूठी हो जायगी, क्योंकि यदि एक मास में आप आकर मेरा उद्धार न करेंगे तो रावण मुझे मार डालेगा और लोग कहेंगे कि राम जब अपनी स्त्री को न बचा सके तब प्रह्लाद को उन्होंने कैसे बचाया होगा। (क्योंकि उसने ऐसी ही प्रतिज्ञा की थी) यथाः—

"मास दिवस महँ कहा न माना। तो मैं मारब काढ़ि कृपाना" (तुलसी)

अलंकार—अप्रस्तुतप्रशंसा (कारज मिस कारण कथन-कारज निबंधना)।

दो०—आगम कनक कुरंग के, कही बात सुख पाइ।
कोपानल जरि जाय जनि, शोक समुद्र न बुड़ाइ ॥३१॥

भावार्थ—सुवर्ण मृग (कपट मृग रूप मारीच) के आने से पहले जो बात प्रसन्नतापूर्वक आपने कही थी वह प्रतिज्ञा कोपाग्नि में जलने न पावे वा शोक समुद्र में डुबा न दी जाय (कोप वा शोक से भूल न जाइयेगा) —वह बात यह है :—(देखो प्रकाश १२ छन्द ९)।

"राज सुता इक मंत्र सुनो अब। चाहत हौं भुवभार हर्यौ सब।
पावक में निज देहहिं राखहु। छाय शरीर मृगै अभिलाखहु॥"

नोट—चूड़ामणि पाकर श्रीराम जी को विश्वास हो गया था कि हनुमान अवश्य सीता तक पहुँचे हैं। सीता कथित यह एकान्तिक वार्ता सुनकर वह विश्वास और पक्का हो गया तब राम जी हनुमान की प्रशंसा करने लगे।

(राम) दंडक—साँचो एक नाम हरि लीन्हें सब दुःखहरि,
और नाम परिहरि नरहरि ठाये हौ।
बानरन हीं हौ तुम मेरे बानरस सम,
बली मुख सूर बली मुख निजु गाये हौ॥
साखा मृग नाहीं बुद्धिबलन के साखामृग,
कैधौं बेद साखामृग केशव को भाये हौ।

साधु हनुमंत बलवंत जसवंत तुम,
गये एक काज को अनेक करि आये हौ ॥३२॥

शब्दार्थ—हरि=बानर। ठाये हौ=स्थापित किया है (सत्य कर दिखलाया है। बानरस—बाण की शक्ति (अमोघता)। बलीमुख=(१) बानर (२) बलियों में मुख्य। निजु=निश्चय। वेद साखामृग=वेदों की शाखाओं में विचरण करने वाले।

भावार्थ—(श्रीराम जी हनुमान की प्रशंसा करते हैं) बानरों के लिये जितने पर्यायवाची शब्द हैं उनमें जो 'हरि' शब्द है उसी को तुम ने सच्चा कर दिखाया क्योंकि तुमने हमारे सब दुख हर लिये अर्थात् छुड़ा दिये (हरति दुःखम् इति हरिः)। तुमने ऐसा कार्य किया है कि जो तुम्हें बानर कहै वह झूठा है, तुमने तो अपने लिये (नरहरि) नरहरि (नृसिंह=नरों में सिंहवत्) नाम स्थापित कर दिया (अर्थात् तुम्हें 'नरहरि' की पदवी दी जाय तो ठीक है) तुम बानर नहीं हो तुम तो मेरे बाण के समान अमोघ शक्ति से सम्पन्न हो, बड़े-बड़े शूरवीर बानरों द्वारा तुम बलियों में मुख्य (प्रधान) कहकर प्रशंसित हो (बड़े-बड़े शूरवीर बानर तुम्हें प्रधानता देते हैं) तुम केवल शाखामृग (एक शाखा से दूसरी पर उछल कूद करने वाले बानर नहीं हो वरन् बुद्धि और बल के शाखामृग हो, या वेदों की शाखाओं के विचरण करने वाले हो (वेदों में पारंगत हो) इसी कारण मुझे अति भाते हो। हे हनुमंत, तुम साधु हो, बलवंत हो और यशवंत हो, एक काम को गये थे अनेक काम कर आये।

अलंकार—परिकरांकुर, विधि, अपह्नुति, यमक, लाटानुप्रास इत्यादि से पुष्ट उल्लेख।

(हनुमान) तोमर—
गई मुद्रिका लै पार। मनि मोहि लाई वार॥
कह कर मैं बल रंक। अति मृतक जारी लंक॥३३॥

भावार्थ—(हनुमान जी कहते हैं) महाराज! मैंने तो कुछ भी करतूत नहीं की, आपकी मुद्रिका मुझे उस पार ले गई और सीता जी की चूणामणि मुझे इस पार ले आई, मैं तो बल में अति रंक हूँ। लंका को जलाकर भी कौन सा बड़ा काम किया वह तो मरी हुई थी (राम दासों में ऐसी दीनता और निरहंकारिता होनी चाहिये)।

तोमर—

अति हत्यो बालक अच्छ। लै गयो बाँधि विपच्छ॥
जड़ वृच्छ तोरे दीन। मैं कहा विक्रम कीन॥३४॥

भावार्थ—अक्षयकुमार को मारा सो वह तो अत्यन्त निर्बल बालक था, तदनन्तर शत्रु मुझे बाँध ले गया (यदि बली होता तो कैसे बाँधा जाता)। जो वृक्ष तोड़े सो वे तो अति कमजोर जड़ जीव थे, हे राम जी मैंने कुछ भी प्रशंसनीय विक्रम नहीं किया (आप जो बड़ाई करते हैं यह केवल आपकी दीनदयालुता है—दासों का महत्व बढ़ाते हैं)।

(राम का लंका की ओर प्रयाण)

मूल—तिथि विजय दसमी पाय। उठि चले श्रीरघुराय।
हरि जूथ जूथप संग। बिन पच्छ के ते पतंग॥३५॥

शब्दार्थ—विजय दशमी को (क्वार सुदि १० को) राम जी ने किष्किंधा के ऋष्यमूक पर्वत से लंका की ओर प्रयाण किया, साथ में बंदरों की सेना और सेनापति हैं वे मानो बिनपक्ष के पक्षी हैं (आकाश में उड़ते चलते हैं)।

अलंकार—हीन तद्रूप रूपक।

तोमर—आकास वलित विलास। सूझै न सूर प्रकास।
पुनि ऋच्छ लच्छन संग। जनु जलधि गंग तरंग॥३६॥

भावार्थ—वानरों के विलास से आकाश युक्त है अर्थात् सब वानर आकाश में उछलते-कूदते उड़ते चलते हैं और वे संख्या में इतने अधिक हैं कि उनकी ओट के कारण सूर्य का प्रकाश नहीं दिखाई देता। पुनः राम के साथ लाखों रीछ भी चलते हैं, उनकी सेना ऐसी जान पड़ती है मानो समुद्र की लहरें चल रही हों।

अलंकार—उत्प्रेक्षा।

(सुग्रीव) दंडक—

कहै केशोदास तुम सुनो राजा रामचन्द्र,
रावरी जबहिं सैन उचकि चलति है।
पूरति है भूरि धूरि रोदसी के आस-पास,
दिसि दिसि बरषा ज्यों बलनि बलऽति है।

पन्नग पतंग तरु गिरि गिरिराज,
गजराज मृग मृगराज राजिनि दलति है।
जहाँ तहाँ ऊपर पताल पय आय जात,
पुरइन को सो पात पुहुमी हिलति है ॥३७॥

शब्दार्थ—उचकि=उछल कर। रोदसी=पृथ्वी और आकाश दोनों। बरषा ज्यों बलनि बलति है=जैसे वर्षा अपने बल (मेघों से अति बली होती है वैसे ही आपकी सेना बली बानरों से अति बलवान है। बलऽति है=बल अति है। पन्नग=सर्प, बड़े बड़े अजगर। पतंग=पक्षी। राजिनि=(राजी) पंक्ति, समूह। दलति है=पीस डालती है। पय=पानी। पुहुमी=पृथ्वी।

भावार्थ—हे राजा रामचन्द्र! जब आपकी सेना उछल कर चलती है, तब पृथ्वी और आकाश सब ओर से धूर से पूर्ण हो जाते हैं, चारों ओर ऐसा जान पड़ता है मानो बल समूह से बली होकर वर्षा ही आ गई है (आकाश में उछलते चलते हुए बानर और रीछों के समूह बादल समूह से जान पड़ते हैं।) आप की सेना सर्पों, पक्षियों, वृक्षों, छोटे-बड़े पहाड़ों, बड़े हाथियों, पशुओं, और सिंहों के समूहों को पीस डालती है। पाताल का पानी जहाँ-तहाँ पृथ्वी के ऊपर आ जाता है और पृथ्वी पुरइन-पत्र की भाँति हिलने लगती है।

अलंकार—उपमा।

(लक्ष्मण) दंडक—भार के उतारिबे को अवतरे रामचन्द्र,
किधौं केशोदास भूमि भारत प्रबल दल।
टूटत हैं तरुवर गिरैं गन गिरिवर,
सूखे सब सरवर सरित सकल जल॥
उचकि चलत कपि दचकनि दचकत,
मंच ऐसे मचकत भूतल के थल थल।
लचकि लचकि जात सेस के असेस फन
भागि गई भोगवती अतल वितल तल॥३८॥

शब्दार्थ—किधौं=उसके विरुद्ध। भारत=भार से परिपूर्ण करते हैं और बोझ डालते हैं। दचकनि=धक्का। दचकत=हिल जाती है। मच-

कत=नीचे को दबते और पुनः ऊपर को उठते हैं। लचकि जात=नीचे को झुक जाते हैं। सेस=शेषनाग। असेस=(अशेष) सब। भोगवती=पृथ्वी के नीचे के लोक की पुरी। पृथ्वी के नीचे सात तहें (लोक) मानी जाती हैं जिनके नाम क्रमशः ये हैं (१) अतल (२) वितल (३) सुतल (४) तलातल (५) महातल (६) रसातल (७) पाताल। यह भोगवती पुरी 'अतल' की राजधानी है।

भावार्थ—लक्ष्मण जी कहते हैं कि श्रीरामचन्द्र जी ने भूमि के भार को उतारने के लिये अवतार लिया है, पर उसके विरुद्ध अपने प्रबल दल के भार से भूमि का और भी बोझा बढ़ाते हैं। इतना बड़ा दल है कि, उसके धक्कों से दरख्त टूटते हैं, पहाड़ गिरते हैं, समस्त नालों और नदियों का जल सूखता है (दल वाले लोग सब पानी पी डालते हैं), वानरों के उछल कर चलने के धक्कों से ज़मीन हिल जाती है और मचान की तरह पृथ्वी नीचे को दबती और पुनः उछलती है; शेष के समस्त फन नीचे को झुक-झुक जाते हैं और अतल लोक की भोगवती नगरी वितल लोक को भाग गई है (पहले तल की नगरी दब कर दूसरे तल को चली गई है) तात्पर्य यह कि दल बहुत बड़ा है।

अलंकार—अत्युक्ति।

हरिगीतिका—

रघुनाथ जू हनुमंत ऊपर शोभिजैं तेहि काल जू।
उदयाद्रि शोभन शृङ्ग मानहु शुभ्र सूर बिसाल जू॥
शुभ अंग अंगद कंध लक्ष्मण लक्षिये यहि भाँति जू।
जनु मेरु पर्वत शृङ्ग अद्भुत चन्द्र राजत रात जू॥ ३६॥

शब्दार्थ—शोभिजै=शोभित है। उदयाद्रि=उदयाचल पर्वत। शोभन=सुन्दर। शृङ्ग=चोटी। शुभ्र=अति उज्ज्वल। सूर=सूर्य। लक्षिये=दिखलाई पड़ते हैं। रात=रक्ताभा वाले, लाल गोरे (ललाई मिश्रित गौर-वर्ण वाले)।

भावार्थ—श्री रघुनाथ जी उस समय (प्रयाणकाल में) हनुमान जी के कन्धे पर सवार ऐसे शोभित होते हैं मानो उदयाचल के सुन्दर शिखर पर विशालकाय उज्ज्वल सूर्य हो और सुन्दर शरीर वाले अंगद के कंधे पर

लक्ष्मण जी सवारी किये इस भाँति दिखलाई पड़ते हैं मानों मेरु पर्वत के शिखर पर लाल और अद्भुत चन्द्रमा विराज रहा हो।

अलंकार—उत्प्रेक्षा।

दो०—बलसागर लक्ष्मण सहित, कपि सागर रणधीर।
यश सागर रघुनाथ जू, मेले सागर तीर॥ ४०॥

शब्दार्थ—कपि सागर = समुद्र समान वानरी सेना। मेले = उतरे, ठहरे, डेरा डाला।

भावार्थ—(इस तरह चलते-चलते) बड़े यशस्वी श्रीराम जी, अति बली लक्ष्मण जी तथा अति रणधीर समान वानरी सेना सहित जाकर समुद्र के किनारे उतरे (पड़ाव डाला)।

अलंकार—लाटानुप्रास।

(समुद्र-वर्णन)

सवैया—

भूति विभूति पियूषहु को विष ईश शरीर कि पाय वियो है।
है किधौं केशव कश्यप को घर देव अदेवन के मन मोहै॥
संत हिया कि बसैं हरि संतत शोभ अनन्त कहै कवि को है।
चन्दन नीर तरंग तरंगति नागर कोउ कि सागर सोहै॥ ४१॥

शब्दार्थ—भूति=अधिकता। विभूति = (१) भस्म (२) रत्न। ईश शरीर=महादेव का शरीर। वियो=दूसरा। सतत = सदा। तरंग तरंगित= प्राचीन काल में मलयगिरि पर्वत से चन्दन काट कर समुद्र में फेंक कर समुद्र की तरंगों द्वारा अन्यान्य देशों को लोग ले जाते थे, अतः चन्दन के अनेक काष्ठखण्ड सदा समुद्र में तैरा करते थे।

भावार्थ—यह समुद्र है कि महादेव जी का दूसरा शरीर पाया गया है क्योंकि जैसे महादेव के शरीर में विभूति (भस्म) की अधिकता, पीयूष (पीयूषधर चन्द्रमा) और विष पाये जाते हैं वैसे ही इस समुद्र में भी विभूति (रत्नादि) की अधिकता अमृत और विष पाये जाते हैं। अथवा यह समुद्र है या कश्यप प्रजापति का घर है, क्योंकि जैसे कश्यप का घर देवता और दैत्यों का मन मोहता है (पिता का घर और जन्मभूमि प्यारी होती है)

वैसे ही यह समुद्र भी अपनी दीर्घता से देव और दैत्यों के मन को मोहित करता है। अथवा यह समुद्र है या किसी संत का हृदय है, क्योंकि संतहृदय में सदैव श्रीहरि निवास करते हैं वैसे ही इस समुद्र में भी श्रीहरि बसते हैं, इसकी शोभा अनन्त है जिसे कोई वर्णन नहीं कर सकता। अथवा यह समुद्र है या कोई नागर (नगर निवासी सुचतुर) पुरुष है, क्योंकि जैसे नागर मनुष्य का शरीर चन्दन लेप से तरङ्गवत् चित्रित रहता है (शरीर में चन्दन के लहरियादार तिलक लगाता है) वैसे ही इस समुद्र का पानी भी चन्दन वृक्षों से तरङ्गित रहता है (तरङ्गों के साथ चन्दन-काष्ठ उतराया करता है)।

अलंकार—श्लेष और सन्देह से पुष्ट उल्लेख।

हरिगीतिका—

जाल काल करालमाल तिमिंगलादिक सों बसै।
उर लोभ छोभ विमोह कोह सकाम ज्यों खल को लसै।
बहु संपदा युत जानिये अति पातकी सम लेखिये।
कोउ माँगनो अरु पाहुनो नहिं नीर पीवत देखिये ॥ ४२ ॥

शब्दार्थ—तिमिंगल=बड़े-बड़े मच्छ (जो तिमि नामक छोटी मछली को निगल जाते हैं)। छोभ=चित की विचलित अवस्था, चञ्चलता। विमोह=बड़ी-बड़ी गलतियाँ। कोह=क्रोध। माँगनो=भिक्षुक। पाहुनो=मेहमान, अतिथि।

भावार्थ—इस समुद्र का जलसमूह काल समान कराल तिमिंगलादि मच्छों के समूह से आबाद है, जैसे किसी खल का हृदय लोभ, क्षोभ, कोह, मोह और कामादि बुरे और भयंकर भावों से परिपूर्ण रहता है। यह समुद्र बहुत सम्पदा से युक्त तो है, पर यह महापातकी के समान समाज से त्यक्त है, क्योंकि देखिये, न तो कोई भिक्षुक इससे भिक्षा माँगता है न कोई अतिथि इसका पानी ही पीता है।

अलंकार—उपमा।

चौदहवाँ प्रकाश समाप्त

पन्द्रहवाँ प्रकाश

दो०—या प्रकाश दसपञ्च में, दससिर करै विचार।
मिलन विभीषन सेतु रचि, रघुपति जैहैं पार॥

(रावण) हरिगीतिका—

सुरपाल भूतलपाल हो सब मूल मंत्र जानिये।
बहु मंत्र वेद पुराण उत्तम मध्यमाधम मानिये।
करिये जु कारज आदि उत्तम, मध्यमाधम भानिये।
उर मध्य आनि अनुत्तमै जुगये ते आज बखानिये॥ १॥

शब्दार्थ—भानिये=भंग कर डालो, छोड़ दो। अनुत्तम=सर्वोत्तम (अन+उत्तम=जिससे अधिक उत्तम कोई न हो)। जुगये=हृदय में सुरक्षित रखा है।

भावार्थ—रावण अपने मंत्रियों से कहता है कि तुम देवों और भूमि के पालक हो और सब प्रकार के मूलमंत्रों को जानते हो, वेदों और पुराणों में बहुत प्रकार के मंत्र हैं जिनमें से कुछ उत्तम कुछ मध्यम और कुछ अधम माने जाते हैं। इनमें से आदि प्रकार का जो उत्तम मंत्र है उसी के अनुसार कार्य करना चाहिये, मध्यम और अधम मंत्र को छोड़ देना चाहिये। अतः मैं तुमसे वही मंत्र पूछता हूँ जिसे तुमने सर्वोत्तम समझ कर हृदय में सुरक्षित कर रखा है, आज वही उत्तम मंत्र मुझसे कहो।

स्वागता—

आजु मोहि करने सो कहो जू। आपु माहि जनि रोष गहो जू॥
राजधर्म कहिये छवि छाये। रामचन्द्र जौं लगि नहि आये॥ २॥

भावार्थ—अब जैसा मुझे करना चाहिये वैसा मंत्र दो, अपने मन में क्रुद्ध मत हो। जब तक रामचन्द्र (ससेना यहाँ नहीं पहुँचते, तब तक ही समय है) सुन्दर राजोचित ऐसी कूटनीति बतलाओ जिससे मेरी विजय हो (क्योंकि राम जब यहाँ आ पहुँचेंगे, तब मंत्रणा करने का समय न मिलेगा)।

(प्रहस्त) स्वागता—

वामदेव तुम को वर दीन्हो। लोक लोक सिगरे वश कीन्हो॥
इन्द्रजीत सुत सों जग मोहै। राम देव नर बानर को है॥ ३॥

शब्दार्थ—वामदेव=महादेव। जग मोहैं=संसार मूर्छित हो जाता है, (पराजित होता है)। देव=(संबोधन) हे देव!

भावार्थ—प्रहस्त कहता है, हे देव! शंकर ने आपको वर दिया है जिसके बल से आपने सब लोकों को अपने वश में कर लिया है और जब आपके ऐसा बली पुत्र है जिसने इन्द्र को जीत लिया है और जो संसार को मूर्छित कर सकता है, तो हे देव! नर राम और वानर आपको क्या हानि पहुँचा सकते हैं।

अलंकार—अर्थापत्ति (प्रमाण)।

मूल—मृत्यु पास भुज जोरहि तोरैं। कालदंड जेहि सो कर जोरैं।
कुंभकर्ण सम सोदर जाके। और कौन मन आवत ताके॥ ४॥

भावार्थ—जो अपने भुजबल से मृत्युपाश को तोड़ सकता है, कालदंड जिसको हाथ जोड़ता है, ऐसा कुंभकर्ण सा जिसके भाई है, वह भला किसको कुछ समझ सकता है (कोई भी क्यों न हो, उसके सामने सब तुच्छ है)।

अलंकार—काव्यार्थापत्ति, काकु, वक्रोक्ति।

(कुंभकर्ण) चतुष्पदी—

आपुन सब जानत, कह्यो न मानत, कीजै जो मन भावै।
सीता तुम आनी, मीचु न जानी, आन को मंत्र बतावै॥
जेहि बर जीत्यो, सबै अतीत्यो, तासों कहा बसाई।
मति भूलि गई तब, सोच करत अब, जब सिर ऊपर आई॥ ५॥

शब्दार्थ—आपुन=आप। आन=अन्य, दूसरा। मन्त्र=सलाह। बर=बल या वरदान। अतीत्यो=बीत गया, खतम हो गया। बसाई=वश चल सकता है। मति=सुधि, खबर (ब्रह्मा के वरदान की सुधि कि नर वानर को छोड़ तुम किसी के मारे न मारोगे, यथा—

"तुम काहू के मरहु न मारे। बानर मनुज जाति दुइ बारे" (तुलसी)।

तब=सीता हरण के समय। सिर ऊपर आई=आपदा सिर पर आ गई।

भावार्थ—(कुंभकर्ण कहता है) आप तो सब जानते हैं कि क्या होनहार है इसीसे आप किसी का कहना नहीं मानते, तो अच्छा है जो जी में आवे सो कीजिये। जब तुम सीता हर लाये थे तब तुमने यह न समझा था कि यही हमारी मृत्यु का कारण होगी? अब दूसरा कौन तुम्हें सलाह दे।

जिस वरदान से तुमने संसार को जीता है, वह वरदान अब इस दशा में (नर वानर से बैर कर लेने की दशा में) व्यतीत हो चुका, इस कारण अब कुछ वश नहीं चल सकता। तब तो वह सुधि (ब्रह्मा के वरदान की) भूल गई, और अब जब आपदा सिर पर आ गई तब उससे बचने का उपाय सोचते हो (तुमको पहले ही से नर-वानर से बैर न करना था—अब तो मृत्यु निश्चित है)।

अलंकार—लोकोक्ति।

(मंदोदरी) सवैया—

राम की वाम जो आनी चोराय सो,
लंका में मीचु की बेलि बई जू।
क्यों रण जीतहुगे तिनसों,
जिनकी धनुरेख न लाँघ गई जू।
बीस बिसे बलवंत हुते जु,
हुती दृग केशव रूप रई जू।
तोरि सरासन सङ्कर को पिय,
सीय स्वयम्वर क्यों न लई जू॥ ६॥

शब्दार्थ—बीस बिसे=(बीसोबिस्वा) निश्चय। हुती दृग=जो आँख में चढ़ गई थी, पसंद आई थीं। रूप रई=रूप से रंजित, रूपवती।

भावार्थ—(मंदोदरी कहती है कि) तुम जो राम की स्त्री हर लाये वह बात ऐसी ही हुई मानो तुमने लंका में मृत्यु की बेलि बो दी। भला तुम उनसे रण में कैसे जीत सकोगे जिनकी खींची धनुष-रेखा को तुम लाँघ नहीं सके। यदि तुम निश्चय बलवंत थे और यदि तुम्हारी दृष्टि में सीता रूपवती जँच गई थीं, तो शिव धनुष को तोड़ कर सीता को स्वयम्वर में ही क्यों न जीत लिया।

अलंकार—निदर्शना।

सवैया—

बालि बली न बच्यौ पर खोरिहि क्यों बचिहौ तुम आपनि खोरहि।
जा लगि छीर समुद्र मथ्यौ कहि कैसे न बाँधिहै बारिधि थोरहि॥
श्रीरघुनाथ गनौ असमर्थ न देखि बिना रथ हाथिन घोरहि।

तोर्‌यो सरासन संकर को जेहि सोऽब कहा तुव लंक न तोरहि ॥७॥

शब्दार्थ—त्तोरि = दोष। थोरा = छोट। लंक=(१) लंका (२) कमर।

भावार्थ—जिस राम से परदोषी बली बालि नहीं बच सका उस राम से तुम निज दोषी होकर कैसे बच सकोगे, जिसके लिये राम ने क्षीर समुद्र मथ डाला था (कच्छप रूप से, लक्ष्मी के लिये) उसी लक्ष्मी रूपी सीता के हेतु इस छोटे से समुद्र को क्यों न बाँध लेंगे। बिना चतुरंगिनी सेना के हैं ऐसा समझ कर तुम राम को असमर्थ न समझना! जिसने तुम्हारे पूज्यदेव शंकर का धनुष तोड़ डाला वह तुम्हारी लंकापुरी क्यों न जीत लेगा (अथवा तुम्हारी कमर क्यों न तोड़ देगा, क्योंकि पर स्त्री-लम्पट की कमर ही तोड़ देना उसका उचित दंड है)।

अलंकार—निदर्शना।

(मेघनाद) दो०—

मोको आयसु होय जो, त्रिभुवन पाल प्रवीन।
राम सहित जब जग करौं, नर बानर करि हीन॥ ८॥

अलंकार—स्वाभावोक्ति (प्रतिज्ञाबद्ध)

(विभीषण) मोटनक—

को है अतिकाय जो देखि सकै। को कुंभ निकुंभ वृथा जो बकै॥
को है इन्द्रजीत जो भीर सहै। को कुंभकरन्न हथ्यार गहै॥ ९॥

शब्दार्थ—अतिकाय=एक सेनापति। कुंभ, निकुंभ=कुंभकर्ण के दो वीर पुत्र। इन्द्रजीत=रावणपुत्र मेघनाद।

भावार्थ—अतिकाय की क्या मजाल है कि उनकी ओर देख सके, कुम्भ और निकुम्भ वृथा बकवादी हैं, ये कुछ नहीं कर सकते। मेघनाद की क्या मजाल कि उनके साथ युद्ध कर सके और कुम्भकर्ण भैया भी उनके साथ नहीं लड़ सकते।

मूल—

देखे रघुनायक धीर रहै। जैसे तरु पल्लव वायु बहै॥
जौलौं हरि सिंधु तैरेई तरै। तौलौं सियलै किन पाय परै॥ १०॥

भावार्थ—तुम्हारी तरह कोई ऐसा वीर नहीं कि जो राम को रखोद्यत देख कर सधीर मैदान में टिक सके। सब वीर ऐसे भागेंगे जैसे हवा के चलते ही तरुपत्र उड़ते हैं। बेहतर यह है कि राम के इस पार आने से पहले ही तुम सीता को साथ लेकर जाओ, सीता उन्हें दो और पैर पड़ कर अपना दोष क्षमा कराओ (तो बचने की उम्मेद है, नहीं तो नहीं)।

मूल—

जौलौं नल नील न सिंधु तरैं। जौलौं हनुमन्त न दृष्टि परैं।
जौलौं नहिं अंगद लंक दही। तौलौं प्रभु मानहु बात कही ॥११॥
जौलौं नहीं लक्ष्मण बाण धरैं। जौलौं सुग्रीव न क्रोध करैं।
जौलौं रघुनाथ न सीस हरौं। तौलौं प्रभु मानहु पाइ परौं ॥१२॥

(रावण) कलहंस—

अरि काज लाज तजि कै उठि धायो।
धिक तोहि मोहि समुझावन आयो ॥
तजि राम नाम यह बोल उचारयो।
सिर माँझ लात पगलागत मारयो ॥ १३ ॥

शब्दार्थ—तजि राम नाम=राम का नाम लेना छोड़ दे। "उचारयो" का कर्ता 'रावण' है।

भावार्थ—रावण ने विभीषण से कहा कि शत्रु का पक्ष लेने को उठ दौड़ा धिक्कार है तुझे, मुझे तू समझाने चला है। खबरदार, आज से राम का नाम न लेना। जब रावण ने यह बात कही तब विभीषण डर कर पैर पड़ने लगा, पैर पड़ते समय रावण ने विभीषण के सर पर लात से आघात किया।

कलहंस—करि हाय-हाय उठि देह सँभारयो।
लिय अंग संग सब मन्त्रिय चारयो ॥
तजि अंध बंधु दसकंध उड़ान्यो।
उर रामचन्द्र जगती पति जान्यो ॥ १४ ॥

भावार्थ—चोट लगने पर रो पीट कर विभीषण उठे और देह सँभाल कर (सावधान होकर) अपने साथ रहने वाले चार मंत्रियों को साथ लेकर अज्ञानी भाई रावण को छोड़ कर शीघ्रतापूर्वक राम के पास को चल दिये

क्योंकि वे हृदय से श्रीराम जी को ही समस्त संसार का अधिष्ठाता जानते थे।

दो०—मन्त्रिन सहित विभीषणै, बाढ़ी शोभ अकास।
जनु अलि आवत भाव ते, प्रभुपद पदुमन पास ॥ १५ ॥

शब्दार्थ—शोभ=शोभा। अलि=भौंरे। भाव ते=बड़े प्रेम से।

भावार्थ—मंत्रियां सहित विभीषण आकाश मार्ग से रामजी की ओर जा रहे हैं (निश्चर होने से शरीर काला है) अतः उनकी शोभा ऐसी जान पड़ती है मानो श्रीराम जी के चरण कमलों के पास बड़े प्रेम से भ्रमर आ रहे हैं।

नोट—किसी प्रति में "प्रभु पद पदुमनि बास" पाठ है। इस पाठ में अर्थ होगा "प्रभु पद कमल की बास (सुगंध) पा कर मानो प्रेम सहित भौंरें आ रहे हैं।"

अलंकार—उत्प्रेक्षा।

चौपाई—

निकट विभीषण आय तुलाने। कपिपति सों तब ही गुदराने॥
रघुपति सों तिन जाय सुनायो। दसमुख सोदर सेवहिं आयो॥१६॥

शब्दार्थ—आय तुलाने=आ पहुँचे। कपि=कटक के चारों ओर के पहरेदार बंदर। पति=निज अध्यक्ष (सुग्रीव)। गुदराने=निवेदन किया।

भावार्थ—जब विभीषण रामदल के निकट आ पहुँचे तब पहरेदार वानरों ने (उन्हें दूर ही पर रोक कर) उनका हाल अपने अध्यक्ष सुग्रीव से कहा। उन्होंने राम जी को जा सुनाया कि रावण का भाई आप की सेवा करने को आया है और आपसे मिलना चाहता है।

(श्रीराम) चौपाई—

बुधि बलवंत सबै तुम नीके। मत सुनि लीजै मंत्रिन ही के॥
तब जु विचार परै सो कीजै। सहसा शत्रु न आवन दीजै॥१७॥

शब्दार्थ—मंत्रिन ही के=मंत्रियों के हृदय के।

(सुग्रीव) मोदक—

रावण को यह सोंचहुँ सोदर। आपु बली बलवन्त लिये अरु॥
राकस वंश हमैं हतने सब। काज कहा तिनसों हमसो अब॥१८॥

शब्दार्थ—सोदरु=सगा भाई। बलवंत लियें अरु=और भी बलवानों को साथ लिये हैं। राकस=राक्षस। हतने=हतन करना है, मारना है।

(जामवंत) मोदक—

बध्य विरोध हमैं इनसों अति। क्यों मिलि है हमसों तिनसों मति॥
रावण क्यों न तज्यो तबही इन। सीय हरी जबही वह निर्घृन॥१६॥

शब्दार्थ—बध्य-विरोध=बध्य-बधिक का सा विरोध। निर्घृन=निर्दय (रावण का विशेषण है) जिसे बुरा काम करते घृणा वा लज्जा न लगे।

(नल) मोदक—

चार पठै इनको मत लीजिये। ऐसहिं केसे विदा करि दीजिये॥
राखिय जो अति जानिय उत्तम। नाहिं ते मारिय छाँड़ि सबै भ्रम॥२०॥

शब्दार्थ—चार=दूत॥

(नील) मोदक—

साँचेहु जो यह है शरनागत। राखिय राजिवलोचन मो मत॥
भीत न राखिय तो अति पातक। होइ जुमातु पिताकुल घातक॥२१॥

शब्दार्थ—मो मत=मेरा यह मत है। भीत=डर कर शरण आया हुआ। होय घातक=चाहे वह माता-पिता और समस्त कुल का घातक ही क्यों न हो।

(हनुमान) बसंत तिलका—

जानौं विभीषण न राकस राम राजा।
प्रह्लाद नारद विशारद बुद्धि साजा॥
सुग्रीव नील नल अंगद जामवंता।
राजाधिराज बलिराज समान संता॥ २२॥

शब्दार्थ—राकस=राक्षस। विशारद=पंडित, विद्वान्।

दो०—कहन न पाई बात सब, हनूमन्त गुण धाम।
कह्यो विभीषण आपुही, सबन सुनाव प्रणाम॥ २३॥

भावार्थ—हनुमान जी ने अपनी बात पूरी न कह पाई थी कि विभीषण ने सब को प्रणाम करके अपना मर्म कह सुनाया।

(विभीषण) मत्तगयंद सवैया—

दीन दयाल कहावत केशव हौं अति दीन दशा गहो गाढ़ो।
रावण के अघ ओघ समुद्र में बूड़त हौं बर ही गहि काढ़ो॥
ज्यों गज की प्रह्लाद की कीरत त्योंही विभीषण को जस बाढ़ो।
आरत बंधु पुकार सुनौ किन आरत हौं तौ पुकारत ठाढ़ो॥२४॥

शब्दार्थ—बर ही=बलपूर्वक। बाढ़ो=बढ़ाइये, फैलाइये। किन=क्यों। हौं=मैं। त्योंही···बाढ़ो=उसी प्रकार विभीषण के बचाने का यश संसार में फैलाइये।

(पुनः विभीषण) मत्तगयंद सवैया—

केशव आपु सदा सह्यो दुःख पै दासन देखि सके न दुखारे।
जाको भयो जेहि भाँति जहाँ दुःख त्योंही तहाँ तेहि भाँति सँभारे॥
मेरिय बार अबार कहा कहूँ नाहिं न काहू के दोष विचारे।
बूड़त हौं महामोह समुद्र में राखत काहे न राखन हारे॥ २५॥

शब्दार्थ—त्योंही=तुरंत, अति शीघ्र। अबार=देर। मोह=दुःख।

अलंकार—रूपक (मोह समुद्र में)।

बसन्त तिलका—

श्रीरामचन्द्र अति आरतवंत जानि।
लीन्हो बुलाय शरणागत सुखदानि॥
लंकेश आउ चिर जीवहि लंका धाम।
राजा कहाउ जग जौ लगि राम नाम॥ २६॥

भावार्थ—श्रीराम जी ने विभीषण को दुखी जान, शरणागत सुखदाता होने के कारण यह कह कर बुला लिया कि हे लंकेश! आओ, लंका में चिरकाल तक जीवित रहो, और जब तक संसार में राम नाम का साका चलेगा तब तक तुम राजा कहलाओगे।

तोटक—

जबहीं रघुनायक बाण लियो। सविशेष विशोषित सिंधु हियो॥
तब ही द्विज रूप सु आइ गयो। नल सेतु रचै यह मंत्र दियो॥ २७॥

शब्दार्थ—सविशेष=विशेष रूप से (अत्यन्त)। बिशोषित=सूख गया।

भावार्थ—जब राम जी ने धनुष बाण उठाया तब समुद्र का हृदय विशेष रूप से सूख गया ("उठी उदधि उर अन्तर ज्वाला" – तुलसी), तब ब्राह्मण का रूप बनाकर समुद्र आया और यह सलाह दी कि नल के हाथों पुल बँधवा कर सेना को उस पार ले जाइये।

(सुन्दरकांड कथा प्रसंग समाप्त)

(सेतु-बंधन)

दो०—जहँ तहँ बानर सिंधु महँ, गिरिगण डारत आनि।
शब्द रह्यो भरि पूरि महि, रावण को दुख दानि ॥ २८ ॥

तोटक—

उछलै जल उच्च अकाश चढ़ै। जल जोर दिशा विदिशान मढ़ै ॥
जनु सिंधु अकाश नदी अरिकै। बहुभाँति मनावत पाँ परिकै ॥ २९ ॥

शब्दार्थ—आकाश नदी = आकाश गंगा। अरिकै = अड़ गई है, मान किया है। पाँ परिकै = पैर छू-छू कर।

भावार्थ—पहाड़ फेंके जाने से समुद्र का जल बहुत ऊँचे तक उछलता है और (दिशा-विदिशाओं में छा गया है)। यह घटना ऐसी जान पड़ती है, मानो आकाश गंगा ने समुद्र से मान किया है (समुद्र नदी-पति होने से आकाश गंगा का भी पति है अतः पत्नी ने मान किया है) और समुद्र अपने हाथों से उसके पैर छू-छू कर उसे मनाता है।

अलंकार—उत्प्रेक्षा।

तोटक—

बहु व्योम विमान ते भीजि गये। जल जोर भये अँगराग रये ॥
सुर सागर मानहु युद्ध जये। सिगरे पट भूषण लूटि लये ॥ ३० ॥

शब्दार्थ—अँगराग रये = अँगराग अर्थात् केसर चंदनादि से रंगे हुए (वस्त्राभूषण विमानों से बह-बह कर समुद्र में आ गये हैं)। सुर = देवताओं को। युद्ध जये = युद्ध में जीत लिया है। सागर = समुद्र ने।

नोट—'सुर' कर्म कारक में और 'समुद्र' कर्ता कारक में है। "वस्त्राभूषण विमानों से समुद्र में बह आये हैं" इतने पद अनुक्त हैं।

भावार्थ—समुद्र से जो जल उछला है उससे आकाशगामी सुर विमान भींग गये हैं, और जल के जोर से देवों के केशर चंदनादि रंजित वस्त्राभूषण समुद्र में बह आये हैं, यह घटना ऐसी जान पड़ती है, मानो समुद्र ने युद्ध में देवताओं को जीत कर उनके वस्त्र-भूषण लूट लिये हैं।

अलंकार—अनुक्त विषया वस्तूत्प्रेक्षा।

तोटक—

अति उच्छलि छिछि त्रिकूट छयो। पुर रावण के जल जोर भयो॥
तब लंक हनूमत लाइ दई। नल मानहु आइ बुझाइ लई॥ ३१॥

शब्दार्थ—छिछि=उछले हुए पानी की छांछ (धारा)। त्रिकूट=वे तीन शिखर जिन पर लंकापुरी बसी थी। लाइ दई=आग लगा दी थी।

भावार्थ—समुद्र जल की उछलती हुई धाराओं से त्रिकूट पर्वत के तीनों शिखर छा गये और रावण की लंकापुरी में जल भर गया। यह घटना ऐसी जान पड़ी मानो हनुमान द्वारा जलाई गई लंका को नल ने बुझा लिया।

अलंकार—उत्प्रेक्षा।

तोटक—

लगि सेतु जहाँ तहँ सोभ गहे। सरितान के फेरि प्रवाह बहे॥
पति देवनदी रति देखि भली। पितु के घर को जनु रूसि चली॥३२॥

शब्दार्थ—लगि सेतु=सेतु से रुक कर। देवनदी=आकाश गंगा। रति=प्रीति। पति देवनदी रति=समुद्र और आकाश गंगा की प्रीति (देखो छन्द नं० २६)। पितु के घर को=उद्गम-स्थान को। 'शोभ गये' 'प्रवाह' का विशेषण है। फेरि=उलट कर।

शब्दार्थ—सेतु के कारण (सेतु से रुक कर) नदियों के सुन्दर प्रवाह जहाँ-तहाँ रुक गये और उद्गम-स्थान की ओर को बहने लगे, मानो वे नदियाँ अपने-अपने पिता के घरों को इस कारण रूठ कर चल दी हैं कि हमारा पति तो आकाश गंगा पर ही अधिक प्रीति करता है।

अलंकार—उत्प्रेक्षा।

मूल—सब सागर नागर सेतु रची।
बरणौं बहुधा सुर शक्र सची॥
तिलकावलि सी सुभ सीस लसै।
मणिमाल किधौं उर में बिलसै॥

शब्दार्थ—सब=समस्त (यह शब्द 'सुर' का विशेषण है)। नागर=सुन्दर, श्रेष्ठ। रची=अनुरक्त होकर। तिलकावलि=खौर।

भावार्थ—समस्त देवता, यहाँ तक कि इन्द्र और शची भी, समुद्र के सेतु पर अनुरक्त होकर (सुन्दर देख कर) विविध प्रकार से उसका वर्णन करने लगे, कि यह समुद्र के सिर की खौर है या समुद्र के हृदय पर मणिमाला शोभा दे रही है।

अलंकार—संदेह।

तारक—उरते शिव मूरति श्रीपति लीन्हीं।
शुभ सेतु के मूल अधिष्ठित कीन्हीं॥
इनको दरसै परसै पग जोई।
भवसागर को तरि पार सो होई॥ ३४॥

शब्दार्थ—उरते=हृदय से, बड़े प्रेम से, अत्यन्त भक्तिभाव से। श्रीपति=श्रीराम जी। सेतु के मूल=जिस स्थान से सेतु रचना का आरंभ हुआ था। अधिष्ठित कीन्ही=स्थापित की।

भावार्थ—श्रीरामजी ने अति भक्ति-भाव से शिव की एक मूर्ति लेकर सेतु के आरंभ के स्थान पर स्थापित की (शिवमूर्ति स्थापित करके आराधना की) और श्रीमुख से उस मूर्ति का यह माहात्म्य बतलाया कि जो व्यक्ति इनके दर्शन करेगा वा इनके चरणों का स्पर्श करेगा वह भवसागर के पार तर जायगा (उसका जन्म-मरण न होगा, वह मुक्त हो जायेगा)।

दो०—सेतुमूल शिव शोभिजै, केशव परम प्रकास।
सागर जगत जहाज को, करिया केशव दास॥ ३५॥

शब्दार्थ—जहाज़=नौका। करिया=केवट, खेवट, मल्लाह।

भावार्थ—शिवजी अपने परम प्रकाश से (पूर्ण शक्ति और प्रभाव से युक्त) सेतु के आदि स्थल पर शोभित हैं, मानो संसार सागर के जहाज के मल्लाह हैं।

अलंकार—रूपक से पुष्ट गम्योत्प्रेक्षा।

तारक—सुक सारन रावन दूत पठायो।
कपिराज सों एक संदेश सुनायो॥
अपने घर जैयहु रे तुम भाई।
जमहूँ पहँ लंक लई नहिं जाई॥ ३६॥

शब्दार्थ—कपिराज=सुग्रीव। भाई=सुग्रीव (बालि से रावण की मित्रता थी, सुग्रीव बालि के भाई हैं। अतः रावण भी भाई कहता है)।

भावार्थ—रावण ने शुक और सारण नामक दो राक्षसों को दूत बना कर रामदल देखने को भेजा। उन्होंने सुग्रीव से रावण का यह संदेसा सुनाया कि—"हे भाई सुग्रीव! तुम अपने घर लौट जाओ, जमराज भी मेरी लंका नहीं जीत सकते।"

(सुग्रीव) तारक—भजि जैहौ कहाँ न कहूँ थल देखौं।
जलहू थलहू रघुनायक पेखौं॥
तुम बालि समान सहोदर मेरे।
हतिहौं कुछ स्यों तिनु प्रानन तेरे॥ ३७॥

शब्दार्थ—तुम बालि......मेरे=तुम बालि समान मेरे भाई हो अर्थात् मेरे संबंध से जो गति बालि की हुई है वही तुम्हारी भी होगी। तिनु=तृण समान।

भावार्थ—(सुग्रीव ने जवाब दिया) हे शुक और सारन! रावण से कह देना कि भाग कर कहाँ जाओगे, मैं तो कहीं ऐसी जगह नहीं देखता जहाँ तुम बच सकोगे, क्योंकि मैं जल तथा थल में सर्वत्र राम जी को देखता हूँ। हाँ बेशक, तुम बालि के ही समान मेरे भाई हो (अर्थात् जहाँ बालि गया है वहीं तुम भी जाओगे) वंश सहित तेरे तृण समान प्राणों को मैं ही मारूँगा—तेरे पापों के कारण तेरे प्राण तृण समान हलके और कमजोर हो गये हैं, अब तुझ में महाप्राणता नहीं रह गई।

अलंकार—उपमा।

(कवि वचन) तारक—

सब राम चमू तरि सिंधुहि आई।
छवि अच्छन की धर अंबर छाई॥

बहुधा सुक सारन को सु बताई।
फिर लंक मनो बरषा ऋतु आई॥ ३८॥

शब्दार्थ—चमू = सेना। धर=पृथ्वी। अंबर=आकाश। फिर=फिर कर, लौट कर (अर्थात् शरद् के बाद लौट कर फिर वर्षा आ गई)। बताई=दिखलाई।

भावार्थ—राम की समस्त सेना सिंधु को पार करके लंका में आ गई, वहाँ काले-काले रीछों की शोभा जमीन और आकाश में छा गई, वह सब सेना का विस्तार सुग्रीव ने शुक सारन को दिखलाया। वे सब लंका को ऐसे घेरे हैं मानो फिर लौट कर लंका में वर्षा ऋतु आ गई है।

नोट—हेमंत ऋतु में चढ़ाई हुई थी। वर्षा का आना अकाल ऋतु परिवर्तन कह कर कवि लंका का अमंगल सूचित करता है।

अलंकार—उत्प्रेक्षा।

दंडक—कुतल ललित नील भ्रकुटी धनुप नैन,
कुमुद कटाक्ष बाण सबल सदाई है।
सुग्रीव सहित तार अंगदादि भूपनन,
मध्य देश केशरी सुगज गति भाई है।
विग्रहानुकुल सब लक्ष-लक्ष ऋक्षबल,
ऋक्षराज मुखी मुख केशौदास गाई है।
रामचन्द्र जू की चमू राजश्री विभीषण की,
रावण की मीचु दरकूच चलि आई है॥ ३९॥

नोट—इस छन्द का अर्थ तीन तरह से लगेगा। (१) राम जी की सेना का (२) विभीषण की राजश्री का (३) रावण की मीच का।

शब्दार्थ—(प्रथम अर्थ के लिए) कुंतल, ललित, नील, भृकुटि, धनुप, नयन, कुमुद, कटाक्ष, बाण=ये सब यूथप बानरों के नाम हैं। सबल= बलवंत। सदाई=सदैव। सुग्रीव तार और अंगद=बड़े सरदारों के नाम हैं। भूपनन=सेना में भूपणवत हैं। मध्यदेश=ये लोग सेना के मध्यभाग के सरदार हैं। केशरी, गज=बानरों की जातियों के नाम हैं। गति भाई है= जिनकी चाल बड़ी सुन्दर है। विग्रह, अनुकूल-रीक्ष सेना के यूथपों के नाम हैं। लक्ष-लक्ष ऋक्षबल=लाख-लाख ऋक्षों की सेना जिनकी सेवा में है।

ऋक्षराज मुखी=जिन सब मुखियों में जामवंत जी मुख्य सरदार हैं। मुखगाड़े हैं=ये वीर रीछ सेना के मुख भाग (अग्रभाग) में वर्णित हैं। चमू=सेना। दरकूच=कूच दरकूच मंजिलें तय करती हुई। कई जगह कूच मुकाम करती हुई।

भावार्थ—(कवि अनुमान करता है कि यह राम की सेना है, वा विभीषण की राज्यश्री है, व रावण की मृत्यु है। प्रथम अर्थ में राम सेना का रूप कैसा है)—कुंतल, नील, भृकुटि, धनुष, कटाक्ष, गयन और वरण नाम वानरों से सदा बलवान है (जो सेना) और जिस सेना में सुग्रीव, तार, अंगदादि वीर भूषणवत हैं और यही वीर सेना के मध्य भाग के (जिस भाग में श्रीराम और लक्ष्मण स्थित रहते हैं) संचालक हैं। और केशरी तथा गज जाति के वानर भी हैं जिनकी चाल बड़ी सुन्दर है। विग्रह और अनुकूल नामक जिस सेना में रीछ सरदार हैं, जिन सरदारों में से एक-एक के पास लाखों रीछों की सेना है और जिन सरदारों में जामवंत जी मुख्य हैं (राम जी के ४ प्रधान मंत्रियों में हैं) यह रीछ सेना समस्त सेना के मुख-भाग में (अग्रभाग में) रहती है। ऐसी रामचन्द्र जी की सेना है।

शब्दार्थ—(दूसरे अर्थ के लिये) कुंतल=केश। ललित=सुन्दर। नील=काले। भ्रकुटी=भौंहें। नैन=नेत्र। कुमुद=लाल कमल। कटाक्ष=बाँकी चितवन। बल=सौन्दर्य। सुग्रीव=सुन्दर गर्दन। तार=मोती। अंगद=बाजूबंद। मध्यदेश=कमर। केशरी=सिंह। गज गति=हाथी की सी चाल। विग्रहानुकूल=सब शरीर के अङ्ग यथायोग्य हैं। लक्ष लक्ष ऋक्षबल ऋक्षराजमुखी=लाखों नक्षत्रगण सहित चन्द्रमा के समान मुख-वाली। मुख केशवदास गाई है=केशव के दासों के मुख से प्रशंसित है (सब राम-भक्त जिनकी प्रशंसा करते हैं)।

भावार्थ—(विभीषण की राजश्री का) जिसके सुन्दर काले केश हैं, भौंहें धनुष के समान हैं, नेत्र लाल कमलसम हैं, बाँकी चितवन बाणसम है और जिसका सौन्दर्य (बल) सदा रहने वाला है, जिसकी सुन्दर ग्रीव मोतियों से युक्त है, बाजूबंद विजायंठ आदि भूषणों से अलंकृत है, कमर सिंह की सी है, चाल गज की सी है जो मन को भाती है, शरीर के और सब अंग भी (कुच, कर, पद, नासा, कपोलादि) यथायोग्य हैं, लाखों

नक्षत्रों के सौन्दर्य को लेकर यदि चन्द्रमा निकले तो, जो छवि उस चन्द्रमा की होगी, वैसी इनकी मुख-छवि है, सब रामभक्त जिसकी प्रशंसा करते हैं (निष्पाप हैं—बहुधा राजलक्ष्मी सकलंक होती है, वह रामभक्तों से प्रशंसित नहीं होती। पर यह रामभक्तों से प्रशंसित है अतः निष्पाप है)—ऐसा होने से यह अनुमान होता है कि यह विभीषण की राजश्री है

शब्दार्थ—(रावण की मीच के लिये) कुंतल=भाला। ललित=तीक्ष्ण। नील=काले रंग की। भ्रकुटी=भौंहें चढ़ाये। धनुष=धनुष लिये हुए। नैन=(नय+न) अन्याय युक्त, विवेकहीन, क्योंकि मृत्यु विवेकरहित होती है। कुमुद=आनन्द रहित, क्रुद्ध। कटाक्ष बाण=चितवन बाण सम कराल है! सबल=बहुत बलवती। सुग्रीव=गर्दन में सुन्दरता यह है कि सहित तार=(तार=उच्च स्वर) बड़े उच्च स्वर से गरजती है। अंगदादि भूषनन=बिजायट आदि भूषण नहीं धारण किये हैं, वरन् मुंडमालादि क्रूर और भयानक भूषण धारण किये हैं। मध्य=मध्यम, असुन्दर। देश=अंग। केशरी सुगज गति भाई है=जिसकी ऐसी तेज गति है जैसे सिंह हाथी पर टूटता है, घातक गति वाली है (जैसे सिंह हाथी के मारने को चलता है वैसे यह रावण को मारने चली है)। विग्रहानुकूल (विग्रह विरोध) राम जी का विरोध राम वैर ही जिसके लिये अनुकूल समय है। लक्ष लक्ष ऋक्ष बल=लाखों रीछों का बल है जिसमें। ऋक्षराज मुखी=रीछ का सा भयङ्कर मुख है जिसका। मुख······गाई है=जिसका मुख सज्जनों ने ऐसा ही भयङ्कर कहा है।

भावार्थ—रावण की मीचुका तीक्ष्ण भाला लिये, काली कलूटी, भौंहें चढ़ाये, धनुष लिये, अत्याचारिणी, क्रुद्ध, जिसकी चितवन बाण सम कराल है और जो सदा ही अत्यन्त बलवती है। गले से उच्च स्वर से गरजती है, अंगदादिक ही भूषण रहित मुंडमालादि भयङ्कर भूषण धारण किये, असुन्दर अंगोंवाली है और जैसे सिंह हाथी के मारने को झपटता है वैसी चालवाली है। रावण के मारने के लिये राम वैर ही जिसे अनुकूल हेतु मिल गया है जिसमें लाखों रीछों का बल है (रीछ पेड़ पर चढ़ जाता है—यदि रावण ब्रह्मादि के शरण जाय तो भी यह वहाँ तक चढ़ कर मारेगी यह भाव है) जिसका बड़े रीछ का सा भयङ्कर मुख है, सज्जनों ने ऐसा ही

जिसका वर्णन किया है। इस रूपवाली होने से ऐसा अनुमान होता है कि यह रावण की मृत्यु है क्या ?

अलंकार—श्लेष से पुष्ट संदेह।

हीरक—रावण सुभ श्यामल तनु मन्दिर पर सोहियो।
मानहु दस शृंगयुत कलिंद गिरि विमोहियो॥
राघव सर लाघव गति छत्र मुकुट यों हयो।
हंस सबल अंसु सहित मानहु उड़ि कै गयो॥४०॥

शब्दार्थ—शुभ स्यामल तनु=अति काले शरीर वाला। शृंग=शिखर कलिंदगिरि=काले शृंगीवाला पर्वत (जिससे यमुना निकली है।)। लाघव-गति=शीघ्रता से। हयो=(हन्यो) गिरा दिये। हंस=सूर्य। अंसु=(अंशु) किरण।

भावार्थ—(राम सेना देखने को) काले शरीर वाला रावण अट्टालिका पर यों शोभित हुआ, मानो दस शिखरों सहित कलिंद गिरि सोहता हो। रामजी के बाण ने अति शीघ्र उसके छत्र मुकुटादि गिरा दिये तब वह ऐसा मालूम हुआ मानो किरण सहित सूर्य दूर स्थान को उड़ गया हो।

अलंकार—उत्प्रेक्षा।

हीरक—लज्जित खल तजि सुमहु भज्जि भवन में गयो।
लच्छण-प्रभु तत्त्तण गिरि दक्षिण पर सोभयो॥
लंका निरखि अंक हरषि मर्म सकल जो लह्यो।
जाहु सुमति रावण पहँ अंगद सन यो कह्यो॥४१॥

शब्दार्थ—सोभयो=शोभित हुए। अंक हरषि=मन से आनन्दित होकर।

भावार्थ—इस बात से लजित होकर खल रावण उस स्थान को छोड़ कर घर के भीतर भाग गया। तब राम और लछमण दोनों वीर लंका के दक्षिण की ओर वाले पहाड़ पर सुखपूर्वक जा बैठे। लंका को देख कर आनंदित हुए। और लंका के दुर्गों का सब भेद जानने के निमित्त राम जी ने अंगद से कहा कि हे सुमति ! तुम लंका को जाओ (रावण को समझाओ यदि वह अब भी मान जाय तो व्यर्थ युद्ध क्यों करना पड़े)।

नोट—यह राजनीति है कि युद्ध की समस्त तैयारी करके एक बार मेल

के लिये अंतिम उद्योग कर लेना चाहिये। अंतिम उद्योग भी असफल हो, तब युद्ध छेड़ना चाहिये।

चंचला—रामचन्द्र जू कहंत स्वर्ण लंक देखि-देखि।
ऋत्त वानरालि घोर ओर चारिहू विशेखि॥
मंजु कंज गंध लुब्ध भौंर भीर सी विशाल।
केशोदास आस-पास शोभिजैं मनो मराल॥४२॥

शब्दार्थ—कहंत=कहते हैं। ऋत्त वानरालि=रीछ और वानरों की सेना। गंधलुब्ध=सुगंध के लोभी। शोभिजै=शोभा देते हैं। मराल=हंस (इस उत्प्रेक्षा से जान पड़ता है कि दक्षिण की ओर कहीं पीले और काले रंग के भी हंस होते हैं)।

नोट—चौथे चरण में 'केशोदास' शब्द का 'शो' ह्रस्व उच्चारण युक्त माना जायगा।

भावार्थ—स्वर्ण-लंका को चारों ओर से रीछ वानरों की सेना से विशेष प्रकार से घिरी हुई देख कर रामचन्द्र जी कहते हैं कि यह लंका कमल सम है और उसमें जो काले-काले राक्षस हैं वे सुन्दर कमल के अन्दर सुगंध लोभी भौंरों के समान हैं, और चारों ओर से रीछ-वानरों की घोर सेना जो उसे घेरे हुए हैं, वे रीछ-वानर ऐसे जान पड़ते हैं मानो कमल के आस-पास हंस शोभा दे रहे हों।

अलंकार—उपमा उत्प्रेक्षा।

चंचला—ताम्र कोट लोह कोट स्वर्ण कोट आस-पास।
देव की पुरी घिरी कि पर्वतारि के विलास॥
बीच बीच हैं कपीस बीच बीच ऋत्त जाल।
लंक कन्यका गले कि पीत नील कंठमाल॥४३॥

शब्दार्थ—देव की पुरी=इन्द्रपुरी। पर्वतारि के विलास—इन्द्र की करतूत से।

भावार्थ—सब के मध्य में सोने की लंकापुरी है। तब उसके इर्द-गिर्द सोने का कोट है। उसके इर्द-गिर्द ताँबे और लोहे के कोट हैं। यह स्थिति ऐसी मालूम होती है कि इन्द्र की करतूत के कारण (इन्द्र से शत्रुता का परिशोध करने के लिये) पर्वतों ने इन्द्रपुरी को घेर लिया है (स्वर्णपुरी

देवपुरी सम और लोह कोट, ताम्र कोट आदि पर्वत समूह सम) अथवा उन कोटों के इर्द-गिर्द कहीं पीले रंग की वानर सेना काले रंग की रीछ सेना जो घेरे पड़ा है वह सेना का घेरा या लंका रूपी कन्या के गले में नीले-पीले पोतों (काँच मनिका) की कंठी पहनाई गई है।

अलंकार– रूपक से पुष्ट संदेह।

पन्द्रहवाँ प्रकाश समाप्त

—:※:—

सोलहवाँ प्रकाश

दो०—यह वर्णन है षोडशे, केशवदास प्रकाश।
रावण अंगद सों विविध, शोभित वचन विलास॥
अंगद कूदि गये जहाँ, आसनगत लंकेश।
मनु मधुकर करहाट पर, शोभित श्यामल वेष॥१॥

शब्दार्थ—आसनगत = सिंहासन पर बैठा हुआ। करहाट = कमल की छतरी, जो पहले पीली होती है, फिर बीज पकने पर हरी हो जाती है।

भावार्थ—अंगद छलाँग मारते वहाँ गये जहाँ रावण सिंहासन पर बैठा था। वह ऐसा जान पड़ता था मानो कमल की छतरी पर भौंरा बैठा हो।

अलंकार– उत्प्रेक्षा।

(प्रतिहार) नागराज–

पढ़ौ बिरंचि मौन वेद जीव सोर छंडि रे।
कुबेर बेर कै कही न यक्ष भीर मंडि रे॥
दिनेश जाय दूरि बैठि नारदादि संगही।
न बोलु चंद मंद बुद्धि इन्द्र की सभा नहीं॥२॥

शब्दार्थ—जीव = वृहस्पति। सोर = बकवाद। बेर = बार, दफा। न यक्ष भीर मंडि रे = यक्षों की भीर न लगाओ।

भावार्थ—(अंगद ने रावण का वह विभव देखा कि उसका दरबान देवताओं से कहता है कि) हे ब्रह्मा! धीरे-धीरे वेद पढ़ो, हे वृहस्पति! बकवाद छोड़ो, हे कुबेर! तुमसे कितनी बार कहा कि तू यहाँ यक्षों की भीड़ न लाया कर, हे

सूर्य ! तुम दूर पर नारदादि मुनियों के साथ जा बैठो, और हे मूर्ख चन्द्र ! तू इतना मत बोल, यह इन्द्र की सभा नहीं है।

अलंकार – उदात्त।

नोट – एक संस्कृत श्लोक भी ऐसा ही हमने सुना है :—

ब्रह्मन्नध्ययनस्य नैव समयः तूष्णीं बहिः स्थीयतां।
स्वल्पं जल्प बृहस्पते जडमत नैषा सभा वज्रिणः॥
वीणाः संहर नारद स्तुतिकथालापैरलं तुम्बुरो।
सीतारल्लकमल्लभग्नहृदयः स्वस्था न लंकेश्वरः॥

चित्रपदा—

अंगद यों सुनि बानी। चित्त महा रिस आनी॥
ठेलि कै लोग अनैसे। जाय सभा मह बैसे॥ ३॥

शब्दार्थ – ठेलि कै = धक्का दे-दे कर, किनारे कर के। लोग अनैसे = (अनिष्ट लोग) निश्चर (रावण के नौकर-चाकर)। बैसे = बैठे, जाकर बैठ गये।

भावार्थ – अंगद प्रतिहार की यह (अविवेक भरी) वाणी सुनकर, हृदय में अत्यन्त क्रुद्ध हुए। तब रावण के दरबानों को धकिया कर अलग करके जाकर सभा में बैठ गये।

हरिगीतिका—

(रावण) – कौन हो पठये सो कौन ह्याँ तुम्हें कह काम है ?
(अंगद) – जाति बानर, लंकनायक दूत, अंगद नाम है॥
(रावण) – कौन है वह बाँधि कै हम देह पूँछ सबै दही।
(अंगद) – लंक जारि सँहारि अच्छ गयो सो बात वृथा कही ?॥

भावार्थ—(रावण का प्रश्न) – तुम कौन हो, किसने यहाँ भेजा है, क्या काम है ? (अङ्गद का उत्तर)—हम जाति के बानर हैं, लंका-नरेश के दूत हैं, अंगद हमारा नाम है। (रावण का प्रश्न) – हाँ यह बतलाओ, वह कौन है जिसको बाँध कर हमने देह पूँछ सब जला दी थी। (अंगद का उत्तर) – तो क्या उसका यह कथन बिल्कुल असत्य है कि उसने लंका को जलाया और अक्षयकुमार को मारा है ?

अलंकार – गूढ़ोत्तर।

(महोदर)—
कौन भाँति रहौ तहाँ तुम ? (अंगद) राज प्रेषक जानिये।
(महोदर)—लंक लाइ गयो जो बानर कौन नाम बखानिये॥
मेघनाद जो बाँधियो वहि मारियो बहुधा तबै।
(अंगद)—लोक लाज दुरयो रहै अति जानिये न कहाँ अबै॥५॥

भावार्थ—महोदर नामक मन्त्री ने पूछा कि तुम वहाँ (अपने मालिक के दरबार में) किस पद पर हो। (अंगद का उत्तर) हम राजदूत हैं। (महोदर का प्रश्न) हाँ! जो बानर लंका जला गया उसका क्या नाम है बतलाइये तो। सत्य तो यह है कि मेघनाद ने उसे बाँध कर खूब पीटा था। (अङ्गद का उत्तर) वह लोक-लज्जा से छिपा रहता है, हमें नहीं मालूम कि अब वह कहाँ है।

अलंकार—गूढ़ोत्तर।

मूल—कौन के सुत ? बालि के वह कौन बालि न जानिये ?
काँख चाँपि तुम्हैं जो सागर सात न्हात बखानिये॥
है कहाँ वह ? बीर अंगद देव लोक बताइयो।
क्यों गये ? रघुनाथ बान बिमान बैठि सिधाइयो॥६॥

भावार्थ—(रावण) तुम किसके पुत्र हो ? (अङ्गद) बालि के। (रावण) कौन बालि हम तो उसे नहीं जानते ? (अङ्गद) वह बालि जो तुम्हें काँख में दाब कर सात समुद्र नहाता फिरा था। (रावण) वह अब कहाँ है ? (अंगद) देवलोक को गया है। (रावण) कैसे गया है ? (अंगद) राम के बाण रूपी विमान पर बैठ कर गया है (अर्थात् तुमको काँख में दबाने वाला वीर बालि भी राम-बाण से मारा गया, तुम भी मारे जाओगे)।

अलंकार—गूढ़ोत्तर।

मूल—लंकनायक को ? बिभीषण देव दूषण को दहै।
मोहि जीवत होहि क्यों ? जग तोहि जीवत को कहै॥
मोहि को जग मारि है ? दुरबुद्धि तेरिय जानिये।
कौन बात पठाइयो करि बीर बेगि बखानिये॥७॥

शब्दार्थ—देव दूषण = देवताओं का शत्रु (अर्थात् रावण)।

शब्दार्थ — (रावण पूछता है कि) जिस लंकनायक का दूत तुमने अपने को बताया है, वह लंकनायक कौन है ? (देखो छन्द नं० ४) (अङ्गद) वह विभीषण है जो देवताओं के शत्रु को जलाता है। (तुम भी देव-शत्रु हो, अतः तुम्हें भी जलावेगा (अंगद का यह कथन नितांत सत्य हुआ, क्योंकि रावण की दाह-क्रिया विभीषण ने ही की)। (रावण) मेरे जीते जी वह लंकनायक कैसे होगा ? (अंगद) संसार में तुझे जीवित कौन कहेगा ? (तू तो मृतक ही है)। (रावण) मुझे इस संसार में कौन मार सकता है ? (अङ्गद) — तेरी दुर्बुद्धि ही तुझे मारेगी। (रावण) अच्छा वीर ! अब यह बताओ कि तुनको उसने किस काम से भेजा है।

अलंकार—गूढ़ोत्तर।

(अंगद) सवैया—

श्रीरघुनाथ को वानर केशव आयो हो एक न काहू हयो जू।
सागर को मद झारि चिकारि त्रिकूट की देह विहारि गयो जू॥
सीय निहारि सँहारि कै राक्षस शोक अशोकवनीहि दयो जू।
अक्ष कुमारहि मारकै लंकहि जारिकै नीकेहि जात भयो जू॥८॥

शब्दार्थ—आयो हो = आया था। हयो = हन्यो, मारा। सागर को मद झारि = समुद्र का (अनुल्लंघनीयता का) अहंकार गिराकर। चिकारि = गरज गरज कर (चुपचाप चोरी से नहीं)। त्रिकूट = वह पर्वत जिस पर लंकापुरी स्थित थी। विहारि गयो = सर्वत्र घूम गया। अशोकवनी = अशोक वाटिका। नीकेहि = सही-सलामत (बिना किसी हानि के)।

भावार्थ — (अंगद कहते हैं कि हे रावण तुझको अब भी अपनी हीन वैभवता नहीं सूझी) श्रीराम जी का एक अकेला वानर आया था, उसे तुम न मार सके, समुद्र को अपनी अनुल्लंघनीयता का घमंड था, उसे गिरा गया (लाँघ आया और लाँघ गया)। गरज-गरज कर त्रिकूट भर में विहार कर गया। (तेरे महलों में घुस कर तेरी सब स्त्रियों को देख गया)। सीता का पता लगा, राक्षसों को मार, अशोक वाटिका को उजाड़, अक्षय कुमार को मार और लंका को जला कर सही-सलामत लौट गया। तुम उसका कुछ भी न कर सके। क्या इन बातों से तुझे यह नहीं सूझता कि तेरा बल-वैभव अब कुछ काम नहीं कर सकता ?' अतः अब भी चेत जा।

(अंगद) गंगोदक—

राम राजान के राज आये यहाँ धाम तेरे महाभाग जागै अबै।
देवि मंदोदरी कुम्भकर्णादि दै मित्र मंत्री जिते पूछि देखो सबै॥
राखिये जाति को पाँति को वंश को गोत को साधिये लोक परलोक को।
आनि कै पाँ परो, देस लै कोप लै, आसुही ईश सीता चलैं ओक को॥९॥

शब्दार्थ—देवि=पटरानी (जिसके साथ राज्याभिषेक हो उस स्त्री की संज्ञा, 'देवी' होती है)। कुम्भकर्णादि दै=कुम्भकर्ण इत्यादि। आनिके= अपने घर लाकर। देस लै कोप लैं=तू अपना देशकोप ले, अपने पास रख (अर्थात् राम जी तेरा देश कोप लेने नहीं आये।) आसुही=शीघ्र ही (सीता को पाते ही।) ईश=हमारे मालिक। (राम जी)। ओक=देश, घर।

भावार्थ—(अङ्गद कहते हैं) हे रावण! अब भी समझ जा। देख, राजाओं के राजा श्रीराम जी यहाँ तेरे नगर में आ गये हैं, मानों तेरा भाग्य ही जगमगा उठा है। अपनी पटरानी और भाई कुम्भकर्ण इत्यादि जितने तेरे हितैषी और मंत्री हैं, उनसे पूछ ले कि मेरी सलाह अच्छी है कि नहीं। अपनी जाति पाँति, वंश और गोत्र के लोगों को अब भी बचा ले, और लोक परलोक भी बना ले। मेरे कहने से तू केवल इतना कर कि राम जी को सादर अपने घर लाकर उनका सत्कार कर और अपना राजपाट तथा खजाना तू अपने पास रख (वे तेरा राजपाट और खजाना लेने नहीं आये हैं) केवल सीता को पाकर तुरन्त अपने घर को लौट जायँगे।

(रावण) गंगोदक—

लोक लोकेश स्यों जो जु ब्रह्मा रचे,
आपनी आपनी सीव सो सो रहैं।
चारि बाहैं धरे विष्णु रक्षा करैं,
बात साँची यहै वेद बानी कहै।
ताहि भ्रूभंग ही देव देवेश स्यों,
विष्णु ब्रह्मादि दै रुद्रजू संहरै।
ताहि हौं छोड़ि कै पाँय काके परौं,
आज संसार तो पाँय मेरे परै॥१०॥

शब्दार्थ—स्यों=सहित। जो जु=जो जो। सींव=सीमा, मर्यादा। भ्रूभंग ही=जरा टेढ़ी नज़र करते ही, तनिक क्रोध से। देवेश=इन्द्र। हौं=मैं।

भावार्थ—(रावण कहता है) सब लोक और लोकपालों सहित जो जो वस्तु ब्रह्मा ने बनाई हैं, वे सब वस्तुएँ (सब ही जीव) अपनी अपनी मर्यादा में रहते हैं। चार भुजा वाले विष्णु इस सृष्टि की रक्षा करते हैं, यह वेद कहते हैं उन सब को तथा देवताओं, इन्द्र, ब्रह्मा, विष्णु इत्यादि को ज़रा से क्रोध से रुद्र जो नष्ट कर देते हैं। उन रुद्र को छोड़ कर अब मैं किसके पैर पड़ूँ, आज तो संसार मेरे ही पैर पड़ता है (अर्थात् जो होना हो सो हो, मैं अपने इष्टदेव शङ्कर को छोड़ राम के पैर न पड़ूँगा।)

मदिरा सवैया—

राम को काम कहाँ ? रिपुजीतहिं, कौन कबे रिपु जीत्यो कहाँ।
बालि बली, छल सों, भृगुनन्दन गर्व हर्‌यो द्विज दीन महा॥
दीन सु क्यों छिति छत्र हत्यो बिन प्राणन हैहयराज कियो
हैयय कौन ? वहै बिसरयो जिन खेलत ही तोहि बाँधि लियो॥११॥

शब्दार्थ—भृगुनंदन=परशुराम। छिति छत्र हत्यो=पृथ्वी भरके सब क्षत्री मार डाले। हैहयराज=कीर्तवीर्य सहस्रार्जुन (मंडलाधिपति)।

भावार्थ—(रावण)—राम ने कौन सी करतूत की है ? (जो तू मुझे उनके पैर पड़ने को कहता है।) (अंगद) वे शत्रुओं को जीत लेते हैं। (रावण) कब और किस शत्रु को कहाँ जीता है ? (अंगद) बली बालि को जीता है। (रावण) छल से, (अंगद) परशुराम का गर्व हरण किया है, (रावण) वह तो बेचारा कमज़ोर तपस्वी ब्राह्मण था। (अंगद) वह दीन कैसे था, उसने सब क्षत्रियों को परास्त किया था और हैहयराज को मारा था। (रावण) कौन हैहयराज ? (अंगद) भूल गया, वही हैहयराज जिसने खेल ही खेल में तुमको बाँध लिया था।

अलंकार—गूढ़ोत्तर।

(अंगद) मदिरा सवैया—

सिंधु तरयो उनको बनरा तुम पै धनुरेख गई न तरी।
बाँदर बाँधत सो न बन्ध्यो उन बारिधि बाँधि कै बाट करी॥

श्रीरघुनाथ प्रताप की बात तुम्हें दसकंठ न जानि परी।
तेलहु तूलहू पूँछि जरी न जरी, जरी लंक जराइ जरी ॥ १२ ॥

शब्दार्थ—तुम पै=तुमसे (यह रूप बुंदेलखंडी है) गई न तरी= लाँघी न गई। बाट=रास्ता। जरी=जड़ी हुई, युक्त। जरी=जली। जराइ जरी=नग जटित (सोने और रत्नों की बनी)।

भावार्थ—(अंगद कहते हैं कि) हे रावण! देख उनका बन्दर (एक लघु सेवक) समुद्र लाँघ आया और तुमसे खुद उनकी बनाई धनुष रेखा लाँघी नहीं गई। तुमने सेवक बानर को बाँधना चाहा, सो न बाँध सके, उन्होंने समुद्र को बाँध कर रास्ता बना ली। हे रावण! राम के प्रताप की बात तुम्हें अब भी नहीं जान पड़ी। तेल और रुई से जटित (युक्त) पूँछ तो न जली और सोने की रत्नजटित लंका जल गई, (अर्थात् अनहोनी घटनाएँ हो रही हैं और तुम्हें सूझती नहीं)।

अलंकार—यमक।

(मेघनाद) मदिरा सवैया—

छाँड़ि दियो हम ही बनरा वह पूँछ की आगिन लंक जरी।
भीर में अच्छ मर्यो चपि बालक बादिहिं जाय प्रशस्ति करी ॥
ताल बिधे अरु सिंधु बँध्यो यह चेटक विक्रम कौन कियो।
बानर को नर को बपुरा पल में सुरनायक बाँधि लियो ॥१३॥

शब्दार्थ—आगिन=अग्नि। चपि=दबकर। बादिहिं=व्यर्थ ही। प्रशस्ति=प्रशंसा, बड़ाई। बिधे=नाथे। चेटक=धोखे का चमत्कार। विक्रम=बलप्रदर्शक करतूत। बपुरा=दीन हीन। सुरनायक=इन्द्र।

भावार्थ—(मेघनाद कहता है) उस बानर को हम ही ने छोड़ दिया था, पूँछ की अग्नि से लंका में आग लग गई, भीड़-भाड़ के कारण बेचारा छोटा बालक अच्छय कुमार दब कर मर गया, इसी पर बानर ने वहाँ जाकर व्यर्थ ही अपनी बड़ाई की धूम मचा दी (कि मैंने ऐसा किया)। सप्तताल नाथे और समुद्र बाँधा सो तो धोखे का चमत्कार है, इसमें राम ने कौन सी करतूत कर दिखाई। दीन-हीन नर बानर की कौन बड़ी बात है, मैंने तो एक पलमात्र में इन्द्र को बाँध लिया था!।

अलंकार—काव्यार्थापत्ति।

(अंगद) सवैया—

चेटक सों धनु भंग कियो, तन रावण के अति ही बलु हो।
बाण समेते रहे पचिकै तहँ जा सँग पै न तज्यौ थलु हो॥
बाण सु कौन? बली बलि को सुत, वै बलि बावन बाँधि लियो।
वेई सु तौ जिनकी चिर चेरिन नाच नचाइ कै छाँड़ि दियो॥ १४॥

शब्दार्थ—बलु हो=बल था। रहे पचि कै=हैरान हो गये थे, परिश्रम करते-करते हार गये थे। चिर=बूढ़ी।

भावार्थ—(अंगद व्यंग से कहते हैं कि) हाँ ठीक है, राम ने चेटक करके धनुष भंग किया था। रावण के तन में तो बड़ा बल था (इन्होंने क्यों न भंग किया।) प्रत्युत् उस धनुष के साथ बाणासुर सहित परिश्रम करके हार गये, पर वह धनुष अपने स्थान से टसकाया न टसका। (तब रावण ने पूछा) कौन बाणासुर? (अंगद) बलवान दैत्यराज बलि का पुत्र। (रावण) हाँ हाँ वे ही बलि न जिनको वामन ने बाँध लिया था। (अंगद) हाँ हाँ वे ही बलि तो, जिनकी बूढ़ी दासियों ने तुम्हें नाच नचा कर छोड़ दिया था।

अलंकार—गूढ़ोत्तर।

(रावण) सवैया—

नील सुखेन हनू उनके नल और सबै कपिपुंज तिहारे।
आठहु आठ दिशा बलि दै, अपनो पदु लै, पितु जालगि मारे॥
तोसे सपूतहि जाय कै बालि अपूतहि की पदवी पगु धारे।
अंगद संगलै मेरो सबै दल आजुहि क्यों न हते बपु मारे॥ १५॥

शब्दार्थ—आठहु=नील, सुखेन, हनुमान, नल, सुग्रीव, जामवंत और राम तथा लछमण। पदु=उचित हक (बदला)। जाय कै=पैदा करके। अपूतन को पदवी=निपुत्री की गति। पगु धारे=गये, प्राप्त हुए। बपु मारे=बाप को मारने वाले को (राम को)।

भावार्थ—(रावण भेद नीति से काम लेता है, अंगद को फोड़ना चाहता है)—हे अंगद! नील, सुखेन, हनुमान और नल चार ही वीर उनके पक्षपाती हैं और समस्त कपिसेना तो तेरे ही हैं। अतः आठों को आठों ओर बलिदान करके (मारकर) तू अपने बाप के मारने का बदला ले।

तुझ सा सपूत पैदा करके बालो निपुत्री की सी गति को प्राप्त हो। धिक्कार है तुझको, अरे अंगद! अगर तू अकेला डरता है तो ले मेरी समस्त सेना ले जाकर आज ही अपने बाप के हत्यारे को क्यों नहीं मारता।

दो०—जो सुत अपने बाप को, बैर न लेई प्रकास।
तासों जीवत ही मर्यो, लोग कहैं तजि आस॥ १६॥

भावार्थ—जो पुत्र खुल्लम खुल्ला ललकार कर अपने बाप के बैरी से बदला नहीं लेता उसे लोग निःसंकोच जीवित ही मुर्दा समझते हैं।

(अंगद) दो०—
इनको बिलगु न मानिये, कहि केशव पल आधु।
पानी पावक पवन प्रभु, ज्यों असाधु त्यों साधु॥ १७॥

शब्दार्थ—बिलगु मानना=बुरा मानना। साधु=भला आदमी।

भावार्थ—जल, अग्नि, पवन और ईश्वर भले और बुरे लोगों के साथ एक सा बर्ताव करते हैं (समदृष्टि होते हैं) अतः इनके कार्य से बुरा न मानना चाहिये (तात्पर्य यह है कि राम को तुम मेरे बाप का शत्रु बतलाते हो सो झूठ) वे तो समदर्शी हैं, उनके लिये न कोई शत्रु है न मित्र।

अलंकार—चौथी तुल्ययोगिता।

(रावण) द्रुतविलंबित—
उरसि अंगद लाज कछू गहौ। जनक घातक बात वृथा कहौ।
सहित लक्ष्मण रामहिं संहरौं। सकल बानर राज तुम्हैं करौं॥१८॥

शब्दार्थ—बात वृथा कहौ=व्यर्थ बड़ाई करते हो।

(अंगद) निशिपालिका—
शत्रु, सम, मित्र हम चित्त पहिचानहीं।
दूतविधि नूत कबहूँ न उर आनहीं॥
आप मुख देखि अभिलाष अभिलाषहू।
राखिभुज सीस तव और कहँ राखहू॥ १९॥

शब्दार्थ—सम=उदासीन (न शत्रु न मित्र)। दूत विधि नूत=तुम्हारी यह नवीन दूतविधि (तुम्हारी यह तोड़ फोड़ की नवीन भेद नीति)।

भावार्थ—(अंगद कहते हैं) हे रावण! हम अपने शत्रु, मित्र और उदासीन लोगों को अपने मन में अच्छी तरह समझते हैं। तुम्हारी यह नवीन

भेदनीति को मैं कभी स्वीकार नहीं कर सकता। अपना मुँह देख कर तब राम को मारने की अभिलाषा करो, पहले अपने सिरों और भुजाओं की रक्षा कर लो तब और की रक्षा करना।

अलंकार—काकुवक्रोक्ति।

(रावण) इन्द्रवज्रा—

मेरी बड़ी भूल कहा कहौं रे। तेरो कह्यौ दूत सबै सहौं रे॥
वै जो सबै चाहत तोहि मार्‌यो। मारौं कहा तोहि जो दैव मार्‌यो॥२०॥

भावार्थ—यह मेरी बड़ी भूल है (जो अब तक तुझको मार नहीं डाला) सो क्या कहूँ भूल तो हो गई। दूत समझ कर तेरी सब बातें सह रहा हूँ। वे लोग (राम सुग्रीवादि) तुझे मरवाना ही चाहते हैं (इसीलिये तुझको दूत बनाकर यहाँ भेजा है कि मेरे हाथों तू मारा जाय) सो अब मैं तुझे क्या मारूँ, तुझे तो दैव ही ने मार रक्खा है (शत्रुओं के बीच रहता है तो किसी न किसी दिन अवश्य ही मारा जायगा)।

(अंगद) उपेन्द्रवज्रा—

नराच श्रीराम जहीं धरैंगे। अशेष माथे कटि भू परैंगे॥
शिखा शिवा स्वान गहे तिहारी। फिरैं चहूँ ओर निरैं विहारी॥ २१॥

शब्दार्थ—नराच=(नाराच) बाण। अशेष=सब। शिवा=शृंगाली, स्यारनी। निरैं विहारी=(रावण के प्रति संबोधन है) हे नरक विहारी रावण, हे पापी रावण!

भावार्थ—हे पापी रावण! श्रीराम जी जिस समय धनुष-बाण धारण करेंगे, उस समय तेरे सब मस्तक कट-कट कर भूमि में गिरेंगे और स्यारनी तथा कुत्ते तेरी चोटी पकड़े चारों ओर घसीटते फिरेंगे।

(रावण) भुजंगप्रयात—

महामीचु दासी सदा पाँइ धोवै। प्रतिहार ह्वै कै कृपा सूर जोवै।
छपानाथ लीन्हें रहैं छत्र जाको। करैगो कहा शत्रु सुग्रीव ताको॥२२॥

शब्दार्थ—प्रतिहार=द्वारपाल। सूर=सूर्य। कृपा जोवै=कृपा का अभिलाषी रहता है। छपानाथ=चंद्रमा।

भावार्थ—(रावण कहता है कि) हे अंगद! महामृत्यु दासी होकर जिसके पैर धोया करती है, सूर्य दरबान होकर जिसकी कृपा का अभिलाषी

रहता है, चंद्रमा जिसका छत्र लिये रहता है, उसका शत्रु सुग्रीव क्या अनभला कर सकता है!

अलंकार—उदात्त।

मूल—

सक्का मेघमाला शिखी पाककारी। करै कोतवाली महादंडधारी॥
पढ़ै वेद ब्रह्मा सदा द्वार जाके। कहा बापुरो शत्रु सुग्रीव ताके॥२३॥

शब्दार्थ - सक्का = (फ़ारसी शब्द सक्का) भिश्ती, पानी भरनेवाला। शिखी = अग्नि। पाककारी = रसोइया, बावरची। कोतवाली = पहरेदारी। महादण्डधारी = यमराज। बापुरो = बेचारा, दीन-हीन।

भावार्थ—(रावण कहता है) मेघसमूह जिसके यहाँ पानी भरते हैं, अग्निदेव जिसके यहाँ रसोइया का काम करते हैं, यमराज जिसके यहाँ चौकीदारी करते हैं, और ब्रह्मा जिसके दरवाजे वेद पढ़ते हैं, ऐसे रावण को बेचारे सुग्रीव की शत्रुता की क्या परवाह है।

अलंकार—उदात्त।

(अंगद) मत्तगयंद सवैया—

पेट चढ़्यौं पलना पलका चढ़ि पालकिहू चढ़ि मोह मढ़्यौं रे।
चौंक चढ़्यौं चित्रसारि चढ़्यौं गज वाजि चढ़्यौ गढ़गर्व चढ़्यौं रे॥
व्योम विमान चढ़्योइ रह्यौ कहि केशव सो कबहूँ न पढ़्यौं रे॥
चेतत नाहिं रह्यौ चढ़ि चित्त सो चाहत मूढ़ चित हू चढ़्यौं रे॥२४॥

शब्दार्थ—पेट चढ़्यौ = गर्भ में आकर माता के पेट पर चढ़ा। पलका = पलंग। पालकी चढ़ा = (विवाह समय में)। चौक चढ़्यो = विवाह चौक। चित्रसारी = रंगमहल। व्योमविमान = पुष्पक विमान। सो कबहूँ न पढ़्यो = उस ईश्वर का नाम कभी न जपा। चित्त चढ़ि रह्यौ = मन में अहंकार भर रहा है। चिता हू चढ़्यो चाहत = मरने का समय आ गया (तिस पर भी)

भावार्थ—(अंगद कहते हैं कि) रे मूढ़ रावण! तू माता के पेट पर चढ़ा, पालना पर चढ़ा, पलंग पर चढ़ा और विवाह के समय पालकी पर चढ़ा और अब तक मोह ही में पड़ रहा है। फिर विवाह चौक पर चढ़ा, तदनन्तर स्त्री भोगहित रंगमहल पर चढ़ा, पुनः हाथी-घोड़ा पर चढ़ा और गर्व के गढ़

पर चढ़ा। पुष्पक विमान पर चढ़ कर आकाश में घूमता फिरा (इतने भोग विलास सब कर लिए, तब भी तुष्टि न हुई) पर उस ईश्वर का नाम न जपा (जो सर्वेश्वर हैं) तू अब भी चेतता नहीं, अब मरने का समय आ गया तब भी तेरा चित्त अभिमान ही पर चढ़ा है (आश्चर्य है)।

अलंकार—सार और पदार्थावृत्ति दीपक।

(रावण) भुजंगप्रयात—

निकारयो जु भैया लियो राज जाको।
दियो काढ़ि कै जू कहा त्रास ताको॥
लिये बानराली कहौं बात तोसों।
सु कैसे जुरे राम संग्राम मोसों॥ २५॥

शब्दार्थ—निकारयो=घर से दूर भेजा हुआ। दियो काढ़ि कै=बुँदेल खंडी बोल-चाल) निकाल दिया। बानराली=बानरों की सेना। जुरै= सामने आवे।

भावार्थ—घर से दूर भेजे हुए भाई (भरत) ने बिना सेना ही बाप का दिया हुआ राज जिस राम से छीन लिया और जिसे देश से निकाल दिया, उस राम से मुझे क्या डर है (अर्थात् जो अपने बाप का दिया राज्य नहीं रख सका वह दूसरे का राज्य क्या छीनेगा), तिस पर अच्छे सुभट योद्धाओं की सेना भी साथ नहीं है केवल बानरों की सेना साथ है। हे अंगद! मैं तुमसे सत्य कहता हूँ, वह राम (जो ऐसा निर्बल है) मुझसे कैसे युद्ध कर सकेगा।

(अंगद) मत्तगयंद सवैया—

हाथी न साथी न घोरे न चेरे न गाउँ न ठाउँ कुठाउँ बिलैहैं।
तात न मात न पुत्र न मित्र न बित्त न तीय कहूँ सँग रैहैं॥
केशव काम के राम बिसारत, और निकाम रे काम न ऐहैं।
चेति रे चेति अजौं चित अंतर अंतक लोक अकेलोई जैहैं॥२६॥

शब्दार्थ—न=और। कुठाउँ बिलैहैं=इसी बुरे ठाम (संसार) में विलीन हो जायँगे। बित्त=धन। कहूँ=कभी। काम के=अपने हितैषी। काम न ऐहैं=कुछ भलाई न कर सकेंगे। चित्त अन्तर=चित्त में। अन्तक लोक=यमलोक।

भावार्थ—(अंगद कहते हैं कि) हे रावण ! चेत कर, हाथी, घोड़े, साथी, चाकर, और गाउँ ठाउँ ये सब यहीं संसार में विनष्ट हो जायँगे। पिता, माता, पुत्र, मित्र, धन, स्त्री ये सब कभी भी तेरे साथ सदैव न रहेंगे। केशव कहते हैं कि अपने हितैषी केवल एक राम हैं, सो तू उनको भुलाये देता है अन्य सब तो निकम्मे हैं, वे कुछ भलाई न कर सकेंगे। अब भी चेत जा, चित्त में समझ ले कि यमपुरी को अकेला ही जाना पड़ेगा।

(रावण) भुजंगप्रयात—

डरै गाय विप्रै अनाथै जो भाजै। पर द्रव्य छोड़ै पर स्त्रीहि लाजै।
पर द्रोह जासों न होवे रती को। सो कैसे लरै वेष कीन्हें जती को ॥२७॥

भावार्थ—जो गाय और ब्राह्मण से डरता है, अनाथ (अति निर्बल) को देख कर भागता है, पर द्रव्य ग्रहण नहीं करता, पर स्त्री के सामने लज्जित होकर मुख नीचा कर लेता है, जिससे एक रत्ती भर भी परद्रोह नहीं हो सकता, वह यती वेष-धारी राम मुझसे क्या लड़ सकता है ?

अलंकार—व्याजस्तुति।

दो०—गेंद कर्‌यो मैं खेल को, हरगिरि केशोदास।
सीस चढ़ाये आपने, कमल समान सहास ॥२८॥

शब्दार्थ—हरिगिर=कैलास। सहास=प्रसन्नतापूर्वक।

(अंगद) दंडक—

जैसो तुम कहत उठायो एक हरगिरि,
ऐसे कोटि कपिन के बालक उठावहीं।
काटे जो कहत सीस काटत घनेरे घाघ,
भगर के खेल क्यों सुभट पद पावहीं।
जीत्यो जो सुरेस रण शाप ऋषिनारि ही,
काम समझहु हम द्विज नाते समझावहीं।
गहौ राम पाँय सुख पाय करै तपि तप,
सीता जू को देहि देव दुँदुभी बजावहीं ॥२९॥

शब्दार्थ—हरिगिरि=कैलाश। घनेरे=बहुत से। घाघ=बाजीगर, इन्द्रजालिक। भगर=बालकों का एक खेल जिसमें दो दल होते हैं। पहले दल का एक बालक दौड़ता हुआ दूसरे दल के किसी बालक को छूने का

उद्योग करता है। यदि उसने किसी को छू लिया और उसने उसे पकड़ न लिया, तो वह छुवा हुआ बालक 'मृत' कहा जाता है। इस खेल को इस देश में साधारणतः 'कबड्डी' वा 'बैजला' कहते हैं। सुरेश=इन्द्र। ऋषिनारि= अहिल्या। द्विज नाते=तुझे ब्राह्मण और विद्वान् समझ कर। करै तपी तप=हे तपस्वी! अब तुम तप करो (बूढ़े हो चुके अब तपस्या करने का समय है)।

भावार्थ—(अंगद कहते हैं कि) जैसे कैलाश पर्वत तुमने उठा लिया जैसा तुम कहते हो—ऐसे करोड़ों वानर-बालक उठाया करते हैं (इस से वे वीर नहीं कहलाते); सिर काटने की बात तुम कहते हो, सो इस तरह तो अनेक बाजीगर काटा ही करते हैं (वे धीर वीर नहीं कहलाते); कबड्डी का खिलाड़ी जो बहुतों को मारता है, वह सुभट नहीं कहलाता। तुमने जो इन्द्र को जीत लिया, सो उसको तो अहिल्या का शाप ही ऐसा था (तुम्हारी कुछ करतूत नहीं) अब भी समझ जाओ, हम तुम्हें ब्राह्मण समझ कर समझाते हैं। तुम रामजी के पैरों पड़ो और सुखपूर्वक तपस्या करो, सीता राम जी को दे दो, तो सब देवता प्रसन्न होकर दुन्दुभी बजावें और तुम्हारा यशोगान करें।

(रावण) वंशस्थ—

तपी जपी विप्रन छिप्रही हरौं। अदेव द्वेषी सब देव संहरौं।
सिया न देहौं यह नेम जी धरौं। अमानुषी भूमि अवानरी करौं ॥३०॥

शब्दार्थ—छिप्र=शीघ्र। अदेव द्वेषी=निश्चरों के शत्रु। अमानुषी= मनुष्यों से रहित। अबानरी=वानर विहीन।

भावार्थ—रावण बोला, हे अंगद! मैं तप जप करने वाले ब्राह्मणों को शीघ्र ही मार डालूँगा, निश्चरों के शत्रु सब देवों को भी मारूँगा। मैंने यह संकल्प कर लिया है कि सीता न दूंगा और समस्त भूमि को नर-बानर से रहित कर दूँगा (नर तथा बानर जातियों का विनाश कर दूँगा)।

(अंगद) मत्तगयंद सवैया—

पाहन ते पतिनी करि पावन टूक कियो धनुहू हर को रे।
छत्र विहीन करी छन में छिति गर्व हर्यो तिनके बर को रे॥

पर्वत पुंज पुरैन के पात समान तरे अजहूँ धरको रे।
होयँ नरायन हू पै न ये गुन कौन यहाँ नर बानर को रे ॥३१

शब्दार्थ—पुरैन = पुरइन (कमल)। अजहूँ = इतने पर भी। धरका = धड़का, शङ्का। गुन = काम। नर बानर का = नर बानर की सन्तान।

भावार्थ—(अंगद कहते हैं कि) जिसने पत्थर से सुन्दर स्त्री बना दी, महादेव का धनुष भी तोड़ डाला, और जिसने क्षण में पृथ्वी को क्षत्री रहित कर दिया था उनके बल के गर्व को हरण किया, जिनके प्रभाव से पत्थर कमलपात्र समान पानी पर उतराने लगे उनके विषय में अब भी तुझे शंका है। ये कार्य ऐसे हैं जो नारायण से भी नहीं हो सकते, तू यहाँ (राम दल में) नर बानर की सन्तान किसको समझता है।

अलंकार—काकुवक्रोक्ति।

(रावण) चंचरी—

देहि अंगद राज तोकहँ मारि बानरराज को।
बाँधि देहिं विभीषणै अरु फोरि सेतु समाज को॥
पूँछि जारहिं अक्षरिपु की पायँ लागहिं रुद्र के।
सीय को तब देहुँ रामहिं पार जायँ समुद्र के॥ ३२॥

शब्दार्थ—बानरराज = सुग्रीव। अक्षरिपु = हनुमान।

भावार्थ—(रावण सुलहनामे के लिए अपनी शर्तें पेश करता है) हे अंगद! यदि राम सुग्रीव को मार कर तुझे राजा बना दें, विभीषण को बाँध कर मेरे हवाले करें, समुद्र-सेतु को तोड़ दें, हनुमान की पूँछ जलवा दें और शिव के पैरों पड़ें तो मैं सीता दे दूँ और वे समुद्र उतर कर अपने घर चले जायँ।

अलंकार—सम्भावना।

(अंगद) चंचरी—

लंक लाय दियो बली हनुमंत संतन गाइयो।
सिंधु बाँधन सोधि कै नल छीर छीट बहाइयो॥
ताहि तोहि समेत अंध उखारि हौं उलटी करौं।
आजु राज कहाँ विभीषण बैठिहैं तेहि ते डरौं॥ ३३॥

शब्दार्थ—लाय दियो=जला गया है। सोधि कै=अच्छी तरह से। छीर=पानी। अन्ध=मूर्ख। हौं=मैं

भावार्थ—(अंगद कहते हैं कि) जिस लंका को हनुमान ने जला डाला, और जिसको सेतु बाँधते नल ने पानी से अच्छी तरह बहा दिया, उसे (जली बही लंका को) हे मूर्ख! तुझ समेत मैं उखाड़ कर उलट दे सकता हूँ। पर डरता इस बात से हूँ कि बेचारे विभीषण राज्य कहाँ करेंगे। (वे कहेंगे कि अंगद ने जली बही लंका भी हमारे लिए न छोड़ी इससे मैं डरता हूँ नहीं तो अभी उलट देता)।

अलंकार—अत्युक्ति।

दो०—अंगद रावण को मुकुट, लै करि उड़ो सुजान।
मनो चल्यो यमलोक को, दससिर को प्रस्थान ॥ ३४ ॥

शब्दार्थ—दससिर=रावण। प्रस्थान=वह वस्तु जो यात्रा-दोष निवारणार्थ शुभ मुहूर्त में स्थानान्तर में रख दी जाती है।

भावार्थ—अंगद रावण का मुकुट लेकर शीघ्रता से चले, मानो यमलोक के लिए रावण का प्रस्थान रखने जाते हैं।

अलंकार—उत्प्रेक्षा।

सोलहवाँ प्रकाश समाप्त

सत्रहवाँ प्रकाश

दो०—या सत्रहें प्रकाश में, लंका को अवरोधु।
शत्रु-चमू-वर्णन समर, लक्ष्मण को परमोधु ॥

शब्दार्थ—अवरोध=घिराव, चारों ओर से आक्रमण। परमोधु=(प्रमुग्ध) बेहोश होना, मूर्छित होना। लक्ष्मण को परमोधु=लक्ष्मण का शक्ति से घायल होकर मूर्छित होना।

दो०—अंगद लै वा मुकुट को, परे राम के पाइ।
राम विभीषण के शिरसि, भूषित कियो बनाइ ॥ १ ॥

शब्दार्थ—शिरसि=सिर पर। बनाइ=अच्छी तरह से।

पद्धटिका—

दिसि दच्छिण अंगद पूर्व नील। पुनि हनुमत पच्छिम शत्रुशील ॥
दिसि उत्तर लक्ष्मण-सहित राम। सुग्रीव मध्य कीन्हे विराम ॥२॥
सँग युत्थप युत्थप-बल-विलास। पुर फिरत विभीषण आसपास ॥
निसि-वासर सब को लेत सोधु। यहि भाँति भयो लंका-निरोधु ॥३॥
जब रावण सुनि लंका-निरोधु। तब उपजो तन मन परम क्रोधु ॥
राख्यो प्रहस्त हठि पूर्व पौरि। दच्छिणहि महोदर गयो दौरि ॥४॥
भो इन्द्रजीत पच्छिम दुवार। है उत्तर रावण-बल उदार ॥
किय बिरूपाक्ष थित मध्यदेश। कर नारान्तक चहुधा प्रवेश ॥५॥

शब्दार्थ—(२) शत्रुशील=शत्रुभाव से परिपूर्ण। विराम=स्थित। सुग्रीव मध्य कीन्हें विराम=सुग्रीव एक केन्द्रस्थान (हेडक्वार्टर्स) में अवस्थित हैं। (३) युत्थप=यूथपति, कप्तान। युत्थप-बल-विलास=एक कप्तान के साथ जितनी सेना रहती है, ठीक उतनी ही। सँग...विलास=एक कप्तान की मातहती में ठीक उतनी ही सेना दी गई हैं जितनी का संचालन ठीक रीति से हो सके। सोधु लेत=खबर लेते रहते हैं, जिस वस्तु की जहाँ आवश्यकता होती है वहाँ वह वस्तु पहुँचाते हैं। निरोधु=घिराव, चारों ओर से घेर लेना। (४) पौरि=द्वार। (५) इन्द्रजीत=मेघनाद। बल-उदार=बहुत बली। मध्य देश=सेना का केन्द्रस्थल (हेडक्वार्टर्स)। थित कियो=नियुक्त किया गया, रक्खा गया। चहुँधा=चारों ओर।

प्रमिताक्षरा—

अति द्वार द्वार महँ युद्ध भये। बहु ऋक्ष कँगूरनि लागि गये ॥
तब स्वर्ण-लंक महँ शोभ भई। जनु अग्नि-ज्वाल महँ धूम मई ॥६॥

शब्दार्थ—कँगूरनि लागि गये=कँगूरों पर चढ़ गये।

भावार्थ—चारों दरवाजों पर घोर युद्ध हुए। बहुत से रीछ कोट के कँगूरों पर चढ़ गये, उस समय सोने की लंका में ऐसी शोभा हुई मानो अग्नि की ज्वालाओं पर धुआँ है (स्वर्ण-कँगूरे अग्निज्वालावत, रीछ धूमवत)।

अलंकार—उत्प्रेक्षा।

दो०—मरकत मणि से शोभिजैं, सबै कँगूरा चारु।
आय गयो जनु घात को, पातक को परिवारु ॥७॥

शब्दार्थ—मरकत मणि = मर्कत मणि के समान काले रीछ। घात को = मारने के लिए। पातक = पाप (पाप का रंग काला है)।

भावार्थ—सब सुन्दर स्वर्ण कंगूरे नीलमणि के समान लिपटे हुए रीछों से ऐसे जान पड़ने लगे मानों रावण को विनष्ट करने के लिए पापों का समूह ही एकत्र हो गया है।

अलंकार—उत्प्रेक्षा।

कुसुमविचित्रता (चौपाई)—

तब निकसो रावण-सुत सूरो। जेइ रण जीत्यो हरि-बल पूरो॥
तब-बल माया-तम उपजायो। कपि-दल के मन संभ्रम छायो॥८॥

शब्दार्थ—हरि = इन्द्र। बलपूरो = बली। संभ्रम = बड़ा भारी भ्रम (धोखा)।

भावार्थ—तब युद्ध करने के लिए बली इन्द्र को भी जीत लेने वाला रावण-पुत्र मेघनाद कोट से बाहर आया और उसने अपने तप-बल से माया का अंधकार पैदा कर दिया, जिससे वानरों को बड़ा भारी धोखा हुआ।

अलंकार—निदर्शना से पुष्ट हेतु।

दोधक—

काहु न देखि परै वह योधा। यद्यपि हैं सिगरे बुधि-बोधा॥
सायक सो अहिनायक साँध्यो। सोदर स्यों रघुनायक बाँध्यो॥६॥

शब्दार्थ—बुधि-बोधा = दूसरों को बुद्धि देने वाले अर्थात् अति बुद्धिमान। सो = उसने। अहिनायक-सायक = सर्पबाण, नागपाश। सांध्यो = संधान किया। स्यों = सहित।

भावार्थ—अंधकार के कारण वह योद्धा किसी को दिखलाई नहीं पड़ता यद्यपि सब ही वीर बड़े बुद्धिमान हैं (पर कोई उपाय नहीं चलता)। उसने नागपाश का संधान किया और लक्ष्मण के सहित श्रीराम जी को बाँध लिया।

रामहिं बाँधि गयो जब लंका। रावण की सिगरो गई शंका॥
देखि बँधे तब सोदर दोऊ। यूथप यूथ त्रसे सब कोऊ॥ १०॥

भावार्थादि—स्पष्ट है।

स्वागता—

इन्द्रजीत तेइ लै उर लायो। आजु काम सब भो मन भायो॥
कै विमान अधिरूढ़ित धायो। जानकीहिं रघुनाथ दिखायो॥११॥

भावार्थ—(जब मेघनाद राम को नागफाँस में बाँध कर उन्हें रणभूमि में छोड़ कर, रावण के पास आया तब) रावण ने मेघनाद को छाती से लगा लिया और कहा कि वाह बेटा! शाबाश! आज सब काम मेरे मन का हुआ। तदनन्तर उसी दशा में दिखलाने के लिए सीता को विमान पर सवार करा कर रावण शीघ्रतापूर्वक राम के पास ले गया और उन्हें दिखलाया कि देखो हमने राम की यह गति कर डाली है।

मूल—राजपुत्र युत-नागनि देख्यौ। भूमि-पुत्रि तरु-चंदन लेख्यौ॥
पन्नगारि-प्रभु पन्नगसाई। काल-चाल कछु जानि न जाई॥१२॥

शब्दार्थ—राजपुत्र=राम और लक्ष्मण को। भूमिपुत्रि=सीता जी ने। पन्नगारिप्रभु=गरुड़ के स्वामी, गरुड़गामी, विष्णु। पन्नगसाई=शेष की शय्या पर सोनेवाले नारायण। काल-चाल=समय का हेर-फेर।

भावार्थ—जानकी ने राम-लक्ष्मण को नागफाँस में बँधा देखा, वे ऐसे जान पड़ते थे मानो सर्पवेष्टित चन्दन-वृक्ष हैं। (कवि कहता है कि) आश्चर्य है, समय का हेर-फेर कुछ जाना नहीं जाता, देखो तो जो राम विष्णु और नारायण ही हैं (जो गरुड़गामी और शेषशायी हैं) वे राम आज नागफाँस में बँधे हैं।

अलंकार—उत्प्रेक्षा (पूर्वार्द्ध में)

दो०—कालसर्प के कवल ते, छोरत जिनको नाम।
बँधे ते ब्राह्मण-वचनवश, माया-सर्पहिं राम॥१३॥

भावार्थ—(कवि का कथन है कि) जिसका नाम लेने से जीव कालसर्प के फंदे से छूट जाता है (अमर हो जाता है या मुक्त हो जाता है) वे ही राम, ब्राह्मण के वचन के वशीभूत होकर माया के नागफाँस में बँधे हैं।

अलंकार—रूपक से पुष्ट निदर्शना।

स्वागता—

पन्नगारि तब हीं तहँ आये। व्याल-जाल सब मारि भगाये।

लंकमांझ तबहीं गई सीता। सुभ्र देह अवलोकि सुभीता ॥१४॥

शब्दार्थ—पन्निगारि = गरुड़। सुभ्र देह अवलोकि = राम-लक्ष्मण के शरीरों को नागफाँस से मुक्त देख कर। सुभीता = प्रशंसित (सती पतिव्रताओं में प्रशंसित—यह शब्द सीता का विशेषण है)।

भावार्थ—इसी समय (जब सीता जी राम-लक्ष्मण के शरीरों को देख रही थीं, गरुड़ जी वहाँ आये और नागफाँस के सब सर्पों को मार भगाया। जब सुभगीत सीता ने राम-लक्ष्मण के शरीरों को नागफाँस के कष्ट से मुक्त देख लिया, तब लंका को (निज निवासस्थान को) लौट गईं। (भाव यह है कि सती पतिव्रता सीता के दृष्टिपात मात्र से उनके पति और देवर का भारी मुसीबत कट गई—माता सीता की कृपाकोर क्या नहीं कर सकती)।

(गरुड़) इन्द्रवज्रा—

श्रीराम नारायण लोककर्ता। ब्रह्मादि रुद्रादिक दुःखहर्ता।

सीतेश मोको कछु देहु शिक्षा। नान्हीं बड़ी ईश जू होइ इच्छा ॥१५॥

भावार्थ—(गरुड़ जी विनती करते हैं) हे राम, आप लोक-रचना-कारक नारायण ही हैं। आप ब्रह्मा और रुद्रादि देवताओं के दुःखहर्ता हैं (मैं आपका दुःख क्या निवारण करूँगा) हे सीतापति! मुझे निज इच्छानुसार छोटी-बड़ी कोई आज्ञा दीजिये, वैसा मैं करूँ (तात्पर्य यह है कि आज्ञा हो तो आपकी सेवा के हित में यहीं रहूँ, शायद फिर ऐसा ही कोई काम आ पड़े)।

(राम)—

कीबो हुतो काज सबै सु कीन्हो। आये इतै मो कहँ सुक्ख दीन्हो।

पाँ लागि वैकुण्ठ प्रभा-विहारी। स्वर्लोक गो तत्त्तण विष्णुधारी ॥१६॥

शब्दार्थ—कीबो हुतो = जो करना था। इतै = यहाँ। सुक्ख—(छन्द के गणों के निर्वाह के कारण केशव ने 'सुख' शब्द को कई जगह इस रूप से लिखा है)। पाँ लागि = चरण छूकर। वैकुंठ-प्रभाविहारी = वैकुण्ठ में रहने वाले। स्वर्लोक = वैकुण्ठ। विष्णुधारी = विष्णुवाहन (गरुड़)।

भावार्थ—रामजी ने कहा—हे गरुड़, जो कुछ तुम्हें करना था सो सब तुम कर चुके (तुम्हारी इतनी ही सहायता दरकार थी, अब कभी जरूरत न पड़ेगी। तुम यहाँ आये और मुझ को बड़ा सुख दिया। अब तुम निज स्थान को जाओ)। यह सुन वैकुण्ठ में रहने वाले गरुड़ श्रीराम जी के पैर छूकर तुरन्त वैकुण्ठ को चले गये।

इन्द्रवज्रा—

धूम्राक्ष आयो जनु दंडधारी। ताको हनूमंत भयो प्रहारी।
जिते अचंपादि बलिष्ठ भारे। संग्राम में अंगद बीर मारे ॥१७॥

शब्दार्थ—दंडधारी=यमराज। भयो प्रहारी=मार डाला। शेष स्पष्ट है।

उपेन्द्रवज्रा—

अकंप-धूम्राक्षहिं जानि जूझ्यो। महोदरै रावण मंत्र बूझ्यो॥
सदा हमारे तुम मंत्रवादी। रहे कहा ह्वै अतिही विषादी ॥१८॥

भावार्थादि—स्पष्ट है।

महोदर—

कहै जो कोऊ हितवंत बानी। कहौ सो तासों अति दुःखदानी।
गुनौ न दाँवै बहुधा कुदाँवै। सुधी तबै साधत मौन भावै ॥१९॥

भावार्थ—महोदर ने उत्तर दिया कि जो कोई हित की बात कहता है उसे तुम दुःखद बात कहते हो, (गालियाँ देते हो)। तुम्हारी मति ऐसी हो गई है कि बहुधा दाँव-कुदाँव (मौका-बेमौका) नहीं समझते, इसी से बुद्धिमान (सुधी) जन मौनभाव ग्रहण करते हैं (इसी से मैं चुप हूँ)।

(राजनीति-वर्णन)

उपेन्द्रवज्रा—

कह्यो शुक्राचार्य सु हौं कहौं जू। सदा तुम्हारे हित संग्रहौं जू।
नृपाल भू में विधि चारि जानौं। सुनो महाराज सबै बखानौं ॥२०॥

भावार्थ—श्रीशुक्राचार्य जी ने जो कुछ कहा है वही मैं कहता हूँ, क्योंकि मैं सदा तुम्हारा हित चाहता हूँ। सुनिये, मैं बखान करता हूँ—पृथ्वी में चार प्रकार के राजा होते हैं।

भुजंगप्रयात—

यहै लोक एकै सदा साधि जानैं । बली बेनु ज्यों आपुही ईश मानैं ।
करै साधना एक पर्लोक ही को । हरिश्चंद्र जैसे गये दै मही को ॥२१॥

भावार्थ—एक प्रकार के राजा इस लोक को ही सर्वस्व समझ कर इसी की साधना करना जानते हैं, जैसे बली वेणु, जो अपने को ईश्वर मानता था। एक प्रकार के राजा परलोक ही की साधना करते हैं, जैसे राजा हरिश्चन्द्र जिन्होंने सारी पृथ्वी ही दान कर दी थी।

भुजंगप्रयात—

दुहूँ लोक को एक साधैं सयाने । विदेहीन ज्यों वेद बानी बखाने ।
नठैं लोक दोऊ हठी एक ऐसे । त्रिशंकै हँसै ज्यों भलेऊ अनैसे ॥२२॥

भावार्थ—एक ऐसे सयाने होते हैं कि दोनों लोक साधते हैं, जैसे वेद में वर्णित विदेह राजा (मिथिला के राजा जनक इत्यादि) हुए हैं, और एक ऐसे हठी होते हैं कि दोनों लोक नष्ट करते हैं, जैसे त्रिशंकु राजा जिसे भले-बुरे सब लोग हँसते हैं।

दो०—चहूँ राज को मैं कह्यो, तुमसो राज चरित्र ।
रुचै सु कीजै चित्त में, चिंतहु मित्र अमित्र ॥२३॥

भावार्थ—चारों प्रकार के राजाओं का चरित्र मैंने कह दिया, । अब जो तुम्हें रुचे सो करो और मन में समझ-बूझ कर चाहे मुझे मित्र समझिये चाहे अमित्र।

(मंत्री वर्णन)

दो०—चारि भाँति मंत्री कहे, चारि भाँति के मंत्र ।
मोहि सुनायो शुक्र जू, सोधि सोधि सब तंत्र ॥२४॥

शब्दार्थ—तंत्र=ग्रंथ। शेष स्पष्ट है।

छप्पय—एक राज के काज हतैं निज कारज काजे।
जैसे सुरथ निकारि सबै मन्त्री सुख साजे॥
एक राज के काज आपने काज बिगारत।
जैसे लोचन हानि सही कवि बलिहिं निवारत॥

इक प्रभु समेत अपनो भलो, करत दासरथि दूत ज्यों।
इक अपनो अरु प्रभु को बुरो, करत रावरो पूत ज्यों ॥२५॥

शब्दार्थ—हतैं=नष्ट करते हैं। सुरथ=राजा सुरथ की कथा (मार्कंडेय पुराण में देखो)। कवि=शुक्राचार्य। दासरथि-दूत=(रामदूत) हनुमान जी। रावरो पूत=(आपका पुत्र) मेघनाद—(हनुमान को बाँध लाया जिससे लंका जली)।

भावार्थ—एक मंत्री ऐसे होते हैं कि अपनी भलाई के लिए राज्य की भलाई नष्ट कर देते हैं। जैसे—राजा सुरथ को निकाल कर मंत्री ने अपना सुख साधन किया (देखो प्रकाश २३, छंद नं० १६)। एक ऐसे होते हैं कि राजा की भलाई के लिये स्वयं कष्ट उठाते हैं, जैसे—राजा बलि को निवारण करते हुए शुक्राचार्य ने अपना एक नेत्र तक खो दिया। एक वे मंत्री होते हैं कि अपना और अपने मालिक दोनों का भला करते हैं, जैसे—हनुमान, और एक ऐसे होते हैं कि अपना और अपने राजा दोनों ही का बुरा करते हैं, जैसे—आपका पुत्र मेघनाद।

दो०—मन्त्र जु चारि प्रकार के, मंत्रिन के जे प्रमान ॥
विष से दाड़िम बीज से, गुड़ से नींब समान ॥२६॥

भावार्थ—मंत्रियों के मंत्र भी चार प्रकार के होते हैं, यह निश्चिय जानो। एक विष समान, एक अनार-बीज समान, एक गुड़ सा और एक नींब सा। विष सा=खाने में कटु और मारक, सुनने में कटु और नष्ट-कारक भी। दाड़िम-बीज सा=खाने में मधुर और पुष्टिकारक—सुनने में मधुर और गुण में पुष्टिप्रद। गुड़ सा=सुनने में मधुर पर प्रभाव में गर्म अर्थात् दस्तावर (दुखद)। नींब सा=सुनने में कटु पर गुण में रोगहारी (सुखद)।

अलंकार—धर्मलुप्ता उपमा।

चन्द्रवर्त्म—

राज-नीति-मत तत्व समुझिये। देश-काल गुनि युद्ध अरुझिये ॥
मंत्रि मित्र अरि को गुण गहिये। लोक लोक अपलोक न वहिये ॥२७॥

शब्दार्थ—युद्ध अरुझिये=युद्ध में फँसिये। अपलोक=अपकीर्ति, अपयश।

भावार्थ—हे प्रभु! राजनीति के मत का सार समझ लीजिये, तब देश और काल का अच्छी तरह विचार कर (यदि देश और काल अपने अनुकूल हो तो) युद्ध आरम्भ कीजिये। मंत्री, मित्र अथवा शत्रु की कही अच्छी बात को ग्रहण करना चाहिये। लोक-लोकान्तर में अपयश न होना चाहिए।

(रावण) चन्द्रवर्त्म—

चारि भाँति नृप जो तुम कहियो। चारि मंत्रि मत मैं मन गहियो।
राम मारि सुर एक न बचिहैं। इन्द्रलोक बसोवासहिं रचिहैं ॥२८॥

शब्दार्थ—बसोवास=निवास-स्थान।

भावार्थ—रावण ने कहा—हाँ मंत्री जी, तुमने चार तरह के राजा, चार भाँति के मंत्री और चार ही तरह के मंत्रों की व्याख्या की उसे हमने खूब समझ ली और उस पर विचार करके हमने यह निश्चय किया कि हम राम को मारेंगे और एक भी देवता को न छोड़ेंगे, और अब लंका को छोड़कर इन्द्रपुरी में चलकर अपना निवास-स्थान बनावेंगे।

नोट—कभी-कभी कवि लोग 'अ' का लोप भी कर देते हैं। अतः तृतीय चरण के 'सुर' शब्द को 'असुर' मान कर अर्थ करें तो यों होगा कि 'राम के मारे अब एक भी असुर न बचेगा, सब मारे जायेंगे और सब इन्द्रपुरी में बास पावेंगे अर्थात् देव-पद पावेंगे, यह निश्चय है, अतः राम से लड़ कर मरना ही ठीक है। रावण अपना भविष्य देख रहा है, इसीसे किसीका कहना नहीं मानता। (मात्राच्युत क है)

प्रमिताक्षर—

उठि कै प्रहस्त सजि सेन चले। बहु भाँति जाय कपि-पुंज दले॥
तब दौरि नील उठि मुष्टि हन्यो। असुहीन गिरयो भुव मुंड सन्यो ॥२६॥

शब्दार्थ असु=प्राण। सन्यो=लथफत हो गया।

भावार्थ—(मंत्रणा हो जाने पर रावण की आज्ञा से) प्रहस्त उठकर सेना साजकर लड़ने को चला और रणभूमि में जाकर बहुत से बानरों को मारा। नील ने दौड़कर एक घूँसा मारा जिससे वह मर कर गिर पड़ा और उसका सिर (सुन्दर मुकुट-सहित) धूल में लथफत हो गया।

वंशस्थ—महाबली जूझतही प्रहस्त को।
चल्यो तहीं रावण मीड़ि हस्त को।

अनेक भेरी बहु दुंदुभी बजैं।
गयंद क्रोधान्ध जहाँ-तहाँ गजैं ॥ ३० ॥

भावार्थ – महाबली प्रहस्त को मरा हुआ सुनकर, हाथ मलते (पश्चात्ताप करते) हुए तुरन्त रावण स्वयं लड़ने को चला। उसके चलते ही अनेक ढोल और नगारे बजने लगे और क्रुद्ध हाथी जहाँ-तहाँ गरजने लगे।

मूल—सनीर जीमूत-निकाश सोभहीं।
विलोकि जाको सूर-सिद्ध छोभहीं।
प्रचंड नैऋत्य-समेत देखिये।
सप्रेत मानो महकाल लेखिये ॥ ३१ ॥

शब्दार्थ – जीमूत = बादल। निकास = (सं० निकाश) सदृश, समान। छोभहीं = डरते हैं। नैऋत्य = निश्चर। महकाल = महाकाल।

भावार्थ – लंकापति रावण रण-भूमि को आते समय खूब जलभरे बादल के समान सघन नीलवर्ण शोभा को धारण किये हुए है, जिसको देखकर देवता और सिद्धगण डरते हैं। बलवान राक्षस भी साथ में हैं, अतः ऐसा जान पड़ता है मानो प्रेतगण-सहित महाकालही है।

अलंकार—उपमा से पुष्ट उत्प्रेक्षा॥

(समर-भूमि में रावण के योद्धाओं का वीर-परिचय)

(विभीषण)—वसंततिलका—
कोदंड मंडित महारथवंत जो है।
सिंहध्वजा समर-पंडित-वृन्द मोहै॥
जोधा बली प्रबल काल कराल नेता।
सो मेघनाद सुरनायक युद्ध-जेता ॥ ३२ ॥

शब्दार्थ—कोदंडमंडित = बड़ा धनुष लिये हुए। रथवंत = रथ पर सवार। नेता = शासक। जेता = जीतनेवाला।

भावार्थ—जो बड़ा धनुष लिए हुये है और रथ पर सवार है, जिसकी ध्वजा पर सिंह का चिह्न है, जिनको देखकर बड़े-बड़े चतुर योद्धाओं के समूहों के छक्के छूट जाते हैं, जो महाबली है और कराल काल का भी शासक है, वही युद्ध में इन्द्र को भी जीतनेवाला मेघनाद है।

अलंकार—निदर्शना।

मूल—जो व्याघ्र-वेष रथ व्याघ्रहि केतुधारी।
आरक्त लोचन कुबेर विपत्तिकारी॥
लीन्हें त्रिसूल सुरसूल समूल मानो।
श्रीराघवेंद्र अतिकाय वहै सु जानो॥ ३३॥

शब्दार्थ—आरक्त=खूब लाल। सुरसूल=देवताओं की मृत्यु। समूल=पूर्ण।

भावार्थ—जो बाघमुँहा रथ पर सवार है और जिसकी ध्वजा में बाघ ही का चिह्न है, जिसके नेत्र खूब लाल हैं, जिसने कुबेर पर विपत्ति ढाही थी, जो हाथ में ऐसा त्रिशूल लिये हुए है मानों देवताओं की पूर्ण मृत्यु ही है हे राम जी! उसको अतिकाय जानिये (वही अतिकाय नामक योद्धा है)।

अलंकार—निदर्शना।

मूल—जो कांचनीय रथ शृंगमयूरमाली।
जाकी उदार उर षण्मुख शक्ति साली।
स्वर्धाम हर कीरति कैं न जानी।
सोई महोदर वृकोदर-बंधु मानी॥ ३४॥

शब्दार्थ—काञ्चनीय=सोने का बना। शृङ्ग-मयूर-माली=जिसकी चोटी पर अनेक मोर-चित्र हैं। जाकी=(इसका अन्वय 'शक्ति' के साथ करो)। साली=लगी। स्वः=स्वर्ग। हर=लूटनेवाल। कैं=कौन।

भावार्थ—जो सोने के रथ पर सवार है और जो मयूरध्वजी है, जिसकी बरछी षण्मुख के चौड़े सीने में घुस गई थी, जिसने स्वर्ग के प्रत्येक घर को लूट लिया है, जिसकी कीर्ति कौन नहीं जानता, वही वृकोदर का अभिमानी भाई महोदर नामक वीर है।

अलंकार—निदर्शना।

मूल—जाके रथाग्र पर सर्पध्वजा विराजै।
श्रीसूर्य-मंडल विडंबन ज्योति साजै।
आखंडलीय वपु जो तनत्राण धारी।
देवांतकै सुसुरलोक विपत्तिकारी॥ ३५॥

शब्दार्थ—सूर्य-मंडल-विडंबन = सूर्य-मंडल को जलानेवाली। आखण्ड-लीय = इन्द्र का। तनत्राण = कवच (इसका अन्वय आखण्डलीय शब्द के साथ है)।

भावार्थ—जिसके रथ के अग्रभाग पर सर्पध्वजा है, और जिसकी कांति सूर्य-मण्डल को लजाती है, जो इन्द्र का कवच अपने शरीर पर धारण किये है, वही देवताओं को विपत्ति में डालने वाला देवतिक नामक वीर है।

अलंकार—निदर्शना।

मूल—जो हंसकेतु भुजदंड निषंगधारी।
संग्राम-सिंधु बहुधा अवगाहकारी॥
लीन्ही छँड़ाय जेहि देव-अदेव वामा।
सोई खरात्मज बली मकराक्ष नामा॥ ३६॥

शब्दार्थ—निषंग = तरकस। अवगाहकारी = मंथन करनेवाला। अदेव = दैत्य।

भावार्थ—जो हंसध्वज है, भुजदण्ड पर तरकस धारण किये हुए है, जो बहुधा समर-सिन्धु को मथ डालता है, जिसने देवों और दैत्यों की स्त्रियाँ छीन ली हैं, वही खर का पुत्र मकराक्ष नामक वीर है।

अलंकार—निदर्शना।

भुजंगप्रयात—लगी स्यंदनै बाजिराजी बिराजै।
जिन्हें देखिकै पौन को वेग लाजै।
भले स्वर्ण के किंकिनी यूथ बाजैं।
मिले दामिनी सों मनों मेघ गाजैं॥ ३७॥
पताका बन्यो शुभ्र शार्दूल सोभै।
सुरेन्द्रादि रुद्रादि को चित्त छोभै।
लसै छत्रमाला हँसै सोमभा को।
रमानाथ जानो दशग्रीव ताको॥ ३८॥

भावार्थ—जिसके रथ में घोड़ों की पंक्ति जुती हुई है, जिन्हें देख कर पवन का वेग भी लज्जित होता है। अच्छे सोने की बनी घंटियों के समूह जिसमें बजते हैं, मानो बिजलीयुक्त मेघराज गरजते हों॥ ३७॥ जिसकी पताका में श्वेत शार्दूल शोभता है; जिसे देख कर इन्द्र-रुद्रादि के मन क्षुब्ध

होते हैं (व्याकुल होते हैं) जिसके सिरों पर ऐसी छत्र-पंक्ति है जो चन्द्र-प्रभा की हँसी उड़ाती है, हे रमापति राम जी ! वह रावण है।

अलंकार – ललितोपमा, उत्प्रेक्षा (३७) ललितोपमा, निदर्शना (३८)

भुजंगप्रयात –

पुरद्वार छाँड़यौ सबै आपु आयो। मनो द्वादसादित्य को राहु धायो ॥
गिरि-ग्राम लै लै हरि-ग्राम मारैं। मनो पद्मिनी पद्म दंती विहारैं ॥३९॥

भावार्थ—रावण सब वीरों को लंकापुरी के द्वार पर छोड़ रणभूमि में आप अकेला आया, मानो बारहों आदित्यों को पकड़ने के लिए राहु अकेला दौड़ा हो। रावण को रणभूमि में पाकर सब वानर-समूह पर्वत-समूहों से उसे मारते हैं, पर वह (रावण) इधर-उधर इस प्रकार विचरता है मानो कमल और कमलिनियों के साथ हाथी खेल रहा हो (अर्थात् वे पर्वत रावण के शरीर में वैसे ही लगते हैं जैसे हाथी के शरीर में कमलादि पुष्प)।

अलंकार—उत्प्रेक्षा।

(लक्ष्मण को शक्ति लगना)

सवैया—

देखि विभीषण को रण रावण शक्ति गही कर रोष रई है।
छूटत ही हनुमन्त सो बीचहिं पूछ लपेटि कै डारि दई है।
दूसरि ब्रह्म की शक्ति अमोघ चलावत ही हाइ हाइ भई है।
राख्यो भले शरणागत लक्ष्मण फूलि कै फूलि सी ओड़ि लई है ॥४०॥

शब्दार्थ—रोष रई = क्रुद्ध होकर। डारि दई है = भूमि में फेंक दी है। अमोघ = जो कभी निष्फल न हो। हाइ हाइ भई है = लोगों ने हा-हा मचाया। फूलि कै = हर्ष और उत्साह सहित। ओड़ि लई = रोक ली।

भावार्थ – रणभूमि में विभीषण को देखकर, क्रुद्ध होकर रावण ने बरछी उठाई और विभीषण को लक्ष्य करके चलाई। रावण के हाथ से छूटते ही हनुमान ने उसको बीच ही में पूँछ से पकड़ कर रोक लिया और अन्यत्र फेंक दिया। तब रावण ने दूसरी ब्रह्मदत्त अमोघ शक्ति चलाई जिसे देख कर सब लोगों ने हाहाकार मचाया (कि अब विभीषण न बचेगा) पर लक्ष्मण जी

ने शरणागत की अच्छी रक्षा की और हर्षपूर्वक फूल की तरह उस बरछी को अपनी छाती से रोक लिया (और मूर्छित होकर गिर पड़े)।

अलंकार – लोकोक्ति उपमा।

स्रग्विनी—जोर ही लक्ष्मणै लेन लाग्यो जहीं।
मुष्टि छाती हनूमंत मार्यो तहीं॥
आसुही प्राण को नास सो ह्वै गयो।
दंड द्वै तीनि में चेत ताको भयो॥ ४१॥

भावार्थ—जोर लगाकर जब रावण लक्ष्मण को उठाने लगा तब हनुमान ने रावण को एक घूँसा मारा। घूँसे के लगते ही रावण के प्राण निकल से गये। (मूर्छित हो गया) और दो-तीन दंड बाद उसे चेत हुआ।

अलंकार—उत्प्रेक्षा—(नाश सो ह्वै गयो, में)।

मरहट्ठा—

आयो डर प्राणन, लै धनु बाणन, कपि दल दियो भगाय।
चढ़ि हनूमन्त पर, रामचन्द्र तब, रावण रोक्यौ जाय॥
धरि एक बाण तब, सूत छत्र ध्वज, काटे मुकुट बनाय।
लागे दूजो सर, छूटि गयो बर लंक गयो अकुलाय॥४२॥

शब्दार्थ—आयो डर प्राणन=रावण हनुमान से डर गया (अतः उनसे तो न बोला, पर औरों को मारने लगा)। बर=बल, हिम्मत। बनाय= अच्छी तरह से।

भावार्थ—रावण जब हनुमान से डर गया, तब उसने धनुष बाण लेकर कपिदल को भगा दिया। (गड़बड़ी मची) तब राम जी ने हनुमान के कंधे पर सवार होकर जाकर रावण को रोका। एक ही बाण से सारथी, छत्र, ध्वजा और मुकुटों को अच्छी तरह से काट दिया। दूसरा बाण लगते ही रावण की हिम्मत छूट गई और व्याकुल होकर लंका को लौट गया।

अलंकार – दूसरी विभावना (हेतु अपूरण ते जहाँ कारज पूरण होय)।

दोधक—

यद्यपि है अति निर्गुणताई। मानुष देह धरे रघुराई॥
लक्ष्मण राम जहीं अवलोक्यो। नैनन तें न रह्यो जल रोक्यो॥४३॥

भवार्थ—यद्यपि राम जी गुणातीत हैं, तो भी राम जी जब मानव शरीर धरे हुए हैं तब मनुष्य की सी लीला करनी ही चाहिये (यह सोच कर) जब राम जी ने लक्ष्मण को मूर्छित देखा, तब नेत्रों से आँसू न रोक सके और वे फूट-फूट कर रोने लगे (और कहने लगे कि) :—

(राम) दोधक—

वारक लक्ष्मण मोहिं विलोको। मोकहँ प्राण चले तजि रोको॥
हौं सुमरो गुण केतिक तेरे। सोदर पुत्र सहायक मेरे ॥४४॥

भावार्थ—राम जी विलाप करने लगे कि हे लक्ष्मण, एक बार मेरी ओर ताको, मुझको छोड़ कर प्राण जाया चाहते हैं, उन्हें रोको। मैं तुम्हारे कौन-कौन गुण याद करूँ, तुम तो मेरे भाई, पुत्र और मित्र ही थे।

अलंकार—तुल्ययोगिता (तीसरी)।

लोचन बान तुही धनु मेरो। तू बल विक्रम वारक हेरो॥
तू बिनु हौं पल प्रान न राखौं। सत्य कहौं कछु झूठ न भाखौं॥ ४५॥

भावार्थ— तुम्हीं मेरे नेत्र और धनुष बाण थे, तुम्हीं मेरे बल-विक्रम थे। एक बार मेरी ओर देखो। बिना तुम्हारे मैं अपने प्राण धारण न करूँगा यह बात मैं सत्य ही कहता हूँ, इसमें तनिक भी झूठ नहीं है।

अलंकार—तुल्ययोगिता।

मोहिं रही इतनी मन शंका। देन न पाई विभीषण लंका॥
बोलि उठौ प्रभु को पन पारौ। नातरु होत है मो मुख कारौ॥ ४६॥

भावार्थ—प्राण त्यागते समय मुझे और तो कोई खेद नहीं है, केवल इतनी ही इच्छा रही जाती है कि विभीषण को लंका देने को कही थी, पर दे न सके। अतः हे लक्ष्मण! बोलो, मेरी प्रतिज्ञा की रक्षा करो, नहीं तो मेरे मुख में कालिख लगती है (कि राम ने प्रतिज्ञा पूरी न की)।

अलंकार—लोकोक्ति।

(विभीषण) दोधक—

मैं विनऊँ रघुनाथ करौं अब। देव तजो परिदेवन को सब।
औषधि लै निसि में फिरि आवहि। केशव सो सब साथ जिवावहि ॥४७॥

शब्दार्थ—परिदेवन = विलाप।

भावार्थ—विभीषण बोले—हे देव! जो मैं निवेदन करता हूँ सो कीजिये, रोने-पीटने से कुछ न होगा (उद्योग करना चाहिये) अतः विलाप छोड़िये और कोई ऐसा व्यक्ति तजवीज़ कीजिये जो रात भर में मेरी बताई दवा ला दे तो सब (जितने वीर आज मरे हैं) एक साथ ही जीवित हो उठें। अर्थात् हम सब जो मृतवत् हैं, जी उठें—आनंदित हो जायँ।

अलंकार—सम्भावना।

सोदर सूर को देखत ही मुख। रावण के सिगरे पुरवै सुख॥
बोल सुने हनुमंत कर्‌यो प्रभु। कूदि गयो जहँ औषधि को बनु॥४८॥

भावार्थ—(विभीषण कहते हैं कि) हे राम जी! तुम्हारा भाई सूर्य का मुख देखते ही—सूर्योदय होते ही—रावण के सब सुख पूरे कर देगा (मर जायगा)। यह बात सुन कर हनुमान ने औषधि लाने की प्रतिज्ञा की और कूद कर औषधि के वन में (द्रोण पर्वत पर) जा पहुँचे।

अलंकार—पूर्वार्द्ध में अप्रस्तुतप्रशंसा (कारज निबन्धना)।

(राम) षट्पदी—

करि आदित्य अदृष्ट नष्ट जम करौं अष्ट वसु।
रुद्रन बोरि समुद्र करौं गंधर्व सर्व पसु॥
बलित अबेर कुबेर बलिहि गहि देउँ इन्द्र अब।
विद्याधरन अविद्य करौं बिन सिद्धि सिद्ध सब॥
निजु होहि दासि दिति की अदिति, अनिल अनल मिटि जाय जल॥
सुनि सूरज! सूरज उवत ही, करौं असुर संसार बल॥ ४९॥

शब्दार्थ—बलित अबेर = अति शीघ्र, बिना विलम्ब। निजु = निश्चय ही। सूरज = (सूर्य पुत्र) सुग्रीव। करौं असुर संसार बल = संसार में असुरों का बल (अधिकार) कर दूँगा।

भावार्थ—(जब विभीषण ने कहा कि) सूर्योदय होते ही लक्ष्मण मर जायँगे, तब राम जी क्रुद्ध हो कर कहते हैं कि, बारहों आदित्यों को गायब करके चौदहों यम और आठों वसुओं को नष्ट कर दूँगा। ग्यारहों रुद्रों को समुद्र में डुबा कर सब गंधर्वों को पशु की भाँति बलिदान कर दूँगा तथा

अभी तुरन्त कुबेर और इन्द्र को पकड़ कर राजा बलि के हवाले कर दूँगा। विद्याधरों को अविद्यमान कर दूँगा। सब सिद्धों की सिद्धताई छीन लूँगा। अदिति (देवमाता—सूर्य की माता) निश्चय ही दिति की दासी होगी और पवन, अग्नि और जल सब मिटा दूँगा (प्रलय उपस्थित कर दूँगा) हे सुग्रीव ! सुनो, यदि सूर्य उदय होगा तो सारी सृष्टि को असुरों के अधिकार में कर दूँगा (देवताओं को नष्ट कर दूँगा)।

अलंकार—प्रतिज्ञाबद्ध स्वभावोक्ति

भुजंगप्रयात—

हन्यौं विघ्नकारी बली वीर वामैं। गयो शीघ्रगामी गये एक यामैं ॥
चल्यौ लै सबै पर्वतै कै प्रणामैं। न जान्यो विशल्यौषधी कौन तामैं ॥५०॥

शब्दार्थ—विशल्यौषधि=विशल्यकरणी जड़ी।

विशेष—द्रोणागिरि पर चार जड़ियाँ थीं। १—विशल्यकरणी = घाव को तुरन्त भर देने वाली। २—सावरणी = तुरन्त चमड़ा जमा देने वाली ३—सञ्जीवनी = मूर्छित को सचेत कर देने वाली। ४—सन्धानी = कटे हुए अंगों के पृथक-पृथक टुकड़ों को जोड़ देने वाली।

भावार्थ—(हनुमान ने द्रोण की ओर जाते समय) रास्ता रोकने वाले बली और कुटिल वीर (कालनेमि) को मारा और पहर भर रात बीतते-बीतते वहाँ पहुँच गये। परन्तु स्वयं विशल्यादि औषधियों को नहीं पहचानते थे अतः प्रणाम करके समस्त पर्वत ही उठा कर ले चले।

भुजंगप्रयात—**लसैं औषधी चारु भो व्योमचारी।**
कहै देखि यों देव देवाधिकारी॥
पुरी भौम की सी लिये सीस राजै।
महामंगलार्थी हनूमन्त गाजै ॥ ५१ ॥

शब्दार्थ—भो व्योमचारी=आकाश मार्ग से चले। देवाधिकारी=इन्द्र।

भावार्थ—पर्वत को लेकर हनुमान जी आकाश मार्ग से चले तो उसमें वे दिव्य औषधियाँ चमचमाती थीं। इस तरह जाते हुए देख कर देवता लोग और इन्द्र यों कहने लगे कि महामंगल के चाहने वाले हनुमान गरजते हुए जा रहे हैं और द्रोण पर्वत उनके सिर पर मंगल मंडल सा शोभा दे रहा है।

अलंकार—उपमा।

(इन्द्र) भुजंगप्रयात –

लगी शक्ति रामानुजै राम साथी।
जड़ै ह्वै गये ज्यों गिरै हेमा हाथी॥
जिन्हैं ज्याइबे को सुनो प्रेमपाली।
चल्यो ज्वालमालीहि लै कीर्तिमाली॥५२॥

शब्दार्थ—प्रेमपाली=प्रेममय। ज्वालमाली=दिव्य ओषधियों से झलमलाता हुआ द्रोण पर्वत। कीर्तिमाली=यशी, कीर्तिमान (हनुमान)।

भावार्थ—(देवगण परस्पर वार्ता करते हैं)—राम के साथ रहने वाले राम के छोटे भाई लक्ष्मण को शक्ति लगी है और वे मूर्छित होकर गिर गये हैं, ऐसे जान पड़ते हैं जैसे सुवर्ण रंग का हाथी हो उन्हीं को जिलाने के हेतु, हे प्रेमपालन करने वाले देवताओ! सुनो, ये कीर्तिमान हनुमान दिव्य ओषधियों से देदीप्यमान इस पर्वत को लिये जा रहे हैं।

नोट—कुवेर के नियुक्त किये यक्षगण हनुमान को रोकना चाहते थे। इस पर इन्द्र ने उन्हें इस प्रकार समझाया है। 'प्रेमपाली' शब्द इस अभिप्राय से कहा गया है कि हमीं सब देवताओं की भलाई के लिए राम-रावण का युद्ध हो रहा है। तुम भी अपना प्रेम दिखलाओ—(रोकना न चाहिये, वरन् इनकी सहायता करो)।

भुजंगप्रयात –

किधौं प्रात ही काल जी में विचारयो।
चल्यो अंशु लै अंशुमाली सँहारयो॥
किधौं जात ज्वालामुखी जोर लीन्हें।
महामृत्यु जामें मिटै होम कीन्हें॥५३॥

शब्दार्थ—अंशु=किरण। अंशुमाली=सूर्य। ज्वालामुखी=ज्वालारूपी अग्नि।

भावार्थ—(यह छन्द कवि-कृति अनुमान है) किधौं यह विचार कर कि सूर्योदय होते ही प्रातःकाल लक्ष्मण की मृत्यु का संयोग कहा गया है (अतः जिससे सूर्योदय हो ही न सके,) सूर्य को मार कर हनुमान उनकी किरणों को ही समेटे लिये जा रहे हैं। अथवा अग्निदेव को ही जबरदस्ती पकड़े लिये जा रहे हैं, जिसमें होम करने से लक्ष्मण की मृत्यु का संयोग ही

मिट जाय (हवनादि सुकर्मों से अल्पायु दोष का मिटना हमारे सनातन धर्म में माना गया है)।

अलंकार—संदेह।

भुजंगप्रयात—

बिना पत्र हैं यत्र पालाश फूले। रमैं कोकिलाली भ्रमैं भौंर भूले।
सदानन्द रालैं महानन्द को लै। हनूमन्त आये वसंतै मनौ लै ॥५४॥

शब्दार्थ—सदानन्द=(यह राम का विशेषण है) सदैव आनन्द रूप। महानन्द को=और अधिक आनन्दित होने के लिए।

भावार्थ—(दिव्य औषधियां से झलझलाता हुआ पर्वत हनुमान जी लाये हैं, इस पर कवि उत्प्रेक्षा करता है कि मानो सदैव आनन्दस्वरूप श्रीराम जी को अधिक आनन्दित करने के हेतु साक्षात् बसंत ही को हनुमान जी जबर-दस्ती लाये हैं (क्योंकि यह घटना शिशिर ऋतु में हुई थी)—क्योंकि जैसे बसंत में पत्ररहित पलाश फूलते हैं, भौंर और कोकिल निनाद करते हैं, वैसे ही इस पर्वत में सब ही दृश्य मौजूद हैं ज्वलंत औषधियाँ पलाश पुष्प सम हैं, भौंर और कोकिलादि पक्षी उसमें थे ही)।

अलंकार—उत्प्रेक्षा।

मोटनक—

ठाढ़े भये लक्ष्मण मूरि छिये। दूनो सुभ सोभ शरीर लिये॥
कोदंड लिये यह बात ररै। लंकेश न जीवत जाइ घरै॥ ५५॥

शब्दार्थ—छिये=छूकर (बुन्देलखण्ड में 'छूना' का उच्चारण 'छीना' करते हैं और 'खूब' को 'खीब' भी बोलते हैं)। ररै=रटते हैं।

भावार्थ—ज्योंही विशल्यकरणी इत्यादि औषधियाँ लक्ष्मण के शरीर से छुवाई गईं त्योंही लक्ष्मण जी दुगुणित हृष्टपुष्ट होकर उठ खड़े हुए और धनुष लिये हुए ललकारने लगे कि हाँ हाँ! सावधान! खबरदार! जीते जी रावण लङ्का को लौट न जाने पावे (तात्पर्य यह कि यह सब कष्ट उन्हें स्वप्नवत् हुआ)।

श्रीराम तहीं उर लाइ लियो। सूँध्यो सिर आशिप कोटि दियो॥
कोलाहल यूथप यूथ कियो। लंका दहल्यो दसकंठ हियो॥५६॥

भावार्थ—ज्योंही लक्ष्मण उठ खड़े हुए त्योंही राम जी ने उन्हें हृदय से

लगा लिया और सिर सूँघ कर अनेक असीसें दीं। राम-सेना में आनन्दमय कोलाहल मच गया और लङ्का में रावण का हृदय दहल उठा।

सत्रहवाँ प्रकाश समाप्त

अठारहवाँ प्रकाश

दो०—अष्टादशें प्रकाश में केशवदास कराल।
कुम्भकर्ण को बर्णिबो मेघनाद को काल॥

दोधक—

रावण लक्ष्मण को सुनि नीके। छूटि गये सब साधन जी के।
रे सुत मंत्रि विलम्ब न लावो। कुम्भकरन्नहिं जाइ जगावो॥१॥

भावार्थ—जब रावण ने सुना कि लक्ष्मण अच्छे हो गये हो (शक्ति के घाव से मरे नहीं) तब उसको अपने जीतने और जीने की सब आशा जाती रही (उसने समझ लिया कि जब ब्रह्मशक्ति भी इनके ऊपर असर नहीं करती तब मैं इनसे कैसे जीत सकूँगा)। तब आज्ञा दी कि हे पुत्रो और हे मंत्रियो! अब देर न करो और जाकर कुम्भकर्ण को जगाने की चेष्टा करो।

राक्षस लाखन साधन कीने। दुंदुभि दीह बजाइ नवीने।
मत्त अमत्त बड़े अरु बारे। कुंजर पुंज जगावत हारे॥२॥

भावार्थ—राक्षसों ने कुम्भकर्ण को जगाने के लिए लाखों उपाय किये। बड़े-बड़े नवीन नगाड़े (कानों के निकट) बजवाये गये और छोटे-बड़े अनेक मस्त और साधारण हाथी उसको रौंदते-रौंदते हार गये तब भी वह नहीं जागा।

अलंकार—विशेषोक्ति।

मूल—आइ जहीं सुरनारि सुभागीं। गावन बीन बजावन लागीं॥
जागि उठो तबहीं सुरदोषी। छुद्र छुधा बहुभक्षण पोषी॥३॥

भावार्थ—पर जब सौभाग्यवती देवांगनायें आकर वीणा बजा कर उसके निकट गाने लगीं तब वह देवताओं का शत्रु (कुम्भकर्ण) जाग उठा और अपनी कलेवा वाली (जलपान वाली) छोटी भूख को बहुत सी सामग्री से शान्त किया।

अलंकार – विभावना (दूसरी)

नराच – अमत्त मत्त दन्ति पंक्ति एक कौर को करै।
भुजा पसारि आस पास मेघ ओप संहरै।
विमान आसमान के जहाँ तहाँ भगाइयो।
अमान मान सों दिवान कुम्भकर्ण आइयो ॥ ४ ॥

शब्दार्थ—ओप=प्रभा। अमान=अपरिमित, बहुत अधिक। मान=घमंड, शान-शौकत। दिवान=(फ़ारसी शब्द) राजसभा, अथवा राजा का छोटा भाई (बुँदेलखंड में राजा के छोटे भाई को 'दिवान' कहते हैं)।

भावार्थ—मस्त और गैरमस्त हाथियों के झुंड के झुंड एक-एक कौर में उड़ा जाता है, इधर-उधर हाथ फैलाता है तो मेघों की प्रभा को मात करता है (फैलाने से उसकी भुजाएँ मेघों की ऊँचाई तक पहुँचती हैं जिनकी कालिमा देख कर मेघ भी लजाते हैं) आसमान में विचरने वाले देवताओं के विमानों को जहाँ-तहाँ भगा दिया (देवता डर कर भाग गये)—इस प्रकार बड़ी शान-मान से कुम्भकर्ण रावण के पास राज-सभा में आया। (अथवा) दीवान कुम्भकर्ण रावण के पास आये।

(रावण)—समुद्र सेतु बाँधि कै मनुष्य दोय आइयो।
लिये कुचालि बानरालि लंक आगि लाइयो ॥
मिल्यो विभीषणौ न मोहिं तोहिं ने कहू डर्‌यो।
प्रहस्त आदि दै अनेक मंत्रि मित्र संहर्‌यो ॥५॥

शब्दार्थ—कुचाली=शरारती, दुष्ट।

भावार्थ—(रावण कुम्भकर्ण से सब हाल सुनाता है) समुद्र में सेतु बाँध कर दो मनुष्य शरारती बानर-समूह को लिये हुए आए हैं और उन्होंने लंका में आग लगवा दी है। विभीषण भी उनसे जाकर मिल गया है, मुझको और तुमको भी ज़रा नहीं डरा। उन नर-बानरों ने प्रहस्तादि अनेक मंत्री और मित्रों को मार डाला है (अब तुम उनसे युद्ध करो)।

मूल—करौं सु काज आसु आज चित्त में जु भावई।
असुःख होइ जीव-जीव शुक्र सुख पावई।
समेत राम लक्ष्मणै सो बानरालि भच्छिये।
सकोश मंत्रि मित्र पुत्र धाम ग्राम रच्छिये ॥६॥

शब्दार्थ—जीव=बृहस्पति। सकोश=खजाना सहित।

भावार्थ—(रावण कहता) हे भाई! आज शीघ्र ही वह शुभ काम करो जो मेरे चित्त को भाता है, जिससे बृहस्पति के जी में दुःख और आचार्य शुक्र जी को सुख हो। वह कार्य यह है कि राम लक्ष्मण सहित वानर समूह का भक्षण करो और खजाना, मन्त्री, मित्र, घर और लंकापुरी की रक्षा करो।

अलंकार—कारज निबन्धना अप्रस्तुत प्रशंसा (पूर्वार्द्ध में), और प्रथम तुल्योगिता (उत्तरार्द्ध में)।

(कुम्भकर्ण) मनोरमा*—सुनिये कुल-भूषण देव विदूषण।
बहु आजिविराजिन के तम पूषण।
भुव भूप जे चारि पदारथ साधत।
तिनको कबहूँ नहिं बाधक बाधत ॥७॥

शब्दार्थ—देव विदूषण=देवताओं के विनाशकर्त्ता। आजि विराजी=युद्ध में शोभा पानेवाले अर्थात् शूरवीर भट। तम=अन्धकार। पूषण=सूर्य। चारि पदारथ=अर्थ, धर्म काम, मोक्ष।

भावार्थ—(कुम्भकर्ण रावण से कहता है) हे कुल के मण्डनकर्त्ता और देवताओं के विनाशक! मेरी एक बात सुनो। यद्यपि आप अनेक शूरवीर योद्धाओं के युद्ध सम्बन्धी तुमुल तम को हटाने में सूर्य के समान सामर्थ्यवान हो, तो भी इस पृथ्वी पर जो राजा क्रम से चारों पदार्थों का साधन करते हैं, उन्हें कोई बाधक बाधा नहीं पहुँचा सकता (तात्पर्य यह कि आप तीन पदार्थ साधन कर चुके अब आपको मुक्ति साधन की फिक्र करनी चाहिए—युद्ध नहीं) साधन का क्रम आगे के छन्द में देखिये।

पंकजवाटिका—धर्म करत अति अर्थ बढ़ावत।
संतति हित रति कोविद गावत।
संतति उपजत ही, निसि बासर।
साधन तन मन मुक्ति महीधर ॥८॥

शब्दार्थ—अर्थ=धन-सम्पति। सन्तति=औलाद। रति=काम-साधन, स्त्री-सुख। कोविद=पण्डित, ज्ञानी। महीधर=राजा।

---

*इसका रूप है (४ सगण, २ लघु), पर अन्य पिङ्गलों में ऐसा नहीं पाया जाता।

भावार्थ—चारों पदार्थों के साधन का क्रम यह है कि सर्व प्रथम धर्म साधन करे, तदनन्तर अर्थ को बढ़ावे, तब सन्तान के लिए स्त्री सुख भोग, और सन्तान हो जाने पर राजा को चाहिये कि रातों दिन तन मन से लगकर मुक्ति का साधन करे (तात्पर्य यह है कि आप तीन पदार्थ—धर्म, अर्थ और काम साधन कर चुके, अब पुत्र को राज देकर मुक्ति साधन कीजिये)।

दो०—राजा अरु युवराज जग, प्रोहित मंत्री मित्र।
कामी कुटिल न सेइये, कृपण कृतघ्न अमित्र ॥९॥

शब्दार्थ—कृपण = लोभी, धन-लोलुप।

भावार्थ—कामी राजा, कुटील युवराज, लोभी पुरोहित, कृतघ्नी मंत्री और हित-विरोधी मित्र का सेवन न करना चाहिये।

अलंकार—क्रम।

घनाक्षरी—कामी, बामी, झूठ, क्रोधी, कोढ़ी, कुलद्वेषी,
कुत्तु, कातर कृतघ्नी, द्विज द्रोहिये।
कुपुरुष, किंपुरुष, काहली, कहली क्रूर,
कुटिल कुमंत्री, कुलहीन वंशौ टोहिये।
पापी, लोभी, शठ, अंध, बावरो, बधिर, गूँगो,
बौना, अविवेकी, हठी, छली, निरमोहिये।
सूम, सर्वभक्षी, दैववादी जो कुवादी जड़,
अपयशी ऐसो भूमि भूपति न सोहिये ॥१०॥

शब्दार्थ—बामी = वाममार्गी। कुपुरुष = कम पुरुषार्थवाला। किंपुरुष = पुरुषार्थहीन। टोहिये = खूब जाँच लेना चाहिये। शठ = जो समझाने से भी न समझे। हठी = जो किसी का कहना न माने। दैववाद = दैव वा किस्मत के भरोसे पर रहने वाला। कुवादी = कटुभाषी।

भावार्थ—सरल है (तात्पर्य यह है कि तुम में इतने दोष हैं, वे तुम्हें शोभा नहीं देते। इन्हें छोड़ो और मोक्ष-साधन करो तो भला है)।

निशिपलिका—बानर न जानु सुर जानु सुभगाथ हैं।
मानुष न जानु रघुनाथ जगन्नाथ हैं।
जानकिहि देहु करि नेहु कुल देह सों।
आजु रण साजि पुनि गाजि हसि मेह सों ॥११॥

भावार्थ—वानरों को वानर न समझो, वे यशस्वी देवता हैं। रघुनाथ को केवल मनुष्य मत जानो वे संसार के नाथ साक्षात् विष्णु भगवान् हैं। अतः अन्याय पक्ष को छोड़ कर अपने शरीर पर कृपा करके पहले उन्हें सीता दे दो (यदि सीता को पाकर फिर भी वे युद्ध करने ही पर तत्पर हों तो) फिर मेघ की तरह गरज कर हँसते हुए (प्रसन्नतापूर्वक) वीरों की तरह रण करो (तब तुम्हारा न्याय पक्ष होगा और तुम विजयी होगे।)

अलंकार—अपह्नुति।

(रावण) दो०—कुम्भकर्ण! करि युद्ध कै, सोइ रहो घर जाय।
वेगि विभीषण ज्यों मिल्यो, गहौ शत्रु के पाय॥१२॥

भावार्थ—(रावण डाँटता है) हे कुम्भकर्ण! तुम बड़ी-बड़ी बातें मत करो, ये सब बातें मैं जानता हूँ—तुम या तो जाकर युद्ध करो, या जाकर अपने घर में सो रहो या विभीषण की तरह तुम भी जाकर शत्रु के पैरों पड़ो।

अलंकार—विकल्प।

(मंदोदरी) दो०—
इन्द्रजीत अतिकाय सुनि, नारान्तक सुखदाइ।
मैयन सो झुकत हैं, क्यों न कहौ समुझाय॥१३॥

शब्दार्थ—झुकत हैं = खफ़ा होते हैं, रिस करते हैं।

भावार्थ—हे इन्द्रजीत, अतिकाय और सुखदायी नारान्तक! सुनते हो! राजा जी भाई पर खफ़ा हो रहे हैं, तुम समझाते क्यों नहीं (कि भाइयों से बिगाड़ करना अच्छी बात नहीं है—शत्रु के आक्रमण के समय भाइयों से अनबन करना बुरी बात है, समझाते समय विभीषण को लात मारी सो वह शत्रु से जा मिला, अब इन्हें भी डाँटते हैं। यदि ये भी शत्रु की ओर चले जायँ तो कैसी विपत्ति की सम्भावना है)।

(मंदोदरी) चंचला—
देव! कुंभकर्ण को समान जानिये न आन।
इन्द्र चंद्र विष्णु रुद्र ब्रह्म को हरै गुमान।
राजकाज को कहै जो, मानिये सो प्रेमपालि।
कै चली न, को चलै न, काल की कुचाल, चालि॥१४॥

शब्दार्थ—देव=रावण के लिए सम्बोधन है (गद्दीधर राजा की देव संज्ञा है)। राजकाज को=राज्य की भलाई के लिए। प्रेमपालि=प्रेमपूर्वक। काल की कुचाल=समय प्रतिकूल होने पर। चालि=निज हित-साधक कार्य करना।

भावार्थ—(मंदोदरी रावण को समझाती है) हे राजन्! कुम्भकर्ण को अन्य सामान्य वीरों की तरह मत समझिए। ये इन्द्र, विष्णु, रुद्र और ब्रह्मा का भी घमंड तोड़ सकते हैं। जो बात ये राज्य की भलाई के लिए कहते हैं उसे प्रेमपूर्वक मान लेना चाहिए। समय प्रतिकूल होने पर निजहित-साधक चाल कौन नहीं चला और कौन नहीं चलता—आगे भी लोग ऐसा ही करते आये हैं और अब भी चतुर लोग ऐसा ही करते हैं (तात्पर्य यह कि इस समय काल तुम्हारे प्रतिकूल है, अतः हठ छोड़ कर थोड़ा दब जाओ और जैसा वे कहते हैं वैसा करो—सीता वापस कर दो, सीता लौटा देने से युद्ध बन्द हो जायगा)।

अलंकार—काकुवक्रोक्ति।

विशेष—आगे के छन्द में मंदोदरी उदाहरण दे कर दिखलाती है कि समय प्रतिकूल होने पर निज कार्य-साधन-हित बड़े-बड़े लोग भी दब गये हैं और जो नहीं दबे वे मारे गये हैं।

(मन्दोदरी) चंचला—

विष्णु भाजि भाजि जात छोड़ि देवता अशेष।
जामदग्न्य देखि देखि कैं न कीन्ह नारि वेष॥
ईश! राम ते बचे, बचे कि बानरेश बालि।
कैं चली न, को चलै न, काल की कुचाल, चालि॥१५॥

शब्दार्थ—अशेष=सब। जामदग्न्य=परशुराम। कैं=किसने। ईश=रावण के लिए संबोधन शब्द है। राम ते बचे=वे राम (परशुराम) समयानुकूल चाल चल कर ही दाशरथी राम से बचे। कि=न। बचे कि बानरेश बालि=समयानुकूल चाल न चलने से बानरेश बालि न बचे। काल की कुचाल=काल की कुचाल के समय (अर्थात् समय प्रतिकूल होने पर)।

भावार्थ—(मंदोदरी कहती है—देखिये, समय प्रतिकूल होने पर) देव-दानवों के युद्ध में बहुधा विष्णु महाराज सब देवताओं को छोड़कर भाग जाया करते हैं। जिन परशुराम को देख-देख कर बड़े-बड़े वीर क्षत्री नारि-वेश धारण करते थे, वही परशुराम, हे राजन् ! (समय प्रतिकूल होने पर जरा सा दब कर अथवा धनुष और बाण देकर) राम से बचे और वानरेश बालि (नहीं दबा इस कारण) नहीं बच सका। अतः समय प्रतिकूल होने पर निज-हित-साधक चाल कौन नहीं चलता ?

अलंकार—काकुवक्रोक्ति।

(मंदोदरी) मत्तगयंद सवैया—

रामहिं चोरन दीन्हीं तिया जेहि को दुख तो तप लीलि लियो है।
रामहिं मारन दीन्हों सहोदर रामहिं आवन जान दियो है॥
देह धरी तुमही लगि, आजु लौं रामहिं के पिय ज्याये जियो है।
दूरि करी द्विजता द्विजदेव हरे ई हरे आतताई कियो है॥१६॥

शब्दार्थ—चोरन दीन्हों=चुरा लाने का समय (मौक़ा) दिया। सहोदर=विभीषण। द्विजता=ब्राह्मणत्व। द्विजदेव=हे ब्राह्मण ! (रावण का संबोधन है) हरे-ई हरे=धीरे-धीरे। आततार्इ=पापी। छः में से एक प्रकार के पापी को आततार्इ कहते हैं, यथा—

अग्निदो गरलश्चैव शस्त्रपाणिर्धनापहः।
क्षेत्रदारापहश्चैव षडेते आततायिनः॥

१—गाँव में आग लगानेवाला। २—ज़हर देने वाला। ३—निर्दोष को शस्त्र से मारने वाला। ४—पर-धन-हर्ता। ५—पर-भूमि-हर्ता। ६—पर स्त्री-हर्ता। शास्त्र की आज्ञा है कि ब्राह्मण यदि आततार्इ हो जाय तो उसके मारने से ब्रह्महत्या नहीं लगती।

भावार्थ—मंदोदरी कहती है कि राम मनुष्य नहीं हैं, वे सर्वशक्तिमान् ईश्वर के अवतार हैं, उन्हीं राम ने जान-बूझ कर तुम्हें अपनी स्त्री चुरा लाने दी (मौक़ा दिया कि तुम चुरा लाओ) जिसके दुःख ने तुम्हारे तप-बल को नष्ट कर दिया है। राम ही ने तुम्हें निर्दोषी विभीषण को लातें मारने का मौका ला दिया। राम ही ने तुम्हें रणभूमि तक जाने का और पुनः वहाँ से भाग आने का मौका दिया है (अर्थात् यदि वे चाहते तो

तुम्हें पहले ही दिन के रण में मार डालते)। राम ने तुम्हारे ही वध के लिए अवतार लिया है और आज तक तुम उन्हीं के जिलाने से जिये हो। हे ब्राह्मण श्रेष्ठ! इस पर तरह दे-दे कर राम ने तुम्हारा ब्राह्मणत्व दूर करके तुमको धीरे-धीरे आततार्इ बना डाला (मर्यादा पुरुषोत्तम होने से ब्राह्मण समझ कर तुम्हें अब तक नहीं मारा, पर अब तुम पूरे आततायी हो चुके हो अतः अवश्य मारेंगे।

अलंकार —अप्रस्तुत प्रशंसा (कारण मिस कारज कथन)।

दो०—संधि करो बिग्रह करो, सीता को तो देहु।
गनो न पिय देहीन में, पतिव्रता का देह॥ १७॥

शब्दार्थ—विग्रह=युद्ध। देह=(१) दे दो (२) शरीर।

भावार्थ—सीता को लौटा दो फिर चाहे युद्ध करो (मुझे कुछ सोच न होगा)। हे प्रियतम! पतिव्रता स्त्री की देह को साधारण शरीरधारियों की देह मत समझो (उसके शरीर को दुःख पहुँचाने से महान् अनिष्ट होता है)।

(रावण) मदिरा सवैया—

हौं सुत छाँड़ि मिलौं मृग लोचनि क्यों छमिहैं अपराध नये।
नारि हरी, सुत बाँध्यो तिहारे हौं कालिहि सोदर साँग हये॥
बामन माँग्यो त्रिपैग धरा दच्छिना बलि चौदह लोक दये।
रंचक बैर हुतो, हरि बंचक बाँधि पताल तऊ पठये॥१८॥

शब्दार्थ—नये=अनोखे, ताजे। हरि=विष्णु (वामनावतार से)।

विशेष—मन्दोदरी ने राम को विष्णु का अवतार बताया है, इस पर रावण का उत्तर यह है।

भावार्थ—हे मृगलोचनी! तेरे कहने से यदि मैं अपनी सत्य प्रतिज्ञा कर उनसे मेल भी करना चाहूँ तो वे मेरे ये ताज़े और अनोखे अपराध स्त्री-हरण, तुम्हारे पुत्र द्वारा नाग फाँस में बाँधा जाना, कल्ह ही उनके भाई को शक्ति से मारना—क्यों क्षमा करेंगे क्योंकि उनकी आदत बड़ी गँसीली है। देखो न, इन्हीं विष्णु ने वामन रूप से (छल से) तीन पग पृथ्वी माँगी थी और बलि ने चौदहों लोक दे दिये तो भी पुरानी गाँस से ज़रा से बैर के बदले इस छलिया विष्णु ने उसे बाँध कर पाताल में भेज दिया (अतः मैं इस छली

का विश्वास नहीं करता कि यह मेरा अपराध क्षमा कर देगा) – इसलिये मैं संधि करना उचित नहीं समझता, युद्ध ही होना चाहिये।

दो० – देवर कुम्भकरन्न सो, हरि-अरि सो सुत पाइ।
रावण सो प्रभु कौन को, मंदोदरी डराइ ॥ १६ ॥

शब्दार्थ—हरि अरि = इन्द्र का शत्रु, इन्द्रजीत। (मेघनाद)। प्रभु = पति।

भावार्थ—कुम्भकर्ण के समान बली देवर, इन्द्रजीत समान बली पुत्र तथा रावण (जो सब को रुलावै) के समान महान् प्रतापी और बली पति पाकर मंदोदरी को किससे भय हो सकता है (तू डर मत)।

(कुंभकर्ण वध)

चामर – कुंभकर्ण रावणै प्रदक्षिणा सु दै चल्यो।
हाय हाय ह्वै रह्यो आकास आस ही हल्यो ॥
मध्य क्षुद्र घन्टिका किरीट सीस सोभनो।
लक्ष पक्ष सो कालिन्द इन्द्र पै चढ़ो मनो ॥ २० ॥

भावार्थ—कुम्भकर्ण रावण को प्रदक्षिणा देकर रणभूमि को चल दिया। चारों ओर हाहाकार मच गया और आकाश शीघ्र ही हिल गया (आकाशचारी देवगण इत्यादि डर से विचलित होकर इधर-उधर भागने लगे) कुम्भकर्ण कमर में करधनी और सीस पर सुन्दर मुकुट धारण किये है, अतः ऐसा जान पड़ता है मानो लाखों पक्ष धारण करके कलिंद पर्वत इन्द्र पर चढ़ दौड़ा हो।

अलंकार—उत्प्रेक्षा।

नराच – उड़ैं दिसा दिसा कपीस कोटि कोटि स्वाँस ही।
चपैं चपेट बाहु जानु जंघ सौं जहीं तहीं ॥
लिये लपेट ऐंचि ऐंचि वीर बाहु बात ही।
भखे ते अन्तरिक्ष ऋक्ष लक्ष लक्ष जात ही ॥ २१ ॥

भावार्थ—कुम्भकर्ण जब रणभूमि में आया तब चारों ओर करोड़ों बानर उसकी स्वाँस की वायु से उड़ने लगे। लाखों उसके बाहु, जानु, जंघा की चपेट से जहाँ-तहाँ दबने लगे। उसने बड़े-बड़े वीरों को बात की बात में (अति

शीघ्र) खींच-खींच कर भुजाओं में दबा लिया और लाखों रीछ जो आकाश को उड़े उन्हें वहीं पकड़ कर खा गया।

(कुम्भकर्ण) भुजंगप्रयात—

न हौं ताड़का, हौं सुबाहु न मानो।
न हौं शम्भुको दण्ड साँची बखानो।
न हौं ताल बाली, खरै, जाहि मारो।
न हौं दूषणै सिंधु सूधे निहारो ॥ २२ ॥

भावार्थ—(कुम्भकर्ण ललकार कर राम के प्रति कहता है) हे राम ! ज़रा इधर सूधी दृष्टि से देखो। बड़े वीर हो तो सामने आकर मैदान में युद्ध करो। मुझे ताड़का और सुबाहु न समझना, न मैं शिव का धनुष ही हूँ। न मैं सप्तताल, खर और बालि ही हूँ जिन्हें तुमने मार लिया। न मैं दूषण ही हूँ और न सिंधु ही हूँ (जिसे तुमने सहज ही बाँध लिया है)।

अलंकार—प्रतिषेध।

भुजंगप्रयात—सुरी आसुरी सुन्दरी भोग कर्ण।
महाकाल को काल हौं कुम्भकर्ण ॥
सुनौ राम संग्राम को तोहि बोलौं।
बढ़ो गर्ब लंकाहि आये सु खोलौं ॥ २३ ॥

भावार्थ—मैं सुरनारी तथा असुरनारियों से भोग करनेवाला, महाकाल का भी काल कुम्भकर्ण हूँ। हे राम ! मैं तुम्हें समर के लिए ललकारता हूँ, तुम लंका तक चले आये, इस बात का तुम्हें अहंकार हो गया है, सो आज मैं प्रकट कर दूँगा कि तुम कैसे बली हो।

भुजंगप्रयात—उठो केसरी केसरी जोर छायो।
बली बालि को पूत लै नील धायो।
हनूमंत सुग्रीव सोभैं सभागे।
डसैं डाँस से अंग मातंग लागे ॥ २४ ॥

भावार्थ—(कुम्भकर्ण की ललकार सुन कर) एक ओर से केशरी नामक बानर सिंह की सी झपेट से उठ दौड़ा, एक ओर से अंगद नील को ले कर दौड़ पड़े, एक ओर से भाग्यवान हनुमान और सुग्रीव आ गये (सबों ने मिल

कर उसे तीन तरफ से घेर लिया और मारने-काटने लगे। इनका मारना-काटना ऐसा ही जान पड़ा मानो मस्त हाथी के अंग में मसा लगे हों।)

भुजंगप्रयात—

दशग्रीव को बंधु सुग्रीव पायो। चल्यौं लङ्क लैके भले अंक लायो।
हनूमंत लातैं हत्यो देह भूल्यो। छुट्यो कर्णनासाहि लै, इन्द्र फूल्यो ॥२५॥

भावार्थ—कुम्भकर्ण ने सुग्रीव को पकड़ पाया तो उसको गोद में चिपका कर लंका को ले चला। तब हनुमान ने कुम्भकर्ण को ऐसी लातें मारीं कि वह देह की सुधि भूल गया (मूर्छित हो गया) तब सुग्रीव उसकी पकड़ से छूट गये और उसके नाक-कान काट लिये, जिसे देख कर इन्द्र को बड़ा आनन्द हुआ।

अलंकार—हेतु।

भुजंगप्रयात—सँभारयो घरी एक दू में मरू कै।
फिरयो रामही सामुहे सो गदा लै ॥
हनूमंत सो पूँछ सों लाइ लीन्हों।
न जान्यो कबै सिंधु में डारि दीन्हों ॥२६॥

शब्दार्थ—संभारयो=होश सँभाला (चैतन्य हुआ) मरू कै=मुश्किल से, बड़ी कठिनाई से। लाइ लीन्हों=लपेट लिया।

भावार्थ—मुश्किल से दो-एक घड़ी में जब कुम्भकर्ण को पुनः चेत हुआ तब गदा लेकर राम के सम्मुख चला। यह देख कर हनुमान जी ने उस गदा को पूँछ में लपेट लिया और ऐसी शीघ्रता से समुद्र में फेंक दिया कि कुम्भकर्ण भी न जान सका कि कब क्या हुआ।

अलंकार—अतिशयोक्ति।

भुजंगप्रयात—जहीं काल के केतु सो ताल लीनो।
करयो राम जू हस्त पादादि हीनो ॥
चल्यो लोटतै बाइ बकै कुचाली।
उड़यो मुंड लै बाण त्यों मुंडमाली ॥ २७ ॥

शब्दार्थ—काल के केतु सो=काल की ध्वजा के समान। ताल=ताड़-वृक्ष। बाइ बकै=प्रलाप वचन कहता हुआ (जैसे कोई बाई में बकता है)। त्यों=तरफ। मुंडमाली=महादेव।

भावार्थ – (गदाहीन होने पर) जब कुम्भकर्ण पुनः काल की ध्वजा के समान ताड़वृक्ष लेकर लड़ने को चला तब तुरंत रामजी ने उसके हाथ-पैर काट दिये, तब लुंडपिंड होकर भूमि में लोटता हुआ तथा अंड-बंड बातें कहता हुआ वह कुचाला, राम की ओर बढ़ा. तब रामजी ने एक बाण ऐसा मारा कि वह उस का सिर काट कर महादेव की ओर (कैलाश की ओर) उड़ गया।

भुजंगप्रयात – तहीं स्वर्ग के दुँदुभी दीह बाजे।
करी पुष्प की वृष्टि जै देव गाजे॥
दशग्रीव शोक ग्रस्यो लोकहारी।
भयो लंक के मध्य आतंक भारी॥ २८॥

शब्दार्थ – आतंक=हाहाकार (विलाप)। लोकहारी=लोकों को सतानेवाला।

दो०—जबहीं गयो निकुंभिला, होम हेत इन्द्रजीत।
कह्यौ तहीं रघुनाथ सों, मतो विभीषण मीत॥२६॥

शब्दार्थ – निकुंभिला=वह स्थान जहाँ रावण की यज्ञशाला थी। इन्द्रजीत=मेघनाद। मतो=मन्त्र (सलाह)।

चंचरी—जोरि अंजुलि को विभीषण राम सो विनती करी।
इन्द्रजीत निकुम्भिला गयो होम को, रिस जी भरी॥
सिद्ध होम न होय जौलगि ईश तौलगि मारिये।
सिद्ध होहि प्रसिद्ध है यह सर्वथा हम हारिये॥ ३०॥

शब्दार्थ – जोरि अंजुलि=हाथ जोड़ कर। रिस जी भरी=मन में रिस भर कर।

अलंकार – संभावना।

दो० – सोई वाहि हतै कि नर बानर रीछ जो को कोइ।
बारह वर्ष छुधा, त्रिया निद्रा, जीते होइ॥ ३१॥

भावार्थ—वही व्यक्ति उस इन्द्रजीत को मार सकता है जो बारह वर्ष तक अन्न, स्त्री और निद्रा को त्यागे रहा हो, चाहे वह नर हो चाहे बानर वा रीछ हो। कामाक्षा देवी का वरदान था कि—

दोहा – जो त्यागे द्वादस बरस, नींद, नारि अरु अन्न।
सो सुत मारी तोहि जग, अपर न मारो जन्न॥—(विश्रामसागर)

चंचरा—

रामचंद्र बिदा करयो तब वेगि लक्ष्मण वीर को।
त्यों विभीषण जामवंतहिं संग अंगद धीर को॥
नील लै नल केशरी हनुमंत अंतक ज्यों चलै।
वेगि जाय निकुंभिला थल यज्ञ के सिगरे दलै॥ ३२॥

शब्दार्थ—अंतक=यमराज। सिगरे=सब। दले=नष्ट कर दिये।

मूल—जामवंतहि मारि द्वै सर तीन अंगद छेदियो।
चारि मारि विभीषणो हनुमंत पंच सु भेदियो॥
एक एक अनेक वानर जाइ लक्ष्मण सों भिरयो।
अंध अंधक युद्ध ज्यों भव सो जुरयो भव ही हरयो॥३३॥

शब्दार्थ—अंध=मूर्ख। अंधक=दैत्य विशेष। भव=महादेव। भव=भय, डर। भव ही हरयो=भय को हृदय से निकाल कर, निर्भय।

भावार्थ—(अंतिम चरण का) मेघनाद ऐसी निर्भयता से लक्ष्मण से भिड़ गया जैसे मूर्ख अंधकासुर हृदय से डर छोड़ कर महादेव के साथ युद्ध में भिड़ गया था।

अलंकार—उपमा।

हरिगीतिका—रण इन्द्रजीत अजीत लक्ष्मण अस्त्र अस्त्रनि संहरैं।
सर एक एक अनेक मारत बुंद मंदर ज्यों परैं॥
तब कोपि राघव शत्रु को सिर बाण तीक्षण उद्धरयो।
दशकंठ संध्या करत हो सिर जाय अंजुलि में परयो॥ ३४॥

शब्दार्थ—राघव=रघुवंशजात लक्ष्मण। उद्धरयो=(उत्+धर) धड़ से भिन्न कर दिया, धड़ से काट दिया।

भावार्थ—रण में मेघनाद और अजित लक्ष्मण परस्पर अस्त्र-शस्त्र संहार करते हैं। एक एक वीर अनेक बाण मारता है, पर वे दूसरे पर ऐसे पड़ते हैं जैसे पर्वत पर वर्षाबुंद (कुछ भी हानि नहीं पहुँचाते) तब रघुवंश के विकट वीर लक्ष्मण ने शत्रु के सिर को एक अति तीक्ष्ण बाण से धड़ से उड़ा दिया। उस समय रावण संध्या कर रहा था, वह सिर उसकी अंजुली में जा गिरा।

मूल – रण मारि लक्ष्मण मेघनादहिं स्वच्छ संख बजाइयो।
कहि साधु साधु समेत इन्द्रहिं देवता सब आइयो॥
कछु माँगिये वर बीर सत्वर, भक्ति श्रीरघुनाथ की।
पहिराय माल विशाल अर्चहि कै गये सुभगाथ की॥ ३५॥

शब्दार्थ—साधु साधु = शाबाश। सत्वर = शीघ्र। सुभगाथ = प्रशंसित।

भावार्थ – लक्ष्मण ने रण में मेघनाद को मार कर विजय शंख बजाया। शाबाश, शाबाश! कहते इन्द्र सहित सब देवता आये और कहा कि हे वीर, शीघ्र ही कुछ वर माँगो। लक्ष्मण ने कहा—मुझे राम-भक्ति दीजिये। तब सब देवता उस प्रशंसित वीर लक्ष्मण की पूजा करके और विशाल विजयमाला पहना कर अपने लोक को चले गये।

कलहंस – इति इन्द्रजीत कहँ लक्ष्मण आये।
हँसि रामचंद्र बहुधा उर लाये॥
सुन मित्र पुत्र सुभ सोदर मेरे।
कहि कौन कौन सुमिरौं गुन तेरे॥ ३६॥

शब्दार्थ – बहुधा = बहुत प्रकार से। उर लाये = छाती से लगाया। सोदर = भाई। सुमिरौं = स्मरण करूँ।

अलंकार—तुल्योगिता (तीसरी)।

दो० – नींद भूख अरु काम को, जो न साधते वीर।
सीतहि क्यों हम पावते, सुनु लक्ष्मण रणधीर॥ ३७॥

शब्दार्थ – न साधते = जीत न लिया होता।

अठारहवाँ प्रकाश समाप्त

उन्नीसवाँ प्रकाश

दो०—उनईसयें प्रकाश में, रावण दुःख निदान।
जूझैगो मकराक्ष पुनि, ह्वै है दूत विधान॥
रावण जैहै गढ़थल, रावर लुटै विशाल।
मन्दोदरी कढोरिबो, अरु रावण को काल॥

शब्दार्थ—दुःख निदान=दुःख का अन्तिम दर्जा अर्थात् बहुत बड़ा दुःख। दूत विधान=सन्धि का प्रस्ताव। गढ़ थल=यज्ञस्थल (निकुम्भिला)। रावर=रनिवास। कढ़ोरियो=घिसलाना। काल=मृत्यु।

मोटनक—

देख्यो सिर अंजुलि में जबही। हाहा करि भूमि पर्‍यो तबहीं।
आये सुत-सोदर मन्त्री तबै। मन्दोदरि स्यों तिय आईं सबै॥ १॥
कोलाहल मन्दिर माँझ भयो। मानों प्रभु को उड़ि प्राण गयो।
रोवै दसकंठ विलाप करै। कोऊ न कहूँ तन धीर धरै॥ २॥

शब्दार्थ—(१) सुत-सोदर=सोदरसुत (मकराक्षादि)। स्यों=सहित। प्रभु=रावण।

(रावण) दण्डक (मात्रिक ४० का)

आजु आदित्य जल पवन पावक प्रबल,
कंद अनन्द मय, त्रास जग को हरौ॥
गान किन्नर करौ नृत्य गंधर्व कुल,
यक्ष विधि लक्ष उर, यक्ष कर्दम धरौ॥
ब्रह्म रुद्रादि दै, देव तिहुँ लोक के,
राज को जाय अभिषेक इन्द्रहिं करौ।
आजु सिय राम दै, लंक कुलदूषणहिं,
यज्ञ को जाय सर्वज्ञ विप्रहु बरौ॥ ३॥

शब्दार्थ—यक्षकर्दम=एक प्रकार का लेप जो यक्षों को अति प्रिय है और इसे वे शरीर में लगाते हैं (कर्पूर, अगर, कस्तूरी और कंकोल एक साथ पीस कर बनता है, यथा—"कर्पूरागुरुकस्तूरी कक्कोलैर्यक्षकर्दमः")। कुलदूषण=वंशनाशक (विभीषण)। यज्ञ......बरौ=सर्वज्ञ ब्राह्मणगण यज्ञदेव का वरण करें, अर्थात् ब्राह्मणगण अब स्वच्छन्दता से यज्ञादि पुण्य अनुष्ठानादि करें।

भावार्थ—(रावण अति निराश होकर कहता है कि)—लो भाई, अब मैं भी मरता हूँ, अतः सूर्य, जल, पवन और प्रबल अग्नि इत्यादि देवगण तथा चन्द्रमा आनन्दित हों, क्योंकि जग में जिससे तुम्हें डर था सो तो हरण किया गया (मारा गया)। किन्नरगण खूब आनन्द से गावें, गंधर्व

नृत्य करें। (मैं तो मरता हूँ)। ब्रह्मा, रुद्रादि तीनों लोक के देवता जाकर इन्द्र को राज्याभिषेक करें और आज सीता और राम, कुलनाशक विभीषण को लंका का राज्य दें और ब्राह्मणगण अब निडर होकर यज्ञानुष्ठान करें (मेरे भय से जो कार्य न हो सकते थे वे स्वच्छन्दतापूर्वक हों, मैं पुत्र शोक में अपने प्राण देता हूँ।)

अलंकार—अप्रस्तुत प्रशंसा (कारज मिस कारण कथन)।

(महोदर) चौपाई—

प्रभु शोक तजो धीर धरो। सक शत्रु वध्यो सु विचार करो॥
कुल में अब जीवत जो रहिहै। सब शोक समुद्रहि सो बहिहै॥४॥

शब्दार्थ—सक शत्रु वध्यो=जिससे शत्रु का वध हो सके। सु=सो।

भावार्थ—महोदर समझाता है कि हे प्रभु, शोक को छोड़ो, जी में धीरज धरो (इतने निराश न हो)। अब ऐसी सलाह करो जिससे शत्रु का वध हो सके। कुल में जो जीता बचेगा वह सब के लिये शोक कर लेगा (अर्थात् वीर की तरह उत्साह से समर करो, रणभूमि में प्राण त्यागो, कातर मत हो, जो बचेगा सो रो-पीट लेगा)।

(मंदोदरी) चौपाई—

सादर जूझ्यो सुत हितकारी। को गहिहै लंका गढ़ भारी॥
सीतहि दैके रिपुहि संहारो। मोहित हैं विक्रम वल भारौ॥५॥

शब्दार्थ—मोहित है=निष्फल करता है। विक्रम=उद्योग।

भावार्थ—मंदोदरी रावण से कहती है कि हितकारी भाई (कुम्भकर्ण) और पुत्र (मेघनाद) जूझ गये तो क्या हुआ, लंका ऐसा कठिन गढ़ है कि इसे कोई जीत नहीं सकता। सीता को लौटा दो तब शत्रु को मार सकोगे, क्योंकि वही तुम्हारे भारी बल और अनेक उद्योगों को विफल करती है (पर-स्त्री हरण के पाप से तुम्हारा उद्योग विफल हो रहा है, उसे लौटा दो तो तुम रण में सफल होगे)।

(रावण) चौपाई—

तुम अब सीतहि देहु न देहू। बिन सुत बन्धु धरौं नहिं देहू॥
यहि तन जो तजि लाजहिं रैहौं। बन बसि जाय सबै दुख सैहौं॥६॥

शब्दार्थ—रैहौं=रहूँगा। सैहौं=सहूँगा।

(मकराक्ष) भुजंगप्रयात—

कहा कुंभकर्ण कहा इन्द्रजीतौ । करै सोइबो वा करै युद्ध भीतौ ।
सुजानौं जियों हौं सदा दास तेरो । सिया को सकैले सुनी मंत्र मेरो ॥७॥
महाराज लंका सदा राज कीजे । करौं युद्ध मोको बिदा बेगि दीजै ॥
हतौं राम स्यों बन्धु सुग्रीव मारौं । अयोध्याहि लै राजधानी सुधारौं ॥८॥

शब्दार्थ—(७) कहा……इन्द्रजीतौ=मेरे मुकाबले में कुम्भकर्ण इन्द्रजीत कौन वस्तु हैं । करै……भीतौ=वह (कुंभकर्ण सोया करता था और वह (मेघनाद) डरता सा लड़ता था ।

(मकराक्ष वध)

(विभीषण) वसंततिलका –

कोदंड हाथ रघुनाथ सँभारि लीजै ।
भागे सबै समर यूथप दृष्टि दीजै ॥
बेटा बलिष्ठ खर को मकराक्ष आयो ।
संहारकाल जनु कालकराल धायो ॥ ९ ॥
सुग्रीव अंगद बली हनुमन्त रोक्यो ।
रोक्यो रह्यो न रघुवीर जहीं विलोक्यो ॥
मार्यो विभीषण गदा उर जोर ठेली ।
काली समान भुज लक्ष्मण कंठ मेली ॥ १० ॥
गाढ़े गहे प्रबल अंगनि अंगभारे ।
काटे कटैं न बहु भाँतिन काटि हारे ॥
ब्रह्मा दियो वरहि अस्त्र न शस्त्र लागै ।
लै ही चल्यो समर सिंहहिं जोर जागै ॥११॥
मायांधकार दिवि भूतल लीलि लीन्हों ।
अस्तास्त मानहुँ शशी कहँ राहु कीन्हों ॥
हाहादि शब्द सब लोग जहीं पुकारे ।
बाढ़े अशेष अंग राक्षस के विदारे ॥ १२ ॥
श्रीरामचन्द्र पग लागत चित्त हर्षे ।
देवाधिदेव मिलि सिद्धन पुष्प वर्षे ॥

मारयो बलिष्ठ मकराक्ष सुवीर भारी।
जाके हते रावन रावन गर्वहारी ॥ १३ ॥

शब्दार्थ—(९) संसार काल=प्रलय काल में। (१०) काली=काली नाग। उरजोर टेली=छाती के बल उधर को टेल दी। (११) लै……जागे=सिंह की तरह बड़े जोर से लक्ष्मण को पकड़ कर लंका की ओर ले चला (१२) दिवि=आकाश। ग्रस्तास्त......कीन्हों=मानों राहु ग्रसित चंद्रमा ग्रसे ही ग्रसे अस्त हो गया। बाढ़े=लक्ष्मण जी ने मकराक्ष के फँदे में पड़े हुए अपने अंग को बढ़ाया। अशेष=सब। (१३) जाके…हरी=जिसके मारे जाने से सब का गर्व हरने वाला रावण भी रोने लगा।

दो०—जूझत ही मकराक्ष के, रावण अति अकुलाय।
सत्वर श्रीरघुनाथ पै, दियो वसीठ पठाय ॥ १४ ॥

शब्दार्थ—वसीठ=दूत।

मोदक—
दूतहि देखत ही रघुनायक। तापहँ बोलि उठे सुखदायक॥
रावण के कुशली सुत सोदर। कारज कौन करै अपने घर ॥ १५ ॥

भावार्थ—दूत को आया हुआ देख राम जी ने पूछा कि रावण पुत्रों और भाइयों सहित कुशल से तो है न? इस समय वह घर पर क्या काम कर रहा है?

(दूत) सवैया—
पूजि उठे जब ही शिव को तब ही बिधि शुक्र बृहस्पति आये।
कै बिनती मिस कश्यप के तीन देव अदेव सबै बकसाये।
होम की रीति नई सिखई कछु मन्त्र दियो श्रुतिलागि सिखाये।
हौं इत को पठयो उनको उत लै प्रभु मन्दिर माँझ सिधाये ॥१६॥

शब्दार्थ—अदेव=देवताओं के अतिरिक्त अन्य सब जीव। बकसाये=क्षमा कराये। प्रभु=रावण।

भावार्थ—दूत उत्तर देता है कि हे राम! रावण शिव की पूजा करके उठे ही थे कि ब्रह्मा, शुक्र और बृहस्पति आ गये और कश्यप के मिस विनती करके देवता और उनके अलावा सब जीवों को (जिनके मारने का संकल्प रावण ने किया था) क्षमा करा दिया। तब शुक्राचार्य ने यज्ञ की एक नवीन रीति

सिखाई और कान में लगा कर कुछ मंत्र सिखाया। इसी समय प्रभु ने मुझको यहाँ भेजा और स्वयं उनको लेकर राजमहल के भीतर चले गये (और मेरे द्वारा आप को यह संदेशा भेजा है)।

(संदेश) सवैया—

सूपनखा जु विरूप करी तुम ताते कियो हमहू दुख भारो।
वारिध बंधन कीन्हों हुतो तुम मो सुत बंधन कीन्हों तिहारो।
होइ जु होनी सु ह्वैई रहे न मिटै जिय कोटि विचार विचारो।
दे भृगुनंदन को परसा रघुनन्दन सीतहि लै पगुधारो ॥१७॥

शब्दार्थ—विरूप=कुरूप, बदसूरत। होनी=होनहार। विचार= उपाय। परसा=परशुराम पर विजय पाने का यश।

अलंकार—परिवृत्ति।

दो०—प्रति उत्तर दूतहि दियो, यह कहि श्रीरघुनाथ।
कहियो रावण होहि जब, मंदोदरी के साथ ॥१८॥

शब्दार्थ—प्रति उत्तर=प्रस्ताव का जवाब।

(रावण) संयुता—

केहि धौं विलंब कहा भयो। रघुनाथ पै जब ही गयो।
केहि भाँति तू अवलोकियो। कहु तोहि उत्तर का दियो ॥१९॥

भावार्थ—(दूत के लौट आने पर रावण पूछता है) कहो तुमने देर क्यों की? जब तुम गये तब राम क्या करते थे? उन्होंने क्या जवाब दिया है?

(दूत) दंडक—

भूतल के इन्द्र भूमि पौढ़े हुते रामचन्द्र,
मारिच कनकमृग छालहिं बिछाये जू।
कुंभहर-कुंभकर्णनासाहर-गोद सीस,
करण अकंप अक्ष-अरि उर लाये जू।
देवान्तक-नारान्तक-अंतक त्यों मुसकात,
विभीषण बैन तन कानन रुखाये जू।
मेघनाद-मकराक्ष-महोदर प्राणहर,
बाण त्यों विलोकत परम सुख पाये जू ॥२०

शब्दार्थ—कुंभहर=कुम्भ को मारने वाला सुग्रीव । कुम्भकर्ण........ नासाहर=सुग्रीव । अकंप-अक्ष अरि=अकम्पन और अक्षयकुमार को मारने वाला हनुमान । देवान्तक-नारान्तक=अंगद । त्यों=तरफ । तन=तरफ । रुखाये=रुख किये हुए, लगाये हुए । मेघनाद-मकराक्ष-महोदर प्राणहर=लक्ष्मण ।

भावार्थ—(दूत कहता है कि) जिस समय मैं गया उस समय भूमि के इन्द्र श्रीरामचन्द्र मारीच का कनक मृगछाला बिछाये हुए लेटे थे। सुग्रीव की गोद में उनका सिर था । हनुमान उनके चरणों को हृदय से लगाये हुए थे। अंगद की ओर देख-देख कर मुसकुरा रहे थे, विभीषण की वार्ता की ओर कान लगाये हुए थे, और लक्ष्मण के बाणों की तरफ देख देख कर परम सुख का अनुभव कर रहे थे। (भाव यह है कि राम को मैंने परम तेजस्वी, परम निर्भय, तथा महाबली वीरों से सेवित और परम सुखी देखा, उनके शरीर में तनिक भी थकावट वा मन में तनिक भी खेद वा भय वा चिंता नहीं झलकती थी । शत्रु के देश में ऐसी निर्भयता और निश्चिंतता पूर्ण विजय का लक्षण है) ।

अलंकार—रूपक और पर्याय से पुष्ट अत्युक्ति ।

(राम का प्रत्युत्तर) सवैया—

भूमि दई भुवदेवन को भृगु नंदन भूपन सो वर लैकै ।
वामन स्वर्ग दियो मघवै सो बली बाँधि पताल पठै कै ।।
संधि की बातन को प्रति उत्तर आपुन ही कहिये हित कै कै।
दीन्हीं है लंक विभीषण को अब देहिं कहा तुमको यह दै कै ।।२१।।

शब्दार्थ—वर=बलपूर्वक जबरदस्ती । मघवा=इन्द्र । आपुन ही=आप ही (बुँदेलखंडी भाषा में 'आप' के स्थान में 'आपुन' बोलते हैं) । यह दै कै—यह परसा देकर (परशुराम विजय का यश जो तुमने माँगा, उसे देकर तुम्हारे रहने के लिए तुम्हें स्थान कहाँ देंगे—अर्थात् तब तो तुम्हारा घमंड त्रिलोक में न समायगा, अतः ऐसे घमंडी को मारना ही हमारा परम कर्तव्य है, अतः युद्ध में तुम्हें मारेंगे, संधि करना हमें मंजूर नहीं) ।

भावार्थ—परशुराम ने बलपूर्वक राजाओं से भूमि छीन कर ब्राह्मणों को दे दी। वामन ने स्वर्गलोक इन्द्र को दिया और पाताल बलि को दिया

(अर्थात् परशुराम और वामन अवतार से तो हमने त्रिलोक का राज्य पहले ही औरों को दे रक्खा है) अब आप ही कृपा करके बतलाइये कि तुम्हारा संधि-प्रस्ताव मंजूर करके और इस दशा में जब लंका भी विभीषण को दे दी है. तो अब तुमको परशु दे कर क्या देंगे ?

विशेष—पाठकों को चाहिए कि रावण तथा राम जी के संदेशों की गूढ़ता खूब समझें :—(रावण के संदेश की गूढ़ता)—जैसे तुमने किया वैसा हमने किया, हमने कुछ ज्यादती नहीं की, पहले तुम्हीं ने अत्याचार किया है, हमारी बहिन पर हाथ घाला है। स्त्री पर हाथ चलाना वीरोचित काम नहीं, वह दम्पति प्रेम चाहती थी, तुम नामर्द हो एक विधवा ब्राह्मणी ने तुमसे प्रेम करना चाहा सो तुमसे नहीं हुआ, मुझे देखो मैं तुम्हारी स्त्री हर लाया। तुम्हारी ओर से वीरता के कार्य हुए माने जाते हैं वे होनहार के बस हुए, उनसे तुम्हें घमंड करने का कोई हक़ नहीं है अतः अपने हथियार रख दो और अपनी स्त्री लेकर घर चले जाओ।

(राम के संदेश की गूढ़ता) परशुरामावतार लेकर हमने यह भूमि ब्राह्मणों को दे दी, इन्द्र को स्वर्ग और बलि को पाताल दे दिया, और परशुराम होकर हमने उस सहस्रार्जुन को मारा जिसने तुम्हें बाँध रक्खा था, बामन होकर हमने उस बलि को बाँध लिया जिसकी बूढ़ी दासी ने कान पकड़ कर तुम्हें शहर से बाहर निकाल दिया था। अब रामावतार में भारत से बाहर थोड़ी यह जमीन थी सो विभीषण को दे डाली, अब तुझ ब्राह्मण पर दया करके हम परशा क्या दें ? तुझे मार कर अपना धाम ही (साकेत दूँगा, अतः युद्ध ही होने दो।

नोट—इन दोनों नं० १७ और नं० २१ के छंदों की कैसी गंभीर भाषा है, इस पर पाठक विशेष ध्यान दें।

(मंदोदरी) मालिनी—

तब सब कहि हारे राम को दूत आयो।
अब समुझ परी जो पुत्र भैया जुझायो॥
दसमुख सुख जीजै राम सों हौं लरौं यों।
हरि हर सब हारे देवि दुर्गा लरी ज्यों॥ २२॥

शब्दार्थ—जुझायो=युद्ध में मरवा डाला। जीजै=जीते रहो।

भावार्थ—(मन्दोदरी रावण को डाँटती है) पहले जब लोग तुम्हें समझा कर हार गये, पश्चात् रामदूत ने आकर तुम्हें बहुत समझाया पर

तुमने नहीं माना। अब जब पुत्र और भाई रण में जूझ गये तब तुम्हें रामबैर की कठिनाई सूझ पड़ी है। लंकेश (दशमुख) आप सुख से जीते रहो, (चैन करो) अब मैं राम से इस प्रकार युद्ध करूँगी जैसे शिव विष्णु इत्यादि के हार जाने पर शुम्भ निशुम्भ से देवी दुर्गा जी लड़ी थीं।

अलंकार—उदाहरण।

(रावण) मालिनी—

छल करि पठयो तो पावतो जो कुठारै।
रघुपति बपुरा को धावतो सिंधु पारै।
हति सुरपति भर्ता विष्णु माया-विलासी।
सुनहि समुखि तोको ल्यावतो लच्छि दासी॥ २३॥

शब्दार्थ—भर्ता=रक्षक। लच्छि=लक्ष्मी।

भावार्थ—(रावण कहता है) हे सुमुखी! सुन, मैंने दूत भेज कर छल से उनसे परशुराम का आयुध (कुठार) लेना चाहा था, यदि वह मिल जाता है तो राम बेचारा क्या था मैं सिंधुपार जा कर इन्द्र के रक्षक मायावी विष्णु को भी मार डालता और लक्ष्मी को पकड़ कर तेरी लौंड़ी बना कर लाता (भाव यह है कि राम में कुछ भी करतूत नहीं, जो है सो केवल परशु-राम के दिये शस्त्रों की शक्ति ही उनमें है, पर परशुराम शिव के भक्त हैं, अतः मैं उनके लिहाज से राम को नहीं मारता)।

(रावण-मख-भंग)

चामर—प्रौढ़रूढ़ि को समूढ़ गूढ़गेह में गयो।
शुक्रमंत्र शोधि शोधि होम को जहीं भयो।
वायुपुत्र बालिपुत्र जामवंत धाइयो।
लंक में निशंक अंक लंकनाथ पाइयो॥ २४॥

शब्दार्थ—प्रौढ़=ढीठ, निर्लज्ज। रूढ़ि=पक्की आदत। प्रौढ़रूढ़ि= पक्की निर्लज्जता। समूढ़=पुञ्ज, समूह। प्रौढ़रूढ़ि को समूढ़=पक्की निर्लज्जता का पुञ्ज (अति निर्लज्ज); पक्का बेशरम। गूढ़गेह=यज्ञगृह। जहीं यज्ञ को भयो=ज्योंहीं यज्ञ करने को उद्यत हुआ। निशंक अंक=निर्भय हृदय, अत्यन्त निर्भय।

भावार्थ—पक्का बेह्या रावण (निज स्त्री द्वारा निरादृत) यज्ञस्थल को गया और शुक्रप्रदत्त मंत्र को शुद्धोच्चारण से पढ़-पढ़ कर ज्योंही यज्ञ को उद्यत हुआ त्योंही, हनुमान, अंगद और जामवंतादि वीर गण दौड़े और लंका नगर के भीतर जाकर रावण को निशंक मन से यज्ञ करते पाया।

अलंकार—वृत्यानुप्रास, लाटानुप्रास।

चामर—मत्त दंति पंक्ति बाजिराजि छोरि कै दई।
भाँति भाँति पच्छिराजि भाजि भाजि कै गई॥
आसने बिछावने बितान तान तूरियो।
यत्र तत्र छत्र चारु चौंर चारु चूरियो॥ २५॥

शब्दार्थ—तान=रस्सी। चारु=सुन्दर। चारु=अच्छी तरह से।

भावार्थ—(बानरों ने लंका में पहुँच ये उपद्रव किये) मस्त हाथियों तथा घोड़ों के समूहों को बंधन से छोर दिया (अतः वे इधर उधर उपद्रव करने लगे (भाँति भाँति के पक्षियों को पिंजड़ों से निकाल दिया (अतः वे जहाँ-तहाँ उड़ चले) आसन और बिछावन उलट दिये, बितानों की रस्सियाँ तोड़ दीं। जहाँ-तहाँ सुन्दर छत्र और चामरों को अच्छी तरह से चूर-चूर कर डाला।

अलंकार—अनुप्रास।

भुजंगप्रयात—भगीं देखि कै शंकि लंकेश-बाला।
दुरी दौरि मंदोदरी चित्रशाला॥
तहाँ दौरि गो बालि को पूत फूल्यौ।
सबै चित्र की पुत्रिका देखि भूल्यो॥ २६॥

शब्दार्थ—फूल्यो=आनंदित। चित्र की पुत्रिका=रंगमहल में बने हुए स्त्रियों के चित्र।

भावार्थ—(जब बहुत से बानर रावण के महलों में घुस गये तब) रावण की रानियाँ डर कर भागीं और मंदोदरी के चित्रशाला में जा छिपीं। यहाँ आनन्द से दौड़ कर अंगद पहुँचे और वहाँ के चित्रों को देख कर चकित रह गये (जान न सके कि ये चित्र हैं व सच्ची स्त्रियाँ हैं)।

भुजंगप्रयात—गहै दौरि जाको तजै ता दिसा को।
तजै जा दिशा को भजै बाम ताको॥

भले कै निहारी सबै चित्रसारी।
लहै सुन्दरी क्यों दरी को बिहारी ॥ २७ ॥

भावार्थ—(अंगद मंदोदरी को पहचान नहीं सके) अंगद जिस ओर दौड़ कर किसी चित्रपुतली का पकड़ते हैं, उस दिशा को छोड़ मंदोदरी दूसरी ओर भाग जाती है। जिस दिशा को अंगद छोड़ देते हैं, उसी दिशा को वह भाग जाती है। समस्त चित्रसारी को अच्छी तरह से देख डाला (पर किसी को पकड़ न सके)—बात ठीक ही है, भला पर्वत गुफा में विहार करने वाला (बानर) सुन्दरी स्त्रियों को कैसे पा सकता है। आखिर बानर ही तो ठहरे)।

अलंकार—भ्रम। मीलित।

भुजंगप्रयात—तजै देखि कै चित्र की श्रेष्ठ धन्या।
हँसी एक ताको तहीं देव कन्या ॥
तहीं हाससों देव कन्या दिखाई।
गही शंक कै लंकरानी बताई ॥ २८ ॥

शब्दार्थ—धन्या = स्त्री (यहाँ पुतली)। दिखाई = देख पड़ी। लंकरानी = मंदोदरी। बताई = पहचनवा दिया।

भावार्थ—अंगद पहले किसी चित्र की पुतली को स्त्री समझ कर पकड़ते हैं, पुनः अच्छी तरह देख कर उसे छोड़ देते हैं। यह तमाशा देख कर वहाँ छिपी हुई एक देव कन्या हँस पड़ी, उस हास से जब अंगद को वह देवकन्या दिखाई पड़ी तब अंगद ने उसी को पकड़ लिया। उसने डर कर मंदोदरी को पहचनवा दिया (बता दिया कि यह मंदोदरी है)।

अलंकार—भ्रम। विशेषकोन्मीलित।

भुजंगप्रयात—सु आनी गहे केश लंकेश रानी।
तमश्री मनो सूर शोभानि सानी ॥
गहे बाँह ऐंचैं चहूँ ओर ताको।
मनो हंस लीन्हें मृणाली लता को ॥ २९ ॥

शब्दार्थ—तमश्री = अंधकार। सूर शोभानि सानी = सूर्य के किरणों से जटित (रत्नजटित आभूषणों के कारण)। मृणाली लता = पुरइन।

भावार्थ—अंगद मंदोदरी के बाल पकड़ कर उसे चित्रशाला से बाहर लाये, उस समय वह ऐसी जान पड़ी मानो सूर्य किरणों से जटित अंधेरी रात हो (काली मंदोदरी रत्नजटित स्वर्णाभूषण युक्त) पुनः अंगद उसकी बाहें पकड़ कर इधर-उधर खींचते हैं. ऐसा जान पड़ता है मानो हंस पुरइन को खींच-खींच कर अस्त-व्यस्त कर रहा है।

अलंकार—उत्प्रेक्षा।

भुजंगप्रयात—छुटी कण्ठमाला लुरैं हार टूटे।
खसैं फूल फैलैं लसैं केश छूटे।
फटी कंचुकी किंकिनी चारु छूटी।
पुरी काम की सी मनो रुद्र लूटी॥ ३०॥

शब्दार्थ—लुरैं = लटकते हैं। फैलैं = बिखरते हैं।

भावार्थ—इस समय मंदोदरी की यह दशा हुई कि गले की कंठियाँ छूट पड़ीं, हार टूट कर इधर-उधर लटकने लगे। वेणी के फूल गिर गिर कर इधर उधर बिखर रहे है, बाल छूट गये हैं, कंचुकी फट गई है, किंकिणी भी छूट गई है, ऐसा जान पड़ता है मानो शिव ने कामपुरी को लूट लिया है।

अलंकार—उत्प्रेक्षा।

(मंदोदरी के कंचुकीरहित उरोज)

भुजंगप्रयात—बिना कंचुकी स्वच्छ वक्षोज राजैं।
किधौं साँचहू श्रीफलै सोभ साजैं॥
किधौं स्वर्ण के कुंभ लावण्य पूरे।
वशीकर्ण के चूर्ण सम्पूर्ण पूरे॥ ३१॥

शब्दार्थ—वक्षोज = कुच। श्रीफल = बेल फल। लावण्यपूरे = अति सुन्दर। पूरे = भरे हुए।

भावार्थ—मंदोदरी के कंचुकी रहित कुच राजते हैं या सचमुच बेल फल ही शोभा दे रहे हैं, या सुन्दर सोने के कलश वशीकरण के चूर्ण से लबालब भरे हुए हैं।

अलंकार—संदेह।

भुजंगप्रयात—किधौं इष्टदेवै सदा इष्ट ही के।
किधौं गुच्छ द्वै काम संजीवनी के।
किधौं चित्त चौगान के मूल सोहैं।
हिये हेम के हालगोला विमोहैं॥३२॥

शब्दार्थ—सदाइष्ट=पति। चित्तचौगान के मूल=(ये शब्द 'हाल-गोला' के विशेषण हैं) चित्त के चौगान खेल के मूल कारण। हाल-गोला=गेंद।

भावार्थ—किधौं मंदोदरी के पति (रावण) के इष्टदेव ही हैं, या काम संजीवनी लता के दो पुष्पगुच्छे हैं, या देखने वालों के चित्तों को चौगान खेल खिलाने के मूल कारण मंदोदरी के कुच सोने के दो गेंद हैं जो देखने वालों के हृदय को विमोहित करते हैं (जिस प्रकार चौगान खेल में जिस ओर गेंद जाता है उसी ओर सब खेलाड़ी दौड़ते हैं, इसी प्रकार जिस ओर मंदोदरी के कुच हो जाते हैं उसी ओर दर्शकों के चित्त चले जाते हैं)।

अलंकार—संदेह।

भुजगप्रयात—सुनी लंकरानीन की दीन वानी।
तहीं छाँड़ि दीन्हों महामौन मानी।
उठ्यो सो गदा लै यदा लंकवासी।
गये भाग कै सर्व साखाविलासी॥३३॥

शब्दार्थ—महामौन=मंत्र जपते समय का संकल्पित मौनावलम्बन। मानी=अभिमानी रावण। यदा=जब। लंकवासी=रावण। साखाविलासी=बानर।

भावार्थ—जब रावण ने अपनी रानियों के रोने-चिल्लाने की दीन वाणी सुनी तब वह अभिमानी लंकापति रावण संकल्पित मौन छोड़ कर गदा लेकर यज्ञासन से उठ खड़ा हुआ और बानरों को मारने दौड़ा। यह देख सब बानर भाग खड़े हुए (बस रावण का यज्ञ-भंग हो गया, यही तो करना ही था)।

(मंदोदरी)

दो०—सीतहि दीन्हो दुख वृथा, साँचों देखौं आजु।
करै जु जैसी त्यों लहै कहा, रंक कह राजु॥ ३४॥

भावार्थ—मन्दोदरी रावण से कहती है कि तुमने परस्त्री सीता को झूठा दुःख दिया है (जबरदस्ती उसकी पातिव्रत भंग करने की चेष्टामात्र की है, व्रत भंग नहीं किया) पर उसका फल ज़रा भी न समझना जब तक हमारी सच्ची दुर्दशा देख लो, क्योंकि प्रकृति का नियम है कि जो जैसा करता है सो तैसा भोगता है, चाहे वह रंक हो चाहे राजा हो।

अलंकार—अर्थान्तरन्यास (विशेष से साधारण सिद्धान्त की पुष्टि)।

(रावण) मत्तगयन्द सवैया—

को वपुरा जो मिल्यो है विभीषण है कुलदूषन जीवैगो कौं लौं।
कुंभकरन्न मरयो मघवारिपु तौ री ? कहा न डरौं यम सौ लौं॥
श्रीरघुनाथ के गातिन सुन्दरि ? जाने न तू कुशली न तनु तौलौं।
शाल सबै दिगपालन को कर रावण के करवाल है जौं लौं ॥३५॥

शब्दार्थ—वपुरा = वेचारा, निकम्मा। कुलदूषन = वंश नाशक। कौलौं = कब तक। यम सौ लौं = सौ यमराजों को भी। कुशली = कुशलपूर्वक। तनु = ज़रा भी। शाल = दुःखदायी। करवाल = तलवार। (करवाल शब्द पुलिंग है)।

भावार्थ—(रावण निज स्त्रियों को धीरज देता है) यदि निकम्मा विभीषण उधर जा मिला तो क्या हुआ, वह कुल नाशक कब तक जीता रहेगा ? कुंभकर्ण और मेघनाद मारे गये तो क्या हुआ ? मैं (एक नहीं) सौ यमराजों से भी नहीं डरता। सुन्दरी तू तब तक राम की कुशल ज़रा भी न समझना जब तक दिग्पालों को सतानेवाली तलवार रावण के हाथ में है। (वाह रे द्विजेन्द्र रावण ! शत्रुभाव की उपासना ऐसे ही धीर-वीर और अहङ्कारी जीव से हो सकती है)।

अलंकार—पुनरुक्तिवदाभास और स्वभावोक्ति।

[राम-रावण-युद्ध और रावण-वध]

चामर—रावणै चले चले ते धाम धाम ते सबै।
साजि साजि साज सूर गाजि गाजि कै तबै॥
दीह दुँदुभी अपार भाँति भाँति बाजहीं।
युद्धभूमि मध्य क्रुद्ध मत्त दंति गाजहीं॥ ३६॥

शब्दार्थ—रावणै चले चले ते=रावण के चलने पर वे भी चले। सबै=सब वीर लोग। दीह दुंदुभी=बड़े-बड़े नगाड़े। दंति=हाथी।

चंचरी–इन्द्र श्रीरघुनाथ को रथहीन भूतल देखि कै।
वेगि सारथि सो कह्यो रथ साजि जाहि विशेषि कै॥
तूण अक्षय बाण, स्वच्छ अभेद लै तनत्राण को।
आइयो रण-भूमि में करि अप्रमेय प्रमाण को॥ ३७॥

शब्दार्थ—विशेषि कै=विशेष रूप से। तूण अक्षयबाण को=ऐसा तरकस जिसके बाण कभी कम न हों। अभेद तनत्राण=ऐसा कवच जो किसी अस्त्र-शस्त्र से भेदा न जा सके। अप्रमेय प्रमाण को करि=रथ को बहुत बड़े परिमाण का बनाकर (बहुत बड़ा रथ लेकर और बहुत अधिक सामग्री से सजाकर)।

भावार्थ—इन्द्र ने श्रीरघुनाथ जी को रण भूमि के लिए सज्जित, पर रथहीन, देख कर अति शीघ्र अपने सारथी से कहा कि विशेष रूप से रथ सजाकर तुम तुरन्त राम की सहायता को जाओ। सारथी आज्ञा पाकर अक्षय बाण वाले तरकस और स्वच्छ अभेद्य कवच और बहुत बड़ा रथ (जिसमें बहुत सी रण-सामग्री अट सके) लेकर रणभूमि में आ पहुँचा।

कोटि भाँतिन पौन ते मन ते महा लघुता लसै।
बैठि कै ध्वजअग्र श्रीहनुमन्त अन्तक ज्यों हँसै॥
रामचन्द्र प्रदक्षिणा करि दक्ष ह्वै जबहीं चढ़े।
पुष्पवर्षि बजाय दुँदुभि देवता बहुधा बढ़े॥ ३८॥

शब्दार्थ—लघुता=(लाघवता) फुर्ती, तेज, वेग शीघ्रता। अन्तक=यमराज। दक्ष ह्वै=दाहिने ओर से (रथ के दाहिने द्वार से)।

भावार्थ—वह रथ (जो इन्द्र का सारथी मातलि लाया था) पवन से कोटि गुणा और मन से भी अति अधिक वेगवाला था। उस पर हनुमान जी ध्वजा में बैठ कर यमराज समान अट्टहास करते हैं। रामचन्द्र उस रथ की परिक्रमा करके जब दाहिने दरवाजे से उस पर सवार हुए तब देवताओं ने फूल बरसाये और नगाड़े बजाते हुए अनेक प्रकार की सहायता करने को आगे आये।

राम को रथ मध्य देखत क्रोध रावण के बढ़्यौ।
बीस वाहुन की सरावलि व्योम भूतल स्यों मढ़्यौ॥
शैल ह्वै सिकता गये सब दृष्टि के बल संहरे।
ऋक्ष वानर भेदि तत्क्षण लक्षधा छतना करे॥ ३९॥

शब्दार्थ—सरावलि=शर समूह। सिकता=बालू। दृष्टि के बल संहरे=दृष्टि का बल जाता रहा अर्थात् ऐसा अन्धकार हो गया कि कुछ दिखाई न पड़ने लगा। छतना करे=शरीरों को छेद कर मधुमक्षिका के छाते की तरह कर दिया।

भावार्थ—श्रीराम जी को रथ पर सवार देखकर रावण का क्रोध बढ़ा, बीस भुजाओं के शर समूह से जमीन आसमान को भर दिया। पर्वत बालू हो गये, ऐसा अंधकार हो गया कि कुछ दिखाई न पड़ने लगा। रिक्षों, बानरों के शरीर बाणों से छेद कर छतना कर डाले।

अलंकार—अत्युक्ति।

मोदक—

बानन साथ विधे सब बानर। जाय परे मलयाचल की धर॥
सूरज मंडल में एक रोवत। एक अकाश नदी मुख धोवत॥४०॥
एक गये यम लोक सहे दुख। एक कहैं भव भूतन सों सुख॥
एक ते सागर माँज परे मरि। एक गये बड़वानल में जरि॥४१॥

शब्दार्थ—(४०)—धर=(धरा) पृथ्वी। आकाशनदी=आकाश गंगा। (४१)—भव-भूत=सांसारिक पंचभूत अर्थात् जल, पवन, अग्नि इत्यादि।

भावार्थ—(४०)—रावण ने सब बानरों को बाणों से वेध दिया। बहुत से बानर तो मलय गिरि पर जा गिरे, कुछ सूर्यमण्डल में जा पड़े, कुछ आकाश गंगा में मुख धोते हैं। (४१)—कोई दुःख सह कर (मर कर) यमलोक को गये, कोई पञ्चभूतों से जा मिले, कोई मर कर समुद्र में बहे जाते हैं, कोई बड़वानल में जल गये हैं।

मोटनक—श्रीलक्ष्मण कोप कर्‌यो जबहीं।
छोड़्यो शर पावक को तबहीं॥

जारयो शर पंजर छार करयो।
नैऋत्यन को अति चित्त डरयो ॥४२॥

शब्दार्थ—शरपञ्जर = शर-कोट (वीर लोग बाण फेंक कर सेना के चारों ओर दीवार सी बना देते हैं जिससे कोई योद्धा उससे बाहर न जा सके, इसे शर पञ्जर कहते हैं)। नैऋत्य=राक्षस।

भावार्थ—अपना दल विकल देखकर जब लक्ष्मण जी ने क्रोध किया तब अग्निबाण छोड़ा और शर-पञ्जर को जला कर खाक कर दिया, यह देखकर राक्षसों के चित्त बहुत ही भयभीत हुए।

मूल—दौरे हनुमंत बली बल स्यौं। लै अंगद संग सबै दल स्यौं।
मानों गिरिराज तजे डर को। घेरे चहुँ ओर पुरंदर को ॥४३॥

भावार्थ—इसके बाद श्रीहनुमान और अंगद सेना को समेट कर बलपूर्वक रावण को घेर लेने के लिए दौड़े। यह धावा ऐसा मालूम हुआ मानो बड़े-बड़े पर्वत निडर होकर इन्द्र को घेर रहे हों।

अलंकार—उत्प्रेक्षा।

हीर—अंगद रण अंगन सब अंगन मुरझाय कै।
ऋक्षपतिहिं अक्ष रिपुहिं लक्ष गति रिझाय कै॥
वानर गण बारन सम केशव सबही मुरयो।
रावण दुखदावन जग पावन समुहें जुरयो ॥४४॥

शब्दार्थ—रणअंगन=(रणांगण) समरभूमि। मुरझायकै=शिथिल करके। ऋक्षपति=जामवंत। अक्षरिपु=हनुमान। लक्षगति रिझाइकै= निशानेबाजी से खुश करके अर्थात् बाणों से वेध कर। बारनसम=हाथी समान बलवान। मुरयो=मोड़ दिये, सामने से हटा दिये। दुःखदावन=दुःख से जलाने वाला अर्थात् अत्यन्त दुखदाई। जगपावन=श्रीराम जी। समुहें=सामने।

भावार्थ—रावण ने समरभूमि में अंगद को सब अंगों से शिथिल कर डाला, तथा जामवंत और हनुमान को निशानेबाजी से खुश कर दिया (घायल कर दिया) और अन्य हाथी-समान बलवान वानरों को अपने सामने से मोड़ दिया तब अत्यन्त दुःखदायी रावण श्रीराम जी के सामने आकर उनसे भिड़ गया।

चंचला—इन्द्रजीत-जीत आनि रोकियो सु बान तानि।
छोड़ि दीन बीर बान कान के प्रमाण आनि॥
सो पताक काटि चाप चर्म वर्म मर्म छेदि।
जात भो रसातलै अशेष कंठमाल भेदि॥४५॥

शब्दार्थ—इन्द्रजीत-जीत=लक्ष्मण जी। आनि=आकर। आनि=लाकर। चर्म=ढाल। वर्म=कवच। अशेष=सम्पूर्ण। कंठमाल भेदि=सब सिरों को काट कर।

भावार्थ—तब लक्ष्मण जी ने सामने आकर धनुष बाण तान कर रावण को रोका और कान तक खींच कर वीर लक्ष्मण ने एक बाण छोड़ दिया। वह बाण ध्वजा को काट कर रावण के धनुष, ढाल, कवच और मर्म स्थान को छेद कर और सरों को काट कर, रसातल को चला गया।

दंडक—सूरज मुसल नील पट्टिश परिघ नल,
जामवंत असि, हनू तोमर सँहारे हैं।
परसा सुखेन, कुंत केशरी, गवय शूल,
विभीषण गदा, उज भिंदपाल टारे हैं।
मोगरा द्विविद, तार कटरा, कुमुद नेजा,
अंगद शिला, गवाक्ष विटप बिदारे हैं।
अंकुश शरभ, चक्र दधिमुख, शेष शक्ति,
बाण तीन रावण श्री रामचन्द्र मारे हैं॥४६॥

शब्दार्थ—सूरज=सुग्रीव। पट्टिश=खाँड़ा (दो धारा और चार हाथ लंबा होता है) परिघ=गँड़ासा वा लोहाँगी। तोमर=शापला। कुंत=बरछी। भिंदिपाल=ढेलवाँस, गोफना। मोगरा=मुगदर। कटरा=कटार। नेजा=भाला। शेष=लक्ष्मण। शक्ति=सांग, बाना।

भावार्थ—रावण ने सुग्रीव को मूसल से, नील को खाँड़े से, नल को लोहाँगी से, जामवंत को तलवार से और हनुमान को शापले से मारा। सुखेन को फरसा से, केशरी को बरछी से, गवय को शूल से, विभीषण को गदा से, और गज को गोफने से मार कर हटा दिया। द्विविद को मुग्दर से, तारा को कटार से, मुकुद को नेज़े से, अंगद को शिला और गवाक्ष को पेड़ से विदीर्ण कर दिया। शरभ को अकुश, दधिमुख को चक्र, लक्ष्मण को

साँग और धनुष से तीन बाण राम जी को मारे (तात्पर्य यह कि रावण अपने अठारह हाथों से अन्य अठारह वीरों से लड़ता है और दो हाथों से राम से लड़ रहा है)।

दो०—द्विभुज श्रीरघुनाथ सों, विरचे युद्ध विलास।
बाहु अठारह यूथपनि, मारे केशवदास ॥ ४७ ॥

शब्दार्थ—युद्ध विलास=युद्ध क्रीड़ा (तात्पर्य यह है कि रावण युद्ध को एक खेल समझता है)।

गंगोदक—

युद्ध जोई जहाँ भाँति जैसी करै ताहि ताही दिसा रोकि राखै तहीं।
आपन अस्त्र लै शस्त्र काटै सबै ताहि केहूँ कहूँ घाव लागै नहीं ॥
दौरि सौमित्र लै बाण कोदंड ज्यों खंड खंडी ध्वजा धीर छत्रावली।
शैल शृंग वली छोड़ि मानो उड़ी एक ही वेर कै हंस वंशावली ॥४८॥

शब्दार्थ—सौमित्र=लक्ष्मण। खंड खंडी=खंडखंड कर डाली।

अलंकार—उत्प्रेक्षा।

त्रिभंगी—

लक्ष्मण शुभ लक्षण बुद्धि विचक्षण रावण सों रिस छोड़ि दई।
बहु बाननि छंडे जे सिर खंडे ते फिर मंडे शोभ नई ॥
यद्यपि रण-पण्डित गुन गन मंडित रिपुबल खण्डित भूलि रहे।
तजि मन बच कायक, सूर सहायक रघुनायक सों बचन कहे ॥४९॥

शब्दार्थ—रिस=(पंजाबी 'रीस') बराबरी युद्ध। रावण सों रिस छोड़ दई=रावण से युद्ध करना छोड़ दिया अर्थात् बन्द कर दिया। रिपुबल खंडित=(ये शब्द लक्ष्मण के विशेषण हैं) रिपुबल द्वारा खंडित हुआ है रणपांडित्य जिनका (अर्थात् लक्ष्मण जी)। भूल रहे=चकित हो रहे हैं। तजि मन बच कायक=मन वचन और कर्म से अपने रणपांडित्य का अहंकार छोड़ कर। सूरसहायक=(रघुनायक का विशेषण है)।

भावार्थ—जब लक्ष्मण ने देखा कि बहुत से बाण छोड़ कर जो रावण के सिर हम काटते हैं, वे फिर नवीन शोभा धारण करते हैं (नवीन सिर निकल आते हैं) तब शुभ लक्षण तथा बुद्धिमान लक्ष्मण ने रावण से युद्ध करना बन्द कर दिया। यद्यपि लक्ष्मण जी बड़े रण पण्डित और वीरोचित

गुणयुक्त हैं, तथापि रिपुबल से भग्न मनोरथ होकर (मारने में असफल होकर) चकित हो रहे, और मन वचन कर्म से रणपांडित्य का अभिमान छोड़ कर शूर वीरों के सच्चे सहायक राम जी से यों बोले।

(लक्ष्मण)—

ठाढ़ो रण गाजत केहूँ न भाजत तन मन लाजत सब लायक।
सुनि श्रीरघुनन्दन मुनिजन वन्दन दुष्ट निकन्दन सुख दायक॥
अब टरै न टारो मरै न मारो हौं हठि हारो धरि शायक।
रावणहिं न मारत देव पुकारत है अति आरत जग नायक॥ ५०॥

भावार्थ—लक्ष्मण जी राम जी से कहते हैं कि देखिये महाराज ! रावण खड़ा रण में गरज रहा है, किसी प्रकार भागता नहीं। इस सर्व प्रकार से योग्य योद्धा को देख कर मैं तन-मन से लज्जित हो रहा हूँ। हे मुनिवंद्य, दुष्ट-दलन, सुखदायक राम जी सुनिये, यह रावण न टाले टलता है, न मारे मरता है, मैं बराबरी करते-करते थक गया हूँ। हे जगनायक ! आप रावण को क्यों नहीं मारते, सुनते नहीं कि सब देवता अति आर्त वाणी से पुकार कर कह रहे हैं।

(राम) छप्पय—

जेहि शर मधु-मद मरदि महा मुर मर्दन कीनो।
मार्‍यो कर्कस नरक शंख हति शंख हु लीनो॥
निष्कंटक सुर कटक कर्‍यो कैटभ वपु खंड्यो।
खरदूषण त्रिशिरा कबंध तरु खण्ड विहंड्यो॥
कुंभकरण जेहि संहर्‍यो पल न प्रतिज्ञा ते टरौं।
तेहि बाण प्राण दसकण्ठ के कण्ठ दसौ खण्डित करौं॥५१॥

शब्दार्थ—कर्कस=कठोर। मधु, मुर, नरक, शङ्ख, कैटभ=ये सब उन बड़े-बड़े दैत्यों के नाम हैं जिन्हें विष्णु ने मारा है। तरुखंड=सातों ताल वृक्ष जिन्हें राम जी ने सुग्रीव के कहने से विद्ध किया था। विहंड्यो= (विखंड्यो) विशेष प्रकार से खंडित किया है।

भावार्थ—राम जी लक्ष्मण सरीखे वीर को घबराया हुआ जान कर दिलासा देने के हेतु कहते हैं कि घबराओ नहीं, जिस बाण से मैंने ये दैत्य

राक्षसादि मारे हैं उसी बाण से रावण को भी मारूँगा और अपनी प्रतिज्ञा पूरी करूँगा।

अलंकार—स्वभावोक्ति।

दो०—रघुपति पठयो आसुही, असुहर बुद्धि निधान।
दस सिर दसहे दिसन को, बलि दै आयो बान ॥ ५२ ॥

शब्दार्थ—आसुही=शीघ्र ही। असुहर=प्राणनाशक। बुद्धि निधान=राम जी।

भावार्थ—बुद्धिनिधान राम ने तुरन्त एक प्राणहर बाण छोड़ा जो रावण के दसों सिर काट कर दसों दिशाओं को बलि देकर पुनः तरकस में आ गया।

सुन्दरी सवैया—भुवभारहि संयुत राकस को,
गण जाय रसातल में अनुराग्यो।
जग में जय शब्द समेतहि केसव,
राज विभीषण के सिर जाग्यो॥
मय दानव नन्दिनि के सुख सों,
मिलि कै सिय के हिय को दुख भाग्यो।
सुर दुन्दुभि सीस गजा, सर राम,
को रावण के सिर साथहि लाग्यो ॥ ५३ ॥

शब्दार्थ—मयदानवनंदिनी=मंदोदरी। गजा=(गज) नगाड़े की चोब, वह लकड़ी जिससे नगाड़ा बजाया जाता है।

भावार्थ—भूमिभार सहित राक्षसों का समूह पाताल को चला गया। राम की जय का शब्द और विभीषण की राज्य प्राप्ति का सौभाग्य एक साथ ही उदय हुआ। मंदोदरी का सुख और सीता का दुःख साथ ही भाग गये। रावण के सिर में राम का बाण और देव-दुन्दुभी पर दंडा एक साथ ही लगे।

अलंकार—अक्रमातिशयोक्ति, सहोक्ति।

(मन्दोदरी) मत्तगयन्द सवैया—
जीति लिये दिगपाल, सची की
उसासन देवनदी सब सूकी।

त्रासरहू निसि देवन की नर,
देवन की रहै संपति हूकी ॥
तीनहु लोकन की तरुनीन की,
वारी बँधी हुती दंण्डहि दू की ॥
सेवित स्वान सियार सो रावण,
सोवत सेज परे अब भूकी ॥ ५४ ॥

शब्दार्थ—देवनदी = आकाश गंगा। सूकी = (बुंदेलखंडी उच्चारण) सूख गई। संपति हुकी रहै = संपत्ति को पीड़ा होती थी। दू = दो। भू = पृथ्वी।

भावार्थ—(मंदोदरी विलाप करती है) हे पतिदेव, तुमने दिग्पालों को जीत लिया था, तुम्हारे डर से स्वर्ग से भगे हुए इन्द्र की वियोगिनी पत्नी शची की गर्म स्वासों से सारी आकाशगंगा सूख गई थी, तुम्हारे कारण रातोदिन देवताओं और राजाओं की संपत्ति को पीड़ा रहती थी। तीनों लोकों की स्त्रियों को तुम्हारी सेवा करने के लिए दो-दो दंड की पारी बँधी हुई थी, वही तुम आज कुत्तों और सियारों से सेवित भूमि पर सो रहे हो।

अलंकार—निदर्शना।

(राम) तारक—अब जाहु विभीषण रावण लैकै।
सकलत्र सबन्धु क्रिया सब कैकै ॥
जन सेवक संपत्ति कोश सभारो।
मयनंदिनि के सिगरे दुख टारो ॥ ५५ ॥

शब्दार्थ—सकलत्र = स्त्री सहित। जन = परिजन, कुटुम्बी। कोश = खजाना। मयनंदिनी = मंदोदरी।

भावार्थ—(राम जी ने विभीषण को आज्ञा दी कि) कि हे विभीषण! रावण का शव उठा ले जाओ और स्त्रियों तथा बन्धुओं सहित सब मृतक्रिया यथाविधि करके, सब परिवार, सेवक, संपत्ति और खजाने को सँभालो (जाँच कर अपने अधिकार में लो) और मंदोदरी के सब दुःख निवारण करो।

विशेष—'मयनंदिनि के सिगरे दुख टारो'—इसके दो भाव हो सकते हैं :—(१) हमारे-तुम्हारे शत्रु की स्त्री समझ कर इसे आजीवन कदापि कोई दुःख न देना, यथाविधि

इसकी सेवा-शुश्रुषा करना। (२) इसे अपनी स्त्री बना लो जिससे इसका सौभाग्य बना रहे और यह सीता की तरह पति-वियोग से दुःखित न हो।

नोट—इस छंद से राम जी की नीतिज्ञता, दयालुता, सहानुभूति, उदारता, आदि क्षत्रियोचित गुण प्रत्यक्ष प्रकट होते हैं।

उन्नीसवाँ प्रकाश समाप्त

बीसवाँ प्रकाश

दो०—या बीसवें प्रकाश में, सीता-मिलन विशेषि।
ब्रह्मादिक अस्तुति गमन, अवधपुरी को लेखि॥
प्राग वरणि अरु वाटिका, भरद्वाज की जानि।
ऋषि-रघुनाथ-मिलाप कहि, पूजा करि सुख मानि॥

(श्रीराम) तारक—

जय जाय कहो हनुमंत हमारो।
सुख देवहु दीरघदुःख बिदारो॥
सब भूषण भूपित कै शुभ गीता।
हमको तुम बेगि दिखावहु सीता॥१॥

शब्दार्थ—जय=(केशव यहाँ पुलिंग मानते हैं) जीत। देवहु=दीजिये। शुभगीत=सर्व-प्रशंसित।

तारक—हनुमन्त गये तहहीं जहँ सीता।
अरु जाय कही जय की सब गीता॥
पग लागि कह्यो जननी पगु धारो।
मग चाहत हैं रघुनाथ तिहारो॥२॥

शब्दार्थ—गीता=वर्णन। पगु धारो=चलिये। मग चाहत हैं=रास्ता देख रहे हैं, बाट जोहते हैं।

तारक—सिगरे तन भूषण भूषित कीने।
धरि कै कुसुमावलि अंग नवीने॥
द्विज देवन बंदि पढ़ी शुभ गीता।
तब पावक अंक चली चढ़ि सीता॥३॥

भावार्थ—सीता ने समूचे शरीर को भूषणों से भूषित किया और नवीन आनंदित अंगों में फूल-मालायें धारण कीं, ब्राह्मणों और देवताओं ने प्रशंसा सूचक विरुदावली पढ़ी, तदनंतर अग्निदेव की गोद में चढ़ कर सीता जी राम की ओर चलीं।

(सीता की अग्नि परीक्षा)

भुजंगप्रयात—सबस्त्रा सबै अंग सिंगार सोहैं।
विलोकें रमा देव देवी विमोहैं।
पिता अंक ज्यों कन्यका शुभ्र गीता।
लसै अग्नि के अंक त्यों शुद्ध सीता ॥४॥

शब्दार्थ—कन्या=पुत्री। शुभ्रगीता=पवित्र चरणवाली।

भावार्थ—सीता जी वस्त्राभूषणों से शृंगारित हैं, जिनका रूप देख कर लक्ष्मी सहित देव-देवियाँ विमोहित होती हैं। जैसे पिता की गोद में कोई पवित्राचरणी कन्या हो वैसे ही अग्नि की गोद में शुद्ध सीता विराजती हैं।

अलंकार—देहरीदीपक से पुष्ट उपमा।

भुजंगप्रयात—महादेव के नेत्र की पुत्रिकासी।
कि सग्राम के भूमि में चंडिकासी॥
मनो रत्न सिंहासनस्था सची है।
किधौं रागनी रागपूरे रची है ॥५॥

शब्दार्थ—पुत्रिका=पुतली। सची=इन्द्राणी। राग=अनुराग। रची है=रँगी है।

भावार्थ—(सीता जी उस समय कैसी जान पड़ती हैं) महादेव के नेत्र की पुतली हैं, या रणभूमि की चंडिका हैं, या मानो रत्न सिंहासन में बैठी हुई इन्द्राणी हैं या पूरे अनुराग से रँगी हुई कोई रागिनी हैं।

अलंकार—उपमा और उत्प्रेक्षा से पुष्ट सदेह

भुजंगप्रयात गिरापूर में है पयोदेवता सी।
किधौं कंज की मंजु शोभा प्रकाशी॥
किधौं पद्म ही में सिफाकंद सोहै।
किधौं पद्म के कोप पद्मा विमोहै ॥६॥

शब्दार्थ—गिरा = सरस्वती। पूर = समूह। गिरापूर = सरस्वती नदी का जल-समूह। पयोदेवता = जल-देवो। सिफाकंद = कमलकंद। कोष = कमल की छतरी, कमल के मध्य भाग का बीज कोष। पद्मा = लक्ष्मी।

भावार्थ—या सरस्वती के जल-समूह में कोई जल-देवी है, या उसी में कोई सुन्दर कमल खिला हुआ है, या कमल में कमलकंद है, या कमल के बीजकोष पर लक्ष्मी जी बैठी शोभा दे रही हैं।

अलंकार—संदेह।

भुजंगप्रयात—कि सिंदूर शैलाग्र में सिद्ध-कन्या।
किधौं पद्मिनी सूर संयुक्त धन्या॥
सरोजासना है मनो चारु वानी।
जपा-पुष्प के बीच बैठी भवानी॥७॥

शब्दार्थ—स्पष्ट है।

भावार्थ—या सिंदूर-शैल के अग्रभाग में कोई सिद्ध-कन्या बैठी है, या सूर्य मंडल में कोई कमलिनी है, या सुन्दर सरस्वती ही कमल पर बैठी हैं या जपापुष्प पर भवानी हैं।

अलंकार—सन्देह।

भुजगप्रयात—किधौं ओषधी-वृन्द में रोहिणी सी।
कि दिग्दाह में देखिये योगनीसी॥
धरा-पुत्र ज्यों स्वर्णमाला प्रकासै।
किधौं ज्योति सी तक्षकाभोग भासै॥८॥

शब्दार्थ—तक्षकाभोग = (तक्षक = आभोग) तक्षक का फण।

भावार्थ—या दिव्योषधियों के समूह में रोहिणी बैठी है या दिग्दाह में कोई योगिनी है, या मंगल-मंडल में स्वर्णमाला है, या तक्षक के फण पर मणि-ज्योति प्रकाशित है।

अलंकार—संदेह।

उपेन्द्रवज्रा—

आसावरी माणिककुंभ सोभै, अशोक-लग्ना वनदेवता सी।
पलाशमाला कुसुमालि मध्ये, वसंत लक्ष्मी शुभ लक्षणा सी॥९॥

शब्दार्थ—आसावरी = एक रागनी विशेष। लग्ना = स्थित, बैठी हुई।

भावार्थ—(सीता जी अग्नि पर बैठी कैसी जान पड़ती हैं मानों) आसावरी रागिनी माणिक का कुम्भ लिये हो (अग्नि समूह आसावरी रागिनी है, सीता माणिककुम्भ हैं) या अशोक वृक्ष पर स्थित कोई वनदेवी हैं, अथवा शुभलक्षणा वसन्त-श्री (वसंत की शोभा) पलाशकुसुम के समूह में शोभित हैं।

अलंकार—उपमा गर्भित संदेह।

आरक्तपत्रा सुभ चित्र पुत्री, मनो बिराजै अति चारु वेषा।
संपूर्ण सिंदूर प्रभा बसै धौं, गणेशभालस्थल चन्द्ररेखा ॥१०॥

शब्दार्थ—आरक्तपत्रा—लाल बेलबूटों से सजाई हुई। चित्रपुत्री= पुतली। चन्द्ररेखा=चन्द्रमा की कला (जो गणेश के मस्तक पर है)।

भावार्थ—या मानो कोई चित्रपुतली लाल बेलबूटों के मध्य सुन्दर भेष से सजाई गई हो (अग्नि लाल बेलबूटे हैं और सीता जी चित्रपुतरी हैं) या सपूर्ण सिंदूर की प्रभा में गणेश के भाल पर की चन्द्रकला हैं।

अलंकार—उत्प्रेक्षा से पुष्ट संदेह।

मत्तगयंद सवैया—

है मणि-दर्पण में प्रतिबिंब कि प्रीति हिये अनुरक्त अभीता।
पुञ्ज प्रताप में कीरति सी तप-तेजन में सनु सिद्ध विनीता॥
ज्यों रघुनाथ तिहारिय भक्ति लसै उर केशव के शुभ गीता।
त्यौं अवलोकिय आनँदकंद हुतासन मध्य सवासन सीता ॥११॥

शब्दार्थ—अनुरक्त अभीता=निश्चल अनुरागी जन। विनीता=अति उत्तम। हुतासन=अग्नि। सवासन=वस्त्रों-सहित।

भावार्थ—(सीता जी अग्नि-मध्य में बैठी कैसी शोभित हैं कि) मणि-दर्पण में किसी का प्रतिबिंब है, या किसी निश्चल अनुरागी के हृदय में साक्षात् प्रीति ही मूर्तिमान है, या प्रताप के ढेर में कीर्ति है, या तपतेज में उत्तमा सिद्धि है, या जैसे केशव के हृदय में राम-भक्ति बसती है वैसे ही सीता अग्नि में सवस्त्र विराजी हैं (वस्त्र तक नहीं जलते)।

अलंकार—उपमा से पुष्ट संदेह।

नोट—इस प्रसंग से केशव की उर्वरा प्रतिभा का पता अच्छी भाँति लगता है। अग्नि में बैठी जानकी के लिए कितनी उपमाएँ प्रवाहवत् कहते

चले गये। यह आसान बात नहीं है। केशव में प्रतिभा का ऐसा विकास इसी पुस्तक में अनेक ठौर पर देखा जाता है।

दो०—इन्द्र-वरुण-यम सिद्ध सब धर्म-सहित धनपाल।
ब्रह्म रुद्र लै दशरथहिं, आय गये तेहि काल ॥१२॥

शब्दार्थ—धर्म=धर्मराज। धनपाल=कुबेर। लैं दशरथहिं=दशरथ को लेकर।

भावार्थ—इन्द्र, वरुण, यमराज, सिद्धगण, कुबेर, ब्रह्मा, राजा दशरथ को साथ लिये हुए वहाँ आ गये।

(अग्नि) बसंततिलका—

श्रीरामचन्द्र यह संतत शुद्ध सीता।
ब्रह्मादि देव सब गावत शुभ्र गीता।
ह्वजै कृपाल गहिजै जनकात्मजा या।
योगीश-ईश तुम हौ यह योग माया ॥१३॥

शब्दार्थ—शुभ्रगीता=प्रशंसा। गहिजै=(गहिये) ग्रहण कीजिये। जनकात्मजा=जानकी। योगीश=(योगी=शंकर+ईश=इष्टदेव) राम।

भावार्थ—(अग्निदेव सीता की शुद्धता की साक्षी देते हैं) हे श्रीरामचन्द्र सुनिए, यह सीता सदैव शुद्ध है, ब्रह्मादि देवता इसकी प्रशंसा करते हैं, अब कृपा कीजिये और इस जनक कन्या (जानकी) को ग्रहण कीजिये—अङ्गीकार कीजिये। (भाव यह है कि सीता इतनी पवित्र है जितनी एक सद्यः प्रसूता कन्या होती है) हे शंकर के इष्टदेव! तुम ईश्वर हो और यह सीता योगमाया है।

बसन्ततिलका—
श्रीरामचन्द्र हँसि अंक लगाई लीन्हों।
संसार साक्षि शुभ पावक आनि दीन्हों॥
देवनि दुन्दुभि बजाइ सुगीत गाये।
त्रैलोक लोचन चकोरनि-चित्त भाये॥ १४॥

भावार्थ—(अग्निदेव की साक्षी पर) श्रीराम जी ने सीता को आलिङ्गन करके अङ्गीकार किया, क्योंकि संसार के साक्षीस्वरूप पवित्र अग्निदेव ने उन्हें लाकर दिया था, (यह देख) देवताओं ने नगाड़े बजा कर स्तुति की। इस

समय की शोभा त्रिलोक-निवासियों के नेत्र चकोरों के चित्त में आनंददायक लगी (सीता-राम के मिलन की शोभा देखकर त्रिलोक निवासियों को आनन्द हुआ)

अलंकार—परंपरित रूपक—श्रीराम को चंद्र कहा, अतः त्रिलोक-वासियों के नेत्रों को चकोर ही कहना उचित है)।

(श्रीराम-स्तुति)

(ब्रह्मा) दोधक—

राम सदा तुम अंतरयामी। लोक चतुर्दश के अभिरामी॥
निर्गुण एक तुम्हैं जग जानै। एक सदा गुणवंत बखानै॥ १५॥

शब्दार्थ—अंतरयामी = (अन्तर्यामी) सब के हृदय में बसने वाले। अभिरामी = आनन्ददायक। गुणवंत = सगुणरूप।

भावार्थ—(ब्रह्मा कहते हैं) हे राम! तुम सब के हृदय में बसते हो (सब के छल-कपट तथा सत्यभाव को जानते हो) चौदहों लोकों को आनन्द देते हो जग में कुछ लोग तुम्हें निर्गुण मानते हैं, कुछ सगुण रूप कहते हैं।

ज्योति जगै जग मध्य तिहारी।
जाय कही न सुनी न निहारी॥
कोउ कहै परिमान न ताको।
आदि न अंत न रूप न जाको॥ १६॥

शब्दार्थ—ज्योति = प्रकाश। परिमान = अंदाज, मात्रा।

भावार्थ—सरल है (ईश्वर के निर्गुण रूप का वर्णन है)

अलंकार—अतिशयोक्ति।

तारक—तुम हौ गुण रूप गुणी तुम ठाये।
तुम एक ते रूप अनेक बनाये॥
इक है जो रजोगुण रूप तिहारो।
तेहि सृष्टि रची विधि नाम विहारो॥ १७॥

शब्दार्थ—ठाये = स्थित हो, बनाये हो। विधि नाम विहारो = ब्रह्मा नाम से प्रसिद्ध हो।

भावार्थ—तुम्हीं गुणरूप हो. तुम्हीं सगुणरूप (प्रकृत नर रूप) बनाये हुए हो (अर्थात् तुम साधारण सृष्टि की भाँति मेरे रचे हुए नहीं हो)। तुम्हारा जो एक रजोगुणमय रूप है, उसी ने सारी सृष्टि की रचना की है और तुम्हीं ब्रह्मा नाम से प्रसिद्ध हो।

अलंकार—उल्लेख।

तारक—गुण सत्व धरे तुम रक्षक जाको।
अब विष्णु कहै सिगरो जग ताको॥
तुमहीं जग रुद्रसरूप संहारो।
कहिये तेहि मध्य तमोगुण सारो॥ १८॥

भावार्थ—सम्पूर्ण सतोगुण धारण किये हुए जिस रूप की तुम रक्षा करते हो (जिस रूप में स्थित हो) उसी रूप को सारा संसार 'विष्णु' कहता है। तुम्हीं रूद्ररूप से संसार का संहार करते हो और उस रूप में समस्त तमोगुण ही तमोगुण है।

अलंकार—उल्लेख।

तारक—तुमही जग हौ जग है तुमही में।
तुमही विरची मरजाद दुनी में॥
मरजादहि छोड़त जानत जाको।
तबही अवतार धरो तुम ताको॥ १६॥

शब्दार्थ—मरजाद=(मर्याद) सीमा। दुनी=(दुनियाँ) संसार। ताको=उसके बध या विनाश के लिए।

भावार्थ—तुम्ही संसार हो और सब संसार तुम्हीं में स्थित है। तुम्हींने संसार में सब जीवों के कृत्यों की सीमा बाँध दी है। जब जिस जीव को सीमा का उल्लंघन करते देखते हो तब उसको नष्ट करने के लिए तुम कोई अवतार लेते हो।

तारक—
तुमही धर-कच्छप वेष धरो जू। तुम मीन ह्वै वेदन को उधरो जू॥
तुमही जग यज्ञ-बराह भये जू। छिति छीन लई हिरनाछ हये जू॥
तुम ही नरसिंह को रूप सँवारो। प्रह्लाद को दीरघ दुःख बिदारो॥
तुमही बलि बावन-वेष छलो जू। भृगुनन्दन ह्वै छिति छत्र दलो जू॥

तुमही यह रावण दुष्ट सँहारयो। धरणी महँ बूड़त धर्म उबारयो॥
तुमही पुनि कृष्ण को रूप धरोगे। हति दुष्टन को भुवभार हरोगे॥
तुम बौध सरूप दयाहिं धरोगे। पुनि कल्कि ह्वै म्लेच्छ समूह हरोगे।
यहि भाँति अनेक सरूप तिहारे। अपनी मरजाद के काज सँवारे॥

शब्दार्थ—धर=(यहाँ पर) पर्वत, मंदराचल। छत्र=छत्री-समूह।

अलंकार—उल्लेख।

(महादेव) पंकजवाटिका—

श्रीरघुवर तुम हौ जग-नायक। देखहु दशरथ को सुखदायक॥
सोदर सहित पिता-पद पावन। वंदन किय तबहीं मन-भावन॥ २४॥

शब्दार्थ—सुखदायक=राम जी का संबोधन है। मनभावन=श्रीराम जी।

(दशरथ) निशिपालिका—

राम ! सुत ! धर्मयुत सीय मन मानिये।
बन्धुजन मातुगन प्रान सम जानिये।
ईश, सुर-ईश, जगदीश सम देखिये।
राम कहँ लक्ष्मण ! विशेष प्रभु लेखिये॥ २५॥

भावार्थ—(दशरथ जी राम से कहते हैं) हे पुत्र राम ! सीता को मन में धर्मयुत समझिये (सीता निर्दोष हैं, अतः इसे अंगीकार करो। ऐसा करने में यदि तुम्हें शंका हो कि बन्धु-बान्धवादि कैसे मानेंगे तो) यह समझो कि, सीता तुम्हारे बन्धुजनों तथा मातृगण की प्राण है—प्राणों को कोई छोड़ना पसन्द नहीं करता। (तदनन्तर लक्ष्मण से कहते हैं कि) हे लक्ष्मण ! तुम राम को शिव, विष्णु और ब्रह्मा के समान देखो और अपना विशेष प्रभु समझो (भाई मत समझो)।

अलंकार—उपमा

(इन्द्र प्रति राम कहते हैं) चंचला—

जूझि जूझि कै गयीं जे बानरालि ऋक्षराजि
कुम्भकर्ण लोकहर्ण भक्षियो जे गाजि गाजि॥
रूप-रेख स्यों विशेषि जी उठैं करो सु आज।
आनि पायँ लागियों तिन्हैं समेत देवराज॥२६॥

शब्दार्थ—बानरालि=बानरों के समूह। ऋच्छराजि=रीछ के समूह। लोकहर्ण=(लोकहरण) लोगों को नाश करने वाला। गाजिगाजि=गरज-गरज कर। रूप-रेख त्यों विशेषि=जैसा उनका विशेष रूप-रंग था ठीक वैसा ही। देवराज=इन्द्र।

भावार्थ—(श्रीराम जी इन्द्र प्रति कहते हैं) हे इन्द्र! तुम यह काम करो कि, हमारे जितने बानर और रीछ इस युद्ध में (जो तुम्हारे हित के लिए किया गया है) जूझ गये हैं, तथा जिनको गरज-गरज कर सर्वलोक-भक्षक कुम्भकर्ण भक्षण कर गया है, वे सब अपने विशेष-रूपरंग सहित (जैसे थे वैसे ही) जी उठें। राम जी की यह आज्ञा सुन इन्द्र ने उनको जिलाकर अपने साथ लाकर राम के सम्मुख उपस्थित कर दिया और चरण छुए।

अलंकार—चपलातिशयोक्ति (आज्ञा सुनते ही कार्य हो गया)।

दो०—बानर-राक्षस-ऋच्छ सब, मित्र-कलत्र समेत
पुष्पक चढ़ि रघुनाथ जू, चले अवधि के हेतु ॥ २७ ॥

शब्दार्थ—अवधि के हेतु=चौदह वर्ष की अवधि का उल्लंघन होने से भरत जी प्राण त्याग करेंगे, यह विचार कर शीघ्रता के लिए पुष्पक पर चले।

भावार्थ—सरल ही है।

चंचरी सेतु सीतहिं शोभना दरसाय पंचवटी गये।
पाँय लागि अगस्त के पुनि अत्रियौ ते बिदा भये॥
चित्रकूट बिलोकि कै तब ही प्रयाग बिलोकियो।
भारद्वाज बसैं जहाँ जिनते न पावन है बियो ॥ २८ ॥

शब्दार्थ—शोभना=सुन्दर। अत्रियौ ते=अत्रिमुनि से भी। भारद्वाज=(छंद के लिए ऐसा किया है) बियो=दूसरा।

त्रिवेणी-वर्णन

(राम) तारक—
चिलकै द्युति सूछम सोभति बारू।
तनु ह्वै जनु सेवत हैं सुर चारू।
प्रतिबिंबित दीप दिपैं जल माहीं।
जनु ज्वालमुखीन के जाल नहाहीं ॥ २९ ॥

शब्दार्थ–चिलकैं=चमकती हैं। सूछम=बारीक। तनु=अति छोटा रूप। ज्वालमुखी=देवनारियाँ, देवियाँ। जाल=समूह। नहाहीं=स्नान करती हैं।

भावार्थ—(राम जी कहते हैं)—बहुत बारीक बालू में जो छोटे कण चमकते हैं वे ऐसे जान पड़ते हैं, मानो अति छोटा रूप धर कर दिव्य देवता ही त्रिवेणी की सेवा करते हैं। दीपकों के प्रतिबिंब जो त्रिवेणी के जल पर पड़ते हैं, वे ऐसे जान पड़ते हैं, मानो दिव्य देवियों के समूह त्रिवेणी-जल में स्नान कर रहे हैं।

नोट—इस छन्द से ऐसा अनुमान होता है कि, राम जी शाम को चिराग जलने के बाद प्रयाग में पहुँचे हैं।

अलंकार—उत्प्रेक्षा।

मूल—जल की दुति पीत सितासित सोहै।
अति पातक घात करै जग को है॥
मद एण मलै घसि कुंकुम नीको।
नृप भारतखंड दियो जनु टीको॥ ३०॥

शब्दार्थ–पीत=पीली (सरस्वती के जल की)। सित=सफेद (गंगा-जल की)। असित=काली (यमुना-जल की)। अतिपातक=महापाप। मदएण=(एण-मद) कस्तूरी। मलै=चंदन। कुंकुम=केसर। टीको=तिलक।

भावार्थ—त्रिवेणी-जल की चमक पीली, सफेद और काली झलक देती है और जग के महापापों को नाश कर देती है। यह त्रिवेणी ऐसी जान पड़ती है मानो राजा भरतखंड ने कस्तूरी, चंदन और केसर घिस कर मस्तक पर तिलक लगाया हो।

अलंकार–विपरीत क्रम से पुष्ट उत्प्रेक्षा (पहले पीत, सित, असित कहा, पुनः क्रम उलट कर एण-मद, मलय और कुंकुम लिखा)।

(लक्ष्मण) दंडक—

चतुर बदन पंचबदन षटबदन,
सहस बदन हूँ सहस गति गाई है।

सात लोक सात द्वीप सातहू रसातलन,
गंगा जी की शोभा सबही को सुखदाई है।
जमुना को जल रहो फैलि कै प्रभाव पर,
केशोदास बीच बीच गिर की गोराई है।
शोभन शरीर पर कुंकुम विलेपन कै,
स्यामल दुकूल झीन झनकत झाईं है ॥ ३१ ॥

शब्दार्थ—चतुरवदन = ब्रह्मा। पंचवदन = शिव। षटवदन = कार्तिकेय। सहसवदन = शेष। सहस गति = हजारों भाँति से। प्रवाह = धारा। गिरा = सरस्वती। शोभन = सुन्दर। विलेपन कै = लेप लगा कर। दुकूल = साड़ी। झीन = बारीक। झाईं = आभा, शरीर की कान्ति।

अलंकार—गम्योत्प्रेक्षा।

(सुग्रीव) चन्द्रकला सवैया –

भवसागर की जनु सेतु उजागर सुंदरता सिगरी बस की।
तिहुँ देवन की दुति सी दरसै गति सोखै त्रिदोपन के रस की।
कहि केशव वेदत्रयी मति सी परितापत्रयी तल को मसकी।
सब बंदैं त्रिकाल त्रिलोक त्रिबेणिहिं केतु त्रिबिक्रम के जस की ॥३२॥

शब्दार्थ—उजागर = प्रकट। त्रिदोष = वात, कफ, पित्त। त्रिदोषन के रस की गति = मृत्यु समय के दुःख। वेदत्रयी = ऋग्, यजुर् और साम वेद। परितापत्रयी = दैहिक, दैविक, भौतिक ताप। मसकी = दबादी। त्रिकाल = भूत, भविष्य, वर्तमान। त्रिलोक = मर्त्य, स्वर्ग, पाताल। त्रिविक्रम = वामन जी का दीर्घ स्वरूप।

भावार्थ—(सुग्रीव कहते हैं कि) यह त्रिवेणी कैसी है कि मानो भवसागर के लिए प्रगट सेतु-रूप है। इसने समस्त शोभा को अपने वश में कर लिया है। यह तीनों देवों की दुति सी देख पड़ती है (ब्रह्मा की द्युति पीली सी सरसवती, विष्णु की द्युति कृष्ण सी यमुना, शिव की द्युति सफेद सी गंगा हैं) और वात, पित्त और कफ-जनित दोषों से, पैदा मृत्यु-दुःख की गति को सोखती है (अर्थात् त्रिवेणी-सेवन से त्रिदोष में पड़कर नहीं मरना पड़ता इसका सेवक सदेह स्वर्ग को जाता है)। केशव कहते हैं कि, यह त्रिवेणी तीनों वेदों की मति सी पवित्र है और तीनों पापों को दबा कर पाताल को

भेज देती है। त्रिलोक के लोग तीनों कालों में इस त्रिवेणी की वन्दना करते हैं, क्योंकि यह (गंगा के सम्बन्ध से) त्रिविक्रम के यश की पताका है।

अलंकार—रूपक, उपमा से पुष्ट सम।

(विभीषण) दंडक—

भूतल की वेणी सी त्रिवेणी शुभ शोभिजति,
एक कहैं सुरपुर मारग विभात है।
एकै कहैं पूरण अनादि जो अनंत कोऊ,
ताको यह केशोदास द्रवरूप गात है।
सब सुखकर सब शोभाकर मेरे जान,
कौनो यह अद्भुत सुगंधि अवदात है।
दरस परस ही ते थिर चर जीवन की,
कोटि कोटि जन्म की कुगंधि मिटि जात है॥ ३३॥

शब्दार्थ—वेणी=चोटी। शोभिजति=सोहती है। विभात है=देख पड़ता है। द्रवरूपगात=जलमय शरीर। अवदात=शुद्ध और निर्मल। कुगंधि=पाप।

भावार्थ—यह त्रिवेणी पृथ्वीतल की वेणी (चोटी) सी सोहती है और कोई-कोई कहते हैं कि यह सुरपुर की सड़क सी है। कोई-कोई कहते हैं कि यह परिपूर्ण, अनादि और अनंत ईश्वर का जलमय शरीर ही है। यह त्रिवेणी सब सुख और सब शोभा को पैदा करने वाली है। मुझे तो ऐसा जान पड़ता है कि यह कोई अद्भुत और शुद्ध निर्मलकारी सुगन्ध है, जिसके दरस-परस मात्र से चराचर जीवों के असंख्य जन्मों की गन्दगी (पाप) मिट जाती है।

अलंकार—उपमा, रूपक और उत्प्रेक्षा।

(भरद्वाजाश्रम-वर्णन)

भुजंगप्रयात—भरद्वाज की बाटिका राम देखी।
महादेव की सी बनी चित्त लेखी।
सबै वृक्ष मंदारहू ते भले हैं।
छहूँ काल के फूल फूले फले हैं॥ ३४॥

शब्दार्थ—बनी=वाटिका। मंदार=(१) मदार, अकौवा (२) कल्पवृक्ष। छहूँ काल=षट्ऋतु।

भावार्थ—श्रीराम ने ससमाज भरद्वाज जी की वाटिका देखी और उसे शिवजी की ही वाटिका समझी क्योंकि वहाँ के सब ही वृक्ष मंदार वृक्ष से भी अति उदार और सुन्दर हैं (महादेव की वाटिका में मंदार वृक्ष का होना उचित ही है, और यहाँ के वृक्ष मदार अर्थात् कल्पवृक्ष से भी अधिक उदार और सुन्दर हैं) अतः छहों ऋतुओं के फूल-फल यहाँ हैं।

अलंकार—उत्प्रेक्षा, संबंधातिशयोक्ति।

कहूँ हंसिनी हंस स्यों चित्त चोरैं।
चुनैं ओस के बुंद मुक्तान भोरैं॥
शुकाली कहूँ शारिकाली विराजैं।
पढ़ैं वेद मंत्रावली भेद साजैं॥ ३५॥

शब्दार्थ—स्यों=सहित। भोरैं=धोखे में। भेद साजैं=उदात्त अनुदात्त स्वरों के भेद ठीक उसी प्रकार करते हैं जैसे वहाँ के बटुगण।

भावार्थ—उस आश्रम में कहीं तो हंसों-सहित हंसिनियाँ घूमती-फिरती हैं जो अपनी सुन्दरता से सब के चित्तों को मोहती हैं, और वे मोतियों के धोखे में ओस-बुन्दों को चुनने लगती हैं। शुकशारिकाओं के समूह बैठे हुए वेद-मन्त्रों का पाठ ठीक स्वर-भेद से करते हैं।

अलंकार—भ्रम, उल्लास का पहला भेद।

मूल—कहूँ वृक्ष मूलस्थली तोय पीवैं।
महामत्त मातंग सीमा न छीवैं॥
कहूँ विप्र-पूजा कहूँ देव-अर्चा।
कहुँ योग-शिक्षा कहूँ वेद-चर्चा॥ ३६॥

शब्दार्थ—मूलस्थली=वृक्षों के थाले (आलवाल)। तोय=पानी। न छीवैं=नहीं छूते।

भावार्थ—कहीं बड़े-बड़े मदमस्त हाथी वृक्षों की थाली में भरा हुआ पानी तो पीते हैं, पर वृक्षों की शाखाओं को तोड़ते-फोड़ते नहीं। कहीं विप्रगण पूजन करते हैं, कहीं देवार्चन हो रहा है, कहीं योग शिक्षा और कहीं वेदपाठ की चर्चा हो रही है।

कहूँ साधु पौराणकी गाथ गावैं।
कहूँ यज्ञ की सुभ्र शाला बनावैं।
कहूँ होम-मन्त्रादि के धर्म धारैं।
कहूँ बैठि के ब्रह्मविद्या बिचारैं ॥ ३७ ॥

शब्दार्थ—पौराणकी=(पौराणिक) पुराण-सम्बन्धी। ब्रह्मविद्या=वेदान्त या उपनिषद्।

भावार्थ—स्पष्ट है।

भुजंगप्रयात—सुवा ही जहाँ देखिये वक्त्ररागी।
चलै पिप्पलै तिक्त बुध्यै सभागी।
कँपै श्रीफलै-पत्र है यत्र नीके।
सुरामानुरागी सबै राम ही के ॥ ३८ ॥

शब्दार्थ—सुवा=शुक, तोता। वक्त्ररागी=लालमुख का। चल=(चल) चंचल। तिक्त=तीक्ष्ण। सभागी=भाग्यवान। श्रीफलै=कदली, केला। रामा=स्त्री। रामानुरागी=(१) राम के अनुरागी (२) स्त्री के अनुरागी।

नोट—परिसंख्यालंकार समझ कर इस छंद का अर्थ समझिये।

भावार्थ—भरद्वाज जी के आश्रम में कोई भी लाल मुखवाला नहीं है (पान नहीं खाता) यदि कोई है तो केवल तोते ही लाल मुख के हैं। केवल पीपल के पत्ते ही चंचल हैं, भाग्यवानों की बुद्धि ही तीक्ष्ण है, और वहाँ केवल कदली-पत्र ही कंपायमान हैं (और कोई किसी से डर कर काँपता नहीं) और रामानुरागी होने के नाते केवल राम के अनुरागी हैं, रामा (स्त्री) के अनुरागी नहीं हैं।

अलंकार—परिसंख्या।

भुजंगप्रयात—जहाँ बारिदै वृन्द बाजानि साजैं।
मयूरै जहाँ नित्यकारा बिराजैं॥
भरद्वाज बैठे तहाँ विप्र मोहैं।
मनो एक ही वक्त्र लोकेश सोहैं ॥ ३९ ॥

शब्दार्थ—वक्त्र=मुख। लोकेश=ब्रह्मा।

भावार्थ—उस आश्रम में केवल बादल ही बाजा बजाते हैं, और केवल मयूर ही नाचते हैं (अर्थात् वहाँ सिवाय बादलों और मोरों के और कोई बजाने-नाचने का शौकीन नहीं है) वहाँ भरद्वाज जी बैठे हुए वेद-पुराणादि के पाठ द्वारा ब्राह्मणों को मोहित कर रहे हैं, वे ऐसे मालूम होते हैं मानो एक मुख के ब्रह्मा हैं।

अलंकार—पूर्वार्द्ध में परिसंख्या, उत्तरार्द्ध में उत्प्रेक्षा से पुष्ट हीन तद्रूप रूपक।

(ऋषि-आश्रम की शान्ति का वर्णन)

(लक्ष्मण) दंडक—

'केशोदास' मृगज-बछेरू चोषैं बाघनीन,
चाटत सुरभि बाघबालकबदन है।
सिंहन की सटा ऐचैं कलभ करनि करि,
सिंहन को आसन गयंद को रदन है॥
फणी के फणन पर, नाचत मुदित मीर,
क्रोध न विरोध जहाँ मद न मदन है।
बानर फिरत डोरे डोरे अंध तापसनि,
शिव को समाज कैधौं ऋषि को सदन है॥ ४०॥

शब्दार्थ—मृगज बछेरू=मृगों के बच्चे। चोषैं=दूध पीते हैं। सुरभि=गाय। सटा=सिंह की गर्दन पर के बाल। कलभ=हाथी का बच्चा। करनि करि=सूड़ों से। फणी=साँप। मदन=काम। डोरे डोरे फिरत=डोरिआये फिरते हैं, हाथ पकड़े लिये फिरते हैं। तापसनि=तपस्वियों को।

भावार्थ—(केशोदास जी लक्ष्मण के मुख से कहाते हैं कि) इस आश्रम में तो अद्भुत दृश्य दिखलाई पड़ते हैं। देखिये, मृगों के बच्चे बाघिनियों का दूध पीते हैं, गायें बाघबालक का मुँह चाटती हैं, हाथी के बच्चे अपनी सूँड़ों से सिंहों के बाल खींचते हैं, और सिंह हाथियों के दाँतों पर आसन जमाये बैठे हैं। सर्पों के फणों पर मोर नाचते हैं। यहाँ तो किसी के भी क्रोध, विरोध, मद व काम नहीं है। बन्दर अंधे तपस्वियों के हाथ पकड़े हुए उन्हें

रास्ता बताते फिरते हैं (जहाँ वे जाना चाहते हैं वहाँ उन्हें बन्दर लिवा जाते हैं) बड़ा आश्चर्य है, यह भरद्वाज जी का आश्रम है या साक्षात् शिव जी का समाज है।

नोट—इस छंद में अद्भुत् रस है।

अलंकार—संदेह।

भुजंगप्रयात—जहाँ कोमलै वल्कले वास सोहैं।
जिन्हैं अल्पधी कल्पसाखी विमोहैं॥
धरे शृंखला दुःख दाहैं तुरन्तै।
मनौ शंभु जी संग लीन्हें अनंतै॥ ४१॥

शब्दार्थ—वल्कलै वास=वल्कल वस्त्र। अल्पधी=बुद्धि की कमी से। कल्पसाखी=कल्प-वृक्ष। शृंखला=मेखला, मौंजी। दुरंत=बहुत बड़े-बड़े। अनंत=शेषनाग।

भावार्थ—इस आश्रम में कोई भी कोमलांग (सुकुमार) नहीं है, यदि कोई कोमल वस्तु है तो केवल भोज पत्र के बने वल्कल वस्त्र ही हैं। उन वल्कल वस्त्रधारी तपस्वियों को देख कर और अपने को कम समझ कर कल्पवृक्ष भी विमोहित होते हैं। वे तपस्वीगण केवल एक मौंजी कोपीन धारण किये हुए हैं, पर बड़े-बड़े दुःखों को जलाने का सामर्थ्य रखते हैं। वे ऐसे जान पड़ते हैं मानो शेष सहित शिव जी हैं।

अलंकार—परिसंख्या, ललितोपमा, और उत्प्रेक्षा।

(भरद्वाज मुनि के रूप का वर्णन)

मालिनी—प्रशमित रज राजैं हर्ष वर्षा समै से।
विरल जटन शाखी स्वर्नदी कूल कैसे।
जगमग दरशाई सूर के अंशु ऐसे।
सुरग नरक हंता नाम श्रीराम कैसे॥ ४२॥

शब्दार्थ—प्रशमित रज=(१) नष्ट हो गई है धूल जिसकी (वर्षाकाल के लिए)—(२) दब गया है रजोगुण जिनका। बिरल जटन=(१) प्रगट हैं जड़ें जिसकी (२) खुले हुए जटा जिनके। शाखी=वृक्ष। स्वर्नदी=गंगा। कूल=किनारा। जगमग दरशाई=जगत का मार्ग दिखाने वाले। अंशु=किरण।

भावार्थ—(भरद्वाज मुनि के रूप का वर्णन है कि) भरद्वाज जी का रूप हर्षमय वर्षाकाल के समान है, क्योंकि जैसे वर्षाकाल में रज (धूल) नहीं रहती वैसे ही इनके मन में भी रजोगुण नहीं है (रजोगुण को दबा दिया है केवल सतोगुण का प्रकाश है) और मुनि जी गंगा किनारे के वृक्ष के समान हैं क्योंकि जैसे नदी तीर के वृक्ष की जड़ें प्रगट रहती हैं वैसे ही इनके जटा भी प्रगट हैं। सूर्यकिरण के समान जगमार्ग को दर्शाने वाले हैं और रामनाम के समान स्वर्ग और नरक के हंता हैं (रामनाम की वर्कत से जैसे स्वर्ग-नरक का झगड़ा मिट कर जापक मोक्ष का भागी होता है वैसे ही ये भी मोक्षदाता हैं)।

अलंकार—श्लेष से पुष्ट उपमा।

भुजङ्गप्रयात—

गहे केश पाशै पिया सी बखानो। कँपै शाप के त्रास ते गात मानो।
मनो चंद्रमा चंद्रिका चारु साजैं। जरा सों मिले यों भरद्वाज राजैं ॥४३॥

शब्दार्थ—केशपाश = बाल। प्रिया = प्रेयसी। जरा = वृद्धावस्था।

भावार्थ—भरद्वाज जी जरावस्था से युक्त ऐसे राजते हैं कि जरावस्था ने मुनि के बालों को पकड़ लिया है, जैसे कोई प्रिया कभी-कभी अति धृष्ट हो प्यारे पति के केश पकड़ लेती है। केश पकड़ने से मुनि क्रुद्ध होकर शाप न दे बैठें इस डर से मानो उस जरा के गात काँपते हैं (मुनि के अंग जरा से काँपते हैं) और कैसे शोभित हैं, मानो चाँदनी पहने चंद्रमा ही है (शरीर के रोम तक सफेद हो गये हैं)।

अलंकार—उपमा और उत्प्रेक्षा।

दो०—भस्म त्रिपुंडक शोभिजैं, वरणैं बुद्धि उदार।
मनो त्रिसोता-सोत दुति वंदति लगा लिलार ॥ ४४ ॥

शब्दार्थ—त्रिपुंडक = तीन रेखावाला तिलक जैसा शैव लोग लगाते हैं। त्रिसोता = गंगा।

भावार्थ—मुनि के मस्तक पर भस्म का त्रिपुंड लगा हुआ है, उसकी शोभा बुद्धिमान लोग यों वर्णन करते हैं, मानो गंगा की कांति त्रिधार होकर मस्तक पर लगी हुई मुनि की सेवा करती है।

अलंकार—उत्प्रेक्षा।

भुजंगप्रयात—

मानो अंकुराली लसै सत्य की सी। किधौं वेद विद्या-प्रभाई भ्रमी सी।
रमै गंग की जोति ज्यों जन्हु नीकी। विराजै सदा शोभ दंतावली की॥४५॥

शब्दार्थ—ई=ही। शोभ=शोभा।

भावार्थ—(दंतावली की शोभा कहते हैं) मुनि की दंतावली की शोभा कैसी जान पड़ती है मानो सत्य की अंकुरावली है, या वेदविद्या की प्रभा ही है जो मुनि के मुख में भ्रमण सी कर रही है, या जह्नु मुनि के मुख में गंगा की सी ज्योति है (जह्नु ने गंगा को पी लिया था उस समय की ज्योति)।

अलंकार—उत्प्रेक्षा से पुष्ट संदेह।

हरिगीतिका—

भ्रकुटी विराजतिस्वेत मानहु मंत्र अद्भुत साम कें।
जिनके विलोकत ही विलात अशेष कार्मुक काम के॥
मुख बास आस प्रकाश केशव भौंर भीरन साजहीं।
जनु साम के शुभ स्वच्छ अक्षर ह्वै सपक्ष विराजहीं॥४६॥

शब्दार्थ—साम=सामवेद। विलात=नष्ट हो जाते हैं। अशेष=सब। कार्मुक=धनुष। प्रकाश=प्रगट, प्रत्यक्ष। भीरन साजहीं=एकत्र होकर भीड़ लगाये हुए हैं। सपक्ष=पंख वाले, पंख सहित।

भावार्थ—भरद्वाज मुनि की भौंहें सफेद हो गई हैं वे ऐसी जान पड़ती हैं मानो सामवेद के अद्भुत मंत्र हैं। उनका प्रभाव ऐसा है (जैसा सामवेद के मंत्रों का होता है) कि उनको देखते ही काम के सब धनुष विलीन हो जाते हैं (काम भी जिन भौंहों से डरता है)। उनके मुख से ऐसी मनोमोहक बास आती है कि उसकी आशा से प्रत्यक्ष भौंरे उनके मुखमंडल पर भीड़ लगाये रहते हैं। वह भौंर भीर ऐसी जान पड़ती हैं मानो सामवेद के पवित्र अक्षर पंखधारी होकर उनके सम्मुख ही रहते हैं।

अलंकार उत्प्रेक्षा।

हरिगीतिका—

तनु कंबु कंठ त्रिरेख राजति रज्जु सी उनमानिये।
अविनीत इन्द्री निग्रही तिनके निबन्धन जानिये॥
उपवीत उज्जल शोभिजै उर देखि यों वरणौं सबै।
सुर आपगा तपसिंधु में जस सेत श्री दरसै अबै॥४७॥

शब्दार्थ—तनु = बारीक। उनमानिये – अनुमान करते हैं। अबिनीत = हठी, जिद्दी। निग्रही = ताड़न करने वाले। निबंधन = बंधन। उपवीत = जनेऊ। सुर आपगा = गंग। जसु = जैसे। सेतश्री = सफेद कान्ति। अबै = (अव्यय) जिसमें से कुछ खर्च न हुआ हो (सम्पूर्ण)।

भावार्थ—भरद्वाज मुनि के शंखवत कंठ में बारीक तीन रेखायें राजती हैं, वे मानो हठी इन्द्रियों को ताड़ना देने के लिए उनको बाँधने की रस्सियाँ हैं, हृदय पर सफेद जनेऊ पड़ा हुआ है, उसे देख कर सब लोग यों कहते हैं, कि वह जनेऊ ऐसा देख पड़ता है जैसे तपसिंधु में गंगा की सम्पूर्ण सफेद कान्ति (त्रिधारा) दिखाई पड़ती हो।

अलंकार – उपमा से पुष्ट उत्प्रेक्षा।

दो०—फटिकमाल शुभ शोभिजै, उर ऋषिराज उदार।
अमल सकल श्रुति बरणमय, मानो गिरा को हार॥४८॥

भावार्थ – भरद्वाज मुनि के उदार हृदय पर (चौड़े सीने पर) स्फटिक की माला शोभित है, वह ऐसी जान पड़ती है मानो वेद के समस्त निर्मल अक्षरों का बना हुआ सरस्वती के पहनने का हार है।

अलंकार—उत्प्रेक्षा।

मोदक—

जद्यपि है रस सत्य रस्यो तनु। दंडहि सों अवलंबित है मनु॥
धूमशिखान के ब्याज मनो गुनि। देवपुरी कहँ पंथ रच्यो मुनि॥४९॥

भावार्थ – यद्यपि भरद्वाज जी का शरीर सत्य रस से रसा हुआ है (सतोगुणमय है, जरा से सब रोम सफेद हो गये हैं बहुत ही वृद्ध हैं) तो भी उनका मन दंड का अवलंबन किये रहता है (इन्द्रियों के निग्रह के लिए दंड देने के लिए) दंड धारण किये रहते हैं – लाठी या छड़ी लिये रहते

हैं। और (सदैव अग्निहोत्रादि किया करते हैं सो) मानो खूब सोच-विचार कर अग्नि के बहाने से मुनि जी ने स्वर्ग की सड़क बना दी है अर्थात् हवनादि का तो बहानामात्र है, हवन का धुवाँ नहीं है वरन् स्वर्ग की सड़क है।

अलंकार—उत्प्रेक्षा।

मोदक—

रूप धरे बड़वानल को जनु। पोषत हैं पय पानहिं सों तनु।
क्रोध भुजंगम मंत्र वखानहु। मोह महा तम को रबि जानहु ॥५०॥

शब्दार्थ—पय=(१) दूध (२) जल।

भावार्थ—भरद्वाज जी मानो बड़वानल के रूप ही हैं। जैसे बड़वानल समुद्र के जल से पुष्ट रहता है वैसे ही ये भी दूध ही से अपने तन को पोसते हैं (केवल दुग्धाहार ही करते हैं) क्रोधरूपी सर्प के लिये मंत्र ही हैं (क्रोध के विकार को शान्त कर देते हैं) और मोहरूपी महान् अंधकार के लिये सूर्य ही समझो।

अलंकार—श्लेष और परंपरित रूपक।

मोदक—सत्य-सखा असखा कलि के जनु।
पर्वत औषधि सिद्धिन के मनु॥
पाप कलापन के दिनदूषन।
देखि प्रणाम कियो जगभूषन ॥५१॥

शब्दार्थ—असखा=शत्रु। दिन=प्रतिदिन। दूषन=नाशक। जगभूषन =श्रीराम जी।

भावार्थ—भरद्वाज जी कैसे देख पड़े मानों सतयुग के मित्र और कलि-काल के शत्रु हैं; और मानों अष्ट सिद्धिरूपी औषधियों के पर्वत हैं; पाप समूहों को नित्य नाश करनेवाले हैं। ऐसे भरद्वाज जी को देख कर श्रीराम जी ने हाथ जोड़ मस्तक नवा प्रणाम किया।

अलंकार—परंपरित रूपक।

पद्धटिका—

सीता समेत शेषावतार। दंडवत किये ऋषि के अपार॥
नर भेष विभीषण जामवंत। सुग्रीव बालसुत हनूमंत ॥ ५२ ॥

भावार्थ—श्रीराम जी के प्रणाम करने के बाद सीता सहित लक्ष्मणजी ने ऋषि को बड़ी भक्ति से दंडवत प्रणाम किया। तदनंतर नर-भेष धारण किये हुए विभीषण, जामवंत, सुग्रीव, अंगद और हनुमान ने भी यथोचित प्रणाम किया।

पद्धटिका—

ऋषिराज करी पूजा अपार। पुनि कुशलप्रश्न पूँछी उदार।
शत्रुघ्न भरत कुशली निकेत। सब मित्र मन्त्रि मातनि समेत ॥५३॥

भावार्थ—फिर श्रीरामजी ने ऋषिराज की बहुत पूजा की, अनेक प्रकार के उपहार भेंट किये। तदनंतर आश्रम की तथा देश और अयोध्या की खैर खुशी का हाल पूछा (निकट होने तथा नित्य प्रति लोगों के गमनागमन से अयोध्या का हाल ऋषि को मालूम होता रहता था) कि हे महाराज। भरत, शत्रुघ्न, मित्र, मंत्री और माताओं सहित कुशल तो हैं न ?

(भरद्वाज)—पद्धटिका—

कह कुशल कहौं तुम आदि देव।
सब जानत हो संसार भेव॥
विधि विष्णु शंभु रवि ससि उदार।
सब पावकादि अंशावतार ॥ ५४ ॥

भावार्थ—भरद्वाज जी ने उत्तर दिया कि हे राम ! तुम तो आदिदेव परब्रह्म अंतर्यामी हो, मैं यहाँ की कुशल क्या कहूँ। तुम तो सब संसार का भेद जानते ही हो (कि जहाँ तुम नहीं वहाँ कुशल कैसी ?)। ब्रह्मा, विष्णु, महेश, सूर्य, चंद्र और सब प्रकार की अग्नि केवल तुम्हारे अंशावतार ही हैं (अर्थात् ये ही सब देवगण सब की कुशल के हेतु हैं सो तुम्हारे अंश हैं, अतः आपको सब खबर इन्होंने दी ही होगी, कहने की जरूरत नहीं)।

अलंकार—उदात्त।

पद्धटिका—

ब्रह्मादि सकल परमाणु अंत। तुमही हौ रघुपति अज अनंत।
अब सकल दान दै पूजि विप्र। पुनि करहु विजै बैकुंठ छिप्र ॥५५॥

शब्दार्थ—परमाणु=किसी वस्तु का अति छोटा अंश, जर्रा। अंत=

सक। विजय करना=(विहार और मिथिला का शब्द है) भोजन करना। बैकुंठ=(विष्णु, यहाँ)श्री राम जी। छिप्र=शीघ्र।

भावार्थ—ब्रह्मा से लेकर जर्रे तक सब तुम्हीं हो, हे राम! तुम अज और अनन्त हो (यद्यपि तुम्हें कर्म का दोष नहीं लग सकता, तथापि रावण ब्राह्मण को मारा है, अतः तुम्हें ब्रह्महत्या का दोष है, अतः) त्रिवेणी स्नान करके प्रायश्चित रूप अनेक दान देकर ब्राह्मणों को पूज कर शुद्ध हो लो, तब हे पवित्रात्मा ! मेरे यहाँ का आतिथ्य स्वीकार करके शीघ्र ही भोजन करो। तात्पर्य यह कि पहले ब्रह्महत्या पाप से निवृत्त हो लो तब भोजन करके मुझसे बातें करो तब मैं सब बताऊँगा।

बीसवाँ प्रकाश समाप्त

श्रीरामचन्द्रिका पूर्वार्द्ध सम्पूर्ण